Kohlhammer
Urban Taschenbücher

Band 630

Friedrich Edelmayer

Philipp II.

Biographie eines Weltherrschers

Verlag W. Kohlhammer

Umschlag: Philipp II. Gemälde von Tizian
(Prado, Madrid)

© 2009 W. Kohlhammer GmbH Stuttgart
Gesamtherstellung:
W. Kohlhammer Druckerei GmbH + Co. KG, Stuttgart
ISBN 978-3-17-018067-3

Inhaltsverzeichnis

Abbildungsverzeichnis

Vorwort

Als ich seitens des Verlags Kohlhammer gefragt wurde, ob ich eine Biographie König Philipps II. (1527–1598) verfassen würde, war meine erste Reaktion nicht eben euphorisch. Denn über diesen spanischen Herrscher gibt es mehrere neuere Biographien, die allesamt lesenswert sind, so jene von Pieter Pierson, Geoffrey Parker, Ivan Cloulas, Henry Kamen, Manuel Fernández Álvarez, Joseph Pérez und Patrick Williams[1], um nur einige jüngere Werke zu nennen. Doch schließlich überzeugte mich das Argument, dass seit der Arbeit von Ludwig Pfandl[2], die erstmalig vor mehr als siebzig Jahren veröffentlicht worden ist, keine ausführliche, an ein deutschsprachiges Publikum gerichtete Biographie dieses Herrschers erschienen ist.[3] In der Zwischenzeit hat sich die historische Forschung zu diesem Monarchen und seiner Zeit beträchtlich fortentwickelt, nicht zuletzt erschienen zahlreiche aktenschwere Spezialuntersuchungen im Zusammenhang mit dem Jahr 1998[4], in dem sich der Tod des Königs zum 400. Mal jährte. Auch viele Kongresse[5] und Ausstellungen wurden veranstaltet und lesenswerte Kataloge publiziert.[6] In Spanien wurde zudem eine eigene Gesellschaft gegründet, die die Aktivitäten im Zusammenhang mit dem Jubiläum koordinierte.[7] Zur damaligen Publikationsflut habe ich auch selbst beigetragen.[8] Es lag daher nahe, das Unternehmen einer Biographie doch zu wagen. Außerdem habe ich selbst seit meiner Dissertation[9] diesem Herrscher und seiner Zeit viele Jahre an Archivarbeit überall in Europa gewidmet.

Mir wurde jedoch rasch klar, dass es nicht möglich sein würde, in einer lesbaren Studie, die sich an ein breiteres Publikum und nicht nur an spezialisierte Fachleute richtet, den Anmerkungsapparat mit Archivquellen zu überfrachten. Dafür hätte der Platz gar nicht gereicht, den mir der Verlag zur Verfügung stellen konnte. Aus diesem Grund wurden ungedruckte Archivalien nur ganz selten zitiert. Auch sonst musste der Anmerkungsapparat möglichst knapp gehalten werden, um mit den Seitenvorgaben zu Recht zu kommen. Meist findet sich dort daher nur ein genereller Hinweis, bei wem zu einem speziellen Thema noch nachgelesen werden kann. Fehlen Seitenangaben, so ist jeweils die gesamte Publikation zu einem konkreten Thema wichtig. Die Übersetzungen von Direktzitaten aus anderen Sprachen wurden von mir selbst angefertigt. Um für die Leserinnen und Leser die vorkommenden Personen besser einordbar zu machen, finden sich bei deren erster Nennung – sofern bekannt – die Geburts- und Sterbejahre.

Trotz der Platzbeschränkungen will ich es nicht unterlassen, noch einmal jenen Freunden aus den Archiven zu danken, die mich auf der Jagd nach Dokumenten in all den Jahren unterstützt haben: Isabel Aguirre Landa, Javier Álvarez Pinedo, José Manuel Calderón Ortega, Mercedes de Noviembre sowie José Luis und Julia Rodríguez de Diego. Alfredo Alvar Ezquerra, Katharina Arnegger, Fernando Bouza Álvarez, Rafael Jiménez Jiménez, Margarete Grandner, Alfred Kohler, Ana Martínez Álvarez, Miguel Valdivieso Rodríguez und Marija Wakounig, die mich alle irgendwann aushalten mussten, wenn mich wieder einmal Philipp II. beschäftigte, seien ebenfalls dankend genannt. Das vorliegende Manuskript haben auch Markus Gatschnegg, Christine Görner und Leopold Kögler gelesen, wofür ich ihnen sehr verbunden bin.

Nicht zuletzt danke ich Frau Monica Wejwar vom Verlag Kohlhammer für ihre Geduld. Wie so viele andere Manuskripte hätte auch dieses viel früher fertig sein müssen. Doch da kamen mir zahlreiche Dinge dazwischen. Nicht nur der normale Lehrbetrieb an der Universität Wien hat den raschen Abschluss der Arbeit verzögert, sondern auch Gastprofessuren in Alcalá de Henares, Innsbruck, Sevilla und Sydney sowie zwei quälend lange und zeitraubende Jahre als Studienprogrammleiter für Geschichte in Wien.

Gewidmet ist das Buch meiner Tochter Kira Almudena Zoé. Sie, die in der Zwischenzeit erwachsen geworden ist, hatte wegen meiner zahlreichen akademischen Verpflichtungen ebenfalls zeitweise eine Kindheit ohne Vater. Dafür bitte ich sie um Entschuldigung.

Wien, im Sommer 2009

1   Die spanische Monarchie

Die spanische Monarchie, in der König Philipp II. in der zweiten Hälfte des 16. Jahrhunderts herrschte, hatte sich ab dem letzten Viertel des 15. Jahrhunderts relativ rasch formiert.[1] 1469 heiratete der aragonesische Thronfolger Ferdinand II. (1452–1516) seine Cousine, die kastilische Prinzessin Isabel I. (1451–1504). Diese war erst im Jahr davor von ihrem Halbbruder, König Heinrich IV. von Kastilien-León (1425–1474), als Thronfolgerin in jenem Königreich anerkannt worden. Im Dezember 1474, als Isabel I. in Kastilien-León die Herrschaft antrat, oder auch im Januar 1479, als Ferdinand II. seinem Vater Johann II. (1398–1479) in den Ländern der aragonesischen Krone als König nachfolgte, bestanden auf der Iberischen Halbinsel noch fünf verschiedene Reiche: Kastilien-León, die Länder der Krone von Aragón, Navarra und Portugal sowie das muslimische Königreich von Granada. Die Herrscher der vier christlichen Länder waren allerdings mannigfach miteinander verschwägert. Als Karl I., der spätere Kaiser Karl V. (1500–1558), der Enkel der Herrscher von Kastilien-León und Aragón, nach dem Tod König Ferdinands II. 1516 auf der Iberischen Halbinsel die Herrschaft antrat, gab es dort nur noch zwei Dynastien – das Haus Avis in Portugal und das Haus Habsburg, die »Casa de Austria«, in allen anderen Königreichen. Denn 1492 war es Ferdinand II. und Isabel I. gelungen, das Königreich Granada zu erobern und der kastilischen Krone anzuschließen – als eine der Folgen der Eroberung hatten sie 1496 vom Papst den Ehrentitel »Katholische Könige« erhalten –, und 1512 hatte Ferdinand II. den auf der Südseite der Pyrenäen liegenden Teil des Königreichs Navarra annektiert,

der unter Wahrung seiner Sonderrechte 1515 der Krone von
Kastilien inkorporiert wurde.

Das waren nicht die einzigen territorialen Veränderungen,
die in der Regierungszeit der Katholischen Könige stattfanden.
Vielmehr schufen sie die Grundlagen dafür, dass unter ihrem
Nachfolger Karl V. die spanische Monarchie zu einer Weltmacht aufsteigen konnte. Doch Spanien war unter den Katholischen Königen kein zentralisierter Einheitsstaat, sondern eine
Matrimonialunion. Sowohl die aragonesische Krone als auch
jene von Kastilien-León folgten weiterhin eigenen Interessen
einer expansiven Territorialpolitik. Die Krone von Aragón
bestand aus insgesamt sieben Teilen. Es waren dies im iberischen Raum die Königreiche Aragón, Valencia und Mallorca
sowie das Fürstentum von Katalonien. Bereits 1282 hatte der
aragonesische König Sizilien okkupiert und 1324 das Königreich Sardinien. 1504 gelang es Ferdinand II., auch das Königreich Neapel gegen die ehrgeizigen Bestrebungen Frankreichs
zu erwerben.[2] Das westliche Mittelmeer wurde damit endgültig zu einem aragonesischen, oder, zieht man in Betracht,
dass unter den Katholischen Königen in Fortführung der
Conquista von Granada auch in Nordafrika Territorien erobert
wurden – Melilla 1497, Mazalquivir 1505, Oran 1509, Bugia
und Tripolis 1510 –, zu einem »spanischen« Meer.

Portugal war nach der Eroberung von Granada und Navarra
der einzige Konkurrent der kastilischen und aragonesischen
Monarchie auf der Iberischen Halbinsel geblieben. Mit Portugal mussten die Katholischen Könige daher zu einem Ausgleich der Interessen kommen. Dies war umso nötiger, als
König Alfons V. von Portugal (1432–1481) – dessen Schwester
Leonor (1436–1467) mit Kaiser Friedrich III. (1415–1493)
verheiratet war – sich im kastilischen Bürgerkrieg, der nach
dem Tod Heinrichs IV. 1474 ausgebrochen war, militärisch auf
die Seite einer mächtigen Adelsgruppe gestellt hatte, die Juana
(1462–1530), die Tochter des verstorbenen Königs, zur neuen
Herrscherin proklamieren wollte. Alfons V., der die Thron-
prätendentin heiratete – was im Falle der Durchsetzung der so
entstehenden Ansprüche anstelle der kastilisch-aragonesischen

eine portugiesisch-kastilische Matrimonialunion bedeutet hätte –, schloss nach einigen verlorenen Schlachten 1479 mit Ferdinand II. und Isabel I. den Friedensvertrag von Alcáçovas ab. Dieser legte nicht nur jene Grenzen zwischen Kastilien und Portugal endgültig fest, die mit geringfügigen Ausnahmen auch heute noch gelten, sondern sollte sich noch in anderer Hinsicht als folgenschwer erweisen. Denn Ferdinand II. und Isabel I. mussten darin anerkennen, dass der Seeweg um Afrika nach Indien ausschließlich den Portugiesen vorbehalten sein sollte. An den afrikanischen Küsten bekamen nur diese das Recht, Handelsstützpunkte zu begründen.

Die Kastilier waren durch den Vertrag definitiv davon ausgeschlossen, am reichen indischen Gewürzhandel teilzunehmen. Gleichzeitig machte die Eroberung von Granada 1492 finanzielle Ressourcen frei, so dass Ferdinand II. und Isabel I. den Plänen des Genuesen Cristoforo Colombo (Christoph Kolumbus) (1451?–1506) nicht mehr ablehnend gegenüber standen, die reichen Schätze Indiens auf dem Westweg zu erschließen. Das, was Kolumbus mit seinen drei Schiffen im Oktober 1492 entdeckte, war zwar nicht das Reich eines asiatischen Großkhans, sondern die Inselwelt der Karibik, doch öffnete er mit seinen Entdeckungen das Tor zu einer wahrhaft »Neuen Welt«. Bis zum Ende der Regierungszeit der Katholischen Könige wurden die Inseln der Karibik, vor allem Cuba, Santo Domingo, Puerto Rico und Jamaica, für die kastilische Krone in Besitz genommen, auch Teile der Küsten des kontinentalen Festlandes Süd- und Mittelamerikas befuhr bereits Kolumbus. Und schon 1513 durchquerte Vasco Núñez de Balboa (1475–1519) die Landenge von Panamá und entdeckte den Pazifik.

Der Konflikt, der wegen der neuen Entdeckungen sofort mit Portugal auszubrechen drohte, das seine Handelsinteressen erheblich gefährdet sah, wurde durch den Papst entschärft. Alexander VI. (1431–1503), als Mitglied der Familie Borja (Borgia) aus Aragón stammend, teilte 1493 mit einer zu Berühmtheit gelangten Bulle die Interessenzonen zwischen Kastilien und Portugal. Die im Vertrag von Alcáçovas entlang

einer Ost-West-Linie geregelten Einflusszonen wurden fortan
entlang einer Nord-Süd-Linie geteilt. 1494, im Vertrag von
Tordesillas zwischen Kastilien und Portugal, wurde diese Linie
mit 370 Leguas (Meilen) westlich der Kapverdischen Inseln
fixiert. Westlich dieser Linie sollten die Kastilier das ausschließ-
liche Entdeckungs-, Navigations- und Kolonisationsrecht
haben, östlich davon, mit Ausnahme der Kanarischen Inseln,
die Portugiesen. Als nach der Entdeckung der Philippinen
1521 der Streit zwischen den beiden iberischen Mächten
neuerlich aufflammte, dieses Mal um die Einflusszonen in
Ostasien, wurde die Tordesillas-Linie im Vertrag von Zaragoza
1529 auf die andere Seite des Globus verlängert.

Das Jahr 1492 stellt noch in anderer Hinsicht eine bedeutende Zäsur in der Geschichte der Iberischen Halbinsel dar.
Denn bereits kurz nach der Eroberung von Granada dekre-
tierten Ferdinand II. und Isabel I. die Vertreibung all jener
Juden, die sich nicht taufen lassen wollten. Gemeinsam mit den
Maßnahmen gegen die Muslime, die trotz gewisser Schutz-
garantien bereits zehn Jahre nach der Eroberung von Granada
ein ähnliches Schicksal erlitten, zeigt das antijüdische Dekret
den Willen der Monarchen, auch in religiöser Hinsicht die
Iberische Halbinsel zu vereinheitlichen.

Das Übergewicht der kastilischen Länder in der kastilisch-
aragonesischen Matrimonialunion der Katholischen Könige
wird beim Vergleich der Bevölkerungszahlen der iberischen
Königreiche sichtbar. Kastilien mit seinen sämtlichen Provinzen, also auch dem neu eroberten Granada, erstreckte sich über
eine Fläche von ungefähr 385 000 Quadratkilometern, auf
denen etwas mehr als vier Millionen Menschen wohnten. In
den vier iberischen Teilen der aragonesischen Krone lebten auf
ungefähr 110 000 Quadratkilometern etwa 800 000 Menschen, das kleine Königreich Navarra (12 000 Quadratkilometer) bevölkerten nur 120 000 Personen.

Die wichtigsten Großstädte Kastiliens lagen im Tal des
Duero. Mit mehr als 10 000 Einwohnern waren dies Burgos,
Valladolid, Medina del Campo und das leonesische Salamanca.
In Neukastilien kann nur Toledo als Großstadt bezeichnet

werden. Der Rest der Großstädte mit mehr als 10000 Einwohnern lag in Andalusien. Zu diesen zählten Sevilla und Córdoba sowie die erst 1487 unter christliche Herrschaft gelangte Hafenstadt Málaga und das 1492 eroberte Granada. In den aragonesischen Reichen können Zaragoza, Barcelona und Palma de Mallorca mit mehr als 10000 Menschen als Großstädte bezeichnet werden, sowie Valencia, das mit seinen 70000 Einwohnern eine der größten Städte Europas war.

Während des gesamten 16. Jahrhunderts lässt sich in allen Königreichen der spanischen Monarchie ein kontinuierlicher Bevölkerungsanstieg beobachten. Gegen Ende des Jahrhunderts lebten allein in den kastilischen Ländern ungefähr sechs Millionen Menschen, in den aragonesischen 1,25 Millionen und in Navarra 150000 Personen. Dieser Bevölkerungsanstieg muss ganz wesentlich mit einem Anstieg der Natalität in Verbindung gebracht werden, die im 16. Jahrhundert zwischen 35 und 45 pro 1000 Einwohnern betrug. Denn die Mortalitätsrate ging keineswegs zurück – ganz im Gegenteil, es kam immer wieder zu starken Pestwellen.

Die Auswanderung in die Neue Welt hatte dagegen eine relativ geringe Bedeutung für die Bevölkerungsentwicklung auf der Iberischen Halbinsel. Während des gesamten 16. Jahrhunderts dürften nicht viel mehr als 200000 Menschen, hauptsächlich aus Andalusien, der Extremadura und Neukastilien, den Weg über den Ozean gewagt haben. Sehr wohl aber gab es eine wegen der dortigen Religionskriege relativ starke Einwanderung aus Frankreich auf die Iberische Halbinsel, vor allem in die aragonesischen Länder. Die Zuwanderer hatten dort in der zweiten Hälfte des 16. Jahrhunderts einen Anteil von ungefähr zwanzig Prozent der Bevölkerung und sind mit ungefähr 250000 Menschen zu beziffern.

Die Bevölkerung auf der Iberischen Halbinsel war sehr ungleichmäßig verteilt. Während in Mallorca 25 Menschen für den Quadratkilometer berechnet werden, lebten in Kastilien nördlich des Tajo oder im Königreich Valencia durchschnittlich zwanzig Personen pro Quadratkilometer. Es gab auch viel dünner besiedelte Regionen wie Katalonien mit elf Bewohnern, das Königreich Aragón mit sieben oder gar die Extremadura oder La Mancha mit nur fünf Menschen pro Quadratkilometer.

Ungefähr achtzig Prozent der Bevölkerung im 16. Jahrhundert waren Bauern, die allerdings unter sehr verschiedenen ökonomischen Bedingungen lebten. Es gab Bauern, die ihr eigenes kleines Stück Land bearbeiteten, doch viele ernährten sich nur als Taglöhner bei den großen weltlichen und kirchlichen Grundherren. Alle gemeinsam stöhnten unter der Vielzahl an Abgaben, die ihnen auferlegt waren: kirchlicher Zehent, königliche Steuern und Rechte der Grundherren.

Die städtische Bevölkerung war im wesentlichen geprägt von drei Gruppen, den niederen Adligen (»caballeros«), die ihre Einkünfte aus Landbesitz, aus der Vermietung von städtischen Häusern und aus städtischen Ämtern bezogen und es schafften, ihre Vorherrschaft in der Stadt aufrecht zu erhalten, den Händlerfamilien, die sich meist durch große Mobilität und durch besondere internationale Vernetzung auszeichneten, ganz abgesehen davon, dass es in dieser Schicht auch sehr viele Ausländer gab, beispielsweise Genuesen, und schließlich den Handwerkern, die auch in den spanischen Ländern in Zünften und Gilden organisiert waren. In den Städten ebenso wie auf dem Land befand sich der Klerus. Gegen Ende des 16. Jahrhunderts waren es ungefähr 100 000 Personen, die zu diesem Stand, der seine Privilegien erhalten, partiell sogar erweitern konnte, zu zählen waren. Diese hohe Anzahl an Kirchenleuten, von denen ein Viertel Mitglieder weiblicher Orden war, erklärt sich nicht nur aus der Dominanz der Religion in der Gesellschaft, sondern auch deshalb, weil die Kirche noch immer jene Institution war, die einen sozialen Aufstieg ebenso wie die Sicherung des Überlebens ermöglichte.

Schließlich ist noch einmal der Adel zu erwähnen, der in sich heterogen war. Auf der einen Seite gab es in Kastilien ungefähr einhundert, in den aragonesischen Ländern fünfzig hochadlige Titel, auf der anderen Seite allein in Kastilien an die 100 000 niederadlige Familien, die sogenannten Hidalgos.

Auffällig ist jedenfalls die große Zahl an Menschen in der spanischen Gesellschaft, die Adelstitel hatten, wobei sich hier der Bogen vom armen Hidalgo, dem Miguel de Cervantes (1547–1616) in seinem »Don Quijote de la Mancha« ein unsterbliches literarisches Denkmal gesetzt hat, hin spannte bis zu jenen Familien mit einer Vielzahl an Adelstiteln, die beispielsweise große Teile von Andalusien kontrollierten und die immer wieder die hohen Ämter in der spanischen Monarchie ausübten.

Am Rand der Gesellschaft schließlich standen die Minderheiten, die in vielfältiger Art und Weise marginalisiert und diskriminiert wurden. Dazu zu zählen sind ethnische Minderheiten wie konvertierte Juden, Morisken und Gitanos, sowie soziale Minderheiten wie die Gruppe der Sklaven, des Strandgutes der Kriege im Mittelmeerraum oder der Unternehmungen des internationalen Sklavenhandels. Gegen Ende des 16. Jahrhunderts gab es ungefähr 50 000 Sklaven, zur einen Hälfte Schwarzafrikaner, zur anderen Muslime.

Ungefähr zwanzig Prozent der Bevölkerung auf der Iberischen Halbinsel waren als arm zu bezeichnen, als so arm, dass sie wirklich täglich um das Überleben kämpften. Die Armut in der spanischen Gesellschaft war so omnipräsent, dass sie mehrfach in der zeitgenössischen Literatur verewigt wurde, so in pikaresken Romanen wie »Lazarillo de Tormes«, dessen Autor unbekannt ist, oder »Guzmán de Alfarache« von Mateo Alemán (1547–1613). Das Problem der Armut konnte die frühneuzeitliche spanische Gesellschaft nicht lösen, sieht man davon ab, dass sich die Betroffenen in Hospitälern, an Klosterpforten oder beim Betteln von Haus zu Haus mühsam das Allernotwendigste zusammenkratzen konnten.

Ein Großteil der Menschen lebte von der Landwirtschaft. In den kastilischen Ländern ist dabei auf drei unterschiedliche Klimazonen zu verweisen, die unterschiedliche landwirtschaftliche Betätigungen hervorriefen. Im feuchten, an den Atlantik grenzenden Norden wurde Getreide angebaut, Obst kultiviert und Viehzucht betrieben. Die trockene, klimatisch betrachtet kontinentale Hochebene der kastilischen Meseta mit ihrem trockenen und niederschlagsarmen Klima produzierte Getreide, vor allem Weizen, während die Bewohner des etwas feuchteren Andalusien vornehmlich von Getreide und Wein sowie der Olivenölproduktion lebten.

Das Schaf war das wichtigste Nutztier der kastilischen Wirtschaft. In seiner Genügsamkeit war es optimal an die Härten des Klimas angepasst. Die Schafzucht war für eine Besonderheit auf der Iberischen Halbinsel verantwortlich. Denn die Tiere wurden im Sommer auf die grünen, fetten Weiden im Norden getrieben, während sie im Winter hunderte Kilometer weiter im Süden, in La Mancha, in der Extremadura oder in Andalusien weideten, vornehmlich auf den im Sommer verdorrten Territorien der Militärorden. Der Transport, der eine bedeutende Logistik erforderte, wurde durch eine einzigartige Institution kontrolliert, durch den »Ehrenwerten Rat der Mesta« (»Honrado Concejo de la Mesta«), eine Organisation der meist kirchlichen und adligen Schafbesitzer, die die Wege der Schafherden gegen die Interessen der Landeigentümer zu verteidigen hatte und durch zahlreiche königliche Privilegien geschützt war. Das Schaf wurde auf seinem Weg von Süden nach Norden und umgekehrt nicht nur zu einem wichtigen Düngerlieferanten für die kastilischen Böden, sondern ein bedeutender Teil der Wirtschaft hing von der Schafwolle ab. Ganze Städte wie beispielsweise Segovia oder Cuenca lebten von der Verarbeitung der Wolle, die Textilprodukte waren das wichtigste Exportgut Kastiliens und wurden vor allem nach Norden in die Niederlande vertrieben. Dieser Handel ging über Burgos und den Hafen von Bilbao (Bilbo), weshalb in den beiden Städten 1494 bzw. 1511 Konsulate begründet wurden, die die Händler zu kontrollieren, die Interessen der Produzenten zu schützen und als Gerichtsstand bei Streitigkeiten zu fungieren hatten.

Natürlich waren Wollprodukte nicht die einzigen Exportgüter der kastilischen Wirtschaft. Die Waffen von Toledo, die Seide von Granada oder die Lederwaren von Córdoba konnten aber niemals die wirtschaftliche Bedeutung der Wolle erreichen. Deren Handel begünstigte auch die Entstehung von wichtigen Messezentren wie Medina del Campo, Medina de Rioseco oder Villalón, die unter tatkräftiger Förderung der Katholischen Könige zu bedeutenden europäischen Finanzplätzen wurden, ganz abgesehen davon, dass die baskische Schiffbauindustrie nicht nur wegen des europäischen Handels, sondern auch wegen der Expansion in der Neuen Welt einen wichtigen Aufschwung nahm.

Ist in der Wirtschaft der kastilischen Länder unter den Katholischen Königen eine positive Konjunktur zu bemerken, die nicht zuletzt auf die zunehmende internationale Verflechtung und den Export zurückzuführen ist, muss für die Länder der Krone von Aragón die gegenteilige Entwicklung konstatiert werden. Die katalanische Wirtschaft geriet damals in eine Phase der Depression. Die Ursachen für diese wirtschaftliche Rezession sind mannigfaltig. Zu nennen sind soziale Unruhen auf dem flachen Land, der Niedergang der Textilindustrie sowie die Reduktion des Seehandels auf das westliche Mittelmeer aufgrund der Expansion des Osmanischen Reichs. Einzig das Königreich Valencia erlebte eine gewisse Prosperität wegen der größeren Diversifikation der landwirtschaftlichen Produkte wie Reis, Safran und Zucker und eines intensiven Handels mit Nordafrika, der vor allem Gold und Sklaven einbrachte. Insgesamt betrachtet sollte sich aber die Wirtschaft in den Ländern der aragonesischen Krone erst wieder im 18. Jahrhundert erholen.

In der Feudalgesellschaft der Iberischen Halbinsel war der Adel die dominante Schicht der Gesellschaft, vor allem der hohe Adel, der über die nötigen Titel und das dazugehörige Land verfügte. Gerade dieser hohe Adel, der auch die wichtigsten Bischofsstühle kontrollierte, hatte im kastilischen Bürgerkrieg nach dem Tod Heinrichs IV. das Land polarisiert und war eigenen Interessen gefolgt, ganz abgesehen davon, dass er sich in den letzten Jahren der Regierung Heinrichs IV. immer mehr Rechte angemaßt und die königliche Macht zurückgedrängt hatte. Ferdinand II. und Isabel I. versuchten, den Einfluss des hohen Adels auf die Monarchie zurückzudrängen. Das gelang ihnen aufgrund mehrerer Maßnahmen. So mussten

sämtliche Privilegien, vor allem jene fiskalischer Natur, zur
Bestätigung vorgelegt werden – viele von diesen wurden nicht
mehr erneuert. Außerdem gelang es Ferdinand II., als Administrator der Militärorden von Santiago, Alcántara und Calatrava eingesetzt zu werden. Wegen der reichen Ländereien
dieser Orden wurde dem Adel damit eine ökonomische Basis
entzogen und der Monarchie dienstbar gemacht. Gleichzeitig
wurde aber auch der Adel, der sich der Herrschaft Isabels I. im
Bürgerkrieg widersetzt hatte, gnädig behandelt, was Loyalitäten stärkte. Die Kommenden der Militärorden samt ihren
reichen Einkünften übergaben die Monarchen an verdiente
Adlige – der 1495 geschaffene »Consejo de Órdenes«, der
Ordensrat, widmete sich als zentrale Behörde der Regierung
und dem Justizwesen auf den Gebieten der Orden.

Von Bedeutung ist es, dass es Ferdinand II. und Isabel I.
durch die Schaffung der »Santa Hermandad«, der »heiligen
Bruderschaft«, einer Art Polizei, im Jahre 1476 gelang, sukzessive den Landfrieden wieder herzustellen. Außerdem stärk-
ten die Monarchen das städtische Bürgertum, indem sie den
Einfluss des Adels auf die städtischen Räte einschränkten. Das
erzeugte nicht nur neue Loyalitäten, sondern machte gebildete
Schichten der Gesellschaft bereit zum Dienst an der Monarchie. Und der bäuerlichen Landbevölkerung wurde die persönliche Freiheit gegenüber dem Adel bestätigt, was zwar die
häufig miserablen Lebensbedingungen nicht änderte, aber
potentielle Konflikte minimierte.

Nicht nur die Kontrolle der Ländereien der Militärorden
ermöglichte finanzielle Einnahmen, sondern auch die so
genannte »Cruzada«, eine Art Kreuzzugsteuer, die die Kirche
wegen des Krieges in Granada konzedierte, obwohl sie von der
Steuerpflicht eigentlich befreit war. Auch das »königliche
Drittel«, zwei Neuntel des Zehents, gab die Kirche an die
Könige als Hilfe im granadinischen Krieg ab. Diese Hilfe blieb
auch nach der Eroberung Granadas bestehen. Für die Verwaltung dieser kirchlichen Einkünfte wurde ebenfalls ein
eigenes Ratsgremium eingerichtet, der 1509 begründete
»Consejo de la Cruzada«, der Kreuzzugsrat. Diese kirchlichen

Einkünfte, ebenso wie gewisse Geldbewilligungen der Stände (»Cortes«) ermöglichten den Monarchen eine Verbesserung der finanziellen Situation der Königreiche und eine größere Unabhängigkeit gegenüber dem Adel. Außerdem wurden die staatlichen Finanzen durch die Schaffung zweier Finanzbehörden effizienter gemacht. Die »Contaduría Mayor de Cuentas« und die »Contaduría Mayor de Hacienda« kontrollierten die Einnahmen und Ausgaben und überwachten sämtliche finanziellen Angelegenheiten. Die aragonesischen Länder hatten ein eigenes Finanzsystem. Die dortigen Einnahmen waren aber nur für aragonesische Angelegenheiten reserviert, während die kastilischen im Dienste der Gesamtmonarchie eingesetzt werden konnten.

Die bereits erwähnten Ratsgremien waren nicht die einzigen administrativen Neuerungen Ferdinands II. und Isabels I. Der »Consejo Real de Castilla«, der königliche Kastilienrat, der schon im 14. Jahrhundert geschaffen worden war, bekam ab 1480 eine Zuständigkeit für alle Bereiche der Innen- und Außenpolitik, dort wurden die Bestellungen aller wichtigen Ämter vorgenommen, der Rat wurde auch zum Obersten Gerichtshof. Eine ähnliche Institution wurde 1494 auch für die aragonesischen Länder geschaffen, der »Consejo Supremo de Aragón«. In diesen Räten wurden bald hauptsächlich akademisch gebildete Personen installiert, was den Einfluss des hohen Adels und Klerus auf die Politik etwas verringerte. Zwischen den Räten und den Monarchen vermittelten Sekretäre, die ebenfalls meist niederen Standes waren.

Schließlich wurde der Einfluss der Ständeversammlungen, der Cortes, in Kastilien immer mehr reduziert. Ihr Gewicht ging schon deshalb zurück, weil sich der Adel und der Klerus immer mehr aus ihnen zurückzogen. Das größte Gewicht hatten dort damit die Vertreter von 18 Städten mit Stimmrecht. Doch wurden die Cortes immer seltener einberufen, ein Vorgang, der auch in den aragonesischen Ländern, wo jedes Königreich eine eigene Ständeversammlung hatte, zu beobachten ist.

Dem königlichen Willen in den entferntesten Winkeln der Monarchie wurde durch den »Corregidor« Nachdruck verliehen, der die Interessen der Monarchen gegenüber dem Vertreter der lokalen Interessen, dem »Regidor«, wahrnahm. Schließlich wurden auf dem Sektor des Gerichtswesens noch Appellationsgerichtshöfe eingerichtet, die zwischen den lokalen Gerichten und dem Kastilien- bzw. Aragónrat standen, die »Real Audiencia y Chancillería« von Valladolid (1489), jene von Ciudad Real, später transferiert nach Granada (1494 bzw. 1505), die Audiencia von Zaragoza, die von Barcelona (beide 1493) sowie jene von Valencia (1507). Bereits 1511 richtete König Ferdinand II. einen eigenen Appellationsgerichtshof in der Neuen Welt ein, die Audiencia von Santo Domingo.

All diese Maßnahmen erklären aber noch nicht, warum Ferdinand II. und Isabel I. den Grundstein legen konnten für eine spanische Monarchie, die Europa und die Welt durch eineinhalb Jahrhunderte dominierte. Dazu gehörte ein professionelles Heer ebenso wie ein funktionierender diplomatischer Dienst. Dieser war wegen der vielfältigen Interessen der kastilisch-aragonesischen Monarchie und wegen der dauernden Rivalität mit Frankreich notwendig geworden. So waren es Ferdinand II. und Isabel I., die mit der Schaffung eines permanenten Botschafterwesens in Rom, Venedig, London, Brüssel und am Kaiserhof begannen, überall dort also, wo potentielle Feinde des französischen Königs saßen.[3]

Auf dem militärischen Sektor hatte der Krieg um Granada als Exerzierfeld gedient, um die militärischen Strukturen zu modernisieren. Schon damals wurden besonders Fußsoldaten und eine starke Artillerie eingesetzt und neue Belagerungstechniken mit Schanzen und Minen entwickelt. In den italienischen Kriegen, vor allem um Neapel, gelang es dann Gonzalo Fernández de Córdoba (1453–1515), der für seine Erfolge den Ehrentitel eines »Großen Kapitäns« erhielt, das System des »Tercio« zu schaffen. Es waren dies große militärische Einheiten von 6000 Mann Fußsoldaten, die mit Piken, Musketen und Armbrüsten ausgerüstet waren, im Karree marschierten und sich durch große Beweglichkeit auszeichneten. Diesen Fußtruppen wurde leichte Reiterei hinzugefügt.

Dieses System war auf fast allen europäischen Schlachtfeldern bis 1643 nahezu unüberwindlich.[4]

Die schon angedeutete Rivalität mit Frankreich war einer der Gründe dafür, dass die Katholischen Könige ganz Europa mit einem Netz von dynastischen Heiratsallianzen überzogen. Der Verbesserung der Beziehungen zu Portugal diente die Ehe ihrer Tochter Isabel (1470–1498) mit König Manuel I. (1469–1521), der Schaffung einer antifranzösischen Allianz die Verbindung ihrer Tochter Katharina (1485–1536) mit Heinrich VIII. von England (1491–1547). Am folgenschwersten sollte sich aber die Verbindung mit dem Haus Habsburg erweisen. 1496/1497 heirateten Juan (1478–1497) und Juana (1479–1555), Kinder der Katholischen Könige, jene des Römischen Königs Maximilian I. (1459–1519) und Marias von Burgund (1457–1482), nämlich Philipp I. (1478–1506) und Margarete (1480–1530) von Österreich-Burgund. Was ursprünglich nur als starkes antifranzösisches Bündnis gedacht war, sollte nach dem unerwarteten Tod aller anderen Thronkandidaten das Haus Habsburg zur Regierung der spanischen Monarchien führen.

Nach dem Tod Isabels I. 1504 ging die Regierung Kastiliens nach einer kurzen Regentschaft König Ferdinands II. an Philipp I. von Österreich-Burgund und Juana. Philipp I. starb allerdings bereits 1506. Damals war schon klar geworden, dass Juana wegen einer psychischen Krankheit die Regierung nicht würde ausüben können. König Ferdinand II. übernahm daher neuerlich die Regentschaft Kastiliens in Vertretung seiner kranken Tochter, deren beide Söhne, der 1500 geborene Karl V. sowie der 1503 geborene Ferdinand I. († 1564), noch minderjährig waren. Die Union zwischen den aragonesischen und kastilischen Kronen wäre damals beinahe wieder zerbrochen, heiratete doch Ferdinand II. neuerlich. Der Sohn aus dieser Ehe starb aber bereits als Kleinkind, so dass 1516, nach dem Tod König Ferdinands II., Herzog Karl von Burgund, Erzherzog von Österreich, die Nachfolge in den Iberischen Ländern und in der Neuen Welt antreten konnte. Karl, der in den Niederlanden erzogen worden war, fügte das

burgundisch-niederländische Erbe seiner Großmutter väterlicherseits den spanischen Territorien hinzu, während sein
Bruder Ferdinand I. vorerst mit den österreichischen Ländern
der Habsburger vorlieb nehmen musste.

Karl kam im September 1517 auf der Iberischen Halbinsel
an. Doch kaum hatten ihn die Cortes von Kastilien (Februar
1518) als neuen König anerkannt, ebenso jene von Aragón
(Januar 1519), traf die Nachricht vom Tod seines Großvaters
Maximilian I. ein. Karl verließ bereits im Frühling 1520 seine
neuen Königreiche, um nach seiner Wahl durch die Kurfürsten
zur römischen Königskrönung nach Aachen zu reisen. Schon
kurz nach der Abreise des Monarchen kam es in Kastilien zu
einer bald revolutionär werdenden Protestbewegung, der sogenannten Rebellion der »Comuneros«. Mittlere und niedere
städtische Gruppen opponierten gegen die Einsetzung von
Ausländern in den wichtigsten Ämtern und die Verwendung
kastilischer Ressourcen für die imperiale Politik Karls V. Wichtige Gründe für den Aufstand sind weiter in der Opposition der
kastilischen Städte gegen die Allianz des Herrschers mit dem
hohen Adel zu suchen, dem Karl die Übernahme städtischen
Grundbesitzes und städtischer Einkünfte ermöglicht und dessen wirtschaftliche Ambitionen auf dem Gebiet der Schafzucht
und des Wollhandels er gegen die städtischen Aktivitäten auf
dem Sektor des Ackerbaus und der Wollverarbeitung unterstützt hatte. Seine Zentren hatte der Aufstand in Ávila, Segovia,
Salamanca, León, Zamora und Toledo, also in den wichtigsten
kastilischen »Industriezentren«. Doch bereits im April 1521
wurde der Aufstand nach einer verlorenen Schlacht und einem
blutigen Strafgericht gegen die Anführer niedergeworfen,
obwohl Toledo noch bis 1522 Widerstand leistete. Der hohe
Adel hatte sich in diesem Konflikt eindeutig auf die Seite des
Monarchen gestellt und konnte dafür auch seine Privilegien
verteidigen. Der monarchische Absolutismus setzte sich damit
ebenso durch wie die Allianz der privilegierten Klassen mit der
Monarchie. Die kastilischen Städte verloren ab diesem Aufstand
ihr politisches Gewicht, auf dem flachen Land wurde die
Adelsherrschaft endgültig zementiert.

Auch in den Königreichen von Valencia und Mallorca gab es revolutionäre Aufstände gegen Karl V., die sogenannten »Germanías«. Die Ursachen dafür waren ähnlich gelagert wie in Kastilien, einer der Gründe lag in der Unzufriedenheit über die beständigen Versuche schon seit der Zeit Ferdinands II., in die städtischen Belange hinein zu regieren und die niederen städtischen Schichten aus der Regierungsverantwortung zu drängen. Auch das Unbehagen über den wirtschaftlichen Niedergang der aragonesischen Länder hat viel zu den Aufständen beigetragen, die allerdings wegen eines gewissen programmatischen Defizits nie so gefährlich für die Gesamtmonarchie wurden wie die Rebellion in Kastilien. Auch in Valencia und Mallorca verbündete sich der hohe Adel mit dem Herrscher. Bis 1522 wurden daher die »Germanías« besiegt, die absolute Monarchie in den spanischen Königreichen setzte sich endgültig durch.

Die spanischen Länder blieben unter den Habsburgern eine zusammengesetzte Monarchie (»Monarquía compuesta«), eine Ansammlung von verschiedenen Territorien, die alle ihre eigenen Rechte und Gesetze und ihre eigenen institutionellen Apparate hatten. Als Gesamtbezeichnung begannen sich die Termini »Monarquía hispánica« oder auch »Monarquía católica« durchzusetzen, Begriffe, die alle Länder unter der Regierung der habsburgischen Monarchen zwischen den Niederlanden und Süditalien über die Iberische Halbinsel und Amerika bis auf die fernen Philippinen umfassten. Denn die Krone erweiterte ihre überseeischen Besitzungen sehr rasch. 1519 bis 1522 umfuhren der aus Portugal stammende Kapitän Fernão de Magalhães (Fernando de Magallanes) (1480?−1521) und der Kastilier Juan Sebastián Elcano (1486?−1526) das erste Mal die Welt, was zur Entdeckung der Marianen und Philippinen führte, 1519 bis 1521 wurde das aztekische México durch Hernán Cortés (1485−1547) erobert, 1532 bis 1535 das Andenreich der Inkas durch Francisco Pizarro (1476?−1541). Bis zur Mitte des 16. Jahrhunderts beherrschten die Spanier bereits grob gesprochen den gesamten amerikanischen Kontinent zwischen der Südgrenze der heutigen Vereinigten

Staaten und dem heutigen Argentinien und Chile. Nicht
erobert waren damals die Südspitze Südamerikas sowie das
Amazonasgebiet. An der brasilianischen Küste begannen ab
1500 die Portugiesen mit ihren Kolonisationsunternehmun-
gen.

Dieses komplizierte Gebilde der spanischen Monarchie
entwickelte sich in einem permanenten Zusammen- und
auch Gegenspiel seiner einzelnen Teile weiter. Maßnahmen
des Monarchen, die nur ein Reich betrafen, mussten sich
zwangsläufig auf die anderen Glieder der Monarchie auswirken, vor allem, weil der König und seine Räte permanent
versuchten, partikularistische Tendenzen zu unterbinden. Als
Mittel des königlichen Absolutismus wurde das unter den
Katholischen Königen begründete System der einzelnen Räte
noch ausgebaut. 1517 schuf Karl V. den »Consejo de Guerra«,
den Kriegsrat, der 1521 dem neu geschaffenen »Consejo de
Estado«, dem Staatsrat, untergeordnet wurde.[5] Dieser Staatsrat
war allein verantwortlich für die Außenpolitik der Monarchie.
Hier zeigt sich deutlich, dass die immer häufigeren interna-
tionalen Verwicklungen und Aktivitäten der spanischen
Monarchie samt den zahlreichen Kriegen schlagkräftiger
Instrumentarien bedurften.

Die immer komplexeren Aufgaben der spanischen Monarchie lassen sich deutlich an der weiteren Entwicklung der
einzelnen Ratsgremien verfolgen. Denn bereits 1523 schuf
Karl V. den »Consejo de Hacienda«, den Finanzrat, in dem
sukzessive die unter den Katholischen Königen begründeten
Contadurías aufgingen. Die große Bedeutung, die die Neue
Welt bereits in den Anfangsjahren Karls V. gewonnen hatte,
macht die 1524 erfolgte Gründung des »Consejo de Indias«, des
Indien- (= Amerika-)rates deutlich. Auch die Verwaltung der
italienischen Reiche wurde immer komplexer, so dass 1555 aus
dem Rat von Aragón die italienischen Belange ausgegliedert
und einem eigenen »Consejo de Italia« zugeordnet wurden.

Mit diesem System thematischer und territorialer Ratsgremien war es der spanischen Monarchie gelungen, ein
effizientes Verwaltungssystem zu errichten, das wesentlich

zur Modernität des Gesamtsystems und zum Zusammenhalt der »Monarquía compuesta« beitrug. Daneben baute Karl V. das System der Sekretäre, der Mittler zwischen den einzelnen Räten und dem Monarchen, noch weiter aus. Nachdem in der Anfangsphase der Regierung Karls V. diese Sekretariatsämter noch hauptsächlich von den ins Land gebrachten Niederländern gehalten wurden, waren es ab den Dreißigerjahren des 16. Jahrhunderts nur noch Spanier. Ohne den Konsens dieser Sekretäre war keine Politik mehr zu machen, ihr großes Fachwissen trug wesentlich zum reibungslosen Funktionieren der spanischen Monarchie bei.

Quasi systemimmanent in einer zusammengesetzten Monarchie wie der spanischen war die häufige, in vielen Königreichen permanente Abwesenheit des Herrschers. Aus diesem Grund wurde die Gestalt des Vizekönigs geschaffen, der als »alter ego« des Königs den Souverän in den weit entfernten Dominien sichtbar repräsentierte. Vizekönige wurden im Laufe des 16. Jahrhunderts nicht nur in allen europäischen Ländern der spanischen Monarchie eingesetzt, also in Valencia, Katalonien, Aragón, Mallorca, Sardinien, Sizilien und Neapel, sondern auch in der Neuen Welt, wo bereits 1535 das Vizekönigreich Neu Spanien (= México und Mesoamerika) und 1543 jenes von Perú (= Südamerika) geschaffen wurden. Die ozeanischen und asiatischen Besitzungen wie die Philippinen unterstanden dabei dem Vizekönig von Neu Spanien. In den zur spanischen Monarchie gehörigen Territorien des Heiligen Römischen Reichs, also in den Niederlanden samt der Freigrafschaft Burgund und im 1535 erworbenen Herzogtum Mailand, konnten keine Vizekönige installiert werden. Das hätte der Verfassung des Heiligen Römischen Reichs widersprochen, weshalb die Vertreter des Königs trotz ihrer den Vizekönigen vergleichbaren Aufgaben dort unter dem Titel eines Gouverneurs residierten.

Die zunehmende Kontrolle aller Lebensbereiche der Menschen in der absolutistischen spanischen Monarchie wird schließlich auch noch daran sichtbar, dass unter Karl V. die Zahl der Appellationsgerichtshöfe, der Audiencias, vermehrt

wurde. Besonders in der Neuen Welt kann man an den Daten
der Gründungen dieser Gerichtshöfe deutlich die zunehmende
Durchdringung des amerikanischen Kontinents mit spanischen
Institutionen verfolgen: Nach der schon erwähnten Gründung
der Audiencia von Santo Domingo (1511) wurde kurz nach der
Eroberung des Aztekenreichs in der Stadt México 1527 ein
Appellationsgerichtshof geschaffen, weitere derartige Gerichtshöfe in Neu Spanien entstanden 1542 in Guatemala und 1548
in Guadalajara. Im Bereich des späteren Vizekönigreichs Perú
gab es ab 1535 die erste Audiencia in Panamá, 1542 folgte Lima
und 1548 Santa Fe de Bogotá.

All die erwähnten Ratsgremien und Gerichtsinstitutionen
zeigen eines ganz deutlich: Ab den Katholischen Königen
erlebte die spanische Monarchie eine zunehmende Bürokratisierung und Diversifizierung der Aufgaben der Amtsträger
der Krone sowie eine Intensivierung der Verwaltung. Damit
einher ging eine Steigerung der Effizienz des werdenden
Staates, der es immer besser schaffte, durch ein rigoroses
Steuerregiment mehr an Einnahmen für die anwachsenden
Aufgaben zu beschaffen, die allerdings mit dem Wachstum des
Imperiums auch immer zahlreicher und verschiedenartiger
wurden. Die spezielle Leistung der spanischen Monarchie in
diesem Modernisierungsprozess ist einerseits darin zu sehen,
dass im Vergleich zu anderen europäischen Monarchien diese
Vorgänge um fünfzig bis hundert Jahre früher in Gang gesetzt
wurden, andererseits darin, dass dieses System, das spätestens ab
Karl V. als ein globales, weltumspannendes bezeichnet werden
muss, relativ reibungslos und sehr effizient funktionierte, und
das zu Zeiten, in denen sich im Vergleich zum Spätmittelalter
die Möglichkeiten der Kommunikation nicht wesentlich verbessert hatten. Zwar hatten die Verkehrsmittel zur See durch
neue Schiffbau- und Segeltechniken sowie durch neue Navi-
gationsinstrumente an Sicherheit und Schnelligkeit gewonnen
– die europäische Expansion über den Mittelmeerraum hinaus
wäre sonst gar nicht möglich gewesen –, doch auf dem Land
funktionierte die Kommunikation noch immer mit dem
Maultier oder dem Pferd auf schlechten, kaum befestigten

Straßen, obwohl bereits die Katholischen Könige 1497 die »Cabaña Real de Carreteros« geschaffen hatten, eine privilegierte Vereinigung lokaler Transportunternehmer, die den Waren- und Nachrichtenaustausch auf der Iberischen Halbinsel verbessern sollten. Das straffe Verwaltungs- und Rechtssystem der spanischen Monarchie mit seinen Ratsgremien, Sekretären, Vizekönigen, Corregidores und Richtern in den Appellationsgerichtshöfen war die bürokratische und effiziente Antwort auf ein vielschichtiges und vielgliedriges territoriales System. Dem König an der Spitze ermöglichte es durch seinen stufenweisen Aufbau eine permanente Kontrolle von oben nach unten und gab ihm die Instrumente in die Hand, im Bedarfsfall rasch zu reagieren.

2 Kindheit und Jugend eines Weltherrschers

2.1 Valladolid 1527: Ein König wird geboren

Der Benediktiner Prudencio de Sandoval (1553–1620), berühmter Biograph Karls V., begann das 16. Buch seiner viel gelesenen Biographie des Kaisers aus dem Hause Habsburg mit den Worten: »1527 [war] viel besprochen und sehr glücklich in Spanien, denn in jenem Jahr wurde der ehrenhafte Fürst, Don Felipe [= Philipp], der allerkatholischste, umsichtigste und weiseste König geboren, den Spanien seit seiner Besiedlung je gehabt hatte.«[1]

Diese jubelnden Worte galten dem späteren König Philipp II., der am 21. Mai 1527 in Valladolid in Kastilien zur Welt kam. Die Eltern des kleinen Prinzen, Karl V. und Isabel (1503–1539) von Portugal, hatten sich im März 1526 in Sevilla verehelicht. Die Flitterwochen verbrachten sie im Palast der letzten maurischen Könige Andalusiens auf der Alhambra in Granada, doch stand die europäische Politik nicht still, auch wenn die jungen Monarchen die Freuden der Ehe genießen wollten. Ganz im Gegenteil, der Frieden mit Frankreich, der König Franz I. (1494–1547) im Vertrag von Madrid im Januar 1526[2] aufgezwungen worden war, hatte schon kurze Zeit später sein unrühmliches Ende gefunden, Spanien und Frankreich befanden sich neuerlich im Krieg. Der Kaiser konnte nicht länger im fernen Andalusien verweilen, sondern musste näher hin zum Zentrum Europas, um die Ereignisse besser überschauen zu können. Daher verließ er mit seiner Gemahlin im November 1526 Granada, um nach Valladolid zu reisen, zu jener Zeit häufig Residenzort des kastilischen Hofes. Außerdem benötigte er dringend Geld

für den Krieg, weshalb er sich in Valladolid mit den kastilischen Cortes beraten wollte.

Die Reise mitten im Winter ging langsam voran, musste
doch Rücksicht auf die Königin genommen werden, deren
Schwangerschaft erst kurz vor der Abreise publik geworden
war. Auch das Wetter spielte verrückt, es war eisig kalt, es
regnete und schneite. Als die kaiserliche Reisegruppe endlich
in Peñafiel eintraf, erwartete sie dort eine Abordnung des Rats
von Valladolid, die sie bat, den Einzug in die Stadt etwas
hinauszuschieben. Denn noch waren nicht alle Vorbereitungen
getroffen, um den Monarchen samt seinem Gefolge zu empfangen. Es hatte 1526 arge Missernten in Kastilien gegeben,
noch fehlten die nötigen Lebensmittel, um den gesamten Hof
zu versorgen.[3]

Als der Kaiser endlich am 14. Januar 1527 in Valladolid einzog, regnete und schneite es neuerlich stark, niemand konnte
sich daran erinnern, je so schlechtes Wetter erlebt zu haben.
Der Pisuerga, normalerweise ein moderater Fluss, trat über
seine Ufer und überschwemmte große Teile der Stadt, zer-
störte die Gärten und Mühlen, es ertranken Menschen und
eine große Menge an Vieh. Die Ständeversammlung musste
daher auf den Februar 1527 verschoben werden.

In der Zwischenzeit war auch die Nachricht eingetroffen,
der Schwager des Kaisers, Ludwig II. von Böhmen und
Ungarn (1506–1526), sei in der Schlacht von Mohács
Ende August 1526 gegen die Osmanen zu Tode gekommen.
Als sich die Wetterlage endlich beruhigt hatte, nahm der Kaiser
mit versteinertem Gesicht am 10. Februar 1527 an den Leichenfeiern in der Kirche San Pablo in Valladolid teil, während
sich sein Bruder, der spätere Kaiser Ferdinand I., gerade um die
Nachfolge in den Königreichen Ungarn und Böhmen bemühte. In jenen Monaten trat der Konflikt zwischen den Habsburgern und den Osmanen in eine neue Phase, sollten sich
doch die meist kriegerischen Auseinandersetzungen in Ungarn
zwischen beiden Mächten bis zum Ende des 17. Jahrhunderts
hinziehen. Auch sonst entwickelten sich die Dinge nicht so,
wie sie Karl V. gerne gehabt hätte. Die Ständeversammlung in

Valladolid verlief weitgehend ergebnislos, weigerten sich doch die Adligen, Karl V. Geld für den Krieg zur Verfügung zu stellen, die Städte betonten, sie könnten nichts zahlen, weil sie noch nicht einmal die 400 000 Dukaten zusammengekratzt hätten, die sie ihm für seine Hochzeitsfeierlichkeiten genehmigt hatten. Und die Geistlichkeit, die sich mehr auf die Vorrangstreitigkeiten zwischen den Erzbischöfen von Sevilla und Santiago de Compostela und zwischen den Bischöfen von Oviedo und Palencia konzentrierte, bot nur Kirchensilber an, kein bares Geld.[4]

Die politische Großwetterlage stand ebenfalls nicht gerade bestens für Karl V. Der spanisch-französische Krieg tobte vornehmlich in Italien, Papst Clemens VII. (1478 – 1534) unterstützte nicht den Kaiser, sondern den französischen König. Zwar waren die karolinischen Truppen erfolgreich und errangen einige Siege in Norditalien, doch da sie ihren Sold nicht erhielten, gerieten sie außer Kontrolle. Ab dem 6. Mai 1527 plünderten die Soldaten des Kaisers, des Verteidigers der Christenheit, der als spanischer König, wie bereits erwähnt, auch noch den Titel eines »rex catholicus« trug, eines Katholischen Königs, die Ewige Stadt, der Papst wurde im Kastell Sant'Angelo belagert.

Der Papst trotzte noch immer der Belagerung durch die kaiserlichen Landsknechte, als am 21. Mai 1527, einem Dienstag, in Valladolid im Hause des Bernardino Pimentel, gleich neben der Kirche von San Pablo, bei Isabel von Portugal die Wehen einsetzten – gar mancher Zeitgenosse fürchtete, dass die Belagerung des Papstes durch die Truppen seines Vaters kein günstiges Omen für das neugeborene Kind wäre. Die Königin war tapfer und ertrug die Schmerzen der Geburt mit eiserner Selbstkontrolle. Angeblich soll sie einer Hebamme, die ihr geraten hatte, ihre Schmerzen hinauszuschreien, in portugiesischer Sprache geantwortet haben: »Sprecht nicht so zu mir, lieber sterbe ich als zu schreien.«[5] Auch soll sie befohlen haben, alle Lampen im Geburtszimmer auszulöschen, damit niemand ihr vom Schmerz verzerrtes Gesicht sehen könne. Um vier Uhr am Nachmittag war es dann endlich so weit: Die

Königin gebar einen gesunden Knaben. Als das Kind seinem Vater, frisch gewickelt, in die Hände gelegt wurde, sagte dieser laut Sandoval: »Gott, unser Herr, mache Dich zu einem guten Christen. Gott, unseren Herrn, bitte ich, Dir seine Gnade zu geben. Ich flehe zu Gott, unserem Herrn, er möge Dich erleuchten, damit Du all die Königreiche zu regieren weißt, die Du erben wirst.« Danach ging der Kaiser angeblich trotz des strömenden Regens in die Kirche von San Pablo, um seinem Gott für die erwiesenen Gnaden zu danken.[6]

Der Erstgeborene und Thronfolger wurde noch am selben Abend von allen Höflingen besichtigt. Rasch verbreitete sich im gesamten Reich die freudige Nachricht von der Geburt des Prinzen. Der Dynastie war es gelungen, ihre Kontinuität sicher zu stellen. Doch ordnete der Kaiser aus Gründen der Sparsamkeit an, keine übertriebenen Feierlichkeiten in seinen Ländern zu veranstalten. Denn der Krieg gegen Frankreich in Italien verschlang Unsummen an Geld.

In der frühen Neuzeit war es durchaus üblich, auch die Kinder von Herrschern gleich nach ihrer Geburt zu taufen. Zu groß war die Gefahr, dass die Säuglinge bald wieder sterben würden, an postnatalen Infektionen, an den Folgen der Beschwerden des Geburtsvorganges oder aufgrund der allgemein mangelhaften Hygiene. Doch der kleine Prinz scheint gesund und kräftig gewesen zu sein. Nicht anders ist es zu erklären, dass mit seiner Taufe mehr als zwei Wochen zugewartet wurde. In dieser Zeit wurde die Kirche von San Pablo feierlich geschmückt. Es wurde ein Gerüstgang mit Triumphbögen hin zum Hochaltar errichtet, reich geziert mit Rosen und anderen Blumen, mit Zitronen, Orangen und weiteren Früchten. In den Bögen wurden Altäre aufgebaut.

Gleich beim ersten Triumphbogen, beim Haus des Don Juan de Mendoza, in dem die Königin wohnte, sollten sich Sänger postieren, einige gekleidet wie Engel, die das »Gloria in excelsis Deo« – »Ehre sei Gott in der Höhe« – beim Erscheinen des Prinzen singen würden. Beim fünften Triumphbogen, auf dem die Taufe des Heiligen Johannes dargestellt war[7], schon innerhalb des Hofes der Kirche, fanden

sich reich geschmückte Statuen aus Silber, vergoldetem Silber
und auch aus Gold, alle von großem Wert. All diese Gegen-
stände waren aus dem Besitz des Kaisers, auch zwei große
Einhörner, befestigt auf zwei mächtigen Kandelabern. Diesen
Stoßzähnen des Narwals haftete nach dem Glauben der Zeit
eine magische Schutzwirkung an. Da nur Jungfrauen die
Einhörner fangen konnten, galten sie auch als das Symbol
der Unbefleckten Empfängnis der Gottesmutter Maria. Rund
um die Taufzeremonie des Prinzen wurde somit die Größe der
Dynastie demonstriert, die Größe eines Hauses, das Gott
liebte wegen seiner Glaubensfestigkeit, wegen seiner Ver-
ehrung der Gottesmutter, wegen seines Kampfes gegen
»Ungläubige« wie die Osmanen oder »Häretiker« wie die
Anhänger Martin Luthers (1483–1546).

Die Kirche von San Pablo war zusätzlich reich ausgestattet
mit seidenen, golddurchwirkten Wandteppichen, die Szenen
aus dem Leben von Jesus Christus darstellten, so seinen
Leidensweg, die Passion. Kurz vor dem Lettner, der schmie-
deeisernen Schranke, die den Hochaltarbereich vom übrigen
Kirchenraum abtrennte, der auch den Laien zugänglich war,
sollte die Taufe stattfinden. Auf der rechten Seite stand ein
Bettchen, abgeschirmt mit karmesinrotem Brokat. Auf der
anderen Seite war ein Altar errichtet worden, geschmückt mit
allen Reliquien, Kreuzen und Heiligenstatuen aus Gold und
Silber, die in San Pablo aufbewahrt wurden. Zwischen diesem
Altar und dem Bett war ein Himmel aus Brokat gespannt,
darunter stand ein silbernes Taufbecken auf einem Teppich aus
demselben Stoff.[8]

Am 5. Juni 1527, einem Mittwoch, wurde endlich die Taufe
gefeiert. Nach einem Gottesdienst in San Pablo ging der Kaiser,
prunkvoll gekleidet in schwarzem und weißem Samt, in
weißen Schuhen und mit einem schwarzsamtenen Hut, am
Nachmittag zum Palast seiner Gemahlin. Der Hochadel Kastiliens nahm an der Taufzeremonie selbstverständlich teil. Beim
Verlassen des Hauses der Kaiserin hielt den kleinen Prinzen
Íñigo Fernández de Velasco, 2. Duque de Frías und 8. Condestable von Kastilien (1455–1528), zu dessen linker Seite ging

Fadrique Álvarez de Toledo y Enríquez de Quiñones, 2. Duque de Alba (1460–1531), der beim Tragen des Kindes behilflich war. Dass diese beiden wichtigen Adligen des Königreichs nur aus zeremoniellen Gründen, um ihren hohen Stand zu demonstrieren und um die Gnade des Herrschers zu zeigen, die sie genossen, den Prinzen in ihren Armen hielten, wird daran sichtbar, dass mit ihnen die Amme des Kindes und die Hebamme der Kaiserin gingen. Hätte der Thronfolger zu weinen begonnen, wäre er an die beiden Frauen übergeben worden. Dieses kleine Detail zeigt noch etwas anderes: Fürstinnen der frühen Neuzeit, so auch die Mutter des Prinzen, stillten ihre Kinder in den seltensten Fällen selbst, sondern überließen diese Aufgabe meist einer oder auch mehreren Ammen. Der hohe Adel kopierte dies nur zu bald, auch im reichen Bürgertum begann sich dieser Brauch durchzusetzen. Eine Amme stillte in manchen Fällen auch mehrere Kinder. Die dadurch entstehende »Milchbruderschaft« konnte durchaus zur sozialen Netzwerkbildung, vor allem beim Adel, beitragen und zum Konfliktausgleich zwischen den einzelnen Familien dienen.

Vor dem Condestable und dem Duque de Alba gingen weitere hohe Adlige. Juan Sarmiento, Conde de Salinas, trug die Wasserbecken, Pedro Fernández de Velasco, 5. Conde de Haro und Sohn des Condestable († 1559), das Chrisam, der zweitgeborene Sohn Albas und spätere Vizekönig von Neapel, Pedro Álvarez de Toledo y Zúñiga, 2. Marqués de Villafranca (1484–1553), die Taufkerze, und Pedro Fajardo Chacón (1478?–1546), 1. Marqués de los Vélez, das Taufhemd. Dem Prinzen folgten Leonor de Austria (1498–1558), die Schwester Karls V., die von Sandoval bereits als Königin von Frankreich bezeichnet wird[9], weil sich Franz I. im schon erwähnten Vertrag von Madrid hatte verpflichten müssen, sie zu heiraten, was er allerdings erst nach dem Frieden von Cambrai (1529)[10] dann tatsächlich tat. Leonor war Taufpatin. An ihrer Seite schritt Álvaro de Zúñiga, 2. Duque de Béjar (1488–1531). Danach folgten Mencía de Mendoza, 2. Marquesa de Cenete (1508–1554), und weitere adlige Damen und

Herren, alle reich in Samt und Seide gekleidet, ebenso die Hofdamen der Kaiserin.

Das reiche Aufgebot des kastilischen Hochadels zeigt deutlich, wie wichtig die Taufe des Prinzen war. Es fehlten allerdings fast völlig niederländische und portugiesische Adlige. Bei den Portugiesen ist dies verständlich, waren diese doch durch die Hofdamen der Kaiserin repräsentiert. Bei den Niederländern zeigt sich die Lernfähigkeit Karls V.: 1520 und 1521 hatten, wie erwähnt, große Teile Kastiliens gegen ihren Monarchen revoltiert. Einer der Klagepunkte dieser so genannten »Comuneros« war gewesen, dass sich im Gefolge des Kaisers zu viele Niederländer aufgehalten und Macht und Einfluss im Königreich Kastilien errungen hatten. Zwar war der Aufstand blutig niedergeschlagen worden, doch hatte der Herrscher die Forderungen der Rebellen insofern erfüllt, als er den Einfluss seines niederländischen Hofstaats in Kastilien zurückdrängte. Bei der Taufe war daher nur Heinrich III., Graf von Nassau (1483–1538), anwesend, der an der Erziehung Karls V. mitgewirkt hatte und seit 1524 mit der oben erwähnten Marquesa de Cenete verheiratet war, somit also beinahe als kastilischer Adliger bezeichnet werden kann.

Die illustre Taufgesellschaft gelangte schließlich in die Kirche und versammelte sich um das silberne Taufbecken. Dort standen schon, ebenfalls reich gekleidet, Alonso de Fonseca (1475–1534), seit 1523 Erzbischof von Toledo und somit Primas der kastilischen Kirche, außerdem Mitglied des Rates des Kaisers, Juan García Loaysa y Mendoza (1478–1546), Beichtvater Karls V. und seit 1524 Bischof von Osma, sowie Pedro Gómez Sarmiento y de Ulloa (1478–1541), seit 1525 Bischof von Palencia – Valladolid sollte erst 1595, gegen Ende der Regierung Philipps II., einen eigenen Bischofstuhl erhalten. Der Duque de Béjar nahm das Kind aus den Armen des Condestable und überreichte es der Amme, die es entkleidete. Bei der Taufe selbst, die der Erzbischof vornahm, hielten der Duque de Bejar den Körper und der Condestable den Kopf des Kindes. Die Ehre, den künftigen Namen des Kindes nennen zu dürfen, hatte der Duque de Alba. Dabei geschah ein wohl beabsichtigtes Missgeschick. Auf die Frage des Erzbischofs, wie das Kind heißen solle, antwortete Alba mehrmals: »Fernando ist sein Name«. Alba sprach damit vielen Adligen Kastiliens aus der Seele. Das Kind sollte den Namen seines berühmten Urgroßvaters erhalten, jenen von Ferdinand II. von Aragón. Doch Karl V. wollte im Namen seines Sohnes jenen seines eigenen Vaters weiterleben lassen, Philipps I.[11] Dieser war in Kastilien nicht sonderlich beliebt gewesen und außerdem im Dauerstreit mit seinem Schwiegervater Ferdinand II. von Aragón gelegen. Man nahm ihm auch übel, dass er die treibende Kraft gewesen war, um seine Ehefrau Juana, die als die Wahnsinnige in die Geschichte eingehen sollte, von den Regierungsgeschäften auszuschließen. Karl V. setzte sich aber durch. Das Kind erhielt den Namen Philipp. So verkündete es auch der Herold mit lauter Stimme, als er nach der Taufe rief: »Hört, hört, hört, Don Felipe ist von der Gnade Gottes Prinz von Kastilien.«[12]

Noch ein weiteres Missgeschick überschattete die Taufe. Paten waren nicht nur der Condestable, der Duque de Béjar und der Graf von Nassau, sondern auch Alonso Pimentel, 5. Conde de Benavente († 1530), und Antonio Manrique de Lara, 2. Duque de Nájera († 1535). Doch die beiden Letztgenannten konnten nicht rechtzeitig zur Feier erscheinen und kamen einen Tag zu spät. Auch die Kaiserin selbst war bei der Taufe nicht anwesend. Sie war Zeit ihres Lebens von schlechter Gesundheit und durch die Strapazen der Geburt noch so sehr geschwächt, dass sie eine weitere Woche das Bett zu hüten hatte. Zwölf Jahre später, 1539, sollte sie auch tatsächlich an den Folgen der Niederkunft ihres fünften Kindes sterben, des Prinzen Juan, der seinerseits den Tag seiner Geburt nicht überlebte.

Mit der eigentlichen Taufzeremonie waren die Feierlichkeiten anlässlich der Geburt des Thronfolgers noch nicht zu Ende. Denn am nächsten Tag wurden auf der Plaza Mayor, dem zentralen Hauptplatz von Valladolid, so genannte »juegos de cañas« abgehalten, eine iberische Form des Turniers, die maurischen Ursprungs sein dürfte und bei der zwei Gruppen

von Reitern, geschützt durch große Schilder, so lange mit
hölzernen Speeren gegeneinander anritten, bis eine Gruppe
vollständig zu Boden gegangen war oder freiwillig aufgab.
Diese Reiterspiele erfreuten sich im frühneuzeitlichen Spanien
großer Beliebtheit, auch bei den adligen Damen, die als
Zuseherinnen mit Interesse teilnahmen. So war es auch in
diesem Fall. Anwesend waren Leonor, die Schwester des
Kaisers, die Marquesa de Cenete und alle adligen Damen,
nicht aber die kränkelnde Kaiserin.

Karl V. trat selbst in die Arena, auch alle Adligen, die an der
Taufzeremonie teilgenommen hatten. Viele nützten die Spiele,
um ihren hohen Stand, ihren Reichtum und ihre politische
Macht zu demonstrieren. So ritten beispielsweise der Conde de
Benavente und der Duque de Nájera, die die Taufe versäumt
hatten, mit fünfzig Pferden ein. Insgesamt nahmen an dem
Spiel 160 Caballeros teil, eine Zahl, die nicht nur die Beliebtheit des Ereignisses widerspiegelte, sondern auch die Wichtigkeit der Geburt des Thronfolgers manifestierte. Alle Teilnehmer des Turniers waren neuerlich prächtig in Samt, Seide und
Damast gekleidet.

Gleichsam zur Auflockerung wurde am Beginn des Spek-
takels ein Stier gehetzt und schließlich auch mit Lanzen
getötet. Nachdem noch elf weitere Stiere ihr Leben gelassen
hatten – Karl V. beteiligte sich bei dieser Abschlachtung mit
großem Erfolg, wie Sandoval berichtet[13] –, kam es endlich zum
eigentlichen Lanzenreiten. Damit waren die Tauffeierlichkei-
ten endgültig abgeschlossen, der Alltag zog wieder ein.

2.2   Ávila 1531: Eine Kindheit ohne Vater

Die frühneuzeitlichen Herrscher sahen sich zweifellos zu
anderen Aufgaben als zur persönlichen Erziehung ihrer
Kinder verpflichtet. Denn schließlich hatten sie zu regieren,
zu entscheiden, ihre Reiche tatkräftig zu lenken. In einer
Zeit, in der Konflikte relativ rasch zu Kriegen führten, an
denen die Regierenden auch häufig persönlich teilnahmen,

war es somit nicht weiter verwunderlich, wenn die Väter die Existenz ihrer Kinder nur über die Berichte von Hofangehörigen wahrnahmen und sie nur selten zu Gesicht bekamen. Wichtig war es, Kinder, vor allem Söhne, zu zeugen, um die dynastische Kontinuität zu wahren, den Rest besorgten andere Personen, nämlich die Angehörigen des Hofes. Diese kümmerten sich um die standesgemäße Erziehung, für die sie natürlich Anweisungen erhielten. Die Mutter der Herrscherkinder war zwar meist in der Nähe ihrer Nachkommen, doch auch sie hatte andere Aufgaben zu erledigen, musste repräsentieren und ihren Ehemann gar manches Mal in seiner Abwesenheit vertreten, zeitweise sogar als dessen beauftragte Regentin. Da dies überall in Europa der Fall war, scheint dies im Zusammenhang mit Philipp II. nicht erwähnenswert, doch unterschied sich die Kindheit und Jugend dieses Prinzen beträchtlich von jener anderer Thronfolger der frühen Neuzeit. Diese bekamen ihre Väter wenigstens manchmal zu Gesicht, während der spanische Infant nahezu vollständig ohne seinen Vater aufwuchs. Denn dieser war nicht nur der König der iberischen Monarchien, sondern auch noch das Oberhaupt des Heiligen Römischen Reichs, dessen Fürsten die Gegenwart ihres Herrschers ebenfalls wünschten, vor allem in einer Zeit, in der sich die religiöse Spaltung immer deutlicher heraus kristallisierte, die Truppen des Sultans die Reichsgrenzen bedrohten und der König von Frankreich mit dem Kaiser in lange dauernde Kriegen verwickelt war.

Sichtbar wurde dies alles schon bald nach der Geburt Philipps II. Da kurz danach in Valladolid eine Pestwelle grassierte[14], verließ der Hof die Stadt und hielt sich für einige Zeit beispielsweise in Burgos auf. Aber der Krieg mit Frankreich und die Verhältnisse im Heiligen Römischen Reich erforderten die Präsenz Karls V. in Mitteleuropa. Er konnte jetzt, da sein Nachfolger geboren war, konkrete Pläne für seine Abreise schmieden, war er doch bei seinem Regierungsantritt mit der Forderung der Stände konfrontiert gewesen, Spanien erst wieder zu verlassen, wenn er verheiratet sei und Nachkommen gezeugt hätte. Diese Bedingung hatte er mehr als erfüllt, denn die Kaiserin wurde noch 1527 ein weiteres Mal schwanger und sollte am 21. Juni 1528 ihr zweites Kind gebären, ein Mädchen, das auf den Namen Maria (1528–1603) getauft wurde.[15] Da in Kastilien die weibliche Erbfolge möglich war – nur über diese war das Haus Habsburg an die Macht gekommen –, konnte der Kaiser seine Abwesenheit verantworten, ergriff aber Sicherheitsmaßnahmen, um eine weitere Rebellion wie jene der »Comuneros« im Keim zu ersticken. Er berief daher die Stände des Reichs, den hohen Adel, die hohe Geistlichkeit und die Prokuratoren der Städte, für April 1528 zu einer Versammlung nach Madrid ein. Diese wurden am 19. April 1528 auf den Prinzen Philipp als Thronfolger vereidigt[16] – die Erbfolge des Hauses Habsburg nach Karl V. war damit zumindest in Kastilien gesichert.

1529 konnte es Karl V. daher wagen, die Iberische Halbinsel zu verlassen. Die Lage in Italien war aufgrund des Krieges mit Frankreich ebenso alarmierend wie jene in Mitteleuropa. Dort verbreiteten sich Nachrichten, dass der Sultan plane, Ungarn endgültig zu unterwerfen. Damit bedrohte er aber definitiv auch das Heilige Römische Reich. Und die schlimmsten Befürchtungen sollten wahr werden, als im Sommer des Jahres 1529 eine gewaltige osmanische Streitmacht das Donautal hinaufzog und im Frühherbst Wien, wenn auch vergeblich, belagerte.

Karl V. wurde auf seiner Reise nicht von seiner Ehefrau begleitet. Diese sollte vielmehr während seiner Abwesenheit als seine Stellvertreterin die Regierungsgeschäfte wahrnehmen und sich auch um ihre beiden Kinder kümmern. Auch war damals erst kurz bekannt, dass sie zum dritten Mal schwanger war. Im November 1529 – Karl V. war längst in Italien – gebar Isabel einen weiteren Sohn. Dieses Kind erhielt tatsächlich den von den Ständen für Philipp II. geforderten Namen Fernando, starb allerdings einige Monate nach seiner Geburt im Juli 1530.[17] Schon während ihrer Schwangerschaft war Isabel an einem gefährlichen Wechselfieber, den so genannten »tercianas« (»febris tertiana«), erkrankt und fürchtete um ihr Leben. In einem Testament, das sie daher aufsetzen ließ, bestimmte sie, dass im Falle ihres Todes bis zu weiteren Entscheidungen des Kaisers Juan de Zúñiga, 3. Conde de Miranda († 1546), und einige andere Adlige sich um ihre Kinder zu kümmern hätten.[18] Zuñiga war auch von Karl V. zum »ayo«, zum Erzieher des Prinzen, bestellt worden.[19]

Isabel starb glücklicherweise nicht – ihr Tod hätte Karl V. in ziemliche Schwierigkeiten gebracht, war doch seine Anwesenheit außerhalb Spaniens dringend notwendig. Nach seiner Aussöhnung mit Papst Clemens VII. wurde er endlich im Februar 1530 in Bologna zum Kaiser gekrönt – davor hatte er nur, wie auch sein niemals vom Papst gekrönter Großvater Maximilian I., den Titel eines »Erwählten Römischen Kaisers« geführt –, danach zog er weiter nach Augsburg, um dort jenen berühmten Reichstag abzuhalten, auf dem ihm die Anhänger Luthers das Augsburger Bekenntnis überreichten. Eine Lösung des Religionsproblems im Reich gelang Karl V. nicht, weder 1530 in Augsburg noch 1532 auf dem Reichstag in Regensburg, der außerdem durch ein neuerliches Vordringen der Osmanen in Richtung Wien überschattet wurde. 1531 betrieb der Kaiser außerdem noch die Wahl seines Bruders Ferdinand I. zum Römischen König, ein Unterfangen, das sich als relativ schwierig herausstellen sollte, auch wenn schließlich die Wahl in Köln und die Krönung in Aachen gegen manchen Widerstand durchgesetzt werden konnten.[20] Die Ereignisse im Reich verhinderten also eine Rückkehr des Kaisers nach Spanien. Als er endlich im April 1533 in Barcelona eintraf, sah er dort seine Ehefrau und seine heranwachsenden Kinder nach vier Jahren das erste Mal wieder.[21]

Philipp II. war bei diesem für ihn wohl ersten bewussten Zusammentreffen mit seinem Vater bereits knapp sechs Jahre alt. Der kastilische Hof war in jenen vier Jahren mehrmals übersiedelt, denn noch gab es keinen festen Residenzort. So war die Kaiserin mit ihren Kindern im Mai 1531 in der Stadt Ávila in Altkastilien eingezogen, in der sie mit großem Prunk empfangen worden waren. Sie wollten in dieser hochgelegenen Stadt der Hitze des kastilischen Sommers entfliehen, weshalb sie auch bis Ende September in Ávila blieben, um danach ihren Aufenthalt nach Medina del Campo zu verlegen. Möglicherweise trugen diese dauernden Reisen in seiner Kindheit und Jugend dazu bei, dass Philipp II. 1561 schließlich die Villa von Madrid zu seiner permanenten Residenz machen sollte.[22]

Schon 1531 musste der damals Vierjährige allen möglichen offiziellen Ereignissen beiwohnen, so in Ávila der Einkleidung von drei jungen Nonnen im Konvent von Santa Ana. Während der gesamten Zeremonie stand der Prinz, wie Sandoval ausdrücklich vermerkte. Danach hatte er auch noch mit den Nonnen im Refektorium zu speisen. Vielleicht zur Belohnung für sein geduldiges Ausharren wurde an jenem Nachmittag die Kleidung des Kindes gewechselt. War es noch im Kindermantel in das Kloster gegangen, so verließ es dieses nun im kurzen spanischen Rock, der so typisch für die adlige spanische Bekleidung des 16. Jahrhunderts sein sollte. Der Prinz trug nun die Kleidung des Galans, der er Zeit seines Lebens sein sollte, wie Sandoval notierte.[23] Diese verspielte Bemerkung kann aber nicht darüber hinwegtäuschen, dass Philipp II. sehr bald aus seiner Kindheit verdrängt und in die Welt der Erwachsenen gestoßen wurde.

Dies sollte sich nach der Ankunft seines Vaters in Spanien noch weiter verstärken. Der Kaiser hatte 1531 in Tournai im niederländischen Hennegau ein Kapitel des Ordens vom Goldenen Vlies abgehalten, dessen Oberhaupt er als Herzog von Burgund war. Damals waren nicht alle frei gewordenen Kollare des Ordens vergeben worden, sondern einige wollte der Kaiser erst später an verdiente Personen verteilen. 1533 wurde dann tatsächlich dem sechsjährigen Prinzen Philipp in Barcelona die Mitgliedschaft im Orden verliehen.[24] Die Tür zur Kindheit wurde ein Stück weiter zugestoßen.

Die Rückkehr des Kaisers nach Spanien sollte nicht bedeuten, dass er mehr Zeit mit seiner Familie verbracht hätte. Denn schon im Juni 1533 befand er sich in Monzón, um die Cortes der Krone von Aragón abzuhalten, während seine Familie in Barcelona zurückblieb, ungefähr 250 Kilometer von Monzón entfernt. Die Ständeversammlung sollte schließlich bis Ende

Dezember 1533 dauern.[25] In jenem Jahr ließ sich Heinrich VIII. von England von Katharina von Aragón scheiden,
der Tante Karls V. und Großtante des Prinzen Philipp. Ob der
Infant diese Ereignisse schon bewusst wahrnahm, lässt sich
schwer beurteilen, doch wird er sicherlich Einiges über England erfahren haben, so, dass Maria Tudor (1516–1558), die
Tochter Katharinas, von der Thronfolge ausgeschlossen worden war. Maria sollte später mit dem Prinzen in dessen zweiten
Ehe verheiratet werden.

   Auch 1534 war der Kaiser beschäftigt, besuchte er doch
während mehrerer Monate verschiedene Städte in Altkastilien
und in León.[26] Von seinem Vater sah der Prinz in jenen Jahren
also wenig, auch nicht von seiner Mutter, die von zunehmend
angegriffener Gesundheit war, die 1534 noch zusätzlich durch
eine Totgeburt in Mitleidenschaft gezogen wurde.[27] Außerdem
betraute Karl V. seine Ehefrau mit der Regentschaft in den
spanischen Königreichen für die Zeit seiner neuerlichen Abwesenheit. 1535 belagerte der Kaiser gerade die Truppen des
osmanischen Admirals Chaireddin (Khair ad-Din) Barbarossa
(1475?–1546) im nordafrikanischen Tunis, als er erfuhr, dass
seine Frau am 24. Juni eine gesunde Tochter geboren hatte, eine
zweite Schwester für Philipp II., der nach ihrer Großmutter
väterlicherseits der Name Juana (1535–1573) gegeben wurde.[28] Der Vater blieb jedoch weiterhin fern, reiste nach dem Sieg
bei Tunis nach Italien und führte 1536 einen erfolglosen Krieg
gegen den französischen König. Erst im Dezember 1536 traf
Karl V. wieder in Tordesillas ein, wo seine Mutter Juana ihr
trauriges Leben fristete, weggeschlossen von einer Welt, in der
sie politisch zu gefährlich geworden war. Der Prinz, der damals
beinahe schon zehn Jahre zählte, sah seinen Vater neuerlich nach
nahezu zwei weiteren Jahren.[29] Auch dieses Mal sollte das Kind
seinen Vater nicht lange um sich haben, denn 1539 verließ der
Kaiser neuerlich Spanien.

   Der Vater war also fern, die Mutter zwar nahe, aber vielfältig
beschäftigt. Außerdem starb Isabel am 1. Mai 1539 an den
Folgen der Geburt ihres letzten Kindes, eines Sohnes, der am
Tag zuvor tot zur Welt gekommen war – Philipp II. sollte die

nächsten zwei Jahre nicht seine schwarzen Trauerkleider
ablegen, erst ab dem Mai 1541 durfte er auf Geheiß seines
Vaters farbige Kleidung und Goldschmuck tragen.[30] So ist es
nicht verwunderlich, dass andere Menschen Einfluss auf den
Prinzen gewannen, weil sie mit ihm viel mehr an Zeit
verbrachten. Im Sommer 1534 ernannte Karl V. den Priester
Juan Martínez de Silíceo (1477?–1557), später Bischof von
Cartagena in Murcia und danach Erzbischof von Toledo, zum
Erzieher des Prinzen, der ihm das Lesen und Schreiben
beibringen sollte. Und vor seiner Abreise 1535 richtete der
Vater für den Sohn einen eigenen Hofstaat ein unter der
Leitung des schon erwähnten Juan de Zúñiga.[31] Die beiden
Männer hatten in der Folgezeit die Hauptverantwortung für
die Erziehung Philipps II.

Angeblich machte der Prinz gute Fortschritte im Unter-
richt, zumindest behauptete dies Silíceo. Er erlernte das Lesen
und Schreiben der kastilischen Sprache, auch in Latein soll er
gute Ergebnisse erzielt haben. Jedenfalls schrieb Silíceo 1540 an
den Kaiser, der Prinz habe an der Universität von Alcalá de
Henares einige Vorlesungen gehört – die Unterrichtssprache
an den europäischen Universitäten war damals Latein – und
habe den Professoren ohne Schwierigkeiten folgen können.[32]
Sollte diese Behauptung des Priesters nicht vollkommen
erlogen gewesen sein, um den kaiserlichen Vater zu erfreuen,
so verlernte Philipp II. später Latein wieder nahezu vollständig
oder hatte zumindest eine gehörige Abneigung, Texte in dieser
Sprache zu lesen. Nicht anders ist zu erklären, dass ausnahmslos
alle lateinischen Schriftstücke, die dem späteren König vorgelegt wurden, von den jeweiligen Sekretären gleich mit einer
kastilischen Übersetzung versehen wurden.[33] Dabei hatte sein
Vater in seinen Instruktionen aus dem Jahr 1543, als dem
Prinzen zum ersten Mal wegen einer weiteren Reise Karls V. in
das Heilige Römische Reich die Regierung der spanischen
Monarchie übertragen wurde, ausdrücklich festgehalten: »[…]
Ihr seht, wie viele Länder Ihr zu beherrschen habt, in wie
vielen [verschiedenen] Gegenden sie sind und wie weit sie von
einander entfernt sind und wie viele verschiedene Sprachen

[dort gesprochen werden]; daher, wenn ihr sie beherrscht und Euch ihrer erfreuen wollt, ist es unbedingt notwendig, von ihnen verstanden zu werden und sie zu verstehen, und dafür gibt es keine notwendigere noch generellere Sache als die lateinische Sprache. Daher ersuche ich Euch nachdrücklich, dass Ihr daran arbeitet, sie zu erlernen [...]. Auch wäre es nicht schlecht, etwas Französisch zu können [...].«[34]

Trotz dieser nachdrücklichen väterlichen Aufforderung glänzte Philipp II. Zeit seines Lebens nicht mit sonderlichen Sprachkenntnissen. Portugiesisch, seine Muttersprache ebenso wie das Idiom seiner ersten Ehefrau, beherrschte er zumindest mündlich, auch hatte er, nachdem er 1581 von den portugiesischen Ständen in Tomar als König anerkannt worden war und sich bis 1583 in Lissabon aufhielt, mannigfaltige Gelegenheiten, diese Sprache zu praktizieren.[35] Weitere Idiome seiner Untertanen mag er zwar rudimentär verstanden haben, doch er sprach sie nicht. Italienische, französische, deutsche oder katalanische Texte ließ er sich ebenso ins Kastilische übertragen wie niederländische Papiere, ganz zu schweigen von englischen Texten, die auch im 17. Jahrhundert regelmäßig in den spanischen Ratsgremien übersetzt wurden.[36] Mit seinen drei weiteren Ehefrauen sprach er Kastilisch – bei Maria Tudor war dies ohnedies die Muttersprache, Isabel von Valois (1545–1568), französisch erzogen, musste die Sprache ihres Ehemanns erlernen, und Anna von Österreich (1549–1580) war in Wien so sehr mit ihrer kastilischen Muttersprache verbunden gewesen, dass sie ihre bescheidenen Deutschkenntnisse bald nach ihrer Ankunft in Madrid vergaß und beispielsweise deutschsprachige Briefe an ihren Vater von ihrem Sekretär verfassen ließ. Die Grußformel unter dem Aktenstück schrieb sie dann in Kastilisch.[37]

Philipp II. war also kein Sprachtalent, obwohl er später in seiner Bibliothek im Klosterpalast von San Lorenzo el Real de El Escorial griechische und arabische Manuskripte sammeln ließ[38] und auch sehr an amerikanischen Sprachen interessiert war. Doch ist klar, dass die Erstellung indigener Grammatiken[39] aus Gründen der Missionierung forciert wurde und nicht wegen seines generellen Interesses an Fremdsprachen. Er unterschied sich hier zwar nicht sonderlich von seinem Vater, der zwar Französisch und Kastilisch sprach, aber nie zu mehr als rudimentären Deutschkenntnissen gelangte, aber doch deutlich von seinem Vetter, später Schwager und auch noch Schwiegervater, dem Kaiser Maximilian II. (1527–1576), der bis zu sechs Sprachen fließend beherrschte.

Silíceo wurde schließlich auch 1541 dafür verantwortlich gemacht, dass der Prinz zu wenige Studienfortschritte mache, und auf den Bischofstuhl von Cartagena hinweg gelobt. Als neue Lehrer sollten den Prinz Honorato Juan (1507–1566) in Mathematik und Architektur unterrichten, Juan Ginés de Sepúlveda (1490–1573) wurde zu seinem Geographie- und Geschichtslehrer. Es handelte sich um humanistisch gebildete akademische Größen ihrer Zeit, die den Infanten in die Weiten der Bildung einweihen sollten. Doch dieser wollte nicht so recht lernen. Die Jagd schien ihm da schon spannender zu sein. 1540 wurde dem Kaiser berichtet, der Jüngling gehe nach dem Studium zwei Mal die Woche auf die Jagd. Während seines kurzen Universitätsaufenthaltes in Alcalá in jenem Jahr erlegte er angeblich auf einmal neun Hasen, eine Woche später starben durch seine Hand vier Milane, in der Woche darauf weitere Vögel.[40] Die Jagd machte dem damals Dreizehnjährigen Spaß, und das sollte sich in seinem weiteren Leben nicht mehr ändern.

Während der Prinz so recht und schlecht lernte, zog sein kaiserlicher Vater neuerlich durch seine zahlreichen europäischen Territorien, wenn auch das Jahr 1541 als ein besonders schwarzes Jahr in die persönliche Biographie Karls V. eingehen sollte. Zuerst scheiterten die Religionsgespräche zwischen Katholiken und Protestanten auf dem Reichstag von Regensburg im Frühling, dann konzentrierte sich der Monarch auf die Vorbereitungen seines Feldzuges nach Nordafrika. Er wollte den Triumph von Tunis wiederholen, die Stadt Algier erobern und die Osmanen und ihre Verbündeten endgültig aus dem westlichen Mittelmeer vertreiben. Damit hoffte er außerdem, die zunehmende Piraterie im Mittelmeerraum zu bekämpfen.

Doch das Unternehmen, die Belagerung von Algier, scheiterte vollständig. Unter großen Verlusten an Menschen und Kriegsmaterial musste es im Oktober ergebnislos abgebrochen werden.[41]

Der geschlagene Kaiser kehrte nach Spanien zurück, wohl wissend, dass er das Land bald wieder verlassen würde. Sein Sohn sollte 1542 seinen fünfzehnten Geburtstag feiern. Es schien dem Kaiser also an der Zeit, den Prinzen selbst aktiv auf seine künftigen Regierungsaufgaben vorzubereiten. Während dieses Jahres verbrachten Vater und Sohn relativ lange Zeit zusammen. Der Kaiser ermöglichte in jenem Jahr dem Prinzen auch seine ersten militärischen Erfahrungen. Unter der Aufsicht von Fernando Álvarez de Toledo y Pimentel, 3. Duque de Alba (1507–1582)[42], besichtigte er die Front im neuesten spanisch-französischen Krieg in Katalonien. Da sich die Franzosen allerdings gerade zurückzogen, kam es zu keiner Schlacht.[43] Alba hätte es auch nicht wagen dürfen, das Leben des Thronfolgers nur im Entferntesten in Gefahr zu bringen. Die militärischen Unternehmungen waren denn auch nicht so wichtig wie die Tatsache, dass sich damals ein enges Vertrauensverhältnis zwischen dem Prinzen und dem um zwanzig Jahre älteren Militär entwickelte, das bis zum Tod Albas anhalten sollte. Dieser sollte in den folgenden Jahrzehnten zahlreiche Aufgaben im Dienste des Monarchen wahrnehmen – doch davon später.

Nach seinen ersten rudimentären militärischen Erfahrungen reiste der Prinz im Herbst 1542 mit seinem Vater durch die Länder der Krone von Aragón (Katalonien, Valencia und Aragón) und empfing den Treueeid seiner künftigen Untertanen, vertreten durch die Stände der drei Reiche.[44] Damit war die Erbfolge des Prinzen auch in jener Krone formalisiert, seiner künftigen Regierung stand nichts mehr im Wege.

1542 stellte damit einen wirklichen Wendepunkt im Leben des Prinzen dar. Es war das Jahr, in dem er seine Kindheit endgültig verlieren und in die Welt der Erwachsenen definitiv eintreten sollte. Denn sein Vater entschloss sich nicht nur, bald neuerlich die Iberische Halbinsel zu verlassen und seinen Sohn

mit der Regierung der spanischen Monarchie zu betrauen,
sondern der Prinz sollte auch bald verheiratet werden.

2.3   Salamanca 1543: Ein Jugendlicher wird verheiratet

Heiraten von Fürsten in der frühen Neuzeit folgten in den
seltensten Fällen Kriterien von Gefühlen, Zuneigung oder gar
Liebe, sondern die Fürstenkinder wurden nach den Notwen-
digkeiten der Politik verehelicht. Dies war bei Philipp II. nicht
anders, denn sein Vater wusste sehr wohl das dynastische
Kapital einzusetzen, das sich ihm aufgrund seines Sohnes
und seiner beiden Töchter bot. Die zahlreichen Kriege mit
Frankreich und die immer wiederkehrenden brüchigen Frie-
densschlüsse legten eine französische Ehe des Thronfolgers
nahe. Im Gespräch war kurzfristig Marguerite de Valois-
Angoulême, Duchesse de Berry (1523–1574), eine der Töchter von König Franz I. Die Pläne zu dieser Hochzeit wurden
spätestens 1542 offiziell begraben, als neuerlich ein Krieg
zwischen Spanien und Frankreich ausbrach.

Karl V. besann sich aufgrund der politischen Großwetterlage
einer anderen Heiratsmöglichkeit, nämlich jener mit dem
Hause Avis von Portugal. Eine derartige Heirat hatte mehrere
Vorteile: Das freundschaftliche Verhältnis zu Portugal konnte
gestärkt werden, was in Zeiten, in denen auch Heinrich VIII.
von England sich offen auf die Seite von Franz I. gestellt hatte,
nur von Vorteil war, weil sich der Kaiser die Handlungsfreiheit
in seinem Rücken wahrte; die Heiratsallianz zwischen den
iberischen Monarchien eröffnete möglicherweise Exspektan-
zen auf den portugiesischen Thron, was bedeuten würde, das
Werk der politischen Einigung der Iberischen Halbinsel, das
seine Großeltern Ferdinand von Aragón und Isabel von Kastilien begonnen hatten, zu vollenden; der König von Portugal,
Johann III. (1502–1557), war der einzige der damaligen
Monarchen, der über bedeutende finanzielle Ressourcen ver-

fügte, stand er doch nicht, im Gegensatz zu den anderen, in permanenten Kriegen; Portugal hatte sich in den vergangenen Jahrzehnten den Zugang zu den reichen Produktionsstätten exotischer Gewürze in Indien und Indonesien verschafft und konnte den europäischen Märkten die Preise der begehrten asiatischen Produkte nahezu unwidersprochen diktieren. Johann III. versprach denn auch, für die Verheiratung seiner ältesten Tochter María Manuela (1527–1545) die sehr hohe Mitgift von 300 000 Dukaten zur Verfügung zu stellen, von denen die Hälfte noch 1543 ausbezahlt werden sollte – ein unerwarteter Geldsegen, der Karl V. wegen seines Krieges gegen Frankreich nur zu gelegen kam. Denn das amerikanische Silber, das seinem Sohn später ermöglichen sollte, in Europa eine nahezu ungebremste spanische Hegemonialpolitik zu verfolgen, floss zum damaligen Zeitpunkt erst spärlich. Also sprach nichts dagegen, Philipp II. mit der portugiesischen Prinzessin zu verheiraten.

María Manuela hatte allerdings einen Nachteil, der sich auf künftige Nachkommen des Paares negativ auswirken konnte: Sie war die Tochter von Catalina de Austria (1507–1578), der jüngsten Schwester Karls V., die erst nach dem Tod ihres Vaters Philipp I. geboren worden war. Die Jahre bis zu ihrer Verehelichung mit Johann III. hatte sie mit ihrer Mutter Juana im Palastgefängnis von Tordesillas verbracht. Außerdem war sie die Enkelin von Manuel I. von Portugal und María von Aragón (1482–1517), letztere eine Tochter der Katholischen Könige und leibliche Tante von Karl V. Und Philipp II. war der Ururenkel von Kaiser Friedrich III. und Leonor von Portugal. Mögliche Kinder aus der Ehe zwischen Philipp II. und María Manuela hatten also eventuell mit dem Problem der zu nahen Verwandtschaft zu kämpfen.

Biologische Kriterien zählten bei damaligen Heiratsverhandlungen nicht. Die Hindernisse, die das Kirchenrecht errichtete, beseitigte ohnedies der Papst durch einen Ehedispens. So wurden im Herbst 1542 eifrig Heiratsverhandlungen in Lissabon geführt, die auch einen raschen Abschluss fanden. Schon am 12. Mai 1543 wurden in Lissabon die ersten

Hochzeitsfeierlichkeiten abgehalten, eine Ehezeremonie »per procuratorem«, bei der der Prinz durch den kaiserlichen Botschafter Luis Sarmiento vertreten wurde.[45] Der Vollzug der Ehe sollte allerdings noch auf sich warten lassen, nämlich bis zum Herbst 1543.

Während in Lissabon noch über die Heirat verhandelt wurde, bereitete Karl V. seine Reise in das Heilige Römische Reich vor. Damals konnte keiner ahnen, dass es seine letzte sein würde, die ihn allerdings auch für den längsten Zeitraum von Spanien fernhalten sollte, nämlich für vierzehn Jahre. Der Kaiser konnte es wagen, so lange seine iberischen Reiche zu verlassen, hatte er doch einen würdigen Stellvertreter gefunden, nämlich seinen sechzehnjährigen Sohn. Diesen setzte er als sein »alter ego« ein, so dass Philipp II. später einmal betonen sollte, er habe mit den Regierungsgeschäften im Jahre 1543 begonnen[46], genau genommen im März jenes Jahres, als sich Vater und Sohn in Alcalá de Henares voneinander trennten. Nachdem sich der Kaiser in Barcelona eingeschifft hatte, um nach Italien und in das Heilige Römische Reich zu reisen – sein Bruder Ferdinand I. hatte gerade erfolglos mit den Reichsständen auf dem Reichstag in Nürnberg über eine Türkenhilfe verhandelt und war damit kläglich gescheitert, weil die protestantischen Stände erst religiöse Zugeständnisse erhalten wollten[47] –, musste Karl V. im Mai 1543 in Palamós in Katalonien wegen des schlechten Wetters neuerlich an Land gehen. Dort verfasste er zwei Instruktionen für seinen Sohn, die es wert sind, an dieser Stelle näher betrachtet zu werden:

In der ersten Instruktion vom 4. Mai 1543 betonte der Kaiser, der Prinz habe nun sämtliche Regierungsverantwortung über die iberischen Länder. Doch solle er immer Gott vor seinen Augen haben, diesem habe er immer zu dienen. Auch solle er nicht zulassen, dass Häresien in seine Reiche eindringen würden. Daher sollte die Inquisition unbedingt unterstützt und nichts gemacht werden, was dieser schaden könne. Sein persönlicher Kontakt zu den Protestanten im Reich veranlasste den Kaiser ohne jeden Zweifel zu diesem Ratschlag, doch sollte ihn Philipp II. auch tatsächlich Zeit seines Lebens streng befolgen. Weiter riet der Vater dem Sohne, immer gerecht zu sein und keine Entscheidungen im Affekt zu treffen. Auch sollte er seine Räte eifrig konsultieren und immer darauf achten, dass diese wirklich offen ihre Meinungen äußerten. Weiter sollte er danach trachten, regelmäßig Audienzen zu geben und auch vom Volk gesehen werden.

Auch auf die Studien des Prinzen ging Karl V. ein. Diese würden nicht dazu dienen, die Kindheit zu verlängern, sondern ganz im Gegenteil: Erst durch das Studieren würde der Prinz zu einem Mann werden. Zum Mann würde man nicht durch den Körper, sondern nur durch den Geist. Zum Erwachsenwerden gehörte auch der Umgang des Prinzen. Dieser sollte aufhören, mit seinen Spielgefährten aus der Kindheit Kontakt zu pflegen, sondern sich mit erwachsenen Menschen umgeben. Da die Hochzeit des Prinzen bevorstand, gab der Vater auch diesbezüglich Ratschläge. Philipp II. sollte darauf achten, sich nicht zu sehr der Lust hinzugeben, denn diese sei gefährlich, nicht nur für das Wachstum des Körpers, sondern auch bei der Zeugung von Kindern. Das Ausleben der Lust erzeuge nämlich Mattigkeit und könne sogar das Lebensende beschleunigen. Daher sollte er den Umgang mit seiner Ehefrau limitieren und mit ihr nur kurze Zeit zusammen sein. Dies hieß allerdings nicht, dass er ihr untreu werden durfte. Vielmehr betonte der Vater die Wichtigkeit der ehelichen Treue.

Die zweite Instruktion vom 6. Mai betrachtete der Kaiser als besonders geheim, Philipp sollte sie immer verschlossen halten, auch nicht seiner Ehefrau zeigen und für den Fall, dass er sich dem Tod nahe fühlen würde, war sie entweder zu verbrennen oder verschlossen an den Vater zu retournieren. Der Inhalt erklärt die großen Geheimnistuereien. Karl V. warnte nämlich den Sohn davor, nur auf einen einzigen der Räte zu hören. Alle sollte er konsultieren, um nicht von einem einzigen Menschen abhängig zu werden, wie dies im 17. Jahrhundert bei Philipp III. (1578–1621) und Philipp IV. (1605–1665) sichtbar werden sollte, die sich auf einzelne Günstlinge stützten, die zu viel Macht an sich rissen. Auch warnte der Kaiser davor, die

hohen Adligen, die Grandes, in die Ratsgremien zu kooptie-
ren. Diese würden nur zu rasch machthungrig werden.
Namentlich nannte Karl V. den Duque de Alba, der nach
immer mehr Macht strebe. Der Prinz sollte sich an andere
Personen halten, beispielsweise an den Kardinal Juan Pardo de
Tavera (1472 – 1545), Präsident des königlichen Rates und
Erzbischof von Toledo, oder an den Staatssekretär Francisco de
los Cobos (1477 – 1547).[48] Deutlich wird, dass der Kaiser den
politischen Ambitionen der Granden misstraute und lieber mit
Kirchenmännern arbeitete, die weniger die Interessen ihrer
jeweiligen Familien und auch Nachkommen (!) im Auge
hatten, oder mit Angehörigen des niederen Adels und Bür-
gerlichen, die Universitätsstudien absolviert hatten und sich
bedingungslos in den Dienst der Monarchie stellten.

Die Texte Karls V. scheinen Philipp II. den Rest seines
Lebens nachhaltig geleitet zu haben, die Vermutung ist
wohl nicht allzu falsch, dass er in ihnen ein persönliches
Vermächtnis seines Vaters sah, das er nicht so einfach über
Bord werfen wollte. Dazu beigetragen haben mag die Tatsache,
dass der Prinz mit der Abreise des Vaters und der Übernahme
der Regierungsverantwortung endgültig die Kindheit und
Jugend hinter sich lassen musste und in der Welt der Erwachsenen ohne jede Nachsicht bestehen musste.

Philipp II. stürzte sich auch tatsächlich mit großem Enthu-
siasmus auf seine neuen Aufgaben, berief die einzelnen Ratsgremien ein und dürfte sehr rasch die Achtung seiner Räte
gewonnen haben, die ihm Kompetenz keinesfalls absprachen.
Sein Vater wachte aus der Ferne über seine Aktivitäten, ließ
sich von allen möglichen Menschen aus dem Umkreis des
Prinzen berichten und konnte somit im Notfall korrigierend
eingreifen.

Während des gesamten Sommers 1543 galt es allerdings
nicht nur zu regieren, sondern auch die Hochzeit des Prinzen
vorzubereiten. Die Berichte von Cobos geben hier ein sehr
buntes Bild. Der Prinz freute sich über die Juwelen, die Karl V.
für die Braut hatte bereitlegen lassen, der Sekretär machte
darauf aufmerksam, dass Betten für das Paar bereitzustellen

seien und dass es an Wandteppichen fehlte, der besorgte Vater ermahnte den Sohn, dass er auf keinen Fall eine andere Frau anrühren solle, wenn er verheiratet sei.[49]

Im Herbst 1543 sollte die Hochzeit endlich in Salamanca stattfinden. Während die Braut aus Lissabon über Elvas nach Badajoz in die Extremadura reiste, liefen in der leonesischen Universitätsstadt die Vorbereitungen für das Fest.[50] Die Stadt wurde geschmückt, Triumphbögen wurden errichtet, die das künftige Paar ebenso wie die Monarchie verherrlichten. Nachdem die Prinzessin die Sierra von Béjar überquert hatte, ritt ihr Philipp II. entgegen, nicht, um sie zu begrüßen, sondern um sie aus der Ferne zu betrachten. Dies war Bestandteil eines komplizierten Protokolls. Der Prinz sollte auf diese Weise öffentlich sein Interesse an seiner künftigen Ehefrau demonstrieren.

Endlich, am 15. November 1543, zog die Prinzessin mit allem Prunk in Salamanca ein. Und dann kam der Moment des ersten und öffentlichen Zusammentreffens. Die Prinzessin erwartete ihren künftigen Gemahl in ihrer Unterkunft, begleitet von vierzehn reich gekleideten portugiesischen Hofdamen. In den Saal traten zuerst die hohen Adligen Kastiliens, küssten der Braut die Hand und begrüßten sie. Erst dann kam der Prinz. Gleich nach der Begrüßungszeremonie wurde das Paar vom Kardinal Tavera getraut, danach spielte Musik, es wurde getanzt, gegessen und gefeiert bis Mitternacht. Nach einer kurzen Schlafpause – das Paar war noch getrennt, las der Kardinal um vier Uhr in der Früh die Hochzeitsmesse, die nach zweieinhalb Stunden endete. Erst dann durften sich die Eheleute für zwei oder drei Stunden in das Gemach der Prinzessin zurückziehen. Getreu den Instruktionen seines Vaters entfernte sich Philipp II. danach und ging in sein eigenes Zimmer, um einige Stunden zu ruhen.[51]

In den nächsten Tagen feierte die Stadt Salamanca, mit Bällen, Stierkämpfen und Umzügen. Die zeitgenössischen Beschreibungen der Hochzeit können freilich nicht darüber hinwegtäuschen, dass hier zwei Sechzehnjährige aus Staatsräson miteinander verheiratet worden waren, ohne sich zu kennen, ohne auch nur einen Tag Zeit gehabt zu haben, einander näher zu kommen. Und sie konnten sich auch in Zukunft nicht besser anfreunden, hatten sie doch auf Befehl Karls V. in getrennten Betten zu schlafen und durften sich nur tagsüber bei offiziellen Anlässen sehen. In von den Höflingen kontrollierten Abständen durften sie allein zusammmen kommen, denn schließlich hatte die Prinzessin eine einzige Aufgabe – sie sollte schwanger werden, um die Nachfolge im Königreich auch schon für die nächste Generation sicher zu stellen.

Es verwundert nicht sehr, dass sich unter diesen Umständen die beiden jugendlichen Ehepartner mit zunehmender Indifferenz gegenüber traten. Der ferne Vater des Prinzen spielte gar mit der Idee, das Paar getrennt in Valladolid und Madrid überwintern zu lassen, nur, damit sein Sohn nicht zu sehr von der Wollust vereinnahmt werde. Das konnte dem Kaiser von Juan de Zúñiga, dem Erzieher und Hofmeister Philipps II., zwar ausgeredet werden, doch dieser wusste sich ohnedies zu arrangieren. Er war bei den spärlichen intimen Zusammenkünften mit seiner Gemahlin wohl auf den Geschmack gekommen und begann, sich das, was ihm sein Vater im Ehebett verbot, bei nächtlichen Ausflügen zu holen. Seine beiden Schwestern verfügten über genügend Hofdamen, die sich nicht alle den Galanterien des Prinzen verschlossen – Gerüchte wurden laut, Philipp II. sei seiner Ehefrau untreu.

Diese wiederum wurde ab dem Ende des Jahres 1544 noch mehr vom Prinzen abgeschirmt, da ihre Schwangerschaft bekannt geworden war. María Manuela von Portugal sollte an dieser zugrunde gehen. Denn erst nach zwei Tagen mit heftigen und schmerzhaften Wehen sollte ihr Sohn am 8. Juli 1545 das Licht der Welt erblicken. Die Mutter, entkräftet vom komplizierten Geburtsvorgang, starb nur vier Tage später, am 12. Juli, wohl an einer Infektion. Sie ereilte damit ein Schicksal, das vielen Frauen aus allen gesellschaftlichen Schichten bis in das 19. Jahrhundert nicht erspart blieb – der Tod im Kindbett, meist aufgrund mangelnder Hygiene und zu geringer medizinischer Kenntnisse. Philipp II. wurde mit achtzehn Jahren

Vater und Witwer. Sein Sohn, der nicht zuletzt durch Friedrich Schiller (1759–1805) berühmt gewordene Carlos (1545–1568), war so kränklich, dass lange Zeit auch um sein Leben gebangt wurde. Doch das schwächliche Kind überlebte, sollte allerdings später in zahlreiche Konflikte mit seinem Vater verstrickt werden.

3 Erste Triumphe und Niederlagen

3.1 Brüssel 1549: Ein Thronfolger wird anerkannt

Das Jahr 1545 kann als eine erste gravierende Wende im Leben Philipps II. angesehen werden. Auch wenn er seine portugiesische Ehefrau nicht unbedingt geliebt haben mag, so war er doch durch ihren unerwarteten Tod mit Lebensrealitäten konfrontiert worden, die manch anderem Achtzehnjährigen noch erspart blieben. Von Bedeutung sollte es außerdem sein, dass viele der Berater, die im Auftrag des kaiserlichen Vaters den Prinzen geführt und in die Regierungsgeschäfte einbegleitet hatten, damals ebenfalls verstarben, der Kardinal Tavera noch 1545, der Hofmeister Juan de Zúñiga 1546 und der Sekretär Francisco de los Cobos 1547. All diese Personen waren zwar Vertraute des Kaisers, doch auch der Prinz hatte sie geschätzt, hatte ihren Rat benötigt und gar manches Mal auch ihre Unterstützung, um bei seinem fernen Vater um Verständnis für seine Probleme zu werben. Das Leben des Prinzen veränderte sich in jenen Jahren also massiv und sollte sich noch mehr ändern, denn noch immer wurde er von seinem Vater als eine Marionette bei seinen Machtspielen im Kampf um die Vorherrschaft in Europa verwendet.

Karl V., der damals gerade auf den Höhepunkt seiner Macht zuschritt – 1543 hatte er sich nach einem kurzen Feldzug gegen Herzog Wilhelm V. von Jülich-Kleve-Berg (1516–1592) durchgesetzt und diesen zur Abtretung des Herzogtums Geldern gezwungen; 1544 hatte er mit Franz I. von Frankreich den Frieden von Crépy geschlossen, der ihm den Rücken frei machte, um das Religionsproblem im Heiligen Römischen Reich nicht durch Verhandlungen, sondern mit dem Schwert zu lösen; 1546 brach der Schmalkaldische Krieg zwischen den protestantischen Reichsfürsten und dem Kaiser aus, den dieser 1547 nach dem Sieg in der Schlacht bei Mühlberg zu seinen Gunsten entscheiden konnte –, entschloss sich jedenfalls, seinen Sohn vermehrt in seine gesamteuropäischen Pläne einzubeziehen. Er dachte immer öfter daran, Philipp II. auch die Nachfolge im Heiligen Römischen Reich zu sichern, eigentlich ein schwieriges Unterfangen, wenn man bedenkt, dass Ferdinand I., der Bruder Karls V., 1531 von den Kurfürsten zum Römischen König gewählt worden war und damit der logische Nachfolger im Kaisertum war. Doch dessen Inhaber hatte eigene Pläne.

Ein künftiges Erbe konnte Philipp II. auf keinen Fall streitig gemacht werden, nämlich die Herrschaft über die Niederlande. In Karl V. reifte daher der Plan, sein Sohn müsse diese Reichsterritorien auf alle Fälle kennen lernen. Im Dezember 1547 schrieb der Kaiser, der sich gerade in Augsburg aufhielt, um seinen Sieg über die Protestanten auf dem Reichstag auch reichsrechtlich abzusichern[1] – jedenfalls an seinen Sohn, er möge sich darauf vorbereiten, im kommenden Jahr seine künftigen Herrschaftsbereiche in Mitteleuropa kennen zu lernen.[2] Wohl wissend, dass in Spanien eine Abwesenheit des Prinzen nicht gerne gesehen würde, streute er das Gerücht, er sei todkrank und wolle noch einmal seinen Sohn sehen.[3] In Augsburg verbreitete sich dagegen eine ganz andere Mär: Karl V. plane – möglicherweise sogar an Stelle seines Bruders Ferdinand I. –, Philipp II. zum Römischen König wählen zu lassen.[4] Denn, so der Kaiser, nur derjenige, der neben den Hilfsquellen des Reichs auch über jene Spaniens, Italiens und der Niederlande verfüge, könne effizient das Kaisertum ausüben. Das Argument war nicht völlig von der Hand zu weisen, begannen doch damals die Edelmetalle aus der spanischen Neuen Welt in immer größerem Ausmaß nach Europa zu fließen: in den dreißiger Jahren des 16. Jahrhunderts waren es im Durchschnitt 920 000 Pesos im Jahr, die aus Amerika kamen, in den vierziger Jahren bereits 1 730 000 Pesos pro Jahr, in den fünfziger Jahren nahezu 3 000 000 Pesos jährlich.[5] Dieser rasche Anstieg des Edelmetallzuflusses ist vor allem auf die konzentrierte Ausbeutung der Silberminen des Cerro Rico im heute bolivianischen Potosí zurückzuführen, einer der damals reichsten Silberminen der Welt, die die Spanier nach der Eroberung des Reichs der Inkas ab den vierziger Jahren abbauten.[6]

Um die Zustimmung seines Bruders für seine Pläne zu erlangen, wartete Karl V. noch mit einer weiteren Idee auf: Die älteste Schwester Philipps II., die Infantin Maria, sollte den ältesten Sohn Ferdinands I., Erzherzog Maximilian, den späteren Kaiser Maximilian II., heiraten. Wieder einmal entschied sich Karl V. also für eine Verehelichung unter engsten Verwandten, deren biologische Konsequenzen schließlich 1700 das Aussterben der spanischen und 1740 jenes der österreichischen Linie des Hauses Habsburg provozieren sollten. Doch standen derartige Überlegungen im 16. Jahrhundert nicht im Raum. Der Papst gab den kirchlichen Dispens, die engen Beziehungen und die Kooperation zwischen den beiden Zweigen des einen Hauses schienen garantiert. Außerdem präsentierte der Kaiser noch einen weiteren Plan: Maximilian und Maria sollten während der Abwesenheit Philipps II. die Statthalterschaft in den spanischen Ländern übernehmen. Das hatte zwei Vorteile: Ein Paar von königlichem Geblüt vertrat den abwesenden Kaiser, sodass die verschiedenen adligen Parteiungen am kastilischen Hof sich nicht übergangen fühlen konnten, weil kein Mitglied ihrer Gruppierung das absolute Vertrauen des Kaisers genoss – Differenzen zwischen verschiedenen Hofparteiungen sollten im späteren Leben Philipps II. noch zu Mord und Totschlag führen –, und Ferdinand I. musste das Gefühl bekommen, der Kaiser schätze seinen Neffen so sehr wie seinen eigenen Sohn.

Maximilian II. reiste dennoch nicht gerne nach Spanien, hatte er doch keine große Lust, seine Nachfolgechancen im Reich zu verspielen. Doch er hatte sich ebenso dem kaiserlichen Willen zu beugen wie sein Vetter Philipp II. Allerdings ließ sich der Erzherzog mit seiner Reise nach Spanien Zeit: Er traf erst am 13. September 1548 in Valladolid ein, noch am Tag seiner Ankunft wurde er mit seiner Cousine getraut.[7] Maria sollte schon vierzehn Monate später, am 2. November 1549, in Cigales in der Nähe von Valladolid ihre erste Tochter Anna gebären, die uns noch als vierte Frau Philipps II. begegnen wird.

Die Abreise Philipps II. aus Spanien hatte sich also um Monate verzögert. Doch der Kaiser, der aus dem Heiligen Römischen Reich den Duque de Alba geschickt hatte, um den Prinzen abzuholen, wartete schon sehnsüchtig auf seinen Sohn, mit dem er seit 1543 nur in brieflichem Kontakt gestanden hatte. Über die Reise selbst sind wir aufgrund mehrerer zeitgenössischer Drucke sehr genau informiert[8], darunter der besonders umfangreiche offiziöse, den der Hofchronist Juan Christóval Calvete de Estrella (1510?–1593) mit kaiserlichem Privileg 1552 in Antwerpen publizierte.[9] Dies zeigt deutlich das große Interesse Karls V., dass die Reise seines Sohnes offiziell bekannt werde. Demnach verließ Philipp II. am 2. Oktober 1548 mit großem Gefolge, darunter neuerlich Alba in der Funktion des Obersthofmeisters, Valladolid, um sich nach Mitteleuropa zu begeben. Es war dies die erste große Reise des einundzwanzigjährigen Thronfolgers. Einen ersten längeren Aufenthalt legte er in Montserrat in Katalonien ein. Dieses Benediktinerkloster mit seiner berühmten schwarzen Madonna als einem der wichtigsten Wallfahrtsorte der spanischen Monarchie sollte er in seinem Leben noch öfter aufsuchen. Danach reiste er weiter nach Barcelona und Castelló d'Empúries in der Nähe von Girona, wo er sich auf den Galeeren des Andrea Doria (1466–1560) einschiffte, die ihn nach Genua brachten. Von dort ging es weiter über Pavia, Mailand, Lodi, Cremona, Mantua, Trient, Innsbruck, München, Augsburg, Ulm, Heidelberg und Speyer in die Niederlande. Der erste Ort, den er dort besuchte, war Luxemburg. Dann reiste er nach Namur und Brüssel, wo er am 1. April 1549 eintraf.

Calvete de Estrella beschrieb die Reise sehr detailgenau, berichtete über alle Triumphbögen, die für den Prinzen in den

einzelnen Städten errichtet worden waren, über alle Festlichkeiten, Turniere, Bälle, die zu seinen Ehren abgehalten wurden. Es ist klar, Philipp II. sollte sympathisch dargestellt
werden, als logischer Nachfolger des Kaisers nicht nur in
spanischen Territorien wie Mailand oder den Niederlanden,
sondern möglichst auch im gesamten Heiligen Römischen
Reich. Das Werk von Calvete de Estrella dürfte so bekannt
gewesen sein, dass Sandoval in seiner Geschichte Karls V.
notierte, über die Reise des Prinzen wolle er nichts Genaueres
schreiben, denn man könne ohnedies alles bei Calvete de
Estrella nachlesen.[10] Dessen Werk muss also auch in vielen
Bibliotheken vorhanden gewesen sein.

Doch die positive Schilderung von Calvete de Estrella darf
nicht darüber hinwegtäuschen, dass der Prinz nur Territorien
besuchte, wo ihm freundlich gesinnte Potentaten residierten.
Genua war wegen seiner großen Flotte der wohl wichtigste
Verbündete der spanischen Monarchie im Mittelmeer, Mailand regierte ohnedies Karl V., das heißt, dort wurde der Prinz
als künftiger Herrscher begrüßt. Mantua – wo Philipp II. auch
den Palazzo Te besichtigte, das von Giulio Romano (1499–
1546) für die Gonzaga errichtete Lustschloss, was seinen
Architekturgeschmack nachhaltig prägen sollte – wurde ebenfalls von einem befreundeten Herzog regiert. Trient, damals
nicht Konzilsort, weil dieses nach Bologna verlegt worden war,
war kaisertreu, Innsbruck habsburgisch, der Herzog von
Bayern unterstützte die karolinische Politik gegen die Protestanten, die diversen Reichsstädte waren auf den kaiserlichen
Schutz angewiesen. In den meisten Fällen ist es somit nach-
vollziehbar, warum der Prinz mit viel Pomp empfangen wurde.

Doch selbst Calvete de Estrella bemerkte, dass dem Prinzen
in den deutschsprachigen Reichsterritorien ein rauer Wind
entgegenwehte. Nach einer genauen Schilderung aller Festlichkeiten und Triumphbögen in Trient notierte er: »Am
Dienstag, den 29. Januar [1549], reiste der Prinz aus Trient
ab […]. Er kam an jenem Tag nach Tramin, vier Leguas von
Trient entfernt. […] und bis er nach Brüssel gelangte, ist nichts
von Triumphbögen und Inschriften zu berichten, weil es diese

nirgendwo gab.«[11] In Bozen, der ersten Stadt in der Grafschaft Tirol, wurde dem Prinzen wenigstens ein großer Silbertaler überreicht, auf dem er auf der einen Seite abgebildet war, während sich auf der anderen Seite sein Wappen und das von Tirol befanden.[12]

Im Heiligen Römischen Reich überwogen bezüglich der Reise die kritischen Stimmen, vor allem, aber nicht nur, von Menschen, die dem Protestantismus nahe standen und auf keinen Fall eine Nachfolge Philipps II. im Kaisertum wünschten. Pars pro toto sei der Brixener Amtmann Georg Kirchmair zitiert, der sich über die spanische Prunksucht empörte: »Da haben die Spanier im teutschen lannd ir hoffart wol sehen lassen. Was er, was schimpfspil, was pracht, was pancketten, was fressen, sauffen, klaider, stechen, schauspill, ritterspill, herlikait etc. von Genua auss untz gen Brüssl disem fursten zu eren beschehen, ist nit zu schreiben, dan es kunftigklich nit zu glauben sein wurde. Und wie man glaublich sagt, so wär muglich gewesst, das mit so vil costung die kays[erliche] M[ajes]t[ät] dem turgkischen tirannen ain grosse schlacht hett lifern und ain grossen herzug jar und tag davon unterhalten mugen.«[13] Unterschwellig wurde dem Kaiser also vorgeworfen, seine Pflicht als Verteidiger der Christenheit gegen die Osmanen nicht genügend wahr zu nehmen, nur, um seinen Sohn gehörig zu präsentieren.

Die Schilderungen von Calvete de Estrella über den Einzug des Prinzen in Brüssel schienen den Kritikern Recht zu geben. Wieder einmal war eine Stadt reich geschmückt mit Triumphbögen, mit Blumen und mit Früchten. Gerade letztere, beispielsweise die Orangen, müssen in großen Mengen aus Spanien herbei geschafft worden sein. Der gesamte niederländische Hochadel hatte sich in Brüssel versammelt, um den Prinzen zu begrüßen, darunter viele jener Personen, mit denen der spätere König Philipp II. noch in Konflikt geraten würde, so Graf Lamoral von Egmont (1522–1568) oder Philipp von Montmorency, Graf von Hoorn (1526–1568), die beide 1568 in Brüssel wegen Hochverrats, Majestätsbeleidigung und Rebellion hingerichtet werden sollten. Ob sich Philipp II. nach dem Beginn des niederländischen Aufstandes daran erinnerte, dass auf einem der Triumphbögen eine Nymphe dargestellt war, die die Stadt Brüssel repräsentieren sollte und die folgende Inschrift trug: »Empfangt, großer Prinz, das Herz von Brüssel, Eurer Sklavin; wir sind Eure und Eures Vaters Vasallen; wir übergeben uns Euch in dieser Form mit allem gutem Willen.«?[14]

Die Triumphbögen sollten die Größe der Casa de Austria rühmen. Daher wurden auch die Vorfahren des Hauses dargestellt, wirkliche wie Friedrich III., Maximilian I. und Philipp I., doch auch imaginierte Ahnen wie die fränkischen Herrscher Karl Martell (688–741), König Pippin der Jüngere (714–768) und die Kaiser Karl I. (747–814), Ludwig I. (778–840), Karl II. (823–877) und Karl III. (839–888).[15] Die erfundene Abstammung von den Franken sollte beweisen, dass das Haus Habsburg alleine das Recht auf die Herrschaft über den gesamten Erdball hatte.[16] Daher durfte auch Herkules nicht fehlen – »Wer könnte bezweifeln, dass die erleuchtete Generation des Kaisers wahrlich von Herkules abstammt?«, lautete eine der Inschriften –, und eine andere verglich die Taten des Herkules mit jenen Karls V.[17] Auch Kaiser Konstantin der Große (272/285–337), der nach der Schlacht an der Milvischen Brücke (312) die Religionsfreiheit im Reich der Römer dekretiert hatte, wurde verherrlicht.[18] Er war fester Bestandteil in der habsburgischen Ahnentafel.

Auch der Zweck der Reise des Prinzen, die Anerkennung als künftiger Herrscher der niederländischen Territorien, wurde dargestellt, so beispielsweise durch lebende Statuen in »jüdischen« Gewändern, die zeigten, wie Salomon nach der Zustimmung seines Vaters David zum König von Israel gekrönt worden war. Die dazu gehörige Inschrift spielte wieder auf Philipp II. an: »Ihr seid der kluge Salomon, der auf Befehl Eures gerechten Vaters und mit der größten Zufriedenheit der Untertanen jene Reiche beherrschen wird, die Euch zustehen.«[19]

Der Einzug in Brüssel muss den Prinzen beeindruckt haben, der Prunk, der entfaltet wurde, suchte seines gleichen. Der lange nicht gesehene Vater erwartete Philipp II., durch Krank-

heit ans Bett gefesselt, im kaiserlichen Palast. Die Begrüßung
soll dennoch sehr herzlich ausgefallen sein, berichtet zumindest
Sandoval.[20] Und die nächsten Tage feierten Brüssel und die
gesamten Niederlande die Ankunft des Prinzen und künftigen
Herrschers, mit Turnieren, Festgelagen und Bällen. Einen
gewissen Abschluss fanden die Feierlichkeiten am 2. Juni 1549,
als dem Prinzen im Rahmen eines öffentlichen Hochamtes
vom päpstlichen Nuntius ein Barett und ein Schwert überreicht wurden, die Papst Paul III. (1468–1549) aus dem Haus
der Farnese am Weihnachtsabend geweiht hatte. Philipp II.
erhielt diese Auszeichnung, weil ihn der Kirchenfürst als
katholischen Prinzen, als treuen Gefolgsmann der Römischen
Kirche und als Verteidiger des wahren Christentums auszeich-
nen wollte.[21] Gar manche der Teilnehmer an der Zeremonie,
die bereits dem Protestantismus zuneigten, mögen damals
nichts Gutes geahnt haben.

Karl V. hatte sich außerdem entschieden, dass die Stände der
niederländischen Provinzen auf Philipp II. als ihren künftigen
Herrscher schwören sollten. Daher verließen Vater und Sohn
am 4. Juli 1549 Brüssel und bereisten im Sommer jenes Jahres
einen großen Teil der Niederlande. Die Reise hatte nebenbei
den Vorteil, dass der Prinz seine künftigen Territorien kennen-
lernen konnte. Die erste Station sollte Löwen im Herzogtum
Brabant sein. Auch hier wiederholten sich die nun schon
bekannten Vorgänge: Die Stadt war festlich geschmückt,
ausgestattet mit zahlreichen Triumphbögen, die das Haus
Österreich, den Kaiser und den Prinzen verherrlichten und
die Verteidigung des Katholizismus in den Vordergrund stellten. Pars pro toto sei die Inschrift eines der Bögen zitiert: »Karl
der Große, Kaiser der Römer, erfüllt von großem Pflichteifer
und Christlichkeit, verteidigte die Angelegenheiten der Religion. So beschaffen sind auch der Kaiser, Don Carlos, und der
Prinz, Don Felipe, mit deren Hilfe und Unterstützung die
Kirche ebenso blühen wird wie alle Dinge, die dem göttlichen
Kult gewidmet sind.«[22]

Auch in den einzelnen Provinzen wiederholten sich diese
Zeremonien: Nach dem feierlichen Einzug in einer Stadt und

nach einem festlichen Gottesdienst leisteten die Stände der
einzelnen Territorien ihren Treueeid auf den Prinzen als ihren
künftigen Herrscher. So geschah es in Löwen und Brüssel in
Brabant, in Gent und Brügge in Flandern und in allen anderen
niederländischen Städten, die hier nur kursorisch aufgezählt
werden sollen. Die Reise ging jedenfalls weiter nach Ypern,
Saint-Omer in der Grafschaft Artois, Lille, Tournai im Hennegau, Arras, Cambrai, Binche, ebenfalls im Hennegau, wo die
Schwester des Kaisers, die Königinwitwe Maria von Ungarn
(1505–1558), ein prunkvolles Fest mit zahlreichen Turnieren,
Theaterstücken und sonstigen Attraktionen für den Prinzen
ausrichtete, führte dann nach Mechelen, Antwerpen, Bergen
op Zoom in Brabant, ging weiter nach Zeeland, nach Breda,
dann Dordrecht, Rotterdam, Delft, Den Haag, Leiden, Haarlem und Amsterdam in der Grafschaft Holland, führte über
Utrecht, Kampen in Overijssel und Deventer ins Herzogtum
Geldern und die Grafschaft Zutphen, nach Arnheim und
Nijmegen, um über Venlo und Roermond zurück nach
Brüssel zu gehen. Ende Oktober 1549 kam der Prinz dort
wieder an.

Die Umstände der Reise schildert Calvete de Estrella auf
nahezu 400 Druckseiten[23], Indiz dafür, wie wichtig diese Tour
durch die Niederlande war. Auf allen Stationen der Reise
wurden Almosen an die Bedürftigen verteilt und Klöster
unterstützt. Bewusst stellte sich der Prinz damit in die Nachfolge von Karl dem Guten (1085–1127), dem Grafen von
Flandern, der der Tradition nach ebenfalls sehr mildtätig
gewesen sein soll.[24] Bis Ende Mai des Jahres 1550 hielt sich
der Thronfolger mit seinem Vater in Brüssel auf, um dann nach
Augsburg auf den Reichstag zu reisen. Und wieder werden
viele Festlichkeiten, Turniere und Bankette beschrieben, die in
Brüssel zu Ehren des Prinzen abgehalten wurden.[25]

Diese erste Reise in die Niederlande hat Philipp II. während
seines restlichen Lebens stark geprägt. In der entspannten
Atmosphäre, in der alle künftigen Untertanen den Prinzen
nur zu bejubeln schienen, sahen viele Realitäten rosiger aus, als
sie in Wahrheit waren. Die große Zahl an wohl organisierten

Städten musste einen Menschen, der bisher nahezu nur die kargen Hochebenen Kastiliens gekannt hatte, ebenso beeindrucken wie die ausgefeilte Technik im Kampf gegen das Wasser, das in den Niederlanden im Gegensatz zu Kastilien allgegenwärtig war. Doch begann der Prinz sich auch für andere Errungenschaften der Niederlande zu begeistern. Er lernte damals beispielsweise die niederländische Malerei schätzen und begann, Bilder von Hieronymus Bosch (1450?–1516) zu sammeln. Dessen Werke »Der Garten der Lüste«, »Der Heuwagen«, »Die sieben Todsünden« und »Das Steinschneiden« sind noch heute bedeutende Ausstellungsstücke im Museo del Prado in Madrid und stammen aus den Sammlungen Philipps II. Auch im El Escorial ist Bosch prominent vertreten.[26] Von Bedeutung war es weiter, dass der Prinz einen großen Teil der Niederlande und viele der dort einflussreichen Menschen persönlich kennengelernt hatte. Manche seiner unbeugsamen Reaktionen auf den Aufstand der Niederländer ab den sechziger Jahren lassen sich wohl darauf zurückführen, dass er das Land und dessen Menschen ins Herz geschlossen hatte und sich daher von diesen auch persönlich verraten fühlte.

3.2   Augsburg 1551: Ein spanischer Prinz greift nach dem Reich

Noch bevor Karl V. begonnen hatte, mit seinem Sohn die Niederlande zu bereisen, hatten sich die Gerüchte verdichtet, der Kaiser beabsichtige, Philipp II. die Nachfolge im Reich zu sichern.[27] Möglicherweise wurde diese Information ganz bewusst am kaiserlichen Hof in Brüssel ausgestreut, doch König Ferdinand I. war beunruhigt, schienen sie doch aus dem Umkreis des Infanten zu stammen. Im Sommer 1549 sah sich der Kaiser sogar veranlasst, Tomás Perrenot de Chantonay (1514–1575) nach Wien zu senden, um seinem Bruder zu versichern, er habe niemals mit dem Gedanken gespielt, diesen dazu zu bringen, zugunsten seines Sohnes zurückzutreten.

Doch wurde Karl V. nicht müde, Philipp II. als Nachfolger von Ferdinand I. im Kaisertum zu präsentieren, womit klar war, dass eine Nachfolge von Maximilian II. verhindert werden sollte. Dies unterstützte auch Maria von Ungarn, die Schwester Karls und Ferdinands, die sich damals ebenfalls in Brüssel aufhielt und den jüngeren ihrer Brüder im Mai 1550 nachdrücklich aufforderte, eine Kandidatur seines Neffen tatkräftig zu unterstützen und jene seines eigenen Sohnes aus der Diskussion zu lassen. Maria erinnerte ihren Bruder auch daran, dass er diesem Plan schon aus Dankbarkeit zustimmen müsse, habe ihn doch Karl V. 1531 den Kurfürsten für die Römische Königswahl vorgeschlagen und damals bewusst seinen Sohn benachteiligt. Was Maria allerdings nicht erwähnte, ist, dass der Kaiser 1531 seinen Bruder als starken Stellvertreter im Reich gebraucht hatte, schon alleine wegen der schwierigen religiösen Situation, die nach dem Augsburger Reichstag von 1530 entstanden war, und auch wegen der dauernden Bedrohung der Reichsgrenzen durch die Osmanen. Sein damals vierjähriger Sohn hätte diese Aufgabe keinesfalls wahrnehmen können, war doch sein Aufenthalt in Spanien wichtig, um dort gegenüber den Ständen die dynastische Kontinuität zu garantieren. Nun allerdings deutete Maria Ferdinand I. an, sollte dieser den Plänen des Kaisers folgen, könnte sich doch Philipp II., ohnedies schon lange verwitwet, mit einer der Töchter des Römischen Königs verheiraten. Damit wäre der Zusammenhalt zwischen den beiden Linien des einen Hauses ohnedies noch verstärkt worden.

Doch auch Ferdinand I. war in der Zwischenzeit nicht untätig geblieben. Möglicherweise, um die Position Maximilians II. in zu befürchtenden Sukzessionsstreitigkeiten zu verbessern, hatte er in langwierigen Verhandlungen die Stände des Königreichs Böhmen im Februar 1549 dazu überredet, den Erzherzog zum König von Böhmen zu proklamieren. Maximilian II. hatte also einen Titel, der ihm einen Ehrenvorrang gegenüber seinem Cousin einräumte, auch wenn die Regierung der Krone Böhmen weiterhin in den Händen seines Vaters verbleiben sollte.

Schließlich trafen die beiden Brüder im Rahmen des Augsburger Reichstages im Sommer 1550 zusammen, um von Angesicht zu Angesicht über die Nachfolgefrage zu verhandeln. Die Gespräche kamen allerdings nicht recht in Gang, auch nicht, als sich Königin Maria von Ungarn einschaltete. Diese bot an, im Falle einer Konsensbereitschaft Ferdinands I. den spanischen Thronfolger mit Erzherzogin Margarete (1536–1566), einer Tochter des Königs, zu verheiraten. Dass bei all diesen Heiratsplänen Philipp II. oder die vierzehnjährige Erzherzogin, die ihr Leben schließlich als Nonne im Damenstift Hall in Tirol beenden sollte, nicht gefragt wurden, verwundert nicht weiter. Ferdinand I. weigerte sich standhaft, ohne seinen Sohn weiter zu verhandeln. Dieser wurde schließlich von Karl V. aus Spanien zurückgerufen und traf im Dezember 1550 in Augsburg ein.

Bei den nun neuerlich beginnenden Nachfolgeverhandlungen konnte sich Karl V. wegen der Opposition Ferdinands I. vorerst einmal nicht durchsetzen. Daher bat der Kaiser seine Schwester Maria, aus den Niederlanden nach Augsburg zu reisen, um auf ihren Bruder einzuwirken. Tatsächlich traf Maria am 1. Januar 1551 in der Reichsstadt ein. Eine Denkschrift, die im Januar oder Februar jenes Jahres entstand und zumindest teilweise aus der Hand der Königin stammen dürfte, zeigt, wie diese und Karl V. zu argumentieren gedachten. Danach bestand eine befriedigende Lösung für das Heilige Römische Reich nur in der weiteren Nachfolge eines Habsburgers. Denn nur das Haus Österreich besitze die nötigen Mittel und den Opferwillen, der für die Kaiserwürde nötig sei. Schon jetzt habe man sich um eine klare Nachfolgeregelung zu bemühen, denn wenn damit bis zum Tod des Kaisers gewartet werden sollte, würde dies dem französischen König die Gelegenheit geben, sich in diese Fragen einzumischen. Deutlich erinnerte diese Überlegung an das Jahr 1519, als sich auch Franz I. von Frankreich bei den Kurfürsten um seine Wahl zum Römischen König beworben hatte. Das mögliche Argument, die Kurfürsten könnten sich durch die habsburgischen Machenschaften in ihrer Wahlfreiheit eingeschränkt fühlen, wies die Denkschrift zurück.

Diese hätten vielmehr ihre Sonderinteressen gegenüber dem Wohl des Reichs zurückzustellen.

In der Gegenüberstellung zwischen Philipp II. und Maximilian II. betonte die Denkschrift ausdrücklich, dass jeder der beiden als Kaiser auf die Hilfe des anderen angewiesen sei. Daher hätten sie auch ihre Politik zu koordinieren. Während der Erzherzog als Kaiser die Unterstützung Philipps II. im Kampf gegen die Osmanen und Frankreich brauchen würde, benötige der Letztgenannte als Kaiser wie sein Vater während seiner Abwesenheit einen Stellvertreter im Reich. Maximilian II. wurde zwar wegen des Besitzes der österreichischen Erblande und Böhmens eine größere Verbundenheit zum Reich und dessen Fürsten bescheinigt, während es Philipp II. wegen seiner italienischen Besitzungen leichter möglich sein würde, dort die Reichsrechte zu wahren. Nur Philipp II. könne die enge Verbindung der Niederlande und Italiens mit dem Reich garantieren. Beide Bewerber schnitten also relativ gleichmäßig ab, für Philipp II. sprach allerdings der Wille des Kaisers und das größere Machtpotential. Das Argument der Aufrechterhaltung der engen Verbindungen der Niederlande mit dem Reich erscheint beträchtlich absurd, war es doch Karl V. selbst gewesen, der mit dem Burgundischen Vertrag[28] von 1548 die Territorien des Burgundischen Reichskreises weitgehend aus dem Verband des Heiligen Römischen Reichs gelöst hatte. In seinem Bestreben, Einmischungen anderer Reichsfürsten in den Niederlanden möglichst zu unterbinden, hatte er den Grundstein gelegt für die spätere Ablösung der Niederlande vom Reich.

Ferdinand I. und Maximilian II. lehnten den Wunsch Karls V., entweder seinen Sohn zum zweiten Römischen König zu wählen oder eine bindende Wahlzusage der Kurfürsten für die Zeit nach seinem Tod zu erreichen, mit aller Entschiedenheit ab. Gegen ein derartiges Vorgehen stand ganz klar die Verfassung des Heiligen Römischen Reichs, führte Ferdinand I. ins Treffen, der auch mit seiner Wahlkapitulation, seinem Krönungseid und dem Alten Herkommen argumentierte, das in der Christenheit immer nur ein Oberhaupt und eventuell einen Stellvertreter vorsehe. Außerdem gestatte die Goldene Bulle Kaiser Karls IV. (1316 – 1378) aus dem Jahr 1356 die Wahl eines Römischen Königs nur im Falle des Todes des Kaisers oder bei Gefahr in Verzug, betonte Ferdinand I.

Auch die Kurfürsten wurden eingeschaltet. Doch diese zogen sich elegant aus der Affäre, indem sie betonten, sie allein wären in der Sache inkompetent. Eine Entscheidung über die Wahl eines zweiten Römischen Königs sei Sache aller Reichsfürsten und Reichsstände. Dass auf einem Reichstag über das Ansinnen des Kaisers positiv entschieden werden würde, war mehr als fraglich. Denn nach seinem grandiosen Triumph in der Schlacht bei Mühlberg begann die Macht Karls V. ohnedies wieder abzubröckeln. Die Stimmung im Heiligen Römischen Reich wurde zunehmend antispanisch, und das nicht nur in den Territorien der 1546 unterlegenen protestantischen Reichsstände. Zwar übertrieben die venezianischen Gesandten wohl maßlos, wenn sie berichteten, manche Reichsfürsten würden sich eher mit den Osmanen arrangieren als Philipp II. als Reichsoberhaupt zu akzeptieren, doch verbreitete sich die Abneigung gegen die Spanier in allen Volksschichten, wie ein damals populäres Lied zeigt, in dem es heißt: »Kein Walch soll uns regieren, / Dazu kein Spaniol, / Sie tun uns nur verführen, / Sein aller Untreu voll [. . .].«[29]

Augsburg kochte über von den widersprüchlichsten und kuriosesten Gerüchten. Da wurde von einem Doppelkaisertum Karl V.–Ferdinand I. berichtet, verbunden mit einem Doppelkönigtum Philipp II.–Maximilian II., oder von der Möglichkeit, Philipp II. nach dem Tod seines Vaters das Kaisertum zu übertragen, während sich Ferdinand I. weiterhin mit der Würde eines Römischen Königs begnügen sollte. Schließlich hieß es auch, Karl V. verlange von seinem Bruder, zugunsten des Prinzen auf die Römische Königswürde zu verzichten. Dass all diese Varianten auf keinen Fall mit der Reichsverfassung im Einklang standen, daran dachten in der angespannten Situation wohl wenige Personen.

Die Zeit spielte jedenfalls gegen Karl V. Denn dieser hätte die Angelegenheit, einmal im Familienkreis akkordiert, gerne noch dem Reichstag vorgelegt. Doch dieser wurde am 14. Februar 1551 geschlossen.[30] Eine reichsrechtliche Absicherung einer wie immer gearteten Nachfolgeregelung zu Gunsten Philipps II. war damit zum damaligen Zeitpunkt auf keinen Fall mehr möglich. Die Familienverhandlungen gingen jedenfalls noch einige Wochen weiter, im März schien sich Karl V. gegen den Widerstand seiner österreichischen Verwandten durchgesetzt zu haben. Denn am 9. jenes Monats kam es zur Unterzeichnung der so genannten Augsburger Familienverträge. Im Hauptvertrag verpflichtete sich Ferdinand I., nach dem Tod Karls V. mit allen Mitteln die Wahl Philipps II. zum Römischen König zu betreiben, Philipp II. versprach dagegen, einmal im Besitz des Kaisertums alles zu unternehmen, um die Wahl Maximilians II. zum Römischen König zu erreichen. Auch sollte er als Kaiser seinem Cousin die Reichsregierung überlassen und sich bereits bei der Erlangung des Römischen Königtums mit einer seiner Schwestern vermählen. Er hatte somit die Möglichkeit, diese Ehe nicht zu schließen, sollte er nicht gewählt werden.

In einem Zusatzvertrag verpflichtete sich Ferdinand I. außerdem, Philipp II. die Verfügung über alle Reichsrechte in Italien zu übertragen. Nach der Erhebung Ferdinands I. sollte diese Übertragung noch einmal feierlich bestätigt werden. Gerade dagegen hatte sich Ferdinand I. besonders lange gewehrt. Die Übertragung der Reichsrechte zu Lebzeiten des Kaisers durch den Römischen König war auch reichsrechtlich problematisch, denn ohne eine Beteiligung der Kurfürsten war eine derartige Zusage durch diesen gar nicht verbindlich. Daher ist in der Forschung auch viel gerätselt worden, warum Ferdinand I. überhaupt diese Verträge unterschrieb. Es wird aber wohl deshalb gewesen sein, weil er der festen Überzeugung war, dass sie ohnedies nicht halten würden.

So war es dann auch tatsächlich. Obwohl auch Maximilian II. an jenem 9. März 1551 feierlich erklärt hatte, die Nachfolge Philipps II. im Kaisertum zu unterstützen, blieben die Verträge »papel mojado«, totes Papier, und das nicht nur, weil Maximilian II. alles unternahm, um bei verschiedenen

Reichsfürsten gegen ein Nachfolgerecht Philipps II. zu intrigieren. Es änderte sich schlichtweg die allgemeine politische
Lage zu Ungunsten von Karl V., so dass es immer schwieriger
wurde, die Nachfolgeregelung durchzusetzen. Innerhalb der
habsburgischen Familie bewirkten die Verträge außerdem eine
nachhaltige Entfremdung zwischen dem spanischen und dem
österreichischen Zweig. Als Philipp II. 1558, nachdem Ferdinand I. seinem Bruder im Kaisertum nachgefolgt war, von
diesem die feierliche Beurkundung der Übertragung der
Reichsrechte in Italien verlangte, weigerte sich der neue Kaiser,
das Dokument auszustellen.[31] Und nachdem am 24. November 1562 Maximilian II. von den Kurfürsten in Frankfurt am
Main zum Römischen König gewählt worden war[32], war der
Traum von einer Nachfolge Philipps II. im Heiligen Römischen Reich endgültig ausgeträumt.

3.3   London 1554: Ein König wird verkauft – die englische Heirat

Nach dem Abschluss der Augsburger Familienverhandlungen
blieb Philipp II. noch einige Zeit mit seinem Vater in der
Reichsstadt, um schließlich am 25. Mai 1551 die Heimreise
nach Spanien anzutreten. Er benützte für diese Reise denselben
Weg wie 1549, sprich, er besuchte wieder München, Innsbruck, Trient, wo dieses Mal das Konzil wirklich tagte, und
gelangte über Mantua, Mailand und Padua nach Genua. Dort
erwartete ihn wieder die Flotte von Andrea Doria, die ihn nach
Barcelona bringen sollte. Bereits am 12. Juli kam er dort an.
Begleitet wurde Philipp II. von seinem Cousin und Schwager
Maximilian II., der neuerlich nach Spanien reiste, um seine
Ehefrau abzuholen und ins Heilige Römische Reich zu
bringen. Es ist wenig darüber bekannt, wie die beiden Verwandten und Konkurrenten um die Nachfolge im Heiligen
Römischen Reich miteinander während der Reise umgingen,
doch dürfte Maximilian II. damals schon wild entschlossen

gewesen sein, auf seine Nachfolgerechte nicht zu verzichten.[33]

Der Kaiser hatte entschieden, Philipp II. wieder als seinen Stellvertreter in den spanischen Kronen zu installieren, wie er dies den Ständen Kastiliens und der Krone Aragóns mitteilte. Dieses Mal bekam der Prinz noch weitreichendere Vollmachten zur Regierung der Monarchie als im Jahre 1543, was nicht sehr verwundert, war er doch bereits 24 Jahre alt geworden und wurde von seinem Vater, der in diesem Alter ohnedies schon längst allein regiert hatte, nun als gleichberechtigter Partner angesehen, der ihn in allen Belangen vollwertig vertreten konnte. In seinen Briefen trug Philipp II. nun den offiziellen Titel »Philippus, Hispaniarum Princeps«.

Auf dem Weg nach Kastilien reiste er dieses Mal über Navarra. In dessen Hauptstadt Tudela empfing er den Treueeid der Navarresen, die ihn damit ebenfalls als ihren künftigen König anerkannten.[34] Im Herbst 1551 reisten Maximilian II. und seine Ehefrau zurück ins Heilige Römische Reich. Mit sich führten sie nicht nur ihre kleine Tochter Anna, sondern auch einen Elefanten, den ihnen König Johann III. von Portugal, der Schwiegervater Philipps II., anlässlich ihrer Hochzeit zum Geschenk gemacht hatte. Dieses Tier zog auf seinem Weg über Trient und Innsbruck nach Wien so viel an Aufmerksamkeit auf sich, dass es noch heute einige Häuser »zum Elefanten« gibt, beispielsweise in Passau.

Philipp II. begann damals wohl schon mit dem Gedanken zu spielen, Madrid zu seinem künftigen Regierungssitz zu machen. Jedenfalls etablierte er dort alle Ratsgremien, die davor in Valladolid residiert hatten. Immer wieder reiste er jedoch auch nach Toro, einer Stadt auf halbem Weg zwischen Zamora und Tordesillas. Denn im mächtigen Alcázar, der Burg, befand sich der Hof seiner jüngeren Schwester Juana. Und dort wuchs auch sein Sohn Carlos auf. Ob dieser der alleinige Grund für seine Besuche in Toro war oder nicht vielmehr Isabel de Osorio (1523–1589?), eine der Hofdamen seiner Schwester, ist bis heute nicht geklärt. In der Literatur hält sich jedenfalls das Gerücht, Philipp II. habe mit dieser Isabel ein inniges Liebesverhältnis gehabt, möglicherweise sogar zwei oder drei Kinder. Wilhelm von Oranien (1533–1584) beschuldigte den späteren König, mit Isabel verheiratet und deshalb Bigamist gewesen zu sein, und zwar schon während seiner Ehe mit María Manuela von Portugal.[35] Die bekannten Quellen sind jedenfalls nicht sehr aussagekräftig, sollte Philipp II. wirklich eine amouröse Beziehung zu Isabel unterhalten haben, dann wusste er das geschickt vor seinem Vater und vor seiner Umwelt zu verbergen.

Die politische Großwetterlage in Europa begann sich damals massiv gegen Karl V. und auch Spanien zu wenden. Bereits 1551 ging die Stadt Tripolis, die Truppen Ferdinands II. von Aragón 1509 erobert und die Karl V. 1530 dem Johanniterorden zur Verteidigung übertragen hatte, an die Osmanen verloren. Im Herbst 1551 brach neuerlich ein Krieg zwischen dem Kaiser und Frankreich aus, in dessen Verlauf der französische König Heinrich II. (1519–1559) die Reichsbistümer Metz, Toul und Verdun besetzen konnte. Die Lage im Heiligen Römischen Reich kam Heinrich II. dabei durchaus entgegen, lehnten sich doch die protestantischen Fürsten, vor denen Karl V. 1552 aus Innsbruck fliehen musste, gegen das Reichsoberhaupt auf. Daneben mag der französische König auch persönliche Aversionen gegen den Kaiser gehabt haben, hatte er doch nach dem Frieden von Madrid (1526) als Siebenjähriger nach Spanien als Geisel ziehen müssen, damit sein Vater, Franz I., seine Freilassung aus der karolinischen Gefangenschaft erlangen konnte. Sein trauriges Leben als Geisel hatte er auf der Burg von Pedraza in Zentralkastilien bis 1529 verbringen müssen.

Dem Kaiser fehlte damals an allen Ecken und Enden das Geld. Den Versuch, Metz zurückzuerobern, musste er im Winter 1552/1553 erfolglos abbrechen. Von der Gicht und der Melancholie geplagt, zog er sich nach Brüssel zurück, wo er die folgenden Jahre verbleiben sollte. Um an Geld heranzukommen, projektierte er ein neues portugiesisches Heiratsarrangement für seinen Sohn. Dieser sollte sich mit Maria (1521–1577) verehelichen, der Tochter aus der dritten Ehe Manuels I. von Portugal mit Karls V. Schwester Leonor. Es stand zu

hoffen, dass die portugiesische Mitgift wie bei der ersten Ehe
Philipps II. wieder reich ausfallen und die finanziellen Sorgen
des Kaisers beenden würde. Die Verhandlungen mit Portugal
waren schon so weit fortgeschritten, dass Karl V. seinem Sohn
sogar befahl, nach seiner Verehelichung in die Niederlande zu
reisen, damit ein zu erhoffendes Kind dort geboren werden
würde und so von den Niederländern als ein »natürlicher«,
einheimischer Fürst akzeptiert werden würde – es ist dies als
Hinweis darauf zu werten, dass Karl V. die dynastische Union
zwischen den spanischen Territorien und den Niederlanden zu
beenden gedachte –, doch dann änderten sich die kaiserlichen
Pläne radikal. Was war geschehen?

Im Juli 1553 verstarb überraschend Eduard VI. von England
(1537–1553), der Sohn Heinrichs VIII. mit Jane Seymour
(1509–1537), seiner dritten Gemahlin. Eduard war der einzige
legitime Sohn des Königs aus dem Haus der Tudors gewesen.
Nach kurzen Thronwirren gelang es Maria Tudor, der ältesten
Tochter Heinrichs VIII. aus dessen erster Ehe mit Katharina
von Aragón, sich in der Nachfolge ihres Halbbruders durchzusetzen, obwohl sie von ihrem Vater nach dessen Scheidung
von der Thronfolge ausgeschlossen worden war.[36] Die neue
Königin war zwar elf Jahre älter als Philipp II. – das Bild, die
Königin mit der roten Rose, das Anthonis Mor (1512?–1577?)
1554 von Maria anfertigte, zeigt eine zwar reich mit Edelsteinen geschmückte, aber doch schon reifere Dame[37] –, aber
unverheiratet. Sie selbst dachte kurz daran, sich mit Karl V. zu
verehelichen, der schon fast zwanzig Jahre verwitwet war und
dem sie als junges Mädchen in den zwanziger Jahren, vor dessen
portugiesischer Heirat, ohnedies versprochen gewesen war,
doch der winkte ab – er fühlte sich wohl zu alt und zu krank für
ein neues Eheabenteuer.

Ohne genau den Stand der Heiratsverhandlungen mit
Portugal zu kennen, schlug Maria von Ungarn, Karls Schwes-
ter, die damals während der kaiserlichen Lebenskrise tatkräftig
das Heft in der Hand hielt, vielmehr die Verheiratung Maria
Tudors mit Philipp II. vor. Denn diese vereinte mehrere
Vorzüge: sie war streng katholisch geblieben, so dass zu

erhoffen war, dass der Bruch zwischen England und Rom, den ihr Vater provoziert hatte, rückgängig gemacht werden könnte; England war in eine habsburgische und antifranzösische Allianz einbaubar, die zum Wohle und dem Schutz der Niederlande genützt werden konnte; die Schiffsverbindung zwischen den Niederlanden und Spanien durch den Ärmelkanal gewann durch ein Habsburg-freundliches England bedeutend an Sicherheit; und schließlich war Maria Tudor Königin, Maria von Portugal »nur« Prinzessin. Es keimte somit die Hoffnung auf, die Ressourcen Englands und Irlands gegen Frankreich einsetzen zu können, denn schließlich hatte die englische Krone auch Interessen auf dem Kontinent zu verteidigen, befand sich doch Calais als letzter Rest eines einst viel größeren Reichs noch immer in englischem Besitz.

Maria Tudor schien die Heiratsvorschläge aus Brüssel akzeptieren zu wollen. Denn auch sie sah Vorteile in einer Verbindung mit dem Haus des Kaisers, brauchte sie doch potente Verbündete, um sich gegen ihre Untertanen, die dem Protestantismus nahe standen, durchzusetzen. Französischen Vorschlägen, doch einen der zahlreichen Prinzen aus dem dortigen Königshaus zum Gemahl zu nehmen, stand sie dagegen reserviert gegenüber, nicht nur aus persönlichen Gründen, sondern auch, weil Frankreich traditionell mit Schottland seit dem Ende des 13. Jahrhundert in der so genannten »auld alliance« (alte Allianz) verbündet war. Und Konflikte zwischen den beiden Königreichen auf der Insel Britannien waren ohnedies immer wieder ausgebrochen, so dass zu befürchten war, die Schotten könnten zu viel an Einfluss in England bekommen.

Die restlichen Monate des Jahres 1553 entstanden ganz kuriose Situationen. Johann III. von Portugal, der schon seine Felle davon schwimmen sah, bot im September als Mitgift für seine Halbschwester den sensationell hohen Betrag von 400 000 Dukaten an. Kurz danach brachte allerdings die spanische Flotte aus der Neuen Welt Edelmetalle im Wert von ungefähr 3 Millionen Dukaten, von denen fast 500 000 Dukaten dem Kaiser zustanden. Die finanziellen Argumente

Abb. 1: Maria Tudor

für eine portugiesische Heirat wogen also nicht mehr so
schwer. In London wiederum tobten diplomatische Kriege
zwischen den Gesandten des Kaisers und des französischen
Königs, die alle Maria Tudor auf ihre Seite ziehen wollten.
Noch komplizierter wurde die Situation dadurch, dass auch
Ferdinand I., der sich spätestens seit den Passauer Verhand-

lungen mit der Fürstenopposition gegen Karl V. von seinem Bruder schrittweise entfernt hatte, ebenfalls nach England schickte, um der Königin einen seiner Söhne als Heiratskandidaten anzupreisen. Und Luis von Portugal (1506–1555), Duque de Bejar, Condestabel des Königreichs, Halbbruder der Prinzessin Maria und Onkel Philipps II., wandte sich an seinen Schwager Karl V. mit der Bitte, ihm bei seinem Werben um die Hand der englischen Königin behilflich zu sein. Zwar war London in das Zentrum aller Wünsche gerückt, doch die Gefahr war groß, im Fall einer Heirat Philipps II. mit Maria Tudor die Portugiesen nachhaltig zu vergrämen.

Noch galt es, ein schwerwiegendes Problem zu lösen. Wer sollte für den Fall, dass Philipp II. Maria Tudor heiraten würde, die Regentschaft in den spanischen Königreichen übernehmen? Des Prinzen ältere Schwester Maria befand sich in Wien, seine jüngere Schwester Juana war 1552 mit ihrem Vetter João Manuel von Portugal (1537–1554), dem Thronfolger, verheiratet worden. Dieser starb allerdings am 2. Januar 1554, seine Frau gebar am 20. Januar 1554 einen Sohn, Sebastian († 1578), der somit ab dem Tag seiner Geburt der erste Kandidat in der portugiesischen Thronfolge war.

Karl V. hatte nicht die geringsten Bedenken, seine Tochter Juana als seine Stellvertreterin nach Kastilien zu rufen. In Portugal hatte sie ohnedies ihre Pflichten erfüllt und einen Thronfolger geboren, der natürlich bei der Abreise seiner Mutter in Lissabon zu verbleiben hatte. Und Maria Tudor hatte sich endgültig für Philipp II. als Ehemann entschlossen. Während die Portugiesen durch ihre habsburgische Verwandtschaft gleich in drei Fällen vor den Kopf gestoßen worden waren – die Prinzessin Maria blieb unverheiratet zurück, überwarf sich auch mit ihrer Mutter Leonor, die sie beschuldigte, zu sehr die Politik Karls V. mitgetragen zu haben, und beendete ihr Leben in einem Kloster; der Duque de Bejar fühlte sich durch seinen Schwager hintergangen; Johann III. hatte zwar einen Thronerben, aber seine Schwiegertochter glänzte durch Abwesenheit –, reiste Philipp II. einem neuen Abenteuer entgegen. Nachdem er noch seine Schwester in Alcántara an der portugiesisch-

kastilischen Grenze empfangen und mit ihr die gemeinsame
Großmutter Juana in Tordesillas besucht hatte, begab er sich im
Juli 1554 nach A Coruña in Galicien.

Angeblich hatte es noch nie ein so prächtiges Gefolge
gegeben wie jenes, das den Prinzen nach England begleitete.
Denn er selbst reiste mit fünfhundert Dienern. Mit ihm kamen
aber noch viel mehr Personen: als Obersthofmeister der
3. Duque de Alba, daneben Luis II. Enríquez, später 7. Almi-
rante de Castilla († 1596), Juan II. de la Cerda y Silva, 4. Duque
de Medinaceli († 1575), Gomes III. Suárez de Figueroa y
Córdoba, 5. Conde und später 1. Duque de Feria (1523–
1571), Pedro Pérez de Guzmán y Zúñiga, 1. Conde de Olivares,
Pedro López de Ayala, 5. Conde de Fuensalida († 1599), Pedro
Pérez de Cabrera y Bobadilla, 2. Conde de Chinchón († 1575),
Martín Cortés Zúñiga, 2. Marqués del Valle de Oaxaca (1533–
1589) und Sohn des Eroberers von México, Ruy Gómez de
Silva, Príncipe de Éboli (1516–1573), noch ein Freund aus
Kindertagen, und der Sekretär Gonzalo Pérez (1500–1567),
also allesamt Personen, die noch lange Zeit den künftigen
König auf seinem Lebensweg begleiten sollten. Man wollte die
Engländer beeindrucken.[38] Daher hatte auch jedes der genannten Mitglieder des kastilischen Hochadels noch ein eigenes
großes Gefolge, so dass schließlich um die dreitausend Personen
nach England reisten. Dazu kamen noch bis zu sechstausend
Soldaten, die die Armada zu ihrer Sicherheit begleiten sollten[39]
– schließlich herrschte Krieg mit Frankreich, an dessen Küste
man vorbeifahren musste –, und 1500 bewaffnete Reiter. Für
diese Menge an Menschen, die alle, beladen mit prunkvoller
Ausstattung, mit Bildern, Teppichen, Möbeln, nach England
reisen wollten, waren mehr als hundert Schiffe notwendig.
Angeblich führte Philipp II. bis zu einer Million Dukaten in
Münzen und Edelsteinen mit sich, die nicht nur seinem
Unterhalt dienen sollten, sondern auch dafür, in England
großzügig Geschenke und Pensionen zu verteilen. Alle englischen Kritiker der spanischen Heirat sollten besänftigt werden,
nicht Spanien würde von der Hochzeit profitieren, sondern
England.

Abb. 2: Danae und der Goldregen

Der Auszug einer derartig großen Menschenmenge hinterließ
nicht nur personelle Lücken in der Administration der kastilischen Monarchie, sondern führte zu einer rapiden Ver-
knappung des flüssigen Geldes, eine Tatsache, die sich noch
Jahre später negativ bemerkbar machen sollte. Mit dem
Prinzen reiste auch eines der Gemälde, die er 1551 bei Tizian
(1488?–1576) in Auftrag gegeben hatte, der sich damals am
Hof des Kaisers in Augsburg aufgehalten hatte: Danae und der
Goldregen, das der Meister 1553 fertig gestellt hatte. Nach
London ließ sich Philipp II. noch ein weiteres Bild von Tizian
senden, das 1554 vollendet wurde, nämlich Venus und Adonis.[40] Beide Gemälde, beeindruckend wegen ihres einpräg-
samen Erotismus, werden immer wieder mit den vermuteten
Liebschaften des Prinzen in Zusammenhang gebracht. Adonis,
den die nackte Venus abhalten will, zur lebensgefährlichen Jagd
zu gehen, wird manchmal mit Philipp II. in Verbindung
gebracht, der sich auf die gefahrvolle Reise in den Norden
aufmachte.[41] Es sind dies wohl pure Spekulationen, denn zum
Zeitpunkt der Auftragsvergabe 1551 war von einer englischen

Reise nicht die Rede. Nicht bezweifelt werden kann allerdings, dass Philipp II. Tizians Art der Darstellung des nackten weiblichen Körpers besonders schätzte. Die beiden Bilder verblieben denn auch nicht in England, sondern reisten wieder mit nach Spanien, wo sie in den Privatgemächern des Königs im Alcázar von Madrid einen prominenten Ausstellungsort finden sollten.

In England selbst erfreute sich die künftige Hochzeit der Königin mit dem spanischen Prinzen keineswegs der allergrößten Beliebtheit in allen Gesellschaftsschichten. Das Land steckte mitten in einem Prozess der kirchlichen Reform, der längst nicht abgeschlossen war, als die katholische Königin an die Macht kam. Startete schon diese gleich nach ihrem Regierungsantritt mit gegenreformatorischen Maßnahmen, mehrten sich in England die Befürchtungen, der spanische Einfluss würde übermächtig werden, die Inquisition könnte eingeführt und England in die spanisch-französischen Kriege hineingezogen werden. Dabei war der Heiratsvertrag, den Karl V. ausgehandelt hatte, nicht ungünstig für England: Die erhofften Nachkommen aus der Ehe sollten nicht nur England erben, sondern auch die Niederlande, die damit aus ihrer Verbindung mit der spanischen Monarchie herausgelöst worden wären. Speziell dieser Punkt behagte Philipp II. nicht, da er nicht wollte, dass sein Sohn Carlos um sein Erbe betrogen werden würde. Vielmehr dachte er daran, seinen Sohn im Falle der Kinderlosigkeit der neuen Ehe auch als Erben von England einzusetzen, das damit mit der kastilisch-aragonesischen Monarchie verbunden worden wäre.

Doch der Prinz beugte sich vorläufig dem Willen seines Vaters und reiste nach England. Sein Eheopfer wurde ihm insofern schmackhafter gemacht, als ihm Karl V. den Titel eines Königs von Neapel und Herzogs von Mailand verliehen hatte.[42] Kein Prinz sollte nach England kommen, sondern ein König, der in seiner Größe einmal viele Reiche Europas unter seinem Szepter vereinen, den König von Frankreich in seine Schranken weisen und mit den Kräften all seiner Länder die Osmanen vernichten würde.

Abb. 3: Venus und Adonis

Das mag der Traum gewesen sein – die Realität sah allerdings anders aus. Bei der Ankunft in Southampton Ende Juli 1554 regnete es in Strömen, große Teile der englischen Bevölkerung lehnten den Spanier ob seines Katholizismus ab. Doch die Königin erwartete ihn in Winchester, in dessen Kathedrale gleich nach der Ankunft die beiden Monarchen getraut wurden. Maria scheint sich in ihren Gemahl tatsächlich verliebt zu haben, er behandelte seine Ehefrau höflich, aber distanziert. Eigentlich wartete er darauf, von seinem Vater bald nach der Konsumation der Ehe in die Niederlande gerufen zu werden, doch dessen Gesundheitszustand hatte sich verbessert, der Sohn konnte sich dem englischen Eheglück widmen. Und tatsächlich schien das Ehepaar bald die Erwartungen zu erfüllen, die alle Beteiligten hegten. Bereits im Winter 1554/1555 verbreiteten sich die ersten Gerüchte, die Königin sei schwanger.

Nun wollte Philipp II. nicht in die Niederlande reisen. Denn das englische Parlament weigerte sich sowohl, ihn zum König zu krönen, als auch, ihm im Fall des Todes seiner Frau im Kindbett als Regenten zu akzeptieren. Er musste daher in England bleiben, um sich notfalls mit Gewalt als Stellvertreter seines erhofften Kindes durchzusetzen. Doch wieder einmal kam alles anders, als es geplant war. Die Briefe, die die glückliche Geburt eines Kindes ankündigten, waren schon geschrieben, als sich im August 1555 herausstellte, dass die Königin entweder eine Scheinschwangerschaft oder eine Krankheit gehabt habe.[43] Eine Seifenblase voll an Träumen war zerplatzt.

Philipp II. verließ kurz danach England, denn sein Vater in den Niederlanden hatte ihn gerufen. Das englische Abenteuer war damit fast beendet, obwohl der König seine Gemahlin vor deren Tod noch einmal sehen sollte.

3.4   Brüssel 1556: Ein neuer König für die spanische Monarchie

Im Laufe des Jahres 1555 erlebte Europa eine Fülle an Veränderungen, die am Leben Philipps II. nicht spurlos vorbeigehen sollten. Während er noch in London oder den Palästen in der Umgebung residierte und auf einen Thronerben hoffte, tagte neuerlich in Augsburg ein Reichstag, der das beherrschende Problem des Heiligen Römischen Reichs, den konfessionellen Streit zwischen Katholiken und Protestanten, einer friedlichen Lösung zuführen sollte. Den Reichstag leitete jedoch nicht Karl V., der in Brüssel seinen einsamen Kampf gegen seine Gicht und seine Depressionen führte, sondern sein Bruder Ferdinand I. Tatsächlich gelang es, bis September 1555 einen Religionsfrieden zwischen Katholiken und Protestanten auszuhandeln, der dem Reich eine Friedensperiode von mehr als sechzig Jahren bescheren sollte. Der Friede wurde im Namen Karls V. publiziert, der gerade diesen auf keinen Fall wollte. Die Frustrationen des alternden Kaisers wuchsen noch mehr, seine Pläne zur Abdankung konkretisierten sich.

Im April 1555 war in Tordesillas die Mutter Karls V., Juana, im für das 16. Jahrhundert hohen Alter von 75 Jahren gestorben. Der Tod dieser bedauernswerten Frau eröffnete Karl V. endlich den Weg, seinem Sohn die Nachfolge in den spanischen Königreichen zu ermöglichen. Denn ob die Königin nun wahnsinnig gewesen war oder nicht, Karl V. hatte die spanischen Länder nominell gemeinsam mit und im Namen seiner kranken Mutter regiert. Eine Abdankung des Kaisers beispielsweise in Kastilien hätte bedeutet, dass nicht Philipp II. neuer König geworden wäre, sondern seine Großmutter die Regierung übernehmen hätte müssen. Es wäre zwar unwahrscheinlich gewesen, dass diese die Herrschaftsgewalt ausüben hätte können, doch sie wäre wohl zum Spielball verschiedener Adelsfraktionen geworden, die sich um die Macht im Königreich gestritten hätten. Der Tod der greisen Königin beendete diese Ungewissheit, Karl V. konnte nun frei alle seine Nachfolgefragen lösen.

Ab dem Herbst 1555 erlebte Brüssel sukzessive mehrere prunkvolle Akte, in denen der kranke Kaiser seine Reiche an seinen Sohn abtrat. Philipp II. war im September aus London gekommen, für den Oktober hatte Karl V. die Stände der 17 niederländischen Provinzen in die Residenzstadt beordert, um die Regierung der Niederlande an seinen Sohn abzutreten. Zuerst übergab er am 22. Oktober die Führung des Ordens vom Goldenen Vlies an Philipp II. Am 25. Oktober versammelten sich schließlich die niederländischen Generalstaaten, um der Übergabe der Herrschaft über die niederländischen Provinzen beizuwohnen. Zuerst erklärte der Kaiser die Gründe, warum er nicht mehr weiter regieren könne, und führte vor allem sein Alter und seine angeschlagene Gesundheit an. Danach bat er seinen Sohn, die Rechte und Gebräuche der Niederlande zu respektieren und diesen ein gerechter Herrscher zu sein. Die Worte des Kaisers, die Alfred Kohler in seiner Biographie Karls V. wiedergegeben hat, sollen an dieser Stelle wegen ihrer Symbolkraft für die Zukunft wiederholt werden: »Wärest Du durch meinen Tod in den Besitz dieser Provinzen gelangt, so würde eine so schöne Erbschaft mir wohl einen gerechten Anspruch auf Deine Dankbarkeit gesichert haben. Jetzt aber, wo ich sie Dir freiwillig übergebe, zu Deinem Vorteil gleichsam vor der Zeit sterbe, erwarte ich, dass mich die Liebe und Sorge, die Du Deinem Volke widmest, in solchem Maße belohnen werde[n], wie ich es um einer solchen Gabe willen verdiene. Andere Könige schätzen sich glücklich, wenn sie in ihrer Todesstunde ihre Kronen ihren Kindern aufs Haupt setzen können; ich will dieses Glückes im Leben mich freuen und Dich regieren sehen. Meine Handlungsweise wird wenig Nach- ahmer finden, wie sie wenige Beispiele hat, aber sie wird gepriesen werden, wenn Du mein Vertrauen rechtfertigst, wenn Du in der Wahrheit beharrst, welche Du seither bekundet hast, und wenn Du fortfährst, der eifrige Verteidiger des katholischen Glaubens und des Gesetzes und der Gerechtigkeit zu sein, welche die Kraft und das Bollwerk der Herrschaft sind. Mag auch Dir ein Sohn beschieden sein, dem Du in gleicher Weise die Macht übertragen kannst.«[44]

In seiner Antwort auf die alle Anwesenden bewegende Rede des Kaisers dankte Philipp II. in französischer Sprache diesem für sein Vertrauen. Nachdem seitens der Generalstaaten seine Herrschaft bestätigt worden war, hätte der neue Herzog von Burgund diesen eigentlich antworten müssen. Doch entschul- digte er sich, dass sein Französisch sehr schlecht sei, und ließ daher Antonio (Antoine) Perrenot de Granvela (Granvelle) (1517–1586)[45], Bischof von Arras und einer der wichtigen Minister seines Vaters, die Antwort an die Stände vortragen. Zwar war die Zeremonie der Abdankung seitens des Kaisers perfekt inszeniert, vor allem wegen dessen berührender Rede, die noch heute viel zitiert wird, doch der Sohn hatte sich wegen seiner mangelnden Sprachkenntnisse vor den Ständen die erste Blöße gegeben. Granvelas Rede, in der dem fürst- lichen Absolutismus das Wort gesprochen wurde, war wenig geeignet, das Vertrauen der Stände in den neuen Herrscher zu stärken. Und der Kaiser selbst hatte schon, wohl ohne es zu wollen, ein Grundproblem der künftigen Herrschaft Phi- lipps II. in den Niederlanden angesprochen: Er sollte den

Katholizismus verteidigen, doch gleichzeitig wurden täglich mehr seiner Untertanen Anhänger der Lehren von Martin Luther und zunehmend auch von Jean Calvin (1509–1564). Philipp II. sollte auch ein gerechter Herrscher sein, doch gerade an der fürstlichen Gerechtigkeit sollte es ihm in der Zukunft mangeln – so lautete zumindest später einer der Verwürfe der Niederländer.

Mit den offiziellen Aktivitäten in jenen Tagen des Oktobers 1555 war die Übertragung der Herrschaften und Königreiche Karls V. an seinen Sohn allerdings noch nicht abgeschlossen. Erst am 16. Januar 1556 unterfertigte der Kaiser jene Urkunden, mit denen er seinem Sohn auch die Königreiche Kastilien-León samt den dazugehörigen Territorien in der Neuen Welt sowie die restlichen Reiche der Krone von Aragón – König von Neapel war Philipp II. ja schon – übertrug: die Königreiche Aragón, Valencia, Mallorca, Sardinien und Sizilien sowie das Fürstentum Katalonien. Nun war Philipp II. tatsächlich zu einem Weltherrscher avanciert. Seine Reiche erstreckten sich über den halben Globus, von den Niederlanden und Italien über die Iberische Halbinsel bis nach Amerika, wo gerade unter seiner Regierung die spanisch dominierten Teile des Doppelkontinents immer umfangreicher wurden. Schon bald, 1571, sollten sich zu diesem ohnedies schon enormen Imperium noch die fernen Philippinen dazugesellen, die den Namen des Königs auch heute noch tragen.

Gerade wegen der unglaublichen geographischen Ausdehnung der Herrschaften, die Philipp II. von seinem Vater übertragen worden waren, hatte er nicht nur eine enorme Fülle an Macht übernommen, sondern auch einen Berg an ungelösten Problemen. So tobte seit 1552 ein Krieg des Kaisers gegen Frankreich, der nicht mehr finanzierbar war, weshalb im Februar 1556 der Waffenstillstand von Vaucelles[46] für fünf Jahre abgeschlossen werden musste. Der französische König hatte sich vorerst durchgesetzt, durfte er doch die Reichsbistümer Metz, Toul und Verdun vorläufig behalten, ebenso das Herzogtum Savoyen, dessen rechtmäßiger Fürst, Emanuele

Filiberto (1528–1580), einer der engsten Parteigänger des
Kaisers, 1556 von Philipp II. zum Statthalter der Niederlande
ernannt wurde. Der Waffenstillstand mit Frankreich blieb
brüchig, der Ausbruch eines neuerlichen Krieges stand jederzeit bevor.

Dazu kam die unsichere Situation im Heiligen Römischen
Reich, ausgelöst durch den Wunsch Karls V., auch das Kaisertum zurückzulegen. Einem derartigen Akt wohnte eine
Menge an verfassungsrechtlichen Problemen inne, war doch in
der Goldenen Bulle Karls IV. eine Resignation des Reichs-
oberhauptes nicht vorgesehen. Nach langen Verhandlungen
legte der Kaiser seine Würde im August 1556 nieder. Es sollte
noch eineinhalb Jahre dauern, bis Ferdinand I. im März 1558
diese offiziell übernehmen konnte. Dies hieß allerdings auch,
dass damit eindeutig fest stand, dass Philipp II. seinem Vater
nicht im Kaisertum nachfolgen würde. Der Weg war damit frei
für eine künftige Sukzession Maximilians II. im Heiligen
Römischen Reich. Philipp II. hatte diese sich abzeichnende
Entwicklung schon im Herbst 1555 begriffen und seinerseits
auf eine Nachfolge im Reich nach Ferdinand I. verzichtet.
Diese realistische Entscheidung trug zweifellos zu einer gewissen Verbesserung der innerhabsburgischen Beziehungen bei.
Nicht verzichten wollte Philipp II. allerdings auf das 1551
ebenfalls konzertierte Reichsvikariat in Italien. 1558 verhandelte darüber noch einmal einer seiner Gesandten mit Ferdinand I. in Wien, doch dieser weigerte sich, einer Übertragung
des Vikariats zuzustimmen.[47] Die Streitigkeiten zwischen den
beiden Familienzweigen über Italien sollten damit erst einmal
in der Schwebe bleiben.

Karl V. verließ im September 1556 endgültig die Nieder-
lande, um sich nach Spanien zurückzuziehen. Seinen Lebens-
abend wollte er in einer Villa beim Kloster Yuste in der
Extremadura verbringen. Der Sohn sah den Vater zum letzten
Mal in seinem Leben bei dessen Einschiffung im Hafen von
Vlissingen in Zeeland. Philipp II., gequält von dauernden
finanziellen Problemen aufgrund der beständigen Kriege seines
Vaters und zuletzt auch wegen der hohen Kosten seiner

englischen Heirat, besann sich langsam wieder seiner fernen Gemahlin, die er im Spätsommer 1555 verlassen hatte. Während des Jahres 1556 hatte er diese immer wieder vertröstet und seine Rückkehr nach England mehrere Male verschoben. Königin Maria litt in der Zwischenzeit an Depressionen und an Eifersucht, verbreiteten sich doch Gerüchte, der spanische König habe in den Niederlanden eine oder gar mehrere Mätressen. Angeblich attackierte sie einmal, als sie neuerlich die Nachricht erhielt, der Gemahl könne noch immer nicht nach England kommen, mit einem Dolch ein Bild Philipps II.[48]

Im März 1557 tauchte der ersehnte Ehemann endlich wieder auf – seit dem letzten Treffen des Paares waren eineinhalb Jahre vergangen –, aber er suchte nicht Liebe, sondern Geld und Truppen für einen neuerlichen Krieg gegen Frankreich. Nach langen und mühsamen Verhandlungen stimmte Maria Tudor zu, 8000 englische Soldaten und 1000 Reiter auf den Kontinent zu senden. Geld konnte sie nicht zur Verfügung stellen, denn dieses fehlte auch ihr. Als der Krieg mit Frankreich neuerlich ausbrach, griffen die Franzosen die Engländer in Calais an und schafften tatsächlich die Eroberung des letzten englischen Bollwerks auf dem Kontinent.

Philipp II. hatte Anfang Juli 1557 seine Gemahlin wieder verlassen und sollte die Insel Britannien nie wieder betreten. Zurück blieb eine Ehefrau, krank, desillusioniert und gebrochen. Sie hoffte wieder einmal, schwanger zu sein, doch auch dieses Mal gingen ihre Wünsche nicht in Erfüllung. Ihren Ehemann liebte sie angeblich noch immer, vermachte ihm auch in ihrem Testament die wertvollsten ihrer Diamanten – Philipp II. sollte diese jedoch nie erhalten –, doch ihre frühere Gesundheit gewann sie nicht mehr wieder. Maria starb schließlich am 17. November 1558 in London, möglicherweise an einem Krebs der Eierstöcke.[49] Der spanische König wurde mit 31 Jahren zum zweiten Mal Witwer. Außerdem hatte er auch den Verlust seines Vaters zu betrauern, der bereits am 21. September jenes Jahres in Yuste gestorben war.

Philipp II. war in England besten Falls am Beginn seines Aufenthaltes beliebt gewesen, als die Hoffnung bestand, die

englische Monarchie könnte wieder Fuß auf dem Festland
fassen, da die Erben des Ehepaars auch die Niederlande
regieren sollten. Doch zunehmend zog er sich den Hass der
Untertanen seiner Frau zu, deren Schwangerschaften sich als
nicht real erwiesen, auch wenn nicht er, sondern sie mit harter
Hand die katholische Gegenreformation betrieb. Der Königin
wurde verübelt, dass um die 275 Protestanten den Tod auf dem
Scheiterhaufen fanden, unter ihnen Thomas Cranmer (1489–
1556), Erzbischof von Canterbury, der die Scheidung der
Eltern Marias 1533 für rechtens erklärt hatte, Hugh Latimer
(1485–1555), Bischof von Worcester, und Nicholas Ridley
(1503–1555), Bischof von Lincoln. Gerade diese drei wichtigen Denker des englischen Protestantismus mussten ihr Leben
lassen, als Philipp II. gar nicht in England war, also auch keinen
Einfluss auf die Entscheidung der Gerichte nehmen konnte.
Weder den Verlust von Calais hatte der König zu verantworten,
denn dieser konnte nur wegen gravierender Fehler des englischen Oberkommandos passieren, noch den Mangel an
Getreide oder eine Pestwelle, die England heimsuchte.
Beim Tod seiner Gemahlin standen jedoch nicht einmal
mehr jene Personen zu ihm, die er bei seiner ersten Ankunft
reich mit kastilisch-amerikanischem Geld oder mit Pensionen
ausgestattet hatte. Alle Misserfolge während der Regierung
von Maria I. wurden ihm von den Engländern zur Last gelegt.

Daher ist es nicht verwunderlich, dass der König keine große
Lust zeigte, die Nachfolgerin Marias, deren Halbschwester
Elisabeth I. (1533–1603), zu heiraten. Denn neuerlich hätte er
in die Ehe die Niederlande mit einbringen müssen, die er aber
seinem Sohn Carlos vererben wollte. Er ließ dennoch Elisabeth
einen halbherzigen Heiratsantrag zukommen, um England
weiterhin in eine antifranzösische Allianz einzubinden, doch
die europäische Politik entwickelte sich rasch dergestalt, dass
die englische Heirat obsolet wurde. Vielmehr unterstützte
Philipp II. in den folgenden Jahren die Bemühungen seines
Onkels Ferdinand I., dessen Sohn, Erzherzog Karl von Innerösterreich (1540–1590)[50], mit der englischen Königin zu
verheiraten. Karl reiste sogar nach England, doch die »jung-

fräuliche« Herrscherin ließ die Heiratsverhandlungen 1570 endgültig scheitern[51] und blieb unverheiratet, während Karl 1571 Maria von Bayern (1551–1608) ehelichte.

3.5 Saint-Quentin 1557: Der Triumph über Frankreich

Kurz nach der Rückkehr Philipps II. aus England in die Niederlande überschlugen sich die Ereignisse. Der Krieg mit Frankreich war neuerlich ausgebrochen, hoffte doch Heinrich II., den Regierungswechsel zwischen Karl V. und Philipp II. zu seinem Vorteil ausnützen zu können. Doch er sollte sich völlig verrechnen. Der Krieg hatte in Italien begonnen, wo Papst Paul IV. (1476–1559) ein Bündnis mit den Franzosen in der Hoffnung geschlossen hatte, die ungeliebte spanische Vorherrschaft zu brechen. Den im Januar 1557 in Italien einmarschierenden Franzosen winkte als Siegespreis das Königreich Neapel, das seinen Status als päpstliches Lehen nicht verloren hatte, aber von Philipp II. beherrscht wurde. Dieser verfügte jedoch 1557 über zwei talentierte Feldherren mit großer militärischer Erfahrung, einerseits über den Duque de Alba, der die französischen und päpstlichen Truppen in Italien vernichtend schlug und in Rom einmarschierte, andererseits über Emanuele Filiberto von Savoyen, der wie Alba an der Seite Karls V. schon an der Schlacht von Mühlberg teilgenommen hatte. Außerdem hatte der Herzog von Savoyen auch ein eigenes Interesse an einem spanischen Sieg, wollte er doch sein von Frankreich besetztes Herzogtum zurück gewinnen.

Waren schon die Siege Albas in Italien strahlend, so sollte der Sieg des Savoyers an der niederländisch-französischen Grenze Philipp II. noch mehr prägen. Denn die Schlacht, an der er zwar nicht persönlich teilnahm, aber in deren Nähe er sich aufhielt, sollte der erste große Sieg seit Jahren über die Franzosen sein. Diese Schlacht von Saint-Quentin wurde von den vereinten niederländischen, spanischen und englischen Truppen am 10. August 1557, dem Tag des Heiligen Laurentius, siegreich geschlagen. Zum Dank beschloss Philipp II., zu Ehren des Heiligen einen Klosterpalast zu errichten, San Lorenzo el Real de El Escorial im Norden von Madrid am Fuß der Sierra de Guadarrama. In einem der prunkvoll ausgestatteten Räume des Palastes, der Sala de Batallas, der Schlachtenhalle, wurden die Ereignisse von Saint-Quentin besonders prominent dargestellt.[52]

An der Schlacht nahm auch die schwere Reiterei unter dem Oberbefehl des Grafen von Egmont teil, der sich durch besondere Tapferkeit auszeichnete, was dennoch nicht seine Hinrichtung elf Jahre später verhindern konnte. Kurz stand zur Diskussion, den fliehenden Franzosen zu folgen und Paris zu besetzen, doch Philipp II. untersagte dies persönlich aus Mangel an Geld und in der Hoffnung, Heinrich II. wäre zum Frieden bereit. Er sollte sich aber gehörig täuschen. Denn im Januar 1558 eroberten die französischen Truppen, wie schon erwähnt, das englische Calais, und fielen außerdem in Luxemburg ein. Zu Friedensverhandlungen war Heinrich II. erst bereit, als sein Heer im Juli 1558 auch die Schlacht bei Gravelingen in der Nähe von Dünkirchen, an der Egmont ebenfalls teilnahm, verlor. Dieser Sieg kam für Philipp II. gerade noch rechtzeitig. Er wurde nämlich 1559 kurzfristig zahlungsunfähig. In der Historiographie wird das auch als »Bankrott« bezeichnet, obwohl Bartolomé Yun zuzustimmen ist, der diesen Begriff ablehnt.[53]

Nicht nur aufgrund der militärischen Niederlagen wollte der französische König den Frieden, sondern auch deshalb, weil er sich mit dem raschen Anwachsen des Protestantismus in seinem eigenen Reich konfrontiert sah. Die Zahl der Anhänger der Hugenotten, wie die französischen Protestanten genannt wurden, wuchs beständig, obwohl der König verschiedene Edikte erlassen hatte, aufgrund derer ohne Nachsicht gegen diese »Ketzer«, so die offizielle Terminologie, vorgegangen wurde. Auch wenn die Scheiterhaufen brannten, wuchs die Zahl der Hugenotten kontinuierlich, weshalb die

Abb. 4: Die Schlacht von Saint-Quentin

Hoffnung bestand, nach einem Friedensschluss mit Philipp II.
den Rücken frei zu haben für eine Lösung des Religionsproblems im Sinne des Katholizismus.

Da auch Heinrich II. mit schwierigen finanziellen Problemen zu kämpfen hatte, kam es endlich zu Friedensverhandlungen, die nach einigen Vorgesprächen in Cateau-Cambrésis
südlich von Valenciennes und südöstlich von Cambrai im
Januar 1559 begonnen wurden. Die Verhandlungen gelangten
zu einem relativ raschen Abschluss, denn die formellen Friedensverträge wurden bereits Anfang April unterschrieben.[54]
Deren Inhalt begünstigte auf alle Fälle die Monarchie Philipps II. und seines Verbündeten, des Herzogs von Savoyen.
Dieser erhielt seine von Frankreich okkupierten Territorien in
Savoyen und Piemont nahezu vollständig zurück, die Spanier
und die Franzosen räumten die jeweils besetzten Plätze des
vormaligen Kriegsgegners und stellten somit die Territorial-
verhältnisse aus der Zeit vor dem Krieg wieder her. Heinrich II. fand sich außerdem mit der Herrschaft Philipps II. im
Herzogtum Mailand ab und verzichtete auf seine annexio-
nistische Italienpolitik. Dies bedeutete, dass die spanische
Vorherrschaft in Italien nach nahezu sechzig Jahren endgültig
seitens der französischen Monarchie zur Kenntnis genommen
wurde. Dem französischen König wurde der Verzicht auf
Herrschaftsrechte in Italien insofern versüßt, als die Reichsbistümer Metz, Toul und Verdun, deren Wiedereroberung
eines der Ziele Karls V. 1552 gewesen war, bei Frankreich
verblieben. Auch das ehemals englische Calais sollte vorerst
unter der Herrschaft Heinrichs II. bleiben, allerdings gegen die
Zahlung einer hohen Entschädigungssumme.

Philipp II. hatte den Krieg, zumindest bezüglich Italien,
eindeutig gewonnen, allerdings in England endgültig alle seine
Sympathien verspielt. Bei den Vorverhandlungen zum Frieden
von Cateau-Cambrésis war schon daran gedacht worden,
diesen durch ein neues dynastisches Heiratsprojekt zu bekräf-
tigen. Damals, in den Wochen nach der Schlacht von Gravelingen, war Philipp II. noch mit Maria Tudor verheiratet.
Daher gab es Überlegungen, seinen Sohn Carlos, damals

gerade dreizehn Jahre alt geworden, mit der gleichaltrigen Tochter Heinrichs II., Isabel von Valois[55], zu verheiraten. Im Frühling 1559 hatte sich die Situation grundlegend verändert, denn Philipp II. war neuerlich Witwer geworden. Kurzerhand entschloss er sich, selbst um die Hand der um achtzehn Jahre jüngeren Prinzessin anzuhalten. Heinrich II. und seine Gemahlin Katharina von Medici (1519–1589) willigten in das neue Eheprojekt ein, hofften sie doch beide, über ihre Tochter die künftige spanische Politik in einem für Frankreich günstigen Sinn beeinflussen zu können. Außerdem kursierten schon damals Gerüchte, der spanische Thronfolger sei nicht bei bester Gesundheit. Dieser soll allerdings später seinem Vater Vorwürfe gemacht haben, er habe ihm seine künftige Braut ausgespannt.

Der Friedensvertrag von Cateau-Cambrésis ebenso wie die abgesprochene Heirat bedeuteten das Ende der Auseinandersetzungen zwischen den Häusern Habsburg und Valois, die nahezu achtzig Jahre angedauert und schon unter Philipps II. Urgroßvater Maximilian I. begonnen hatten. Daneben besiegelten die Verträge die Änderung des Systems der dynastischen Allianzen in Europa zum Nachteil Englands. Denn Heinrich II. hatte im April 1558 seinen Sohn Franz II. (1544–1560) mit Maria Stuart (1542–1587), der Königin von Schottland, verheiratet, und damit die antienglische französisch-schottische Allianz neuerlich bekräftigt. Elisabeth I. von England geriet durch die französisch-schottische und nun die französisch-spanische Allianz in eine beständig zunehmende außenpolitische Isolation, die sowohl ihre spätere antispanische Politik als auch ihren gnadenlosen Umgang mit der katholischen Maria Stuart, ihrer potentiellen Konkurrentin um den englischen Thron, zu erklären vermag.

Heinrich II. brachte die konzertierte Heirat seiner Tochter mit Philipp II. kein Glück. Die Zeremonie sollte am 21. Juni 1559 in Paris stattfinden. Philipp II. wollte nicht selbst nach Paris reisen, sondern plante damals bereits seine Rückkehr von den Niederlanden nach Spanien. Daher sandte er den Duque de Alba, der die nun vierzehnjährige Prinzessin per procura-

torem zur Frau nehmen sollte. Im Rahmen der ausschwei-
fenden Hochzeitsfeierlichkeiten, bei denen auch der junge
Friede zwischen der französischen und der spanischen Monarchie ausgiebig zelebriert werden sollte, ritt am 20. Juni Heinrich II. im Turnier gegen Gabriel de Lorges, Graf von Mont-
gomery (1530–1574), den Hauptmann der schottischen
Garde des Königs. Dessen Lanze brach beim Aufprall auf
der Rüstung des Königs so unglücklich, dass ein Splitter durch
das Helmvisier in dessen Auge eindrang und ihn so schwer
verletzte, dass er einige Tage später qualvoll verstarb. Obwohl
oder gerade weil die Hochzeit der Prinzessin durch dieses
tragische Unglück überschattet worden war, sollte sie als Isabel
de la Paz, als die Frieden bringende Isabel, von ihren spanischen
Untertanen sehr verehrt werden.

4 Die Herrschaft in der spanischen Monarchie

4.1 Valladolid 1559: Philipp II. und die Inquisition

Der Abschluss des Friedensvertrages von Cateau-Cambrésis ebenso wie die erfolgreich ausgehandelte Heirat mit Isabel von Valois bestärkten in Philipp II. den Wunsch, zurück nach Spanien zu reisen.[1] Denn es waren 1559 bereits fünf Jahre vergangen, seit er Kastilien verlassen hatte. Er fühlte sich zwar zunehmend als der wichtigste Herrscher der Welt, doch blieb er in seiner Identität ein kastilischer Fürst, der anderen Ländern und anderen Sprachen nicht zu viele Positiva abgewinnen konnte. Außerdem kam er zu dem Entschluss, dass er von den Niederlanden aus sein weiterhin wachsendes Territorium nicht effizient regieren könne, mussten doch viele der Entscheidungen, die seine Schwester Juana in Valladolid als seine Stellvertreterin traf, von ihm erst endgültig approbiert werden. Zwischen Brüssel und Valladolid verkehrten dauernd Boten, während des Krieges mit Frankreich meist zu Schiff, die Papiere in die Niederlande und zurück nach Spanien schafften. Königliche Entscheidungen wurden dadurch unnötig verzögert. 1558 war außerdem die Nachfolge Philipps II. im Kaisertum definitiv gescheitert und die Allianz mit England durch den Tod von Maria Tudor obsolet geworden. Die Niederlande konnten genauso gut durch eine Statthalterin verwaltet werden, der der König vertraute, konkret durch seine Halbschwester Margarete von Österreich, Herzogin von Parma (1522–1586), einer legitimierten Tochter Karls V. mit einer Niederländerin.

Am 20. August 1559 verließ der König endgültig die Niederlande, die er in den restlichen Jahren seines Lebens nie mehr besuchen sollte. Kurz hatte er den Gedanken gehabt, die große Flotte, mit der er nach Spanien zurückreiste, für eine Landung in England zu verwenden. Elisabeth I., die seine halbherzigen Heiratsanträge abgelehnt hatte, zeigte bereits deutliche Anzeichen, die gegenreformatorischen Maßnahmen ihrer Halbschwester rückgängig zu machen. Vielleicht wäre es möglich, England zu besetzen, Elisabeth I., deren Legitimität von Philipp II. bezweifelt wurde, abzusetzen, und die schottische und katholische Maria Stuart, die mit dem neuen französischen König Franz II. verheiratet war, in England als Königin zu installieren, fragte sich der König. Der Gegenreformation könnte damit in England zu einem dauerhaften Sieg verholfen werden, der französische König, sein neuer Schwager, würde erkennen, dass es ihm mit dem spanisch-französischen Friedensschluss tatsächlich ernst sei, und der Protestantismus würde einen entscheidenden Schlag erhalten. Philipp II. hatte in der Angelegenheit den Duque de Alba konsultiert, dessen Prestige als hervorragender Militär nach den Siegen in Italien noch beträchtlich angewachsen war. Dieser hatte abgewinkt: Eine Eroberung Englands sei militärisch sehr wohl möglich, noch dazu, weil die elisabethanische Flotte zum damaligen Zeitpunkt als eine »Quantité négligeable« zu betrachten war. Doch, so der Duque, wie wolle man das Land besetzt halten, noch dazu, wo die Engländer den König ablehnten und bestimmt Widerstand gegen die Besatzer leisten würden? Philipp II. ließ den Plan einer Invasion Englands vorläufig fallen.[2] Allerdings begann diese Idee in ihm beständig zu wachsen, ihre Realisierung sollte er nicht mehr aus den Augen verlieren.

Philipp II. hatte die verschiedenen reformatorischen Ideen ausgiebig kennengelernt, in den Niederlanden, im Heiligen Römischen Reich und in England. Getreu dem Vermächtnis seines Vaters wollte er mit all seiner Kraft zum Kampf gegen diese »häretischen Sektierer« antreten, in seinen eigenen Ländern ebenso wie in Europa, und das auch dann, wenn sein

Verhältnis zum Papst getrübt war, wie der letzte italienische Krieg gezeigt hatte.[3] Dabei war er allerdings durchaus pragmatisch, zumindest, was den Protestantismus im Heiligen Römischen Reich betraf. Denn auf dem Augsburger Reichstag 1551 ebenso wie auf seiner Reise durch das Reich hatte er auch protestantische Reichsfürsten kennen und schätzen gelernt, den Kurfürsten Moritz von Sachsen (1521–1553) beispielsweise, der sich damals noch nicht gegen Karl V. erhoben hatte. Daher zahlte Philipp II. auch später Pensionen an protestantische Reichsfürsten oder hielt gute Kontakte über eine regelmäßige Korrespondenz oder über Botschafterbesuche aufrecht, beispielsweise mit Herzog Julius von Braunschweig (1528–1589), Mitgliedern des Hauses Brandenburg oder Kurfürst August von Sachsen (1526–1586).[4] Nicht tolerieren wollte er jedoch den Protestantismus in seinen eigenen Ländern, weder in den Niederlanden noch in Spanien oder in der Neuen Welt.

Die Treue der Untertanen in der spanischen Monarchie zur katholischen Kirche schien garantiert durch eine Institution, die bis heute mit einem negativen Image behaftet ist, nämlich durch die »Spanische Inquisition«.[5] Diese war von Ferdinand II. von Aragón und Isabel I. von Kastilien mit päpstlicher Erlaubnis 1478 als Institution der Monarchie begründet worden, um die durch die Vertreibung der Juden und die Zwangsmaßnahmen gegen die Mauren erreichte religiöse Einheit zu kontrollieren. Im Vordergrund war die Überwachung der Glaubenstreue der »Conversos«, also der zum Christentum konvertierten Juden, gestanden. Die Inquisition hatte zwar bereits als päpstliche Institution im mittelalterlichen Königreich Aragón existiert, doch war sie dort nicht sonderlich erfolgreich gewesen. Das Besondere an der neuen Spanischen Inquisition war, dass nicht kirchliche römische Stellen die Inquisitoren ernannten, sondern die spanischen Monarchen. Die Spanische Inquisition war also unabhängig von Rom und den Interessen der Monarchie unterworfen. Da sie ihre Jurisdiktion in sämtlichen Territorien der Monarchie ausüben durfte, war sie die einzige »gesamtstaatliche« Institution, die

in den Dienst der politischen Union der kastilischen und
aragonesischen Länder gestellt werden konnte. Schon 1483
hatten Ferdinand II. und Isabel I. den »Consejo de la Inquisición«, den Inquisitionsrat, geschaffen und in allen Teilen der
Monarchie Inquisitionstribunale etabliert.[6]

In den ersten Jahren ihres Bestehens hatte die Spanische
Inquisition vor allem zum Katholizismus konvertierte Juden zu
kontrollieren, ganz selten auch konvertierte Mauren, also so
genannte Morisken[7], da sich diese noch unter Karl V. um teures
Geld das Privileg erkauft hatten, für eine bestimmte Zeit von
der Verfolgung durch die Inquisitoren verschont zu bleiben.
Daneben hatte es starke Stimmen gegeben, die sich für eine
Abschaffung der Inquisition stark gemacht hatten, weil der
Vorwurf nicht zu widerlegen gewesen war, dass einzelne
Inquisitoren die Strafen erhöhen würden, um in den Besitz
der konfiszierten Güter zu kommen, andere angeblich die
Ehefrauen und Töchter der Verurteilten missbrauchten, wie-
der andere Delikte verfolgten, die gar nichts mit Häresien zu
tun hatten, mit der alleinigen Intention, sich persönlicher
Feinde zu entledigen.[8]

Aufgrund des Entstehens der reformatorischen Bewegungen in Europa begann sich für die Inquisition ein neues
Betätigungsfeld zu eröffnen, die Verfolgung der Anhänger
der neuen Lehren. Während der Regierungszeit Karls V.
waren es nahezu ausschließlich Ausländer gewesen, die als
angebliche Lutheraner in die Fänge der Inquisition geraten
waren, Kaufleute aus dem Heiligen Römischen Reich oder
Venedig, die lutherische Schriften ins Land geschmuggelt,
Seeleute aus England, die den Papst verhöhnt hatten, oder
ein Uhrmacher aus Frankreich, der die Mönche und die
Ablässe kritisiert und die Existenz der Hölle bezweifelt hatte.
Todesstrafen waren damals wenige verhängt worden, meist
hatte sich die Inquisition mit der Verbrennung der häretischen
Schriften und der Verhängung von Geldstrafen begnügt.[9] Die
wenigen Spanier, die tatsächlich die Lehren Luthers oder
Calvins übernommen hatten, hatten es vorgezogen, ins Aus-
land zu emigrieren. Zu nennen ist hier der Aragonese Miguel

Servet (1511–1553), der 1530 mit Karl V. zur Kaiserkrönung nach Bologna gereist war und sich danach in Basel aufgehalten hatte. Später war er in Frankreich untergetaucht, hatte nicht nur die römische Kirche kritisiert, sondern auch Calvin, war von der römischen Inquisition im französischen Vienne »in effigie«, also symbolisch anhand eines Bildnisses, verbrannt worden und schließlich als Ketzer auf einem Scheiterhaufen im calvinistischen Genf gelandet.[10] Auch Anhänger des Erasmus von Rotterdam (1465?–1536) und verschiedener Strömungen der spanischen Mystik[11] waren während der Regierung des Kaisers zunehmend mit der Inquisition in Konflikt geraten, nicht aber Lutheraner, von denen es in Spanien sehr wenige gegeben hatte.

Dies sollte sich 1558 grundlegend ändern. In zwei der wichtigen Städte des Königreichs Kastilien, in Sevilla und Valladolid, schien es lutherische Zellen zu geben. In Sevilla waren es Mitglieder des Klerus, Mönche und Nonnen, sowie Angehörige des hohen Adels, denen die Nähe zum Luthertum vorgeworfen wurde.[12] In Valladolid traf diese Anschuldigung unter anderen Agustín Cazalla (1510?–1559), einen Kanoniker aus Salamanca, der noch dazu Kaplan und Prediger bei Karl V. gewesen war, sowie Mönche, Adlige und hohe Amtsträger der kastilischen Verwaltung. Cazalla, ursprünglich Anhänger des Erasmus von Rotterdam, dürfte sich schrittweise den Ideen Luthers genähert haben. Als Philipp II. von diesen Lutheranern erfuhr, gab er noch in den Niederlanden den Befehl, sie gnadenlos zu verfolgen – »der schlechte Samen der Häresie« (»la mala semilla de la heregía«) sollte sofort beseitigt werden, wie bei Baltasar Porreño (1569–1639), einem der Apologeten des Königs, zu lesen ist.[13]

Am 21. Mai 1559 kam es zu einem ersten großen »Auto de fe«, einem Akt des Glaubens, auf der Plaza Mayor von Valladolid.[14] Bei einem derartigen Ereignis führte man die der Ketzerei überführten Menschen in Büßergewändern vor, nach langen Predigten über die Taten der armen Opfer wurden die Urteile verkündet. Danach übergab man die Verurteilten der weltlichen Gerichtsbarkeit, die die Strafen zu vollstrecken

hatte. Cazalla und dreizehn Leidensgenossen wurden als
Lutheraner zum Feuertod verurteilt, da sie sich aber einsichtig
zeigten und ihren »Irrglauben« widerriefen, wurden sie nicht
lebendig verbrannt, sondern vorher erwürgt. Ein einziger der
beklagenswerten Verurteilten verweigerte den Widerruf und
wurde lebendig verbrannt. Ähnliches geschah am 24. September 1559 in Sevilla, wo mehr als hundert Menschen vom
Inquisitionstribunal verurteilt wurden, unter diesen 21 zum
Tode. Bis auf einen der Todgeweihten widerriefen alle und
wurden daher gnadenhalber vor der Verbrennung erwürgt.[15]
Unter den zum Tod verurteilten war auch ein Sohn des Conde
de Bailén aus der Familie der Ponce de León y Guzmán – auch
der hohe kastilische Adel wurde also nicht von der Inquisition
verschont.

Philipp II. wurde über die Vorgänge in Valladolid und Sevilla
ausführlich informiert. Beim ersten »Auto de fe« befand er sich
allerdings noch in den Niederlanden. Auch beim »Auto de fe«
von Sevilla war er nicht persönlich anwesend, doch zog er
bereits am 8. September 1559 in Valladolid ein. Die Winde
waren günstig gewesen, nach nur neun Tagen zur See war er im
cantabrischen Hafen von Laredo eingelaufen. Nun, in Valladolid, wurde der König selbst Zeuge des Wütens der Inquisition. Nach den Verurteilungen vom Mai hatten die Inquisitoren nämlich weiter gearbeitet und noch mehr angebliche
Ketzer aufgespürt. Dieses Mal wurde deutlich, dass der König
nichts gegen die Verbrennungen hatte. Ganz im Gegenteil: Am
»Auto de fe« am 8. Oktober 1559 nahm Philipp II. persönlich
teil. Dabei hielt Fernando de Valdés (1483–1568), Erzbischof
von Sevilla und Generalinquisitor, eine Rede, in der er betonte,
es sei üblich, dass die Könige schwüren, den katholischen
Glauben zu verteidigen und die Inquisition und ihre Mitarbeiter im Kampf gegen Apostaten und Häretiker und deren
Helfer zu unterstützen. Philipp II. antwortete darauf: »So
schwöre ich es.« Nach den Beschreibungen von Luis Cabrera
de Córdoba (1559–1623), des wohl wichtigsten zeitgenössischen Historikers und Chronisten, der eine ausführliche
Geschichte der Regierungszeit des Königs hinterlassen hat,

zeigte dieser auch gleich, dass es ihm ernst gewesen war mit seinem Eid. Als sich nämlich Carlos de Sesa, Corregidor, also Vertreter des Königs in der Stadt Toro, vor seinem Tod über die Härte des Urteils beklagte, soll Philipp II. ihm geantwortet haben: »Ich würde persönlich Holz für die Verbrennung meines Sohnes herbeischaffen, sollte er so schlecht wie Ihr sein.«[16] Der Einfluss seines Vaters ebenso wie der Umgang mit Menschen anderer Konfessionen jenseits der Pyrenäen hatten Philipp II. intolerant gemacht. Der »Katholische König« sah es tatsächlich als seine zweifelsfreie Aufgabe an, die römische Kirche gegen alle Andersdenkenden zu verteidigen, mit Feuer und Schwert und ohne Gnade. Am »Auto de fe« von Valladolid fanden schließlich vierzehn Menschen den Feuertod. Carlos de Sesa, der sich geweigert hatte, zu widerrufen, wurde dabei lebendig den Flammen übergeben, die anderen Verurteilten vor der Verbrennung wieder erwürgt. Das Schauspiel sollte sich am 22. Dezember 1560 auch in Sevilla neuerlich wiederholen. Dabei wurde nicht einmal vor Toten halt gemacht, wie dem Doktor Constantino Ponce de la Fuente, der im Inquisitions- gefängnis wohl Selbstmord begangen hatte. Seine sterblichen Überreste landeten ebenfalls in den Flammen.[17]

Philipp II. nahm auch in seinem späteren Leben noch an verschiedenen »Autos de fe« teil, beispielsweise am 5. März 1564 in Barcelona.[18] Im April 1582 – er befand sich damals gerade in Lissabon – schrieb er an seine Töchter Isabel Clara Eugenia (1566–1633) und Catalina Micaela (1567–1597): »Gestern standen wir [...] bei einem Auto de fe an einem Fenster, von dem aus wir es sahen und alles sehr gut hören konnten [...]. Zuerst gab es, wie üblich, Predigten, und wir blieben, bis die Urteile verkündet wurden, und danach gingen wir weg, denn in dem Haus, in dem wir uns befunden hatten, hatten jene von der weltlichen Justiz zum Verbrennen verurteilt zu werden, die von den Inquisitoren übergeben worden waren. Wir waren um acht Uhr gekommen und gingen um ungefähr ein Uhr zum Mittagessen.«[19] Die eigentlichen Verbrennungen der armen »Sünder« ersparte sich der König also. Doch sonst interessierte ihn das Spektakel, dem er immerhin fünf Stunden beiwohnte, obwohl er sich immer wieder beklagte, wegen seiner zahlreichen Regierungsaufgaben für nichts Zeit zu haben. Ein »Auto de fe« war für ihn ein notwendiger Akt der Reinigung der römischen Kirche von jeder Form der »Ketzerei«. Das Mittagessen ließ er sich deshalb trotzdem nicht verderben.

Der Protestantismus wurde in Spanien mit den harten Urteilen von 1559 und 1560 im Keim erstickt. Fortan waren es nahezu ausschließlich Ausländer, die in die Fänge der Inquisition wegen lutheranischer oder calvinistischer Ideen oder wegen des Besitzes häretischer Schriften gerieten. Ausländer waren vor allem dann verdächtig, wenn sie aus Territorien kamen, in die eine der verschiedenen Bewegungen der Reformation Einzug gehalten hatte, also aus England, Frankreich oder dem Heiligen Römischen Reich. Pars pro toto sei ein bisher noch kaum bekannter Fall eines Reichsangehörigen zitiert, jener des Bartlme Khevenhüller (1539–1613), des Bruders des späteren kaiserlichen Botschafters Johann Khevenhüller (1538–1606)[20], der zufällig 1559 und 1560 die Iberische Halbinsel besuchte. In seinem Reisetagebuch berichtete er relativ ausführlich seine Eindrücke über die Begegnung mit der Inquisition.[21]

Khevenhüller war im Gegensatz zu seinem Bruder Protestant, wollte aber dennoch den berühmten Wallfahrtsort Santiago de Compostela in Galicien besuchen. In der Kathedrale von Santiago beging er am 5. Oktober 1559 den Fehler, nicht wie die anderen Pilger vor den Reliquien auf die Knie zu fallen und um Vergebung zu bitten. Auch versäumten er und seine Begleiter, zu beichten und zu kommunizieren, was nicht unbemerkt blieb. Obwohl ihn ein niederländischer Goldschmied, bei dem er einige silberne Jakobsmuscheln erwarb, darauf aufmerksam machte, der Erzbischof würde seine Abreise ohne Beichte und Kommunion nicht zulassen, schlug der junge Reisende alle Warnungen in den Wind und verließ den Wallfahrtsort. Die nächste Nacht verbrachte er in einem Bauernhof auf dem Weg, wurde dort aber von berittenen Soldaten und Geistlichen in Gewahrsam genommen.

Am folgenden Morgen tauchte ein Dr. Ochoa auf, ganz offensichtlich ein Mitarbeiter der Inquisition. Zuerst einmal kontrollierte er die Bücher der Reisegesellschaft auf protestantische Inhalte. Danach forderte er die Reisenden auf, mit ihm nach Padrón zu kommen, einem Hafen in der Nähe von Santiago. Dort wurden die Bücher wieder kontrolliert und die Reisenden festgehalten. Einige Tage später befragte Dr. Ochoa sie neuerlich, ließ sie Gebete sprechen und überprüfte somit ihre Kenntnisse der katholischen Glaubenslehre. Schließlich wurden sie wieder nach Santiago de Compostela geschafft, wo sie der Erzbischof Gaspar de Zúñiga y Avellaneda (1507–1571) persönlich befragte und sie neuerlich Gebete sprechen ließ. Möglicherweise war das ihre Rettung, denn der Erzbischof hatte 1551 und 1552 an einigen Sessionen des Konzils von Trient teilgenommen, kannte also Teile des Heiligen Römischen Reichs. Die Freiheit erlangten die Reisenden dennoch nicht, sondern sie wurden wieder eingesperrt, schliefen auf nacktem Stroh und beklagten sich über das Ungeziefer. In der Zwischenzeit war Dr. Ochoa zum Inquisitionstribunal nach Valladolid gereist, um sich weitere Instruktionen für den Umgang mit den Fremden zu holen. Nach seiner Rückkehr nach Santiago erzählte er von dem oben geschilderten »Auto de fe«, Bartlme Khevenhüller sah sich daraufhin schon auf dem Scheiterhaufen. Er gelobte, eine Reise nach Jerusalem zu machen, sollte er der Inquisition entkommen. Wahrscheinlich war die Suppe der Anschuldigungen schließlich doch zu dünn, denn am 12. November 1559 wurden die Reisenden wieder freigelassen, erhielten aber nicht alle Bücher zurück. Erleichtert notierte Khevenhüller in seinem Tagebuch: »Gott hat uns aus sunders genaden aus ieren henden geholfen.«[22]

Khevenhüllers Augenzeugenbericht ist nicht nur sehr plastisch, sondern auch insofern interessant, als sein Bruder als kaiserlicher Botschafter bei Philipp II. später Jahrzehnte in Spanien verbringen sollte. Die Inquisition machte vor niemandem Halt, weder vor Armen noch vor Reichen, weder vor einfachen noch vor hochgestellten Persönlichkeiten. In diesem Zusammenhang ist der Fall des Dominikanerpaters Bartolomé

de Carranza (1503 – 1576), eines engen Vertrauten Philipps II.,
besonders aussagekräftig.[23] Carranza war einer der wichtigsten
romtreuen Theologen seiner Zeit. 1545 bis 1547 hatte er sehr
aktiv an den ersten Sitzungen des Konzils von Trient teilgenommen. 1550 und 1551 war er an der Disputation von
Valladolid beteiligt gewesen, bei der sich Bartolomé de las Casas
(1484 – 1566) und Juan Ginés de Sepúlveda über die Frage der
Rechtmäßigkeit der Versklavung der indigenen Bevölkerung
Amerikas gestritten hatten. Danach war er neuerlich zum
Konzil von Trient gereist. 1554 hatte er Philipp II. nach
England begleitet und war Beichtvater von Maria Tudor
geworden. Er sollte sich als eine der Stützen im Prozess der
Rekatholisierung Englands hervortun und war auch am Feuertod des Erzbischofs Thomas Cranmer nicht unschuldig. Damals
verfasste er seine Kommentare zum römischen Katechismus,
die ihm später zum Verhängnis werden sollten. 1558 kehrte er
im Auftrag Philipps II. nach Spanien zurück, war am Totenbett
Karls V. in Yuste und wurde als Nachfolger des schon erwähnten Silíceo, eines der Erzieher Philipps II., 1558 Erzbischof von Toledo. Der König zeichnete damit einen seiner
treuesten Diener mit dem höchsten und ehrenhaftesten Amt
aus, das die spanische Kirche zu bieten hatte.

Carranza hatte allerdings Feinde, spätestens seit 1547, als er in
einer Schrift die Residenzpflicht der Bischöfe in ihren Diözesen
eingemahnt hatte. Es war dies eine Forderung, die auch Martin
Luther immer wieder erhoben hatte. Einer dieser Feinde war
der Generalinquisitor Fernando de Valdés, der, obwohl Erzbischof von Sevilla, dort nahezu nie anzutreffen war. Er sah nun
die Zeit gekommen, den unliebsamen Kritiker endgültig zum
Schweigen zu bringen, denn in den Untersuchungen gegen die
Protestanten von Valladolid war auch der Name des Erzbischofs
öfter gefallen. Daher beschloss das Inquisitionstribunal in
Valladolid, Carranza, der sich im August 1559 in Torrelaguna
nördlich von Madrid aufhielt, verhaften zu lassen.

Was folgte, war ein langjähriger Inquisitionsprozess bis 1567,
in dessen Zuge Carranza vorgeworfen wurde, vor allem in
seinen Kommentaren zum römischen Katechismus ketzerische

Ideen verbreitet zu haben.[24] Doch gelang es den Feinden des
Erzbischofs, allen voran Valdés, nicht, diesen auf den Scheiterhaufen zu bringen. Sein Ruf als romtreuer Theologe war zu
gefestigt, als dass eine Verurteilung einfach zu erreichen
gewesen wäre. Philipp II. beobachtete zwar die Vorgänge
mit Interesse, schritt aber zu Gunsten des Erzbischofs auch
dann nicht ein, als immer deutlicher wurde, dass die Anschuldigungen gegen diesen kein Fundament hatten. Es ist durchaus
möglich, dass der König gar kein wirkliches Interesse daran
hatte, dass sein ehemaliger Vertrauter wieder frei käme. Denn
während Carranza in den Kerkern der Inquisition litt, gingen
die reichen Einkünfte der Erzdiözese Toledo – Khevenhüller
meinte dazu in seinem Reisetagebuch: »soll das reichist pistum
in Europa sein«[25] – direkt in die königlichen Kassen. Von
manchem Historiker wird der Prozess denn auch als ein
wahrhafter Skandal bezeichnet.[26]

Schließlich schritt Papst Pius V. (1504–1572) ein und
erreichte von Philipp II. die Überstellung des Erzbischofs
nach Rom, wo er ab dem Mai 1567 im Castello di Sant'Angelo
inhaftiert war. Nach vielen Prozesssitzungen, an denen der
Papst selbst häufig teilnahm, wurde die Unschuld Carranzas
neuerlich deutlich.[27] Pius V. entschied sich daher, ihn von allen
Vorwürfen frei zu sprechen. Aus Gründen der Diplomatie hatte
dieses Urteil auch Philipp II. mitgeteilt zu werden, der es
zustimmend zur Kenntnis zu nehmen hatte. Doch bevor der
päpstliche Legat wieder aus Spanien nach Rom zurückgekommen war, hatte den Papst schon der Tod ereilt. Erst unter
Gregor XIII. (1502–1585) wurde Carranza von allen Vorwürfen frei gesprochen, starb aber kurz nach der Verkündigung
des Urteils im Jahre 1576. An Philipp II. klebt bis heute der
Vorwurf, sich nicht entschiedener für den Erzbischof von
Toledo eingesetzt zu haben.

4.2   Guadalajara 1560: Der König vermählt sich zum dritten Mal

Nach den Geschehnissen in Valladolid im Oktober 1559 verließ Philipp II. diese Stadt, angeblich, weil ihn das »Auto de fe« doch nicht ganz unberührt gelassen hatte. Die Verteidigung des römischen Glaubens, das hatte er beruhigt sehen können, befand sich in tatkräftigen Händen. Daher konnte er sich anderen Dingen zuwenden, die nicht minder wichtig waren, beispielsweise der Sicherung der Nachfolge in seinen Reichen. Er berief daher eine Versammlung der Cortes in Toledo ein, bei der sein Sohn Carlos als sein Nachfolger anerkannt wurde.[28]

Bedeutender für den König sollte allerdings seine neuerliche Vermählung sein, dieses Mal mit Isabel von Valois. Deren Reise nach Spanien hatte sich nach dem tragischen Tod ihres Vaters im Sommer 1559 etwas verzögert, doch im Januar 1560 sollte sie endlich in Kastilien ankommen. Der König ritt ihr bis Guadalajara entgegen, wo sie am 28. Januar 1560 feierlich einzog. Khevenhüller, der nach seinen gefährlichen Abenteuern mit der Inquisition in Galicien über Portugal zurück nach Kastilien gereist war, ließ es sich nicht nehmen, bei diesem Ereignis persönlich anwesend zu sein. Ihm verdanken wir einen sehr plastischen Bericht über die Ereignisse, der an dieser Stelle kurz referiert werden soll.

Beim Einzug der künftigen Königin liefen ihr die Bauern der Umgebung mit Springen und Tanzen entgegen, die Handwerker der Stadt empfingen sie mit – so Khevenhüller – »selzamen verklaidungen« und mit Musik. Auch verschiedene Adlige ritten der Königin entgegen, alle wohl gekleidet. Vor dem Stadttor war ein künstlicher Pinienwald aufgebaut worden. Als Isabel daran vorbei ritt, hetzten verschiedene als Jäger gekleidete Männer allerlei Wild aus diesem Gehölz und jagten es so, »das ain grosse lust war zu sechen.« In der Stadt waren wieder einmal Triumphbögen errichtet worden, deren Inschriften das Brautpaar und den neuen Frieden zwischen

Abb. 5: Isabel von Valois

Spanien und Frankreich verherrlichten. So hieß es: »Heute
kommt die Zwietracht zu dem Punkt, dass sie nun Freundschaft sein wird und niemals mehr Feindschaft«, oder »Es
komme die Blume [die Lilie im Wappen der Valois, also Isabel]
zu guter Stunde mit der Burg [die Burg im Wappen Kastiliens,
also Philipp II.], um uns in Ruhe zu regieren«, sowie »Sieh da,
Isabel, die Gattin Philipps, die uns Ruhe und beständigen

Frieden stiftet«. Auch der Aspekt des Konfessionskampfes wurde nicht vergessen, wenn es hieß: »Die Macht Christi ist stark, es weiche fern Luther«. Unter den vielen Figuren auf den Bögen war auch eine Concordia zu sehen, der die Worte »Ich versöhne Streitigkeiten und Kriege« in den Mund gelegt wurden. Khevenhüller muss vom Prunk der Ereignisse beeindruckt gewesen sein, notierte er doch die Beschreibungen der Triumphbögen und kopierte deren Texte auf insgesamt neun Manuskriptseiten.[29]

Isabel wurde im Palast von Íñigo López de Mendoza y Pimentel (1493–1566), 4. Duque del Infantado, untergebracht, eines jener hohen Adligen, die sie bereits seit ihrer Einreise in die Territorien Philipp II. begleitet hatten. Am 29. Januar sah sie ihren künftigen Gemahl zum ersten Mal. Angeblich soll sie ihn eingehend gemustert haben, war dieser doch mit seinen 33 Jahren mehr als doppelt so alt als die fünfzehnjährige Prinzessin. Bei dieser Gelegenheit soll Philipp II. gefragt haben: »Warum mustert Ihr mich so? Glaubt Ihr, ich hätte graue Haare?«[30] Sollte sich diese Begebenheit tatsächlich so abgespielt haben, dann bewies der König wenigstens etwas an Humor, eine Eigenschaft, die ihm sonst nicht unbedingt nachgesagt wurde.

An jenem Tag übergab eine Abordnung von Guadalajara der künftigen Königin große Mengen an Lebensmittel für deren Küche, so zwei lange Stangen mit Truthähnen – einer amerikanischen Vogelrasse, die schon Hernán Cortés (1485–1547) nach der Eroberung Méxicos (1519–1521) nach Europa gebracht und die sich dort rasch verbreitet hatte –, weiter zwei lange Stangen mit gemästeten Kapaunen, zwei Stangen mit Rebhühnern, zwei mit Kitzlein, drei mit Hasen und zwei Stangen mit Schweinen. Die Beschreibung Khevenhüllers zeigt die Art und Weise, wie die Tiere transportiert wurden, mit den Beinen angebunden an Stangen, was das Tragen bedeutend erleichterte. Weiter überreichten die Abgeordneten Guadalajaras vier Krüge mit Senf, zwei Körbe mit Käse, einen Wagen voll Wein und große Schüsseln mit Butter. Den Hochzeitsfeierlichkeiten stand also nichts mehr im Wege.

An jenem Abend war Khevenhüller Zeuge eines öffentlichen Abendessens Isabels von Valois und Juanas, der Schwester Philipps II., die während dessen Aufenthalt in England und den Niederlanden die Regentschaft in Spanien ausgeübt hatte. Begleitet waren beide Frauen von ihren spanischen und französischen Hofdamen, die zu ihren Seiten saßen.[31] Philipp II. wollte damit öffentlich demonstrieren, dass auch seine Schwester die Hochzeit gut hieß. Bisher war diese gleichsam die erste Dame in der Monarchie gewesen. Mit dem Gastmahl zeigte sie, dass sie damit einverstanden war, nun in die zweite Reihe am Hofe zurückzuweichen. Den sich damals schon formierenden und miteinander rivalisierenden Gruppen an Höflingen sollte damit eindeutig klar gemacht werden, dass es ihnen nicht gelingen würde, die Königin und die Prinzessin gegen einander auszuspielen.

Die Trauungszeremonie selbst fand am 31. Januar 1560 statt. Vorgenommen wurde sie von Francisco de Mendoza y Bobadilla (1508–1566), Kardinal und Erzbischof von Burgos, der Isabel schon an der französisch-spanischen Grenze erwartet und bis nach Guadalajara begleitet hatte. Die Feierlichkeit fand im Palast des Duque del Infantado statt. Zugelassen zur Zeremonie war nur der hohe Adel, wie Khevenhüller bedauernd bemerkte. Danach fand neuerlich ein öffentliches, zeremonielles Essen statt, bei dem sich der König und die Königin zeigten. Am Abend gab es einen allgemein zu besichtigenden Ball, bei dem deutsche und französische Tänze vorgeführt wurden. Am 1. Februar gelang es Khevenhüller, der bisher nur Zaungast gewesen war, das Innere des Palastes zu besichtigen. Am nächsten Tag wurde wieder einmal ein Stierkampf veranstaltet, oder, wie es Khevenhüller beschrieb, es wurden zehn Ochsen gehetzt. Wahrscheinlich konnte der Beobachter aus der Ferne nicht den kleinen anatomischen Unterschied zwischen Stieren und Ochsen erkennen. Da spanische Kampfstiere sehr leicht die Körperfülle von mitteleuropäischen Ochsen erreichten, ist sein Irrtum jedoch nur zu verständlich. Nach dem Stierkampf überreichten Abgesandte der Stadt der Königin Gefäße voll mit Konfekt und Marzipan, Khevenhüller behauptete, es seien 78 Schüsseln gewesen. Danach gab es wieder die schon früher erwähnten »juegos de cañas«, die spanische Form des Turniers.[32]

Damit waren die Hochzeitsfeierlichkeiten einstweilen beendet. Am 3. Februar verließen der König und die Königin Guadalajara und reisten nach Alcalá de Henares, einer Villa, also einer Siedlung ohne Stadtrecht, im Osten von Madrid. Berühmt war Alcalá wegen der zwischen 1499 und 1508 dort vom Kardinal Francisco Jiménez de Cisneros (1436–1515) begründeten Universität, an der Persönlichkeiten wie Antonio de Nebrija (1444–1522), der Verfasser der ersten kastilischen, also spanischen, Grammatik, unterrichtet hatten. Außerdem hatte die Universität spätere Berühmtheiten als Studenten, so Ignacio de Loyola (1491–1556), den Begründer des Jesuitenordens. Der Palast, den sich die Erzbischöfe von Toledo in Alcalá erbaut hatten, beherbergte immer wieder die kastilischen Könige, so auch 1503, als dort der spätere Kaiser Ferdinand I. geboren wurde.[33] Dieses Mal sollten es Philipp II. und seine Gemahlin sein, die in Alcalá ihren Aufenthalt nehmen wollten.

Khevenhüller verließ Guadalajara erst am 4. Februar, erlebte also nicht den triumphalen Einzug des Monarchenpaares in Alcalá mit. Doch als er dort an jenem Tag eintraf, standen noch alle Triumphbögen, die zu Ehren der Könige errichtet worden waren. Neuerlich wurde Isabel als die Friedensbringerin verherrlicht, als die Frau, die den Beginn neuer Zeiten für die spanische Monarchie bedeutete. Und ähnliches geschah in Madrid, wo Khevenhüller am 5. Februar eintraf, dieses Mal gemeinsam mit dem Herrscherpaar. Dort hieß es beispielsweise auf einem der Bögen: »Komme und sei freudig begrüßt, Du, die Du von der Erde mit Deiner Ankunft den Krieg vertreibst.«[34]

Ganz so sollte es allerdings nicht sein. In Europa herrschte zwar Frieden zwischen Spanien und Frankreich, doch in der Neuen Welt war dies etwas anders. Schon ab 1562 versuchten sich französische Hugenotten unter dem Kommando von René Goulaine de Laudonnière (1529?–1574) und Jean

Ribault (1520–1565) in Florida anzusiedeln, angeblich mit Wissen der Mutter des französischen Königs Karl IX. (1550–1574), Katharina de Medici. 1564 sah sich daher Philipp II. veranlasst, eine mächtige Flotte unter dem Kommando von Pedro Menéndez de Avilés (1519–1574) nach Amerika zu senden. Dieser besiegte nicht nur 1565 die Hugenotten, sondern ließ sie allesamt, auch Ribault, und aufgrund eines ausdrücklichen Befehls Philipps II., als Eindringlinge in das spanische Imperium, als Piraten und vor allem als Ketzer hinrichten.[35] Angeblich starben 350 Franzosen, nicht zuletzt wegen der religiösen Intoleranz des Königs. Nur jene wenigen, die beteuerten, Katholiken zu sein, kamen mit dem Leben davon. Zum Schutz dieser verwundbaren Flanke des Imperiums begründete Menéndez die Festung San Agustín (heute St. Augustine) an der Atlantikküste Floridas.

Laudonnière und einigen wenigen Kameraden war die Flucht gelungen. Sie waren es, die in Europa die Nachrichten von den Gräueltaten im Auftrag des spanischen Königs verbreiteten. Francés de Álava y Beamonte (1519–1586)[36], Botschafter Philipps II. am französischen Hof seit 1564, sollte später an seinen Herrn schreiben, dass dieses Massaker in Frankreich selbst bei der Königinmutter auf entschiedene Ablehnung gestoßen war, auch wenn die Getöteten Hugenotten waren. Laut Álava wurde Katharina de Medici wütend wie eine Löwin und beteuerte, ihre Untertanen hätten keinen einzigen Vertrag gebrochen. Sie bezog sich dabei ausdrücklich auf den Frieden von Cateau-Cambrésis. Als auch der französische Botschafter in Spanien, Raymond de Beccarie, Sieur de Fourquevaux (1508–1574), bei Philipp II. entschieden gegen die brutale Vorgangsweise von Menéndez protestierte, schwieg der König. Am nächsten Tag ließ er dem Botschafter eine Antwort durch den Duque de Alba geben: Sein Admiral habe korrekt gehandelt, denn die Eindringlinge seien keine Soldaten des französischen Königs gewesen, sondern räuberische Piraten und außerdem noch Häretiker, die in jenen Teilen der Welt ihre »perverse Doktrin« – so Alba im Namen des Königs – predigen wollten. Entschieden forderte Philipp II. auch die strenge Bestrafung von Gaspard de Coligny (1519–1572), des Admirals von Frankreich und Führers der Hugenotten, der laut den in Spanien vorliegenden Informationen der Anstifter für diese Attacke auf das spanische Imperium in der Neuen Welt gewesen sein sollte.[37] Wieder einmal zeigte Philipp II., dass ihm die Verteidigung der römischen Form des Christentums wichtiger war als das Verhältnis zur eigenen Familie, im konkreten Fall zu seiner französischen Schwiegermutter.

4.3   Madrid 1561: Eine Villa wird Sitz des Hofes

Am 13. Februar 1560 zog Isabel von Valois in Toledo ein. Auch diese Stadt war mit mancherlei Triumphbögen zu Ehren der neuen Königin geschmückt.[38] Die Monarchen ließen sich im Alcázar, dem mächtigen Stadtschloss, häuslich nieder. Toledo sollte die Ehre haben, das Oberhaupt der spanischen Monarchie samt seinem Hofstaat und allen Ratsgremien für etwas mehr als ein Jahr zu beherbergen.

Toledo war eine alte Stadt mit mächtigen Traditionen. Einst hatten hier die westgotischen Könige residiert. Auch in maurischer Zeit hatte die Stadt ihre Bedeutung niemals verloren gehabt. Sie war der Sitz des wichtigsten und einkommensstärksten Erzbistums der Iberischen Halbinsel und eine der ersten Diözesen der christlichen Welt, deren kontinuierliche Bischofsreihe im 4. Jahrhundert der christlichen Zeitrechnung begann. Zwar schmachtete damals gerade der Primas der kastilischen Kirche in den Kerkern der Inquisition in Valladolid, doch immer wieder hatte die Stadt die kastilischen Könige für einige Zeit beherbergt, obwohl sie diese in den Zeiten einer Reisemonarchie auch wieder verlassen hatten. Es war also nicht ungewöhnlich, dass das Herrscherpaar Toledo mit seiner Anwesenheit beehrte, und es war absehbar, dass die Monarchen auch wieder abziehen würden.

Philipp II. hatte schon als Kind erlebt, wie der Hof dauernd von einer Stadt zur nächsten gezogen war. Er erkannte die Probleme, die in einer großen, beständig wachsenden Monar-

chie entstehen konnten, wenn deren Oberhaupt mit all den
Ratsgremien, mit allen Akten der laufenden Regierungsgeschäfte, mit dem gesamten Hofstaat immer wieder von
einem Ort zum anderen zog.[39] Die spanische Monarchie,
das dachte deren König, brauchte einen permanenten Sitz
des Herrschers, so, wie es Brüssel für die Niederlande oder
London für England waren. Etwas hatte der König also bei
seinen Aufenthalten in der Fremde begriffen: Eine moderne
Monarchie benötigte ein stabiles Zentrum. Doch wo sollte
dieses angesiedelt werden? War Toledo eine wirkliche Option?

Hier begannen die Probleme. Toledo hatte trotz seines
historischen Glanzes eine Reihe von Nachteilen. Die Stadt
lag und liegt auf einer schroffen Felsnase über dem Fluss Tajo,
der sie auf drei Seiten umgibt. Im Mittelalter war diese Lage
ideal, ermöglichte sie doch eine relativ einfache Verteidigung.
Doch nun bedeutete dieser Sicherheitsvorteil einen gravierenden Nachteil. Wie und in welche Richtung sollte die Stadt
noch wachsen können? Denn eine moderne Stadt benötigte
Platz für all das Hofgesinde, für die Räte, für die triumphalen
Einzüge des Herrschers. Gerade dieser Platz war aber in
Toledo nicht vorhanden, die Gassen waren oft so eng oder
auch steil, dass sie kaum ein Reiter passieren konnte, geschweige denn ein Wagen. Auch gab es ein anderes Problem: Zwar
floss ein mächtiger Fluss rund um die Stadt, doch wie sollte
dessen Wasser zu deren Bewohnern transportiert werden? Es
stellte sich also innerhalb kürzester Zeit heraus, dass Toledo
nicht der geeignete Ort war, um das Herrscherhaus einer
andauernd wachsenden Monarchie für längere Zeit zu beherbergen.

Die Einwohner Toledos waren auch keineswegs begeistert,
dass der Hof mit all seinen Ratsgremien die Stadt quasi
belagerte, dass die Preise stiegen, weil die benötigten Produkte
nicht in ausreichendem Maße vorhanden waren. Dauernd kam
es außerdem zu Streitigkeiten zwischen den Vertretern der drei
Rechtsbezirke des Erzbischofs, des städtischen Magistrates
sowie des »Alcaldes de Casa y Corte«, des obersten Richters
des Königs über sämtliche Mitglieder des Hofstaates. Ein

Spottgedicht aus dem Jahr 1561 beschreibt die Situation ganz drastisch:

»Wir sind schon so satt / mit diesem Hof zu streiten. / Ich weiß nicht, wer uns / erzählen könnte, wie es uns [weiter] geht, / ohne dass das Leben sich verkürzt. / Wir warten jeden Tag darauf, / dass er verschwindet, / wir fühlen uns belagert. / Es ist eine wahre Hölle, / so viel Peitsche und Durcheinander: / Ich weiß nicht, ob es wegen der schlechten Regierung / so viel Mangel in diesem Winter gibt / an Brennholz und mehr noch an Kohle. / Die Offizialen und die Geschäftsleute / werden immer reicher / die Händler, die Wirte, / sie sind übervoll mit Geld, / wir dagegen zerstört. / Sie haben so sehr / alle Handelsgüter [im Preis] ansteigen lassen, / dass es nicht mehr auszuhalten ist, / noch können sie wieder reduziert werden / auf ihren ehemaligen Preis. / Wir, die wir nichts verkaufen / und auch keine Händler sind, / müssen wegen der hohen Preise, / wenn der Hof hier länger bleibt, / uns selbst auffressen. / Sie leben unzufrieden / und wir ohne Hoffnung, / sie nehmen uns unsere Unterkünfte weg, / erhöhen die Preise. / Wozu wollen wir noch den Hof, / wo wir doch von ihm abhängen, / viel mehr als früher? / Die Häuser sind nicht gebaut / für die Bedürfnisse des Hofes, / obwohl es viele Unterkünfte gibt, / sind sie schlecht eingerichtet, / und es gibt niemanden, der das aushalten könnte. / In den Häusern haben wir zu wenig Platz / und es gibt nur Unruhe. / Auch wenn wir es wollen, / können wir nicht durch die Gassen spazieren, / weil dort so viele Menschen sind. / Was früher einen Real [= eine Münze] gekostet hat, / kostet nun zehn. / Wir müssen uns schon fragen, / ob Gott uns unter solchen Umständen / überhaupt das Alter erreichen lässt.«[40]

Dazu gesellten sich noch weitere Probleme. Der Winter 1560/1561 war hart und eisig kalt, davor hatte es Missernten gegeben und Seuchen, die sich in der Stadt mit ihren engen und unübersichtlichen Gassen besonders rasch verbreitet hatten. Im Frühling 1561 blieb auch noch der Regen aus, die Stadt mit all ihren Menschen begann damit unangenehm zu riechen.[41] Die Königin, die an der Schwelle zum Erwachsenwerden aus ihrem französischen Ambiente gerissen worden war, fühlte sich in Toledo nicht wohl. Beim König, zum ersten Mal verheiratet mit einer Frau, die er bewusst lieben konnte, hatte deren Wohlbefinden eine nicht zu unterschätzende Bedeutung. Er selbst hatte die Villa von Madrid schon immer geschätzt und hatte dort in Abwesenheit seines Vaters häufig die Regentschaftsgeschäfte erledigt. Was lag damit näher, als Madrid als künftiges Zentrum einer modernen und bürokratisierten Monarchie zu begründen?

Als im Mai 1561 der königliche Befehl erging, der Hof und alle Ratsgremien sollten nach Madrid übersiedeln, dachte dennoch niemand daran, die Geburt einer neuen europäischen Hauptstadt mit zu erleben. Am Morgen des 11. Mai, eines heißen Sonntages, kam ein Bote Philipps II. im Galopp aus Toledo und überbrachte eine königliche Cédula (= Befehl) folgenden Inhalts: »Rat, Justiz, Regidores, Caballeros, Escuderos, Offiziale und ehrenhafte Männer (»hombres buenos«) der noblen Villa von Madrid. Da wir uns entschlossen haben, uns mit unserem Hof in diese Villa zu begeben, haben wir Luis Venegas de Figueroa, unserem Hofmarschall, und Don Juan Portocarrero, dem Obersthofmeister der Königin, meiner teuren und geliebten Frau, befohlen, dass sie in Madrid unser Haus und unseren Hof errichten mögen. Euch tragen wir auf, dass Ihr das zulasst und dabei mithelft, wie es der Brauch ist, und sollte es notwendig sein, unterstützt Ihr sie und gebt ihnen jede nur notwendige Hilfe, und damit handelt Ihr zu unserer Freude und Dienstbarkeit.«[42]

Madrid war im 15. und in der ersten Hälfte des 16. Jahrhunderts meist im Windschatten des königlichen Interesses gelegen. Zwar besaß es aus der arabischen Zeit einen Alcázar[43], eine Stadtburg, die unter Karl V. erneuert und ausgebaut worden war, und in seiner Umgebung ausgedehnte königliche Jagdgebiete, doch sonst hinterließ die große Politik keine ausgeprägten Spuren in der Geschichte der Villa. Das benachbarte Alcalá de Henares mit seiner Universität, wohl wichtigstes Zentrum des spanischen Humanismus, war viel bedeutender, ganz zu schweigen von Toledo, wo 1561 knapp 60 000 Einwohner in 21 Pfarren lebten.[44]

Madrid war im Vergleich zu Toledo ein sprichwörtliches
»Dorf«. 1561 lebten dort nicht einmal 9000 Menschen, auf-
geteilt in dreizehn Pfarrbezirken. Die Siedlung war über-
schaubar und vor allem in den östlichen und südlichen Pfarren
agrarisch geprägt. Es war ein idyllischer Ort, in dem sich Fuchs
und Hase gute Nacht sagten. In Toledo war dies anders. Die
Stadt prosperierte als wichtiges Zentrum der Textil-, Eisen-
und Ledererzeugung.[45]

Der königliche Hof bestand zu jener Zeit, wie es der zitierte
Spottvers andeutet, tatsächlich schon aus einer Vielzahl an
Personen. Zahlen aus dem Jahre 1545 zeigen, dass allein der
engere Kreis der Hofbediensteten in jenem Jahre 140 Personen
umfasste, was bedeutet, dass wir, die Familienmitglieder und
sonstige Bedienstete mit eingerechnet, von einer Personen-
gruppe um die 1200 Personen sprechen. Dazu kamen die
Mitglieder der königlichen Räte, des Staatsrates, des Kriegs-
rates[46], des Indienrates, des Inquisitionsrates, des Aragónrates,
Italienrates, Ordensrates, die königlichen Finanzbehörden, die
Sekretäre, die Palastwache, die Kapitel der Militärorden von
Santiago, Calatrava[47] und Alcántara etc. etc. Nicht vergessen
werden dürfen die Angehörigen der einzelnen Botschaften am
kastilischen Hof, der päpstliche Nuntius, die Botschafter von
Frankreich, Portugal, England, Venedig, Genua, Florenz,
Mantua, Ferrara, Urbino, Lucca und Savoyen.[48] Nicht ver-
gessen werden darf der kaiserliche Botschafter Martín de
Guzmán (1500–1564), der sich damals ebenfalls in Toledo
aufhielt.[49]

Wenn der Hof also in jenem Frühling des Jahres 1561 von
Toledo nach Madrid verlegt wurde, bedeutete dies die
Übersiedlung von mehreren Tausend Menschen innerhalb
eines kurzen Zeitraumes samt all ihrer fahrbaren Habe. Dies
führte schon deshalb zu organisatorischen Problemen erster
Ordnung, weil doch in allen Siedlungen auf dem Weg von
Toledo nach Madrid Karren beschafft werden mussten,
ebenso Zugtiere, um all die Güter nach Madrid zu schaffen.
Es sind denn auch mehr als dreißig königliche Cédulas
überliefert, die alle Details des Umzuges nach Madrid regeln,

so auch die Unterkunft der Fuhrleute in den Siedlungen auf dem Weg nach Madrid oder die Versorgung der Zug- und Lasttiere.[50]

Für Madrid bedeutete der Einzug des Hofes zuerst einmal ein rasantes Bevölkerungswachstum, das eine Fülle an Problemen hervorrief. So klagte der königliche Sekretär Sebastián Santoyo 1562 in einem Schreiben an den künftigen Kaiser Maximilian II.: »Mit der Übersiedlung des Hofes von Toledo nach Madrid beklagen sich alle, schlecht untergebracht zu sein. Und tatsächlich ist es so: die große Menge an Personen, die sich nun bei Hof befinden, kann nur in Toledo oder Valladolid untergebracht werden. Neben diesen beiden Städten gibt es keinen Ort, in dem der Hof Platz finden würde.«[51]

Aufgrund der Forschungen von Alfredo Alvar sind wir relativ genau über die rasante Bevölkerungsentwicklung Madrids informiert. Alvar gibt für die Jahre 1562 bis 1600 insgesamt 79 000 Taufen in Madrid an, zwischen 1570 und 1600 wurden 30 000 Todesfälle registriert.[52] Geht man weiterhin davon aus, dass die durchschnittliche Lebenserwartung in Spanien vor dem 18. Jahrhundert vierzig Jahre betrug, die durchschnittliche Familie aus zumindest drei bis vier Personen bestand, pro eintausend Einwohnern vierzig Kinder geboren wurden, so entwickelte sich die Bevölkerung Madrids aufgrund der Präsenz des Hofes nach den Daten der Taufregister folgendermaßen: 1561 lebten weniger als 9000 Personen in Madrid, 1570 bereits 26 000 Menschen, 1580: 45 000, 1590: 67 000, 1598: 85 000 – es ist dies überhaupt der Höhepunkt der Bevölkerungsentwicklung –, 1600: 77 000, 1602: weniger als 38 000, 1604: 34 000, 1607: mehr als 72 000. Als der Hof 1601 unter König Philipp III. nach Valladolid verlegt wurde, sank die Bevölkerung innerhalb von drei Jahren auf den Stand von 1575, um sich nach der Rückkehr des Hofes nach Madrid – er sollte danach für immer in der Villa bleiben –, sofort wieder auf dem Niveau des Jahres 1600 zu stabilisieren.[53]

Alfredo Alvar hat diese Tendenz des Bevölkerungswachstums anhand aller Pfarren Madrids genau analysiert, kam dabei aber auch auf einige besondere Detailergebnisse. So ist es auffällig, dass sich das rapide Bevölkerungswachstum nicht in den Pfarren rund um den Königspalast abspielte – denn dort waren die Mieten teuer, der Wohnraum war knapp, der Hof brauchte Räume für die diversen Behörden, der hohe Adel trachtete, in der Nähe des Hofes seine Paläste zu errichten –, sondern in den agrarisch geprägten Pfarren im Norden und Osten. Hier waren noch freie Bauparzellen zu bekommen, hier lebten nicht die Menschen der hohen Politik, sondern kleine Handwerker, noch manche Bauern, die Mieten waren günstig. Dorthin zogen jene Menschen, die bei Hof ihr Glück finden wollten. Das Gebiet dieser Pfarren wuchs so beträchtlich, dass während der gesamten zweiten Hälfte des 16. Jahrhunderts davon gesprochen wurde, neue Pfarren zu errichten. Die Gläubigen sollten nicht so weit zur Kirche haben, ganz abgesehen davon, dass die Pfarrer in diesen Pfarren hoffnungslos überlastet waren. Während in der Pfarre von San Juan und San Gil, gleich neben dem Hof, jährlich nur durchschnittlich acht Kinder getauft wurden, waren es in San Ginés 427. 1598 wurden in allen 13 Pfarren gemeinsam 3272 Kinder getauft – es war dies der absolute Höhepunkt während des 16. Jahrhunderts. Allerdings kam es damals zu keiner Reorganisation der Pfarrstrukturen.[54]

Die Bedeutung des Hofes zeigen auch die Auswertungen der Ehebücher, die aufgrund der Quellenlage erst ab 1577 möglich sind. Hier ist ein deutlicher Abfall der Kurve für die Jahre 1580 bis 1582 feststellbar. In jener Zeit befand sich König Philipp II. in Portugal, war er doch 1581 von den Cortes von Tomar als legitimer Nachfolger des ausgestorbenen Hauses Avis anerkannt worden. Ein zweiter Grund ist in einer Epidemie an Lungenpest zu sehen, die 1580 Madrid heimsuchte. Nach der Rückkehr des Hofes stieg in Madrid sofort wieder die Zahl der Eheschließungen, erreichte, wie bei den Taufen, um 1600 ihren Höhepunkt, fiel unter die Zahl von 1580 nach der Übersiedlung des Hofes nach Valladolid, um wieder ihre alte Höhe nach der Rückkehr Philipps III. nach Madrid zu erreichen. Komplementäre Kurven lassen sich für Valladolid zwischen 1601 und 1606 zeichnen – auch dort nahm die Bevölkerung nach der Ankunft des Hofes rapide zu, um dann wieder auf das alte Niveau zu sinken. In der Meseta von Altkastilien waren diese Effekte allerdings etwas ausgeglichener, da Valladolid gar nicht alle königlichen Ratsgremien aufnehmen konnte. Diese verteilten sich daher auf Orte in der Nachbarschaft von Valladolid wie Medina del Campo oder Tordesillas, die ihrerseits zwischen 1601 und 1606 große Bevölkerungszunahmen zu verzeichnen hatten.[55]

Noch ein anderer Aspekt des Lebens in Madrid sei erwähnt. In der Zeit, als der kastilische Hof noch auf Reisen gewesen war, hatte die Krone eine Institution geschaffen, die schon erwähnten »Alcaldes de Casa y Corte«. Diese hatten sich vor allem um die Versorgung des Hofes auch dort zu kümmern, wo die nötigen Ressourcen nicht vorhanden waren, sowie um die Rechtsprechung bei all jenen Personen, die zum Hof gezählt wurden. Kam der Hof in eine Siedlung, stand die Zuständigkeit und Rechtsprechung des »Alcalde de Casa y Corte« über jener des Munizipiums. Der »Alcalde de Casa y Corte« hatte außerdem spezielle Befugnisse, um die Versorgung des Hofes mit Lebensmitteln zu gewährleisten. Im Normalfall führte das zu keinen Problemen, weil der Hof ja wieder abzog. Blieb der Hof länger an einem Ort, konnten jedoch sehr wohl Konflikte entstehen, wie das Beispiel Toledos bereits gezeigt hatte. In Madrid, das der Hof nach 1561 fast nicht mehr verlassen sollte, perpetuierten sich rasch die Probleme zwischen der Jurisdiktion der »Alcaldes de Casa y Corte« und jener der Villa. Noch komplizierter wurde dies dadurch, dass im Königspalast selbst die oberste Jurisdiktion der Obersthofmeister hatte, vor allem dann, wenn der König verreist war. Diese Situation konnte zu dem kuriosen Fall führen, dass einen einzigen Missetäter die Büttel des Königs, der »Alcaldes de Casa y Corte« und der Villa verfolgten. Die Kompetenzstreitigkeiten zwischen den Vertretern der einzelnen Jurisdiktionsbereiche füllen auch heute noch die Archive von Madrid.[56]

Viel wichtiger ist allerdings die Tatsache, dass es in Madrid zum Ausbau von parallelen Strukturen zwischen dem Hof und der Villa kam. Es wurden die getrennten Juristiktionsbereiche

Abb. 6: Ansicht von Madrid

zwischen den »Alcaldes de Casa y Corte« und der Villa
beibehalten, zwei parallele urbane Räume, zwei parallele
Systeme der Lebensmittelversorgung. Das führte zu einer
Teilung Madrids in zwei Bereiche: das Madrid des Volkes
und das Madrid des Hofes. Da sich die »Alcaldes de Casa y
Corte« nur um den Hofbereich kümmerten, provozierte dies
eine quasi Nobilitierung jener Handwerker, die für den Hof
arbeiteten. Das Amt des Hofwirts, des Hofschneiders, des
Hofbäckers erzeugte bei den Inhabern dieser Ämter ein Gefühl
der Superiorität gegenüber den Wirten, Schneidern oder

Bäckern der Villa, um nur einige Beispiele zu nennen. Gewisse Brotsorten oder Naschereien durften nur die Hofbäcker und -zuckerbäcker erzeugen, bei denen Personen, die im Juristiktionsbereich der Villa standen, gar nicht einkaufen konnten. Damit entstanden Parallelstrukturen, die erst recht zur sozialen Konfliktivität in Madrid führten.[57]

Konflikte erzeugte auch die Versorgung mit Lebensmitteln. Hofhändler hatten eine Sonderstellung. Sie mussten also weniger an Steuern bezahlen, um die Lebensmittelversorgung für den Hof kostengünstiger zu gestalten. Den Betrügereien

waren damit Tür und Tor geöffnet, denn natürlich konnte gar
mancher Hofhändler nicht widerstehen, an Personen Waren zu
verkaufen, die nicht zum Bereich des Hofes gehörten, und die
verlangten Steuern in die eigene Tasche zu stecken. Zahlreich
sind denn auch die königlichen Cédulas, die immer wieder
versuchten, die Betrügereien zu verhindern.

Auch sonst gab es in Madrid viel zu organisieren, um das
Zusammenleben einer ständig wachsenden Anzahl an Menschen zu ordnen, all die Zuwanderer, vor allem aus La Mancha,
die in der Nähe des Königs ihr Glück suchen wollten und als
pikareske Figuren in der spanischen Literatur des 16. und
17. Jahrhunderts immer wieder beschrieben werden.[58] So
wurde 1585 durch einen königlichen Erlass bestimmt, dass
auf den Märkten zwischen den Ständen der Fleischer, Fischhändler, Obstverkäufer, Eierhändler und Bäcker genügend
Abstand zu halten sei – es ist dies eine klare Maßnahme zur
Verbesserung der Hygienesituation. Auch versuchte sowohl
der Monarch als auch der Magistrat, den Verkauf bestimmter
Güter auf bestimmte Plätze festzulegen. So wurde der ambu-
lante Verkauf von Holz, Kohle, Heu und Getreide verboten –
all diese Güter sollten nur noch auf der Plaza de la Madera
verkauft werden dürfen. Ähnliche Bestimmungen wurden für
den Viehhandel erlassen, für die Hut- oder Seifenhändler etc.
Damit sollte nicht nur eine bessere Kontrolle der Handels-
tätigkeit erreicht werden, sondern die engen Gassen sollten frei
werden für den Verkehr der ständig anwachsenden Bevölkerung. Die Dekrete wurden allerdings häufig wiederholt, was
Rückschlüsse darauf zulässt, dass deren Durchsetzung gar nicht
so einfach war. Besonders die Fischhändler genossen keinen
besonders guten Ruf, sind doch die Klagen über die Verwendung falscher Gewichte immer wieder zu finden. 1583
wurde der nicht ortsgebundene Verkauf von Früchten in den
Gassen verboten, mit dem Argument, dass jene, die das tun
würden, Vagabunden seien, die schlechte Ware feilböten und
mit den Gewichten ebenfalls mogeln würden. Beklagt wurde
daneben auch, dass diese Händler mit ihrem lauten Lobpreisen
ihrer Waren den Gottesdienst stören würden.[59]

Doch nicht alle Händler oder Handwerker waren Vagabunden. Madrid zog auch in großem Maße die Erzeuger teurer Produkte an, die Gold- und Silberschmiede, die sich in den nach ihnen benannten Gassen niederließen, oder auch die Händler der so genannten »especerías«. Das waren nun keineswegs Gewürzhändler, wie das Wort vermuten lassen würde, sondern in ihren Geschäften wurden Luxuswaren verkauft, kunterbunt Perlen gemeinsam mit wertvollen Steinen, Zuckerwaren, Marmeladen, Seidenstoffen, Samt, Teppichen mit Gold und Silber, Truhen aus den Niederlanden, Möbel aus Nussbaumholz, Schuhen aus Korduanleder, weißem Papier, Drogen und Musikinstrumenten.[60]

Infolge des Königshofes war Madrid auch der Ort des Tratsches, der Nachrichtenübermittlung, des Entstehens von Gerüchten. In Madrid, wo dauernd neue ausländische Botschafter eintrafen, wo die Neuigkeiten aus allen Teilen des weiten spanischen Imperiums besprochen wurden, dort entstanden auch die neuesten Geschichten. Gerade vor der Kirche San Felipe versammelten sich die »cantamañanas«, die »Morgensänger«, die begierig alle Neuigkeiten aufsaugten, weitererzählten und aus den Mücken die sprichwörtlichen Elefanten machten. Francisco Santos schrieb in seinem Werk »Día y noche de Madrid«, bei San Felipe würden sich die Menschen »mehr Lügen erzählen als die Schneider den Frauen«. Bei Miguel de Cervantes im »Juez de los divorcios« heißt es: »Am Morgen ziehen sie aus, um die Messe zu hören, stellen sich dann an die Puerta de Guadalajara, quatschen, wissen Neuigkeit, erzählen und hören Lügen«.[61]

Die vielen Menschen in Madrid zogen auch das älteste Gewerbe der Welt an. Die Prostituierten übten ihr Geschäft hauptsächlich beim Kloster der Hieronymiten im Prado aus, also dort, wo sich heute das berühmte Museo del Prado befindet. So reimte der Niederländer Henrick Cock in den achtziger Jahren des 16. Jahrhunderts: »Dort leben nicht die Vestalinnen, sondern Venus und der blinde Gott Cupido«. Und Francisco Bernardo de Quiros bietet uns in seinem Stück »Las calles de Madrid« folgenden Dialog: Clara ruft empört: »Isabel.

Du im Prado?« Salas Barbadillo schließlich schreibt in einem
seiner Werke: »In Madrid hat der Prado seinen Namen schon
verloren [Prado bedeutet Wiese], und jetzt nennen wir ihn
Markt oder Messe. Er ist eine Handelshalle, wo die Geschäfte
der Venus gemacht werden. Lässt Du Deine Ehefrau in den
Prado gehen – oh Du Thor! –, während sie in den Prado geht,
setzt sie Dir Hörner auf. Wenn die Zeiten frei und fröhlich
vergehen, zieht es viele in den Prado, um einen zu hinter-
gehen.« Der Prado sollte sein Gesicht erst etwas ändern, als dort
unter Philipp III. im 17. Jahrhundert ein weiterer königlicher
Palast errichtet wurde, der Palacio de Buen Retiro. Doch noch
damals dichtete Francisco de Rojas Zorrilla (1607–1648) in
seinem Werk »Abre el ojo«: »Viele sind sie, meine Freundin, die
Piraten und Korsaren, die auf der Suche nach meiner Schönheit im Golf des Prado einlaufen. Die Schiffe Spaniens schießen
hier Breitseiten ab an Versen, die mich in Erstaunen setzen und
mich verstören«.[62]

Doch wovon lebten nun jene Menschen, die in Madrid
geordneten Tätigkeiten nachgingen? Auch hier fällt die Villa
wegen des Hofes ganz beträchtlich aus dem Rahmen heraus,
den wir von durchschnittlichen europäischen Städten kennen.
Am Ende des 16. Jahrhunderts lebten noch 16 Prozent der
Bevölkerung von der Landwirtschaft, 31 Prozent waren im
Sekundärsektor tätig, 53 Prozent im Tertiärsektor, also im
Dienstleistungsbereich im weitesten Sinn. Doch diese Auftei-
lung war in der gesamten Villa sehr ungleich. So waren
beispielsweise im Nordosten der Villa noch 36 Prozent an
Bauern tätig, während beispielsweise im Nordwesten 44 Pro-
zent der Bevölkerung Handwerker waren, um nur zwei
Beispiele zu nennen.[63]

Wie in allen vorindustriellen Gesellschaften war der Reichtum auch in Madrid sehr ungleich verteilt. Gezeigt werden soll
das am Beispiel des »Donativo« – einer speziellen Sonderabgabe
der Villa – an den König aus dem Jahre 1625. Damals übergab
die Villa dem König nahezu 25 Millionen Maravedíes, die von
3055 Handwerkern und Händlern aufgebracht worden waren.
Die höchsten Summen steuerten die Gilden der Gold- und

Silberschmiede bei, gefolgt von den Woll- und Seidenhändlern sowie den Großhändlern, die zusammen 25 Prozent der Geldsumme aufbrachten, obwohl sie nur zehn Prozent der registrierten Beiträger ausmachten. Am wenigsten steuerten dagegen die Gilden der Uhr- und der Matratzenmacher bei. Doch riesige Unterschiede gab es auch innerhalb einzelner Zünfte: Bei den Kaufleuten beispielsweise bestand die geringste Summe aus 3400 Maravedíes, während der aus Mailand stammende Händler Greco 234 000 Maravedíes beisteuerte.[64]

Madrid lebte also von den Gegensätzen. Auf der einen Seite standen der König mit seinem Hof sowie der hohe Adel der Monarchie, der die Nähe des Monarchen suchte. Auf der anderen Seite stand die Villa, die aus ihrem beschaulichen Dasein durch die Ankunft des Hofes gerissen worden war. Beide Seiten versuchten sowohl gemeinsam als auch gegeneinander, der Probleme Herr zu werden, die durch die beinahe überfallsartig erfolgte Installation des Hofes entstanden war. Die kleine Villa hatte mit einer unkontrollierbaren Zuwanderung zu kämpfen, mit den unklaren Zuständigkeiten zwischen ihrem Jurisdiktionsbereich und jenem des Hofes, mit all den Problemen der Lebensmittelversorgung, der sozialen Spannungen, der Prostitution etc. Dennoch wurde mit der Entscheidung Philipps II., den Hof nach Madrid zu verlegen, der Grundstein gelegt zum Entstehen einer der heute bedeutendsten Städte in ganz Europa. Doch diese Grundsteinlegung verstärkte die Gegensätze in der Villa beträchtlich, wie es auch Miguel de Cervantes in seinem Werk »Viaje al Parnaso« zeigt, in dem es heißt: »Adiós, Madrid, adiós, Dein Prado und Deine Brunnen, die Nektar fließen lassen und Ambrosia [...]. Adiós, Du angenehmer und verlogener Ort, adiós, öffentliche Theater, die Ihr geehrt seid durch die Ignoranz, die Euch lobpreist [...]. Adiós, Du subtiler Hunger eines desillusionierten Hidalgos [= niederer Adliger], der, um nicht vor Deinen Türen zu sterben, heute seine Heimat und sich selbst verlässt.«[65]

4.4   El Escorial 1577: Philipp II. als Bürokrat, Bauherr und Sammler

»Ich wünsche immer, Euch zu antworten, und nie kann ich es, vor allem jetzt nicht, wo es schon elf Uhr ist und ich noch immer nicht zu Abend gegessen habe.«[66] Mit diesen Worten beginnt einer der Briefe Philipps II. vom April 1581 an seine beiden Töchter aus der Ehe mit Isabel von Valois. Das Bild, das sich mit Hilfe der Schreiben an Isabel Clara Eugenia und Catalina Micaela zeichnen lässt, ist sehr verschieden von jenem, das häufig in der wissenschaftlichen und belletristischen Literatur über den König transportiert wird. In dieser Korrespondenz findet sich nicht der angeblich infame, mitleidlose, hinterhältige, boshafte, tyrannische und verschlossene Bürokrat auf den spanischen Thronen, sondern der liebende, besorgte Vater, der sich Zeit nahm, mit seinen Töchtern über Probleme des täglichen Lebens zu sprechen und der sich eingehend über die heranwachsenden Enkelkinder erkundigte.

Dies ist allerdings nur einer der Aspekte der Persönlichkeit Philipps II. In erster Linie war er nach seinem eigenen Selbstverständnis keine Privatperson, sondern ein Herrscher, dem Gott die Regierung vieler Länder und Territorien übergeben hatte. Tatsächlich war sein Imperium das bis dahin geographisch größte und am weitesten ausgedehnte in der Geschichte der Menschheit, das unter seiner Regierung vor allem in Amerika beständig anwuchs. Unter Philipp II. erstreckte sich dort die kastilisch-spanische Herrschaft über Gebiete in einer Nord-Süd-Ausdehnung von ungefähr 8000 Kilometern zwischen dem Süden der heutigen Vereinigten Staaten von Amerika und dem heutigen Chile. Dazu kam im Pazifik das Inselreich der Philippinen. 1581 wurde Philipp II. schließlich auch als König von Portugal anerkannt. Damit regierte er nicht nur die gesamte Iberische Halbinsel, sondern auch weite Länder in Afrika, Indien und dem heutigen Indonesien sowie in Brasilien. Philipp II. war damit der mächtigste Herrscher seiner Zeit, der zudem als »Weltpolizist« versuchte, auch außerhalb seines unmittelbaren Machtbereichs die Interessen seiner Monarchie durchzusetzen. Deshalb unterhielt er an vielen europäischen Höfen permanente Gesandtschaften, die ihn vor den fremden Herrschern zu vertreten hatten.[67]

Die ausgedehnten Territorien Philipps II. mussten verwaltet, die Außenpolitik koordiniert und Informationen beschafft werden, wobei der Kampf gegen Zeit und Raum eines der zentralen Probleme darstellte. Denn ein Schreiben von Madrid nach Mailand oder Brüssel war wegen der schlechten Straßen und dem Nachrichtentransport per Schiff, Pferd und Maultier zumindest zwei Wochen unterwegs. Ein Brief für México kam dort nach einer langen Passage auf hoher See frühestens zwei Monate später an. Korrespondenzen des Königs für Manila auf den Philippinen erreichten ihr Ziel frühestens nach einem Jahr, nachdem sie den Atlantik, México und den Pazifik überwunden hatten. Dennoch wurden die ausgedehnten Besitzungen Philipps II. äußerst effizient regiert und seine Großmachtpolitik zielstrebig verfolgt. Die spanische Monarchie gilt unter diesem Herrscher als das erste lückenlos bürokratisierte staatliche System der Neuzeit, das wegen der Silberlieferungen aus der Neuen Welt auch über die nötigen Ressourcen verfügte, dem Rest des Globus häufig seinen Willen aufzuzwingen.[68]

Bei der Verwaltung seiner Territorien und bei seiner Außenpolitik unterstützten Philipp II. 15 Ratsgremien.[69] Neben den fünf von seinen Urgroßeltern Ferdinand II. von Aragón und Isabel I. von Kastilien begründeten (Kastilien-, Inquisitions-, Ordens-, Kreuzzugs- und Aragónrat) waren sechs weitere unter Karl V. entstanden (Staats-, Indien- [= Amerika-], Kriegs-, Finanz- und Aragónrat sowie die Junta für die Arbeiten und Wälder), vier weitere schuf Philipp II. selbst (Italien-, Portugal-, Niederlande- und Kammerrat). Auch das System der »Audiencias«, der Appellationsgerichtshöfe, wurde ausgebaut. Im Bereich des Vizekönigreichs Perú kam es nach den unter Karl V. gebildeten »Audiencias« zu weiteren Gründungen in La Plata de los Charcas (1559), San Francisco de Quito und Chile (1563). 1583 wurde auch auf den fernen

Philippinen ein Gerichtshof errichtet. Und selbst in Europa wurde das System der Appellationsgerichtshöfe noch verdichtet mit der Schaffung der »Audiencias« von Galicien (1563)[70], Sevilla (1566) und der Kanarischen Inseln (1568) im Bereich der kastilischen Länder sowie jener von Mallorca (1571) in den Ländern der Krone von Aragón.

Alle Ratsgremien mit ihren Sekretären und Kanzleischreibern erzeugten bei ihrer Regierungs- und Verwaltungstätigkeit eine Vielzahl an Papieren, denn kein Amtsträger Philipps II. – weder ein Vizekönig noch ein Botschafter, geschweige denn ein einfacher Verwalter – konnte direkt mit diesem in Kontakt treten, sondern die gesamte Regierung der Monarchie lief über die Räte. Dabei ist eine Besonderheit anzumerken, die in anderen Reichen nicht zu finden ist: Philipp II. delegierte keine seiner Angelegenheiten an seine Räte zur Entscheidung, sondern diese hatten nur die Aufgabe, ihm ihre Gutachten zu den einzelnen Problemkreisen vorzulegen. Eine endgültige Resolution behielt er sich immer selbst vor. Daher sind von Philipp II. abertausende Anmerkungen auf Bergen von Aktenstücken erhalten, denn mit eiserner Disziplin las er ab den frühen Morgenstunden all jene Papiere, die ihm übermittelt wurden. Unterbrochen wurde sein »Büroalltag« nur durch den regelmäßigen täglichen Besuch der Morgenmesse, durch Audienzen oder meist schnell eingenommene Mahlzeiten. Doch selbst beim Essen kam es vor, dass Philipp II. noch Akten studierte, Entscheidungen traf und diese an den Rand der Dokumente kritzelte.

Philipp II. wurde durch seine Tätigkeit in seinen Kanzleien zum Archetyp des modernen Bürokraten, der keine Regung zeigte und seine Länder und seine Politik schriftlich administrierte, frei nach dem Spruch: »Monarquía sin letras, Imperio sin luz« – »Eine Monarchie ohne Schriftlichkeit ist ein Imperium ohne Licht«.[71] Dabei scheute er keine Mühe, auch wenn die Gicht wegen seines übermäßigen Fleisch- und Wildkonsums schon in jungen Jahren seine Hände verkrüppelte und er vor Schmerzen oft kaum gehen konnte. Sein Leben unterstellte er bedingungslos den Bedürfnissen seiner Weltpolitik und seiner Territorien, die auf ihn aufgrund der Gnade Gottes gekommen waren. Nur dem Allmächtigen widmete er noch beträchtliche Zeit, ebenso der Kontemplation seiner tausenden Reliquien. Privaten Vergnügungen wie der Jagd dagegen gab er sich im Laufe seines Lebens immer weniger hin.

Aufgrund seines Unwillens, auch nur eine einzige Entscheidung zu delegieren, hatte Philipp II. ein unglaubliches Arbeitspensum zu bewältigen. Die Papiere wurden nie weniger, wie er immer wieder seinen Sekretären, besonders Mateo Vázquez de Leca (1542–1591)[72], klagte. Oft fühlte er sich daher überfordert und müde wegen seiner zahlreichen Amtsgeschäfte. Formulierungen wie »in der Nacht konnte ich nichts sehen, doch heute am Morgen habe ich es gelesen«[73], »über all das sprechen wir morgen, denn jetzt habe ich weder die Zeit noch den Kopf für die Angelegenheit«[74], oder »heute ist viel zu lesen gekommen, und obwohl ich bereits alles gelesen habe, muss ich noch alles beantworten«[75], finden sich immer wieder in den eigenhändigen Notizen Philipps II., die er auf den Schreiben von Mateo Vázquez und seiner anderen Räte hin kritzelte. Das Wort »papel« – Schreiben, Papier – ist bei diesen Anmerkungen des Königs schon als Leitwort zu bezeichnen, denn immer wieder kommt es vor. Er war umringt von seinen »papeles«, die ihm keine ruhige Minute gönnten. Doch er erledigte seine Papiere mit eiserner Disziplin und ohne große Klagen. Nur dann, wenn ihn die Akten von seinen religiösen Bedürfnissen und Pflichten abhielten, konnte er auch einmal härtere Worte gebrauchen, wie am Karsamstag des Jahres 1577, den er in seinem Klosterpalast des El Escorial verbrachte: »Ich glaube, die [Räte] in Madrid denken, dass es hier weder die Karwoche noch Ostern gibt, weder Beichte noch Kommunion, nach all dem, was dieser Tage [an Papieren] angefallen ist, und sie erweisen mir einen schlechten Dienst, […] und ich kann nicht mit so vielem, so wie ich es wollte, und weil heute der Tag der Beichte ist und ich andere Dinge zu erledigen habe, kann ich nichts davon ansehen, sehen wir einmal, ob Ihr mir für morgen Relationen [= Zusammenfassungen] machen könnt von dem, was am eiligsten ist, weil das heute nicht möglich sein

wird, und an die Sachen, die heute gekommen sind und
kommen, erinnert Ihr mich gemäß ihrer Prioritäten [...],«
schrieb er an Mateo Vázquez.[76] Auch das war eine der
Eigenheiten Philipps II. Er konnte endlos lange und schwer
zu entziffernde Sätze mit seiner von der Gicht gequälten Hand
kritzeln, ohne Beistriche, Punkte oder Absätze, gerade so, wie
ihm die Dinge einfielen.

Die Überarbeitung Philipps II. entstand nicht zuletzt deshalb, weil er sich tatsächlich um jede Kleinigkeit kümmerte. Als
beispielsweise 1592 die Karmeliterinnen des Klosters von
Daimiel in La Mancha, etwas östlich von Ciudad Real, um
die Verlängerung der Erlaubnis für weitere drei Jahre ansuch-
ten, jede Woche zwei Schubkarren an Holz in einem Wäld-
chen sammeln zu dürfen, beschäftigte dieses Begehren nicht
nur den Kastilienrat und die Regierungsjunta, sondern auch
Philipp II., dem die Papiere vorgelegt wurden. Dieser geneh-
migte zwar die Verlängerung des Gnadenerweises, reduzierte
allerdings dessen Dauer – aus welchen Gründen auch immer –
auf zwei Jahre. Er griff also auch noch in die nebensächlichsten
Angelegenheiten korrigierend ein. Schon manche seiner
Zeitgenossen kritisierten Philipp II. dafür, dass er sich mit
Kleinigkeiten abgab, wo er doch so viele wichtige Staats-
geschäfte für so zahlreiche Territorien zu erledigen hatte. Doch
entspannte er sich bei der Erledigung unwichtiger Dinge, wie
er einmal selbst zugab, und sammelte dabei neue Kräfte für die
Behandlung wirklich bedeutender Geschäfte.

Neue Kräfte sammelte Philipp II. auch in der freien Natur.
Häufig verließ er seine Schreibstuben, um in den Gärten eines
seiner Paläste Entspannung zu finden.[77] Selbst das tat er meist
jedoch nicht ohne seine geliebten Papiere. So machte er in den
Wäldern und Wiesen Spaziergänge und las dabei die Gutachten seiner Räte, die Relationen seiner Botschafter, die
Berichte seiner Amtsträger aus allen Teilen der spanischen
Monarchie oder die Bittschriften seiner Untertanen. In Aranjuez setzte er sich manchmal in ein Boot, fuhr auf den Tajo
hinaus und studierte dort in der Kühle des Flusses seine
Akten.[78] Einer seiner Sekretäre meinte einmal, den König

würde es freuen, über alles informiert zu sein. Und so war es dann auch, er wollte alle Vorkommnisse in seinen zahlreichen Territorien wissen, die wichtigen Staatsangelegenheiten ebenso wie die unwichtigsten Kleinigkeiten, und sei es auch nur, dass auf dem Gebiet seines Palastes El Pardo viele Hasen gejagt worden waren. Selbst um die Art und Weise der Bepflanzung seiner Gärten und Parks kümmerte er sich persönlich, um die Gehege seiner Straußenvögel oder um die Anlage seiner Fischteiche. Dass er die Art und Beschaffenheit der Dachziegel seiner Paläste selbst entschied, ist in diesem Zusammenhang schon selbstverständlich. Auch der nebensächlichste Kostenvoranschlag für die königlichen Bauwerke trägt daher ebenfalls seine persönlichen Anmerkungen.[79]

Besonders auffällig ist dies im Zusammenhang mit dem Bau des Klosterpalastes des El Escorial, weltweit dem größten Gebäude seiner Zeit in einem Übergangsstil von der plateresken Renaissance hin zum Klassizismus, gelegen ungefähr fünfzig Kilometer nördlich von Madrid.[80] Wie berichtet, hatte der König nach der Schlacht von Saint-Quentin 1557 geschworen, dem Heiligen Laurentius zum Dank für den Sieg über Frankreich ein Kloster zu weihen. Nachdem Philipp II. 1559 nach Spanien zurückgereist war, gab er bald den Auftrag, einen geeigneten Bauplatz zu suchen. Angeblich waren es seine Astrologen, die ihm den Ort am Fuß der Sierra de Guadarrama nahelegten. Das mag schon so gewesen sein. Doch den Monarchen bewegten auch andere Motive für die Auswahl gerade dieses Bauplatzes. In den Steinbrüchen der Sierra konnte das benötigte Baumaterial ohne hohe Transportkosten gewonnen werden und El Escorial lag nicht zu weit entfernt von Madrid, das neuer Sitz des Hofes geworden war.

Außerdem waren auch die anderen Residenzen von El Escorial aus leicht zu erreichen, in die sich Philipp II. gerne zurückzog, wenn er den Alcázar von Madrid verlassen wollte. Zu nennen sind neben anderen, nicht so wichtigen Plätzen, vor allem das Schloss von El Pardo nördlich von Madrid, das unter Karl V. ausgebaut worden war, sowie die Paläste von Aranjuez[81] im Süden von Madrid und von Valsaín[82], nicht weit

entfernt von Segovia, die unter Philipp II. erneuert wurden.
El Pardo und Aranjuez wurden im 18. Jahrhundert beträchtlich verändert, während Valsaín – in seinen Schreiben nannte der König in der Datumzeile den Platz immer »El Bosque de Segovia«, »Wald von Segovia« – heute nur mehr als Ruine zu besichtigen ist, ein schwarzer Fleck auf der sonst strahlend weißen Weste der spanischen Denkmalpflege. Auch in Segovia selbst bewohnte Philipp II. zeitweise den dortigen Alcázar, nicht nur, weil dies seine Vorfahren getan hatten, sondern weil er unterhalb desselben am Fluss Eresma eine neue, moderne Münzstädte errichten ließ. Dort wie in der Münze von Sevilla wurde das Silber aus Amerika geprägt und nicht mehr geschlagen. Diese neue, revolutionäre Technik kam aus Tirol. Philipps II. Vetter, Erzherzog Ferdinand II. von Tirol (1529–1595), stellte ihm dafür Münzmeister aus Hall zur Verfügung, die ab 1583 mit hydraulischen Walzwerken viel schneller und vor allem präziser Münzen aus langen Silberbändern heraus stanzen konnten.[83]

Die Bauarbeiten für den El Escorial begannen unter der strengen Beaufsichtigung durch den König[84] im April 1563, nachdem eine Kommission seit 1558 mit den allgemeinen Planungsarbeiten beauftragt worden war. Verantwortlicher Architekt des riesigen Gebäudekomplexes war zuerst Juan Bautista de Toledo (1515?–1567)[85] und nach dessen Tod Juan de Herrera (1530–1597)[86], der den ursprünglichen Plan und Baustil noch einmal so signifikant änderte, dass man heute von einem Herrera-Stil spricht. Da nach den Plänen von Herrera auch die Kathedrale von Valladolid gebaut wurde sowie der Palast von Aranjuez, und er außerdem die Casa de la Lonja in Sevilla errichtete, das Haus oder die Börse jener Kaufleute, die Handel mit der Neuen Welt betrieben – heute Sitz des Archivo de Indias, des wichtigsten Archivs für Hispanoamerika und die spanischen Besitzungen im Pazifik –, beeinflusste sein Stil nicht nur maßgeblich die spanische Architektur, sondern auch jene Amerikas. Nach nur 21 Jahren Bauzeit wurde der gesamte Komplex des El Escorial 1584 fertig gestellt. Mit seinen zahlreichen Höfen erinnert das rechteckige Gebäude in seinem regelmäßigen Grundriss an einen Rost – angeblich sollte damit des Heiligen Laurentius gedacht werden, der sein Martyrium auf einem glühenden Rost erlitten hatte. Schon damals hieß es, das Gebäude sei das achte Weltwunder[87], wegen seiner Größe, seiner Schönheit und wegen seiner vielfältigen Bestimmungen. Denn der König wollte nicht nur ein Kloster für die Hieronymiten errichten, einen Orden, dem die Habsburger besondere Sympathie entgegenbrachten, sondern auch einen Palast für sich selbst, ein Mausoleum für die spanischen Monarchen aus seinem Hause und eine Bibliothek, in der das gesamte Wissen seiner Zeit gesammelt und verwahrt werden sollte.

Gerade diese Bibliothek verdient eine besondere Beachtung, ließ Philipp II. dort doch bis zu 14 000 Bände[88] an Büchern und Manuskripten zusammentragen und schuf so, sieht man von den päpstlichen Sammlungen ab, die wahrscheinlich größte Bibliothek des 16. Jahrhunderts, in der alle Bereiche der Wissenschaften jener Zeit vertreten waren.[89] Geleitet und auch katalogisiert wurde die Bibliothek bis 1584 von Benito Arias Montano (1527–1598)[90], einem der wichtigsten polyglotten Humanisten der Iberischen Halbinsel, der den König auch beim Ankauf hebräischer, arabischer, lateinischer und griechischer Manuskripte beriet. Doch selbst persische, osmanische, armenische, chinesische und japanische Handschriften finden sich in der Bibliothek, ganz zu schweigen von den Werken in den iberischen Sprachen.[91]

Dorthin gelangten auch neue Arbeiten, so die berühmte »Historia Natural de las Indias«, eine Beschreibung der Pflanzen und Tiere Méxicos, die der Mediziner, Ornithologe und Botaniker Francisco Hernández de Toledo (1514?–1578) verfasst hatte. Dieser war zwischen 1571 und 1577 im Auftrag und mit dem Geld Philipps II. durch Mittelamerika und México gereist und hatte zahlreiche Bände mit Beschreibungen von Tieren und Pflanzen mitgebracht. Der König schätzte das Werk von Hernández so sehr, dass er persönlich den Auftrag gab, eine verkürzte Version zu drucken, die wegen verschiedener widriger Umstände allerdings erst viel später erschien.[92]

Doch auch sonst ließ Philipp II. Informationen über die Neue
Welt sammeln, beispielsweise ein Werk über die Gebräuche der
indigenen Bevölkerung in Perú, das der Priester Bartolomé
Álvarez (* um 1540) zwischen 1586 und 1588 zusammen-
stellte.[93]

In der Bibliothek des El Escorial findet sich auch ein weiteres
wichtiges Werk, das Philipp II. persönlich in Auftrag gegeben
hat, die »Relaciones topográficas«.[94] In den Jahren 1575 sowie
1578 ließ er an die Pfarrer, Justizbeamten und Corregidores in
Neukastilien, in Murcia, Teilen von Alicante (Alacant), Andalusien und der Extremadura Fragebögen austeilen, um statistisches Material über die einzelnen Ortschaften zu sammeln.
Im Begleitschreiben zu den ausgesandten Bögen vom Oktober
1575 heißt es:»Weil wir verstanden haben, dass bis heute noch
keine genaue Beschreibung der Siedlungen dieser Königreiche
gemacht wurde und es diese auch nicht gibt, was aber deren
Autorität und Größe entsprechen würde, haben wir beschlossen, dass die erwähnte Beschreibung gemacht werden möge
sowie eine Geschichte der Eigenschaften und erzählenswerten
Sachen der genannten Orte.« Weil, so der König in dem
Schreiben weiter, es zu unnötigen Verzögerungen gekommen
wäre, hätte er eigene Beauftragte mit der Datenerhebung
betraut, sende er seine Fragen an die Kleriker und Amtsträger.[95]
Mit der größtmöglichen Schnelligkeit sollten danach die
Antworten an seinen Sekretär Juan Vázquez de Salazar
(† nach 1597)[96] geschickt werden.

Einige der Fragen, die zwischen 1575 und 1578 etwas
variieren, sollen an dieser Stelle referiert werden. So sollte
dem König der Name der Siedlung mitgeteilt werden, das
Wappen, die Rechtsposition, also ob es sich um eine Stadt, eine
Villa oder ein Dorf handelte, die geographische und politische
Lage, die Rechtsverhältnisse, die nächstgelegenen Orte, die
Qualität des Landes, die Namen der Flüsse, die Mühlen und
Brücken, eventuelle Minen, die Entfernung zum Meer, die
Anzahl der Häuser und der Einwohner, deren Zustand, die
Menge der Burgen und Festungen, die Anzahl der Gebildeten
und der Soldaten, die vorhandenen Privilegien und Sonder-

rechte, die Kirchen, Kapellen und Klöster, die gefeierten Feste und die vorhandenen Reliquien in den Kirchen.[97] 1575 wurden insgesamt 59 Fragen gestellt[98], 1578 waren es 45.[99] Wieder einmal zeigt sich, dass Philipp II. als moderner Bürokrat genau über seine Reiche informiert werden wollte. Die »Relaciones« stellen einen ersten Schritt hin zur modernen, staatlich gelenkten statistischen Datenerhebung dar, und zeigen einmal mehr, wie sehr der König bemüht war, seine Länder nach rationalen Kriterien zu regieren.

In der Neuen Welt waren sogar noch einige Jahre früher Fragenkataloge angelangt, die Juan de Ovando († 1575)[100], der Präsident des Indienrates, im Auftrag Philipps II. 1569 und 1570 versandt hatte. Mit deren Hilfe sollten ebenfalls Informationen über Land und Leute, Gebräuche und Gesetze der Einheimischen, aber auch über die Geographie, die Flora und Fauna gesammelt werden. 1577 schließlich verfasste Juan López de Velasco († nach 1598)[101] einen weiteren Fragenkatalog. Aufgrund der so gewonnenen Informationen verfügen wir heute über hervorragendes Material zu ganz Hispanoamerika. Allerdings trachtete Philipp II. ab 1582, die gesammelten Informationen möglichst geheim zu halten, ließ sie im »Consejo de Indias« versperren und verbot ihren Druck.[102] Diese Änderung in der Informationspolitik ist nicht zuletzt auf die zunehmende Korsarengefahr zurückzuführen. Seeräuberische Unternehmungen wie jene des Francis Drake (1540–1596) provozierten in Spanien immer größere Ängste. Der König begann eifrig darüber zu wachen, damit andere europäische Mächte nicht in seinen Herrschaftsbereich eindrangen. Zu viel an Information hätte dieses Eindringen nur zu sehr erleichtert.

Philipp II. wollte allerdings nicht nur statistisches Material über die Siedlungen seiner Reiche erhalten, sondern deren wichtige Städte auch betrachten können. Daher beauftragte er schon 1561 den Niederländer Anton van den Wyngaerde (1525–1571), Bilder vieler Ortschaften der Kronen von Kastilien und Aragón anzufertigen. Die kolorierten Panoramazeichnungen, die Wyngaerde von 62 Städten und Siedlungen

auf der Iberischen Halbinsel anfertigte, sind heute in vielen
Fällen die ersten graphischen Darstellungen der einzelnen
Orte, die wir kennen. Und Wyngaerde arbeitete sehr detailgenau, was seinen Zeichnungen einen zusätzlichen Wert
verleiht. So sind auf seinen Bildern nicht nur Mauern zu
sehen, sondern auch Bäume, Menschen und Tiere. Wyngaerde
zeigt damit auch Aspekte des Alltagsleben der Menschen, über
die wir sonst nicht so genau informiert wären.[103]

Mit Philipp II. zog eine neue Rationalität in die Regierung
der spanischen Länder ein. Dies soll am Beispiel Amerikas
gezeigt werden. Der für die Neue Welt zuständige Indienrat
beriet die anstehenden Angelegenheiten, wie auch die anderen
Ratsgremien, in gemeinsamen Sitzungen. Seine Beschlüsse
wurden in einer »Consulta«, einem Gutachten, begründet und
dem König zur Genehmigung unterbreitet. Unterschrieb
Philipp II. die »Consulta«, entwarfen die Räte den Text eines
königlichen Erlasses, einer »Real Cédula«, die Gesetzeskraft
erlangte.[104] Dies war die übliche Form der gesetzlichen Anord-
nung für die Neue Welt. Daneben gab es noch die so genannte
»Real Provisión«. Bei dieser handelte es sich um den Typ eines
Gesetzes, das ausdrücklich jenen auf den kastilischen Ständeversammlungen verkündeten gleichgestellt war und das eine
besonders feierliche kanzleimäßige Form bekam. Schließlich
hatten auch königliche Briefe (»Cartas reales«) Gesetzeskraft.
Mit diesen gab der Monarch den überseeischen Behörden in
Zweifelsfragen Bescheid. Zu erwähnen sind auch die königlichen »Ordenanzas«, mit denen besondere Materien geregelt
wurden.[105]

Die Fülle dieser verschiedenen Gesetze wurde immer
unübersichtlicher. Bereits 1563 legte daher ein Mitglied der
»Audiencia« von México eine erste Sammlung aller für México
gültigen Gesetze vor, die seit 1525 erlassen worden waren, mit
dem Titel »Provisiones, cédulas e instrucciones para el govierno
de la Nueva España«. Ein Gesamtwerk aller für Amerika
gültigen Gesetze stand jedoch noch aus. Juan de Ovando
begann auf Befehl Philipps II. mit der Redaktion dieser
Sammlung, konnte allerdings 1571 nur einen ersten Band

mit dem Titel »De la gobernación espiritual« vorlegen. Das Material für den zweiten Band, »De la gobernación temporal«, war zwar schon geordnet, doch als Ovando 1575 starb, blieb die Arbeit stecken. 1596 publizierte dann Diego de Encinas eine Sparausgabe der amerikanischen Gesetze, das »Cedulario Indiano«, in dem immerhin ungefähr 3500 Gesetze über die unterschiedlichsten Themen aufgenommen wurden.[106] Diese Sammlung blieb für nahezu ein Jahrhundert die wichtigste Referenz über die amerikanischen Gesetze.[107]

Die neue Rationalität in der spanischen Monarchie unter Philipp II. zeigt sich auch in seinem Umgang mit der Kalenderreform, die Papst Gregor XIII. initiiert hatte.[108] Obwohl das Verhältnis des Königs zu vielen der Päpste nicht immer gut war, sondern auch mit Rom immer wieder Konflikte entstanden[109], beteiligte er sich aktiv an der Ausarbeitung dieser Reform. Daher beauftragte er Mathematiker von der Universität Salamanca, die Gelehrten in Rom bei ihren korrekten Kalenderberechnungen zu unterstützen. Schließlich kamen die Wissenschaftler überein, dass zehn Tage des Kalenders übersprungen werden müssten. Um dies zu erreichen, sollte auf den 4. Oktober 1582 der 15. Oktober folgen. Sofort umgesetzt wurde die vom Papst publizierte Reform nur im Kirchenstaat und in den Territorien Philipps II., also nicht nur in den Ländern der Kronen von Kastilien und Aragón, sondern auch in Portugal, das er damals ebenfalls schon beherrschte. Da der König damals der mächtigste Herrscher der christlichen Welt war, war sein Vorbild ganz maßgeblich dafür verantwortlich, dass sich bald auch alle anderen katholischen Herrscher dieser Reform anschlossen.[110]

Doch zurück zum El Escorial, der auch die Grablege der meisten spanischen Könige und Königinnen sowie Infantinnen und Infanten ab Karl V. ist. Der heute zu besichtigende »Panteón de los Reyes« stammt allerdings aus dem 17. Jahrhundert. Philipp II. befahl, die Gebeine seiner Eltern sowie seine eigenen und die der Königin Anna unter dem Hochaltar zu bestatten. Die Leichname all seiner Familienmitglieder ließ er in den Jahren 1573 und 1574 in feierlichen Zeremonien aus allen Teilen Kastiliens in den neuen Begräbnisort überführen.[111]

Seine eigenen Wohnräume im Palast wurden für den König rund um die Apsis der Basilika errichtet. Hier empfing er seine Räte und Sekretäre, die ausländischen Botschafter, und hier schlief er auch. Er bevorzugte den Palast besonders im Sommer, wenn die kastilische Hitze Madrid nur mühsam bewohnbar macht. Im El Escorial dagegen, auf einer Seehöhe von mehr als 1000 Metern gelegen, ist es im Sommer kühl und lebenswert. Sein eigenes Schlafzimmer ließ sich Philipp II. so anlegen, dass er durch ein Fenster von seinem Bett aus direkt der Messe am Hochaltar beiwohnen konnte. Denn mit den Jahren war er immer öfter krank, geplagt von der Gicht, und musste das Bett hüten.

Wie in seinen anderen Palästen sammelte Philipp II. auch im El Escorial die Kunstwerke seiner Zeit.[112] Dass er Bosch, Tizian und seinen Hofmaler Anthonis Mor verehrte, wurde schon an anderer Stelle erwähnt. Er liebte auch sonst die niederländische und italienische Malerei, hatte auf seinen eigenen Reisen durch Europa Kunstwerke angekauft und ließ auch später durch seine Botschafter und Vizekönige Gemälde erwerben. Erwähnt seien beispielsweise Roger van der Weyden (1399/1400 – 1464), Pieter Coecke van Aelst (1502 – 1550) und Tintoretto (1518 – 1594), deren Gemälde die Wände seines Palastes zierten. Als Nachfolger von Mor wurde 1571 Alonso Sánchez Coello (1531? – 1590) als Hofmaler von Philipp II. beschäftigt, von dem zahlreiche Porträts der königlichen Familie[113] und sonstige Gemälde den El Escorial und die anderen Paläste zierten. Auch Juan Pantoja de la Cruz (1553 – 1608) erhielt von Philipp II. Aufträge. Die Skulpturen des Mailänders Pompeo Leoni (1530? – 1608)[114], die dieser im Auftrag des Königs von Karl V. und Isabel von Portugal anfertigte und die in der Basilika des El Escorial zu bewundern sind, oder dessen Grabplastik von Philipps II. Schwester Juana im Kloster der Descalzas Reales in Madrid demonstrieren deutlich, dass es Philipp II. verdient, Kunstmäzen genannt zu werden, wie dies Fernando Checa Cremades getan hat.[115]

Der König förderte auch Sofonisba Anguissola (1535?–1625), eine der ersten bekannten Malerinnen der Renaissance. Diese stammte aus Cremona im Herzogtum Mailand und wurde ursprünglich 1559 als Lehrerin für Malerei für Isabel von Valois nach Spanien berufen. Später unterrichtete sie auch die Töchter der Königin und stieg zur Hofdame von Isabel und danach von Königin Anna auf. Sie blieb am Hof Philipps II. bis 1573 und fertigte hochgeschätzte Bilder der königlichen Familie an, die sich heute hauptsächlich im Museo del Prado in Madrid befinden.[116]

Von Doménikos Theotokópoulos, El Greco (1541–1614), der ab 1577 in Toledo wirkte, ließ sich Philipp II. dagegen nur wenige Gemälde anfertigen, so eine Allegorie auf die Heilige Liga gegen die Osmanen von 1571[117] und das Martyrium des Heiligen Mauritius († um 290) und der thebaischen Legion[118], beide noch heute im El Escorial. Das zweitgenannte Bild war für die Basilika des Klosterpalastes bestimmt. Doch dem König gefiel es nicht, da es den Heiligen und seine Kameraden nicht im Moment des Martyriums darstellte, was den nach-tridentinischen Katholiken nach seiner Ansicht zum andächtigen Gebet veranlassen sollte, sondern vor dem Martyrium zu dem Zeitpunkt, als sich Mauritius mit seinen Gefährten darüber unterhielt, ob sie das Martyrium auf sich nehmen sollten. Philipp II. verbannte das Gemälde aus der Kirche, El Greco bekam von ihm keine weiteren Aufträge mehr.

Die Episode zeigt, dass der König streng an den Ergebnissen des Konzils festhielt, sie allerdings manchmal auch eigenwillig interpretierte. In Trient waren außerdem die katholischen Prinzipien im Zusammenhang mit der Verehrung der Heiligen neu festgelegt worden. Auch hier stand Philipp II., trotz mancher politischer Streitigkeiten mit verschiedenen der Päpste, streng auf dem Boden der römischen Kirche. Die Reliquien der Heiligen interessierten ihn dabei besonders und er verehrte sie, wie schon die diesbezügliche Frage in den »Relaciones topográficas« gezeigt hat. Im El Escorial sammelte er daher ungefähr 8000 Reliquien, die in 507 Reliquiaren aufbewahrt werden, die vielfach von Herrera entworfen

Abb. 7: Das Martyrium des Heiligen Mauritius

wurden. Die meisten der Reliquien befinden sich in der Basilika[119], doch waren sie auch in anderen Teilen des Klosterpalastes verteilt.

Fray José de Sigüenza (1544–1606), einer der Mönche im Kloster des El Escorial, Historiker, Theologe und auch Ratgeber des Königs, beschrieb in seiner Geschichte der Gründung des Klosterpalastes, die er 1602 vollendete, ganz genau, was Philipp II. gesammelt hatte:[120] Ein Haar vom Haupt oder Bart Jesu Christi, viele Teile des Kreuzes, an das dieser genagelt worden war, elf Dornen seiner Krone, Teile seiner Kleidung, ein Stück eines der Nägel, mit denen er ans Kreuz geschlagen und Stücke der Säule, an der er gegeißelt worden war. Von Maria gab es Teile ihres Gewandes und des Tuches, mit dem sie ihre Tränen unter dem Kreuz getrocknet hatte. Von sechs Heiligen, darunter Mauritius, befand sich der gesamte Körper unter den Reliquien. Weiter gab es die Köpfe von 103 Heiligen, was den Mönch zu der Aussage veranlasste, er wisse nicht, ob es in Rom so viele Heiligenköpfe gebe.[121] Daneben befanden sich in der Reliquiensammlung Knochen von Armen, Beinen und Wirbelsäulen von Heiligen, ganz zu schweigen von Reliquien, die der fromme Pater angesichts der Fülle an Großartigkeiten als nicht so wichtig bezeichnete. Besonders, wenn er krank war, ließ sich der König die Reliquien ans Bett bringen, vor denen er betete und um Gesundheit flehte. Die tiefe Devotion nicht nur vor seinem Gott, sondern auch vor dessen Heiligen machte einen wichtigen Bestandteil der Religiosität des Königs aus, die im El Escorial besonders deutlich sichtbar wird.

Neben seinen Reliquien sammelte Philipp II. besonders seine Papiere. Seine Sorgen um diese waren auch nach der Erledigung der darin angesprochenen Angelegenheiten sprichwörtlich. Die Akten hatten geordnet archiviert zu werden, um jederzeit wieder auffindbar zu sein. Als Aufbewahrungsort dafür diente die Burg von Simancas in der Nähe von Valladolid, die unter Philipp II. zum funktionalen Archivgebäude umgestaltet wurde.[122] Simancas ist damit das einzige Archiv der Welt, das permanent seit dem 16. Jahrhundert am gleichen Ort im gleichen Gebäude existiert. Begründet worden war das Archiv von Simancas zwar schon unter Karl V., doch Philipp II. ließ nicht nur die modernen, auf die Bedürfnisse des Archivs abgestimmten Räume errichten, sondern in seinem Auftrag wurde 1588 auch die erste umfassende Archivordnung Europas publiziert, die nicht nur die Aufbewahrung und Katalogisierung, sondern auch die Restaurierung der Papiere bis ins kleinste Detail regelte.[123]

Es ergibt sich abschließend die Frage, wie Philipp II. all seine Bauten, seine Kunstwerke und Sammlungen sowie die Verwaltung seiner Reiche finanzierte. Und schließlich ist nicht zu vergessen, dass diese Ausgaben nur einen winzig kleinen Teil der Kosten der Monarchie ausmachten, waren doch die militärischen Unternehmungen zu bezahlen, die den Löwenanteil der königlichen Finanzen auffraßen. Das Geld kam zwar teilweise von den Steuern und Abgaben, die der König in Kastilien einnahm, doch einen wichtigen Anteil machten die Silberlieferungen aus der Neuen Welt aus, die in der zweiten Hälfte des 16. Jahrhunderts beständig stiegen.[124] Zwischen 1551 und 1560 wurden durchschnittlich 2,96 Millionen Pesos pro Jahr aus Amerika nach Spanien importiert, 1561 bis 1570 4,19 Millionen pro Jahr, 1571 bis 1580 4,82 Millionen, 1581 bis 1590 8,80 Millionen, um im letzten Jahrzehnt des Jahrhunderts auf 11,52 Millionen Pesos pro Jahr anzuwachsen.[125] Es waren somit auch die Schätze der Neuen Welt, die dem König all seine Ausgaben ermöglichten. Doch selbst diese waren nicht immer ausreichend, wie wir noch im Zusammenhang mit den politischen Konfliktfeldern weiter unten sehen werden.

4.5   Madrid 1578: Der Hof und seine Intrigen

Die Verwaltungs- und Gesetzesmaßnahmen Philipps II. erforderten eine umfangreiche und kompetente Bürokratie mit Spezialkenntnissen auf vielen Gebieten. In den »Audiencias« ebenso wie in der »Casa de la Contratación« in Sevilla, die sämtliche Beziehungen zu Amerika kontrollierte, oder in den

Ratsgremien bei Hof wurde eine Vielzahl von gut ausgebildeten Juristen benötigt. Die rasante Bürokratisierung begünstigte nicht nur den Aufstieg der kastilischen Universitäten wie Salamanca, Valladolid, Alcalá de Henares oder Sevilla, aus denen Akademiker hervorgingen, die die besten Chancen hatten, wichtige Posten in den europäischen und amerikanischen Teilen der spanischen Monarchie einzunehmen, wobei allerdings Missbräuche bei der Ämterbesetzung nicht ausgeschlossen waren.[126] Der Bedarf an einer funktionierenden zivilen und kirchlichen Bürokratie beschleunigte auch die rasche Gründung amerikanischer Universitäten wie jener von Santo Domingo, Lima und México unter Karl V. und Bogotá und Quito unter Philipp II.

Besonders auffällig ist das beständige Anwachsen des Personals bei Hof. In einer Publikation von José Martínez Millán und Carlos J. de Carlos Morales über die Monarchie Philipps II. sind mehr als fünfhundert Personen angeführt, die dem König im Laufe seines Lebens in führenden Positionen dienten.[127] Bei einer derartigen Zahl an bedeutenden Ratgebern und Sekretären ist es nicht verwunderlich, dass sich bei Hofe immer wieder Fraktionen bildeten, die auf ihre Weise versuchten, Einfluss auf Philipp II. zu nehmen und ihren eigenen Interessen zum Durchbruch zu verhelfen. Denn nicht nur der König hatte sein Klientelsystem, sondern jeder seiner Mitarbeiter, sei es nun ein hoher Adliger wie der Duque de Alba oder ein Sekretär im geistlichen Stand wie Mateo Vázquez de Leca, hatte seinerseits Untergebene, Anhänger und Freunde, deren Wünsche und Interessen zu fördern waren. Insofern verwundert es nicht, dass es nicht nur immer wieder zu Konflikten zwischen den einzelnen Hofparteiungen kam, die Philipp II. auszugleichen hatte, sondern dass manche dieser Konflikte tödlich endeten.[128]

Bereits im Jahre 1543 hatte Kaiser Karl V. seinen jungen Sohn in seinen Instruktionen nachdrücklich aufgefordert, darauf zu achten, keinen seiner Ratgeber zu mächtig werden zu lassen. Namentlich hatte er den Duque de Alba genannt, der damals Generalkapitän aller militärischen Kräfte auf der Iberischen Halbinsel und Mitglied des Staatsrates war. Auf keinen

Fall sollte Philipp II. aber den Duque zusätzlich in seinen persönlichen Rat aufnehmen: »Ich glaube, [der Duque de Alba] gehört keiner der Parteiungen an, sondern tut das, was seinen eigenen Interessen am meisten dient. Da es Angelegenheiten in der Regierung eines Königreichs gibt, von denen die Granden ausgeschlossen werden sollen, will ich ihn nicht [in den Rat] aufnehmen, was ihn beträchtlich betrüben wird. Nachdem ich ihn besser kennengelernt habe, habe ich gesehen, dass er große Ambitionen hat und so weit wie möglich aufsteigen will, obwohl er fromm, bescheiden und zurückgezogen wirkt. Sei vorsichtig damit, denn Du bist jünger. Du musst davon Abstand nehmen, ihn und die anderen [...] Adligen in die Regierung zu nehmen, denn mit allen Mitteln werden er und die anderen versuchen, einen Gnadenerweis zu erhalten, der uns nachher sehr teuer zu stehen kommen wird. Und auch, wenn es mit der Hilfe von Frauen sein sollte, glaube ich nicht, dass sie aufhören würden, Dich zu verlocken. Daher bitte ich Dich, sehr vorsichtig zu sein. In allen anderen Dingen sollst Du den Duque verwenden. In Staats- und Kriegsangelegenheiten ehre und bevorzuge ihn, denn er ist der beste, den wir jetzt in diesen Königreichen haben.«[129]

Philipp II. bemühte sich während seines gesamten Lebens, den Rat des Vaters zu befolgen und keinen der Menschen in seinem Umfeld zu viel an Macht zukommen zu lassen. Doch die Hofparteiungen, das musste er bereits 1559, nach seiner Rückkehr aus den Niederlanden, erkennen, konnten nie gänzlich verhindert werden.[130] Denn während seiner Abwesenheit hatten sich zwei Palastgruppierungen gebildet, die rücksichtslos gegeneinander intrigierten und um den Einfluss auf den Monarchen buhlten. Der Führer der einen Parteiung war der Duque de Alba. Auf der anderen Seite standen Ruy Gómez de Silva, Príncipe de Éboli und ab 1572 Duque de Pastrana[131], ein persönlicher Freund Philipps II., sowie der königliche Sekretär Francisco de Eraso (1507–1570).[132] Ruy Gómez war sehr früh in den Hofstaat Philipps II. aufgenommen worden, in dem Alba das Amt des Obersthofmeisters innegehabt hatte. Aus jenen Jahren rührten ihre gegenseitige Abneigung und ihre Konkurrenz in ihrer Sucht nach Ehre und Ansehen.[133] Und immer wieder versuchten beide hohen Adligen, auch Einfluss auf die Räte und Sekretäre des Königs zu bekommen.

Doch wer waren nun die Menschen, ohne die Philipp II. sein weitgespanntes Imperium keinesfalls hätte regieren und verwalten können? Es ist nicht möglich, an dieser Stelle alle seine Mitarbeiter zu erwähnen[134], doch sei eine kleine Auswahl gegeben. Am Anfang seiner Regierung in Spanien bediente er sich noch der Räte und Sekretäre, die bereits sein Vater beschäftigt hatte. Im Staats- und Kriegsrat war beispielsweise für die spanischen Angelegenheiten seit 1556 der Sekretär Juan Vázquez de Molina (1500?–1570)[135] zuständig, für die außerspanischen der Kleriker Gonzalo Pérez.[136] Vázquez de Molina zog sich allerdings bald vom Hof zurück. Ihm dürften die dauernden Streitigkeiten zwischen den Hofcliquen gehörig auf die Nerven gegangen sein. Ab 1562 hielt er sich jedenfalls fern von Madrid in seinem andalusischen Geburtsort Úbeda auf[137], wo er sich einen großartigen Renaissancepalast hatte errichten lassen, die so genannte Casa de las Cadenas, seit 2003 Teil des UNESCO-Welterbebezirks von Úbeda. Er hatte seinen Palast nicht weit von jenem seines Onkels Francisco de los Cobos bauen lassen, des mächtigen Staatssekretärs Karls V., der ihm zu seiner Karriere verholfen hatte.

1567 reorganisierte Philipp II. nach dem Tod von Gonzalo Pérez die Sekretariate im Staatsrat. Für die Angelegenheiten des europäischen Nordens, also Frankreichs, Englands und des Heiligen Römischen Reichs, wurde Gabriel de Zayas (1526–1593)[138] als Sekretär berufen, für die italienischen Belange Antonio Pérez (1540–1611)[139], natürlicher Sohn von Gonzalo Pérez. Für die Angelegenheiten des Nordens sollten nach Zayas Juan de Idiáquez (1540–1614)[140] und Martín de Idiáquez († 1600)[141] eingesetzt werden, für jene Italiens als Nachfolger von Pérez Francisco de Idiáquez († nach 1600)[142]. Im Kriegsrat dienten Philipp II. nach Vázquez de Molina Juan Vázquez de Salazar, Juan Delgado († 1585)[143], Antonio de Gómez Eraso († 1586)[144], Andrés de Prada († nach 1609)[145], Andrés de Alva

(† 1591)[146] und Esteban de Ibarra († 1610)[147]. Da verschiedene der genannten Sekretäre zeitweise auch in anderen Ratsgremien wirkten, soll hier auf eine Erweiterung der Namensliste verzichtet werden. Noch einmal mag der Hinweis genügen, dass eine derartig bürokratisierte Führung der Monarchie wie jene Philipps II. natürlich über viel mehr an hochqualifizierten Mitarbeitern verfügte. Und eines ist auch auffällig: Viele der Familiennamen in der obigen Aufzählung wiederholen sich. Das zeigt deutlich, dass ganze Dynastien an Sekretären entstanden. Die Väter versuchten, ihre Söhne, Neffen und Vettern in der königlichen Kanzlei unterzubringen, wodurch neue Netzwerke entstanden.

Die enge Verwandtschaft mancher Sekretäre oder ihre jahrelange gemeinsame Arbeit für den König hieß jedoch nicht, dass sie immer produktiv und konfliktfrei zusammen gearbeitet hätten. Gabriel de Zayas und Antonio Pérez gerieten beispielsweise bald in eine schwierige Konkurrenzsituation, die schließlich so weit gehen sollte, dass sie gar nicht mehr miteinander sprachen. Beide waren ambitiös, voll an Dünkel und begierig, den Monarchen beeinflussen zu können. Pérez war hier allerdings zeitweise erfolgreicher, denn ihm gelang es, nicht nur das nahezu absolute Vertrauen Philipps II. zu erlangen, sondern er knüpfte auch enge Kontakte zu Juan de Austria (1547–1578)[148], dem Halbbruder des Königs, sowie zu den hohen Adligen am Hof. Hier ist vor allem der schon erwähnte Príncipe de Éboli zu nennen und dessen Witwe Ana Mendoza de la Cerda, berühmt-berüchtigte Prinzessin de Éboli (1540–1592).[149] Diese ist nicht nur bekannt, weil sie in ihrer Kindheit bei einem Fechtunfall ein Auge verloren hatte und daher immer mit der charakteristischen Augenbinde porträtiert wurde, sondern auch wegen eines Hofskandals, der in seinen letzten Konsequenzen bis zu einer Rebellion der Aragonesen gegen Philipp II. führte.

Es wird zwar auch in der wissenschaftlichen Literatur immer wieder darüber gerätselt, ob Philipp II. ein Verhältnis mit Ana Mendoza gehabt haben könnte, doch dürften diese Spekulationen jedes Wahrheitsgehalts entbehren. Nicht anzuzweifeln ist allerdings die Tatsache, dass Antonio Pérez und die Prinzessin mehr verband als ihre Sucht, möglichst viel an Macht, Einfluss und Ehren im Umfeld des Königs zusammenzuraffen. Pérez dürfte in diesem Zusammenhang auch mehr an Informationen an die Prinzessin übermittelt haben, als dies seine Funktion als königlicher Sekretär gestattet hätte. Dazu kam schließlich noch Juan de Austria, der Pérez vertraute. Als der Halbbruder des Königs 1576 als Gouverneur in die Niederlande ging, begleitete ihn sein persönlicher Sekretär Juan de Escobedo (1530–1578)[150], ein Geschöpf des Éboli-Clans, der allerdings in den Niederlanden entdecken musste, dass Pérez ein doppeltes Spiel betrieb und versuchte, das Vertrauen Philipps II. in seinen Bruder zu untergraben. Juan sandte daher Escobedo zurück nach Madrid, um die Verhältnisse klarzustellen. In Pérez wuchs die Angst, Philipp II. könnte aufgrund der Ausführungen von Escobedo entdecken, dass er seinem Herrn nicht immer so treu gedient hatte, wie er den Anschein erwecken wollte. Es gibt auch Stimmen, die meinen, Pérez habe Angst gehabt, der König könne von seiner amourösen Beziehung zu der Prinzessin erfahren.[151]

Was nun auch immer die genauen Motive gewesen sein mögen, Pérez entschloss sich, Escobedo eliminieren zu lassen. Philipp II. wird bis heute angelastet, dass er von Pérez über die Attentatspläne informiert worden war. Ob er tatsächlich seine Zustimmung zum Mord gegeben hatte, bleibt nach wie vor unklar. Tatsache ist, dass er nichts unternahm, um die Tötung des Sekretärs zu verhindern, was dafür spricht, dass Pérez tatsächlich erfolgreich in der Darstellung der unbedingten politischen Notwendigkeit gewesen war, Escobedo zu beseitigen. Dieser wurde am 31. März 1578 in der Nähe des Alcázar von Madrid von einigen Maskierten niedergestochen. Die Tat schien den Zeitgenossen ungeheuerlich. Esteban de Ibarra, damals Sekretär des Duque de Alba, ab 1591 königlicher Sekretär im Kriegsrat, vermutete hinter der Tat mögliche ausländische Täter – »man muss sehen, wie die Welt beschaffen und wie voll an Ausländern dieses Königreich ist«, schrieb er an Vázquez – und fürchtete um sein eigenes Leben.[152]

Es steht außer Zweifel, dass Philipp II. anfänglich die Hintermänner des Mordes schützen und die Tötung aus Staatsräson vertuschen wollte. Die Attentäter, die Pérez angeworben hatte, wurden jedenfalls nicht verfolgt. Erst nach einigen Monaten, nachdem in Madrid schon die Gerüchte überkochten, die im Zusammenhang mit dem Mord entstanden waren, sah sich der König veranlasst, die Hintergründe untersuchen zu lassen. Pérez, gegen den sich nun alle Verdächtigungen richten sollten, ließ nie einen Zweifel daran, dass Philipp II. der wahre Schuldige sei. 1598, schon lange in Frankreich im Exil, veröffentlichte er seine »Relaciones«, ein Kompendium wütender Anschuldigungen an Philipp II., in dem zu lesen ist: »Man muss wissen, dass der Katholische König aus größeren Ursachen und Zwängen und zur Erfüllung des Dienstes an sich und an der Krone entschied, dass der Sekretär Juan [de] Escobedo sterben müsse, ohne dass dem weder das Gefängnis noch ein ordentlicher Richterspruch voran gegangen wäre. Denn wenn zu jenen Zeiten irgend ein normales Mittel ergriffen worden wäre, wäre es zu offensichtlichen und evidenten Unsicherheiten samt großer Risiken eines Aufruhrs seiner Königreiche gekommen, und zu noch größeren Risiken hätte es geführt, wenn die Exekution verschoben worden wäre.«[153]

Mit seinen Anschuldigungen an den König trug Pérez zur Ausbildung der »leyenda negra«, der »Schwarzen Legende«, bei, einem bunten Durcheinander von Vorwürfen an »die« Spanier, die Schuld an allen möglichen Missständen, Gräueltaten und katholischen Verbrechen zu haben, mit denen sie angeblich Europa und die Neue Welt überzogen hatten.[154] Die Schriften[155] von Pérez waren für die Konstruktion antispanischer und gegen Philipp II. gerichteter Propaganda, wie sie hauptsächlich in England, den Niederlanden und Frankreich entstand, zweifellos ein willkommenes Geschenk.

Pérez sollte schließlich auch deshalb zur Rechenschaft gezogen werden, weil er mit Mateo Vázquez de Leca bis aufs Blut verfeindet war. Diese Feindschaft war es schließlich wohl auch, die seinen Sturz provozieren sollte. Denn Vázquez de Leca war so wichtig für Philipp II., dass ihn José Antonio Escudero sogar als »archisecretario«, als »Erzsekretär«, bezeichnet.[156] Dieser konnte nun seinerseits seine Intrigen spinnen, vor allem, weil er in Erfahrung gebracht hatte, dass auch Zayas nicht mehr mit Pérez sprach. Die Feindschaften zwischen seinen Sekretären entgingen auch Philipp II. nicht, der noch im Juli 1579 versuchte, die Differenzen zu minimieren. So schrieb er an den Duque de Alba: »Ihr habt schon verstanden, dass es zwischen Antonio Pérez und Mateo Vázquez, meinen Sekretären, verschiedene Differenzen und wenig Übereinstimmung gegeben hat, in die sich die [...] Prinzessin de Éboli eingemischt hat, mit der ich den notwendigen Umgang gehabt habe, [...] weil sie die Frau von Ruy Gómez gewesen ist, der mir so viel gedient hat und der in meiner Gnade war, wie Ihr wisst.«[157]

Der gute Ruf von Ruy Gómez de Silva schützte also vorläufig noch Pérez, obwohl das dem Duque de Alba kaum gepasst haben wird, der damals seinerseits beim König kurzfristig in Ungnade gefallen war. Allerdings goss Ana Mendoza ihrerseits Öl ins Feuer, beschwerte sich beim König in rüden Worten über Mateo Vázquez, den sie in Anspielung auf seine nicht ganz klare Abstammung »perro moro«, »maurischen Hund«, nannte[158], und eskalierte die Situation noch mehr. Philipp II. wusste die längste Zeit nicht genau, wie er sich in der Sache entscheiden sollte. Als er aber den Eindruck gewann, dass Pérez und Éboli gemeinsam gegen ihn intrigieren würden, ließ er am 28. Juli 1579, also sechzehn Monate nach dem Tod von Escobedo, beide verhaften. Dieses Ereignis verwunderte die Zeitgenossen erst recht und verbreitete sich über die ausländischen Botschafter wie ein Lauffeuer in Europa. Der kaiserliche Gesandte Johann Khevenhüller, der Ana Mendoza noch an jenem Tag einen Besuch abgestattet hatte, notierte beispielsweise in seinem Tagebuch: »Den 28. hab ich die princesa Devoli besuecht, welche eben dieselbe nacht zusambt dem secretari Anthoni Peres gefenknust, [...] das niemand mit ihnen reden kinn. Was dieser gefenknusung ursach, ist nicht allen bewüst, und damit niemand unrecht

beschehe, will ich hieneben auch nicht einfüeren. Die gemain
sag aber war, seie wegen des secretari Escovedo tod zethuen
gewest.«[159]

Durch die Verhaftung wurde die Angelegenheit aber keineswegs klar geregelt. José Antonio Escudero nennt den Fall
eine »überraschende Geschichte, in der das Sonderbare und das
Außergewöhnliche zur allgemeinen Regel wurden«.[160] Antonio Pérez blieb nämlich weiterhin Leiter im Sekretariat des
Staatsrates, mit dem Unterschied, dass er seine Papiere zuerst
im Gefängnis, vier Monate später, nachdem er angeblich krank
geworden war, in seinem Haus erledigte, in dem er unter Arrest
stand. Der Zustand dauerte mindestens bis 1582 an, was zu
gehörigen Verwirrungen innerhalb der Hofgesellschaft führte,
die meinte, Pérez würde pardoniert werden. Denn zumindest
zum Besuch der Messe durfte er sein Haus verlassen. Philipp II.
konnte auch keinem förmlichen Prozess gegen seinen Sekretär
zustimmen, denn dann wäre an den Tag gekommen, dass er
möglicherweise in den Mord an Escobedo verstrickt gewesen
war. Erst 1585 wurde Pérez nach einer langwierigen Untersuchung zum Verlust seines Amtes als Staatssekretär für zehn
Jahre und einer zweijährigen Gefängnisstrafe verurteilt.[161]

Während die Prinzessin de Éboli sich ab 1581 in ihrem
Herzogspalast in Pastrana aufhalten durfte, ohne ihn aber je
wieder verlassen zu können, spielte das Schicksal Antonio
Pérez noch mehr mit. Denn 1585 war er gezwungen worden,
seine Papiere herauszugeben, unter denen man auch kompro-
mittierendes Material für Philipp II. vermutete. Danach brachte man ihn in die Burg von Torrejón de Velasco südlich von
Madrid, in der er zwar festgehalten wurde, aber mit seiner
Familie leben durfte. Doch 1588 entschloss sich Philipp II., die
Angelegenheit ein für alle Mal zu lösen. Da seit dem Mord
schon genug Zeit vergangen war, sodass die Gefahr geringer
schien, dass auch der Monarch impliziert werden würde, ließ
dieser offiziell einen Prozess eröffnen. Dieser zog sich hin, denn
Pérez weigerte sich nach wie vor, seine Schuld am Tod von
Escobedo einzugestehen. Da half es auch nicht, dass Philipp II.
im Januar 1590 eigenhändig an den vernehmenden Richter

schrieb: »Ihr könnt Antonio Pérez von meiner Seite mitteilen, und sollte es notwendig sein, könnt Ihr ihm auch dieses Schriftstück zeigen, dass er ganz genau weiß, dass ich die Nachricht erhalten habe, dass er Escobedo hat ermorden lassen.«[162]

Pérez wollte nicht gestehen, tat es schließlich aber doch, nachdem er schwer gefoltert worden war. Die eigentliche Schuld schob er aber Pedro Fajardo, 3. Marqués de los Vélez († 1579)[163], in die Schuhe. Dieser hatte das unbedingte Vertrauen Philipp II. genossen, der ihn 1572/1573 an den Kaiserhof geschickt hatte, um über die Probleme in Reichsitalien mit Maximilian II. zu verhandeln, und nach Polen, um die Kandidatur von Erzherzog Ernst (1553–1595) für den polnischen Thron zu unterstützen.[164] Ab 1576 war er außerdem Mitglied des Staats- und des Kriegsrats, also im engsten Umfeld des Königs gewesen. Damit machte Pérez einmal mehr klar, dass nicht er es war, der die Verantwortung zu tragen hatte, sondern Philipp II. und seine hochadligen Ratgeber.

Dennoch dürfte Pérez klar geworden sein, dass er mit seinem Leben abschließen müsse, weil ihm die Hinrichtung drohte. Daher plante er mit Hilfe einiger seiner Vertrauten die Flucht aus dem Gefängnis, die ihm tatsächlich im April 1590 gelang. Kurios mutet es an, wie die Pérez verfolgenden Büttel in ihrer Arbeit behindert wurden: Einige Stunden nach dem Sekretär, doch noch vor den im Auftrag des Königs handelnden Verfolgern, schlugen Freunde von Pérez denselben Weg ein und strengten die Pferde, die in den einzelnen Poststationen gewechselt werden mussten, so sehr an, dass die königlichen Büttel nur noch müde Pferde vorfanden und ganz langsam vorankamen. Auf diese Weise gelangte Pérez unbehelligt nach Aragón. Hier war er erst einmal vor einer Verfolgung durch Philipp II. sicher, denn die Sonderrechte (»fueros«) jenes Königreichs schützten ihn, konnte er doch auf aragonesische Ahnen väterlicherseits verweisen. Wenn, dann hatte er seine Verbrechen im Königreich Kastilien begangen, und das interessierte die aragonesische Justiz nicht. Da nützte es auch nichts, dass in Kastilien und Aragón derselbe Monarch herrschte, nämlich Philipp II. Und Aragón lag an der Grenze zu Frankreich, wo der Krieg zwischen Katholiken und Protestanten tobte, zwischen dessen Fronten der Sekretär notfalls untertauchen konnte.

Aragón war damals allerdings ein sehr konfliktträchtiges Königreich.[165] Es gab Streitigkeiten zwischen verschiedenen adligen Gruppierungen, so zwischen den Familien Chinchón und Villahermosa, zwischen Altchristen und den Morisken sowie zwischen dem Adel und seinen bäuerlichen Untertanen. Unter diesen Umständen verwundert es nicht, dass es in Aragón während des 16. Jahrhunderts häufig Aufstände und zeitweise bürgerkriegsähnliche Verhältnisse gegeben hatte.[166] In den Ständeversammlungen von Monzón im Jahre 1585 hatte Philipp II., der in Aragón als Philipp I. gezählt wurde, persönlich versucht, die Missstände zu beseitigen, doch blieb die Lage im Königreich labil. Daher trachtete der Monarch ab 1588, die Situation durch die Einsetzung eines »ausländischen« Vizekönigs, also eines Kastiliers, zu beruhigen, der neutral den aragonesischen Adelskonflikten gegenüber gestanden wäre. Er sandte Íñigo Hurtado de Mendoza y de la Cerda, Marqués de Almenara († 1591), nach Zaragoza, der die Chancen für die Bestellung eines fremden Vizekönigs ausloten sollte. Der Wunsch Philipps II. provozierte nicht nur mit harten Worten und mit Hilfe der Druckerpresse geführte Auseinandersetzungen zwischen den Rechtsgelehrten, die für oder gegen die Pläne des Monarchen argumentierten, sondern auch wütende Reaktionen der Bevölkerung von Zaragoza, die 1589 das Haus von Almenara in jener Stadt anzündete.

Die Ankunft von Pérez in Zaragoza erfolgte also in einem Moment, als das Königreich Aragón neuerlich am Rande einer Rebellion gegen Philipp II. stand. Den zündenden Funken, der die Situation zur Eskalation bringen sollte, steuerte der königliche Sekretär bei. Dieser war in der Zwischenzeit in Madrid in Abwesenheit zum Tode verurteilt worden. Um zweifelsfrei sicher vor einer Verfolgung durch die königliche Justiz zu sein, begab er sich unter den Schutz des Privilegs der »Manifestación«, einer aragonesischen Besonderheit des Prozessrechts. Ein durch ein weltliches oder kirchliches Gericht Verfolgter konnte sich der Verhaftung durch diese Gerichte entziehen, indem er sich einem Prozess unter der Führung des Justicia Mayor von Aragón unterwarf, eines hohen Beamten des Königreichs, der zwischen den Untertanen und dem Monarchen zu vermitteln hatte. Ein Mensch, der sich auf das Privileg bezog – er wurde »manifestante« genannt –, musste die Zeit während des Prozesses zwar im Gefängnis der Manifestanten verbringen, doch sollte er frei gesprochen werden, durfte er auch von keinem anderen Gericht mehr verfolgt werden. Pérez bezog also das Gefängnis der Manifestanten in Zaragoza und war vor einer weiteren Verfolgung durch den König vorläufig sicher.

Justicia Mayor von Aragón war damals Juan de Lanuza der Ältere († 1591), der sich von Philipp II. in keiner Weise unter Druck setzen ließ. Insofern ist es nicht verwunderlich, dass der Prozess gegen Pérez ohne einen Urteilsspruch abgeschlossen wurde. Faktisch bedeutete das eine Aufhebung des Todesurteils von Madrid. Diese Entscheidung provozierte wütende Reaktionen des Königs, der keine andere Möglichkeit sah, die Sonderrechte Aragóns zu umgehen, als Pérez der Häresie anzuklagen. Für ein solches Delikt war die Inquisition zuständig und der Inquisitionsrat, das einzige der königlichen Ratsgremien, das seine Zuständigkeit in allen Reichen der spanischen Monarchie hatte. Nur mit Hilfe der Inquisition konnten die Sonderrechte Aragóns umgangen werden, auf die sich Pérez berief. Hätte ihn das Inquisitionsgericht verurteilt, wäre er wieder der weltlichen, sprich königlichen Gerichtsbarkeit, übergeben worden, die dann ein Todesurteil hätte exekutieren können. Dass dies so geschehen würde, konnte Philipp II. über den Inquisitionsrat, so dachte er, garantiert erreichen.[167]

Pérez wurde am 24. Mai 1591 aus dem Gefängnis der Manifestanten in die Aljafería von Zaragoza gebracht. Dieser maurische Palast aus der zweiten Hälfte des 11. Jahrhunderts gilt heute als eines der exzellentesten noch existierenden Beispiele muslimischer Architektur in Spanien, beherbergte

damals allerdings nicht nur die Gemächer des Königs, falls er
Aragón besuchte, sondern auch das Tribunal der Inquisition
und deren Gefängnis. Als die Bevölkerung von Zaragoza von
der Überstellung des Sekretärs in das Inquisitionsgefängnis
erfuhr, kam es zu einem ersten Aufstand. Die Glocken der
»Seo« von Zaragoza, der Kathedrale, wurden geläutet, um die
Menschen zusammenzurufen. Es wurde die Einhaltung der
Sonderrechte Aragóns verlangt, somit also auch die Rückführung von Pérez in das Gefängnis der Manifestanten. Die
Einwohner von Zaragoza zogen scharenweise zur Aljafería.
Nach langen Verhandlungen mit den Inquisitoren gaben diese
nach, weil sie um ihr Leben fürchteten. Pérez kam zurück in
das Gefängnis der Manifestanten.[168]

In dieses Gefängnis sollte auch der Marqués de Almenara
gebracht werden, den die Bevölkerung beschuldigte, die
persönliche Schuld an den Verletzungen der Sonderrechte
Aragóns zu tragen. Die Aufständischen zwangen Juan de
Lanuza den Älteren, Almenara zu verhaften. Auf dem Weg
in das Gefängnis wollten sie ihn ganz offensichtlich töten, was
der Justicia Mayor nur mit Mühe verhindern konnte. Doch
Almenara wurde dabei so schwer verletzt, dass er zwei Wochen
später im Gefängnis der Manifestanten verstarb.

Philipp II. tobte, nicht nur deshalb, weil er Pérez nicht in
seine Hände bekam und er einen seiner wichtigen Mitarbeiter
verloren hatte, sondern auch, weil ihm die Sonderrechte
Aragóns ohnedies ein Dorn im Auge waren. Die Aragonesen
wiederum sahen den Fall Pérez als ein Schlüsselereignis im
Kampf um die Verteidigung der »fueros« ihres Königreichs an.
Während des Sommers 1591 heizte sich die Situation immer
mehr auf. Die Aragonesen polemisierten gegen den König, für
die Beibehaltung der aragonesischen Rechte und gegen die
Bestrebungen Philipps II., seine zentralisierende Macht zu
stärken. In diesem Zusammenhang verwundert es nicht,
dass auch gegen die Inquisition eifrig agitiert wurde.

Am 24. September 1591 wurde neuerlich versucht, Pérez
aus dem Gefängnis der Manifestanten in die Aljafería zu
überstellen. Dafür waren in der Stadt bis zu 2000 Soldaten

stationiert worden, die die Sicherheit garantieren sollten. Doch
die Reaktion der Einwohner Zaragozas war dieselbe wie im
Mai. Lautstark wurde die Freilassung von Pérez gefordert.
Zahlreiche Soldaten liefen daraufhin auf die Seite der Aufständischen über. Im allgemeinen Durcheinander und wegen der
Unterstützung durch die Aragonesen gelang Pérez tatsächlich
die Flucht nach Frankreich. Von dort wandte er sich nach
England, wo er unter dem Schutz der englischen Königin die
nächsten Jahre lebte und auch an den Vorbereitungen für den
Überfall auf das andalusische Cádiz 1596[169] mitwirkte. Danach
ging er wieder nach Frankreich. Nach dem spanisch-französischen Friedensschluss von 1598 verlor er jedoch auch für den
französischen König seinen politischen Wert. Pérez starb
verarmt und verbittert im Jahre 1611 in Paris, verzehrt vom
Hass auf jenen Monarchen, dem er einst treu gedient hatte.

In Aragón selbst eskalierte die Lage noch weiter. Denn am
15. Oktober 1591 teilte Philipp II. dem Adel des Königreichs
mit, dass er ein Heer senden werde, das so lange im Land bleiben
sollte, bis die Ruhe und der Respekt vor der Inquisition wieder
hergestellt seien. Geführt wurde dieses, es bestand aus bis zu
15 000 kastilischen Soldaten, von Alonso de Vargas († 1595),
der Philipp II. schon in den Niederlanden treu gedient hatte
sowie in Portugal und als Mitglied des Kriegsrats.[170] Die
Aragonesen hatten keine wirkliche Chance, Widerstand gegen
diese Übermacht zu leisten. Zwar versuchte Juan de Lanuza der
Jüngere (1564–1591), der nach dem natürlichen Tod seines
Vaters das Amt des Justicia Mayor übernommen hatte, eine
Truppe aufzustellen, doch war er damit nicht erfolgreich. Die
Truppen von Vargas zogen bereits am 12. November in Zaragoza ein, ohne wirklichen Widerstand bekämpfen zu müs-
sen.[171]

Philipp II. ordnete persönlich harte Repressionsmaßnah-
men gegen die Aragonesen an, obwohl ihm seine Räte und
auch Vargas zur Milde rieten. Er war nicht im Geringsten
bereit, die Schlappe zu tolerieren, die ihm die Aufständischen
im Königreich im Zusammenhang mit Pérez und im Kampf
um die Konservierung der aragonesischen Sonderrechte zuge-

fügt hatten. Von den königlichen Gerichten ebenso wie von jenen der Inquisition wurden Todesurteile gefällt. So wurde neben vielen anderen auch Juan de Luna († 1591), einer der exponierten Verfechter der »fueros« von Aragón, exekutiert. Besonders tragisch war der Fall von Lanuza. Denn er war nur drei Monate lang Justicia Mayor gewesen. Philipp II. ordnete persönlich seine Exekution an, und das ohne jedes Gerichtsverfahren. Er wurde am 20. Dezember 1591 in Zaragoza enthauptet. Angeblich war die ganze Stadt in stiller Trauer versunken, die Frauen wollten keine Kinder mehr gebären und ihre Kinder nicht mehr stillen, weil der König so sehr die aragonesischen Sonderrechte mit Füßen getreten hatte, teilte der Conde de Luna Philipp II. mit. Lanuza wird noch heute in Aragón hoch verehrt, durch Monumente und auch in Gedenkveranstaltungen. Ohne es zu ahnen oder zu wollen, gilt er nach wie vor als das Idol im Kampf gegen angebliche oder wirkliche Zentralisierungstendenzen Madrids.

Um einerseits den Schaden zu begrenzen und andererseits seine Macht zu konsolidieren, berief Philipp II. 1592 die aragonesischen Cortes in Tarazona ein, einer kleinen Stadt im Nordwesten von Aragón, nicht weit weg von der kastilischen Grenze und jener zum Königreich Navarra. Hier zeigte er wieder Milde. Denn es wurden die aragonesischen Institutionen nicht wirklich aufgehoben, sondern nur verändert. Die Stände stimmten allerdings zu, dass der Vizekönig auch aus anderen Teilen der Monarchie stammen dürfe, also kein Aragonese sein müsse. Und das Amt des Justicia Mayor wurde nicht mehr auf Lebenszeit vergeben, sondern dessen Inhaber konnte vom Monarchen entlassen werden. Möglich war dieser Kompromiss, weil sich letztlich der hohe Adel, der den Verlust seiner Privilegien fürchtete, auf die Seite des Königs stellte. Doch zweifellos gelang es, Aragón aus einer Phase permanenter Querelen in eine Phase relativer Ruhe zu führen, was umso wichtiger war, als dieses Königreich die Grenze der spanischen Monarchie zu Frankreich schützen musste.

5 Philipp II. und seine Kinder

5.1 Valladolid 1545: Carlos, Princeps Hispaniarum

Philipp II. war schon sehr früh zum ersten Mal Vater geworden, denn sein Sohn Carlos wurde im Juli 1545 geboren, als der künftige König erst 18 Jahre alt war. Da, wie berichtet (s. S. 56), die Mutter des kleinen Prinzen kurz nach dessen Geburt verstarb, wuchs Carlos, dem der Namen seines kaiserlichen Großvaters gegeben worden war, als Halbwaise heran. Seine Tanten Maria und Juana kümmerten sich wohl die ersten Jahre um das Kleinkind, doch hatten sie sich den dynastischen Plänen ihres kaiserlichen Vaters zu beugen und heirateten nach Wien und Lissabon. Carlos hatte keinen Vater, der präsent gewesen wäre. Als das Kind drei Jahre alt geworden war, reiste Philipp II. das erste Mal in das Heilige Römische Reich, nach seiner Rückkehr nach Spanien befand sich das Kind in Toro, der Vater aber häufig in Madrid. 1554 reiste dieser neuerlich ab, dieses Mal nach England, und kehrte erst 1559 wieder nach Spanien zurück. Als er seinen Vater wieder sah, stand der Heranwachsende schon in seinem fünfzehnten Lebensjahr.

Carlos hatte somit kein einfaches Schicksal. Aufgezogen wurde er die ersten Jahre von Leonor de Mascarenhas, einer Hofdame seiner verstorbenen Mutter. Als Kleinkind war der künftige Erbe der spanischen Monarchie kränklich gewesen, durchaus auch zurückgeblieben in der Entwicklung, was nicht verwundern darf, war er doch die Frucht einer Ehe zwischen doppelten Vettern, Cousins in der väterlichen und in der mütterlichen Linie. Der Ahnenverlust von Carlos wirkte sich gravierend aus. Wegen der dauernden Heiraten zwischen den Herrscherhäusern Spaniens und Portugals hatte er statt acht Urgroßeltern nur vier, statt 16 Ururgroßeltern nur sechs. Somit darf es nicht verwundern, dass das Kind nur langsam wuchs, spät zu sprechen begann und auch verkrüppelt war. Der Heranwachsende fiel außerdem durch gewisse Züge an Grausamkeit auf. So soll er schon als Kind Tiere gequält haben, später auch Hofbedienstete.

Auf Carlos ruhten alle Hoffnungen Philipps II., war dieser doch sein einziger legitimer Sohn. Zwar kursieren in der Fachliteratur immer wieder Gerüchte, der König hätte auch illegitime Kinder gehabt, doch konnten diese bisher nicht verifiziert werden. Außerhalb jeder Diskussion steht, dass Philipp II. kein einziges außereheliches Kind, falls tatsächlich vorhanden, jemals legitimiert hat. Hier unterschied er sich eindeutig von seinem Vater, der sowohl Margarete von Parma als auch Juan de Austria als seine Nachkommen anerkannt hatte.

1560, im Jahr seiner Verehelichung mit Isabel von Valois, hatte Philipp II. also nur ein einziges Kind, eben Carlos de Austria. Die kastilischen Stände anerkannten diesen im Februar jenes Jahres in Toledo als ihren künftigen König. Dies änderte nichts daran, dass Carlos noch immer nicht so recht erwachsen werden wollte, auch seine körperlichen Defekte verschwanden nicht. Dennoch entschied Philipp II. 1561, seinen Sohn zum Studium nach Alcalá zu senden, hatte er doch selbst einige Zeit an jener Universität verbracht. Begleitet wurde der Prinz von seinem um zwei Jahre jüngeren Onkel Juan de Austria und seinem Vetter Alessandro Farnese (1545–1592), dem Sohn von Margarete von Parma. Carlos dachte allerdings nicht wirklich an das Lernen, sondern dürfte nach ersten sexuellen Erfahrungen getrachtet haben. Zumindest wird immer wieder behauptet, er sei auf dem Weg zu einem amourösen Abenteuer gewesen[1], als ihn am 19. April 1562 in Alcalá ein folgenschwerer Unfall niederstreckte. Als er im Palast des Erzbischofs, in dem er residierte, eine Treppe hinunter schlich, stürzte er so unglücklich, dass er mit dem Kopf einen Türpfosten rammte. Er wurde so schwer verletzt, dass während längerer Zeit ernsthaft um sein Leben gebangt werden musste. Denn nach einigen Tagen wurde das Fieber nicht geringer, sondern nahm noch zu. Traditionelle Mittel wie der Aderlass nützten nichts, Carlos verlor noch zusätzlich seine Sehkraft. Anfang Mai fiel er überhaupt ins Koma. Philipp II. rechnete offenbar bereits mit dem Tod des Sohnes, denn er gab an den Duque de Alba schon Weisungen für die Leichenfeiern. Zusätzlich sollten im ganzen Königreich Bittgottesdienste für Carlos abgehalten werden.

Dr. Andreas Vesalius (1514–1564), der Leibarzt Karls V. und nun Philipps II., entschloss sich schließlich zu einer Schädeltrepanation, die dem Prinzen wohl das Leben rettete. Auch sein Augenlicht konnte wieder hergestellt werden durch einen chirurgischen Eingriff, der den Abfluss des Eiters ermöglichte. Ob der ärztlichen Kunst von Vesalius wirklich vertraut wurde – überliefert sind Streitereien des niederländischen Mediziners mit seinen kastilischen Kollegen über die anzuwendenden Mittel –, ist nicht zweifelfrei überliefert. Philipp II. hatte jedenfalls nichts dagegen, dass die unversehrte Mumie des Franziskanermönches Diego de Alcalá (1400?–1463) in einer feierlichen Prozession zum Palast des Erzbischofs gebracht und in das Bett des Prinzen gelegt wurde. Die Maßnahme zeigt neuerlich, wie sehr Philipp II. an die heilende und helfende Kraft von Reliquien glaubte.

Möge es nun die ärztliche Kunst von Dr. Vesalius gewesen sein oder der Glaube an die heilenden Kräfte der Mumie des Diego, der Prinz genas jedenfalls langsam. Mitte Juni 1562 konnte Carlos das Krankenlager erstmalig wieder verlassen. Philipp II. war fest davon überzeugt, die Gesundheit seines Sohnes dem Franziskanerpater zu verdanken. Dieser Glaube verbreitete sich auch unter der Bevölkerung – die Verehrung des Diego de Alcalá nahm beständig zu. Der König betrieb fortan in Rom mit Erfolg dessen Heiligsprechung. 1588 wurde Diego de Alcalá schließlich von Papst Sixtus V. (1521–1590) kanonisiert. Im Heiligsprechungsprozess wurde als eines der

notwendigen Wunder ausdrücklich die unerwartete Heilung
von Carlos angeführt.[2] 1591 wurde der neue Heilige in einem
feierlichen Akt in ein neues Grab in Alcalá gelegt.[3]

Carlos verfügte auch in den folgenden Jahren über eine eher
prekäre Gesundheit. Immer wieder wurde er von Fieberanfällen geplagt, die möglicherweise eine Spätfolge des Sturzes
in Alcalá waren. Nichtsdestotrotz bemühte sich Philipp II.,
seinen Sohn schrittweise in die Regierungsgeschäfte einzuführen. So nahm Carlos im Februar 1563 an den Versammlungen
der kastilischen Cortes teil.[4] Im Sommer 1563 reiste Philipp II.
wieder einmal nach Katalonien, wo er bis April 1564 verblieb.
Eigentlich hätte ihn auch sein Sohn begleiten sollen, der auch
von den Ständen der Krone von Aragón als künftiger König
hätte anerkannt werden sollen. Doch Carlos konnte nicht mit
dem Vater reisen, seine schlechte Gesundheit ließ dies nicht zu.

Gerade die Abwesenheit Philipps II. in Kastilien offenbart
große Unterschiede in der Erziehung zwischen Vater und
Sohn. Während Philipp II. von Karl V. schon als Sechzehnjäh-
riger mit Regierungsaufgaben betraut worden war, tat er dies
nun bei seinem Sohn nicht, obwohl dieser ebenfalls schon
dieses Alter erreicht hatte. Offensichtlich traute er ihm noch
nicht die nötige Reife zu, die die Übernahme von Regierungsgeschäften verlangt hätte. Dennoch wurde auch Carlos zu
einem Objekt der verschiedensten Heiratspläne, die im Zeit-
alter der dynastischen Politik nicht mehr verwundern.

Nur der Kuriosität halber sei erwähnt, dass es Gerüchte gab,
Carlos solle seine Tante Juana heiraten.[5] Sollten diese Gerüchte
auch nur einen Funken an Wahrheit gehabt haben, so ließ
Philipp II. diese Pläne nur zu rasch fallen, denn der politische
Nutzen einer Heirat mit der Witwe des portugiesischen
Thronfolgers war mehr als zweifelhaft. Dahinter konnte nur
die Hoffnung stehen, dass Carlos eines Tages auch in Portugal
die Nachfolge antreten und so das Werk der dynastischen
Vereinigung aller Reiche der Iberischen Halbinsel vollenden
könnte. Carlos selbst soll mit dem Gedanken gespielt haben,
die schottische Königin Maria Stuart, die im Alter weit besser
zu ihm gepasst hätte und seit 1560 verwitwet war, zu ehelichen.

Daran knüpfte sich die Hoffnung, Schottland und vielleicht sogar England zurück zur römischen Kirche zu führen. Die Räte Philipps II. sprachen sich aber deutlich gegen eine derartige Heirat aus, weil sie bezweifelten, dass diese tatsächlich zu einer Rekatholisierung der Britischen Inseln führen würde.[6]

Eine viel größere Chance auf Realisierung hatte ein anderes Heiratsprojekt, nämlich die Ehe von Carlos mit Erzherzogin Anna, der Tochter von Maximilian II. und Philipps II. Schwester Maria. Anna war in Cigales in der Nähe von Valladolid geboren worden, als ihre Eltern die Regentschaft in Spanien während der Abwesenheit Karls V. und Philipps II. ausgeübt hatten. Sie war damit nicht nur von königlichem und kaiserlichem Geblüt, sondern eine »echte« spanische Prinzessin. Erstmalig war diese Ehe bei den habsburgischen Familiengesprächen in Brüssel im Sommer 1556 konzertiert worden, an denen Maximilian II. und Philipp II. teilgenommen hatten. Doch waren die weiteren Verhandlungen über das Eheprojekt ins Stocken geraten. Philipp II. suchte offensichtlich Zeit zu gewinnen, meinte einmal, sein Sohn sei noch zu jung für die Ehe, dann wieder, er sei von schwacher Gesundheit.

Parallel zu diesem Heiratsprojekt entwickelte sich noch eine andere Angelegenheit, nämlich die Reise der beiden Erzherzöge Rudolf (1552–1612) – der spätere Kaiser Rudolf II. – und Ernst nach Spanien. Philipp II. hatte schon 1561 seine Wiener Verwandten eingeladen, ihre beiden ältesten Söhne nach Spanien zu schicken. Der König hatte dafür wohl mehrere Motive. Im Vordergrund dürfte gestanden sein, dass er eine streng katholische Erziehung bei seinen Neffen gewährleistet sehen wollte, war doch die Romtreue von Maximilian II. nicht unumstritten. Somit könnte auch Maria, die Mutter der beiden Knaben, dahinter gesteckt haben, die in Religionsdingen sich durchaus mit ihrem Bruder auf einer Wellenlänge befand.

Nicht zu unterschätzen ist jedoch der Aspekt der Nachfolge in Spanien. Carlos war bislang die einzige dynastische »Reserve« Philipps II. Spätestens nach dem Unfall in Alcalá musste das dem König schmerzhaft bewusst geworden sein, obwohl ihm auch davor die Defizite seines Sohnes nicht verborgen

geblieben waren. Isabel von Valois war noch zu jung, um ein
Kind zu gebären, es war gar nicht sicher, ob dies gelingen
würde. Tatsächlich hatte sie 1564, mit achtzehn Jahren, eine
Fehlgeburt. »Erst« am 12. August 1566 sollte sie ihre erste
Tochter zur Welt bringen, Isabel Clara Eugenia. Danach wurde
sie in rascher Folge noch zweimal schwanger. Schon am
6. Oktober 1567 gebar sie eine weitere Tochter, Catalina
Micaela, um am 3. Oktober 1568 an den Folgen einer
neuerlichen Fehlgeburt zu versterben.

Die rasch aufeinander folgenden Schwangerschaften der
Königin hatten zweifellos mit dem Wunsch Philipps II. zu tun,
doch noch potentielle Thronfolger in die Welt zu setzen, nach
Möglichkeit Knaben, obwohl dies nicht unbedingt notwendig
gewesen wäre, da in Kastilien die weibliche Thronfolge zulässig
war. In den Ländern der aragonesischen Krone war diese
jedoch nicht vorgesehen. Die Durchsetzung der Erbfolgerech-
te einer Thronfolgerin hätte die als Matrimonialallianz begon-
nene Vereinigung der Iberischen Halbinsel erheblich gefährdet. Rudolf oder Ernst konnten daher notfalls als
Nachfolgekandidaten aufgebaut werden, weshalb der König
deren Spanienreise immer entschiedener betrieb. Tatsächlich
trafen die beiden Erzherzöge im März 1564 in Barcelona ein[7] –
das dynastische Potential Philipps II. hatte sich damit merklich
verbessert. Dies kann als eine der vielen Erklärungen für seinen
weiteren Umgang mit seinem Sohn dienen.

Mit den Erzherzögen reiste als ihr Erzieher, gleichzeitig aber
auch in der Funktion eines kaiserlichen Botschafters am Hof
Philipps II., Adam von Dietrichstein (1527–1590).[8] Dieser
berichtete in den folgenden Jahren sehr häufig über das weitere
Geschick von Carlos sowie über den Fortgang der Verhandlungen bezüglich der Heirat des Prinzen mit Erzherzogin
Anna. Bei diesen gab es absolut keine Fortschritte, obwohl der
König laut Dietrichstein im Dezember 1565 schon bereit
schien, sie positiv abzuschließen. Bezüglich des Charakters
und der physischen Beschaffenheit von Carlos war Dietrichstein in seiner Einschätzung durchaus widersprüchlich. Am
Anfang seines Aufenthaltes in Spanien gab er, da er den Prinzen

noch nicht persönlich kannte, die Ansichten Dritter wieder, und beschrieb ihn sehr nachteilig: »Was ich [...] bisher vern[o]m[m]en, soll er von angesi[c]ht gar [w]eis [...] sein, [...] die ain schulter oder axl hoher dan[n] die ander, den re[c]hten fues khurtzer dan[n] den linken, stumlet [stammelt] etzwas mit der red. In villen erzaigt er ain gueten verstant, herwider in anderen, so ist er noch so kindis[c]h als ain kint von siben jaren.« Daneben unterstellte ihm der Botschafter übergroße Fresssucht, die wohl zu einem baldigen Tod führen werde. Weiter beschrieb er Carlos als starrsinnig, unfähig, zwischen Recht und Unrecht zu unterscheiden, sowie als unsauber. An seiner sexuellen Potenz werde gezweifelt. Viele der Defizite, so Dietrichstein, seien zweifellos auf seine Erziehung zurückzuführen.[9] Später, nachdem er Carlos persönlich kennen gelernt hatte, revidierte er etwas sein Urteil, unterstellte ihm ein gutes Gedächtnis und die Fähigkeit, intelligente Fragen zu stellen, bemerkte aber auch seinen Jähzorn.[10]

Über die Ereignisse der folgenden Jahre ist in der Fachliteratur mindestens ebenso viel gerätselt und gedeutet worden wie in den zeitgenössischen Publikationen aus dem 16. Jahrhundert.[11] Die Materie wurde zusätzlich noch bekannter durch das Drama, das Friedrich von Schiller unter dem Titel »Don Carlos« 1787 vollendete. Da das Werk auch heute noch regelmäßig aufgeführt wird, beispielsweise in einer prominenten Inszenierung 2004 im Wiener Burgtheater[12], wird ein Bild des spanischen Königs perpetuiert, das ihn als grausamen und rücksichtslosen Mörder seines eigenen Sohnes darstellt. Obwohl die genauen Ereignisse wohl niemals mehr eindeutig geklärt werden können, sind sie doch als das zu werten, was sie tatsächlich waren, nämlich als ein dramatischer Schicksalsschlag im Leben Philipps II.

Nach seinem Aufenthalt in den Ländern der Krone von Aragón kehrte Philipp II. 1564 wieder nach Kastilien zurück. Zu diesem Zeitpunkt schien er endlich bereit, seinen Sohn in die Regierung der Monarchie einzuführen. Im Juni 1564 – Carlos war 19 Jahre alt geworden – nahm ihn sein Vater in den Staatsrat auf. Innerhalb kürzester Zeit stellte sich allerdings heraus, dass Carlos noch nicht reif genug war, an den komplizierten Entscheidungsprozessen zu partizipieren. Philipp II. entfernte ihn wieder aus den Regierungsgremien. Damit eskalierte jedoch der Konflikt zwischen Vater und Sohn. Letzterer verzehrte sich in Eifersucht auf seine österreichischen Vettern, denen er unterstellte, von Philipp II. mehr geachtet zu werden als er selbst. Carlos geriet dadurch am Hof in eine immer größere Isolation, unter der er litt und gegen die er zu rebellieren trachtete.

In der Zwischenzeit verschärfte sich die Lage an mehreren Fronten gleichzeitig. Im Sommer 1565 belagerten die Osmanen die Insel Malta, die vom Johanniterorden verzweifelt verteidigt wurde. Der Orden konnte und wollte nicht riskieren, noch eine weitere wichtige Festung zu verlieren, nachdem schon 1551 Tripolis an die Osmanen gefallen war. Erst das Eintreffen einer spanischen Kriegsflotte im September konnte die Truppen des Sultans zum Abzug bewegen.

Nicht nur im Mittelmeerraum, sondern auch in den niederländischen Provinzen gab es Probleme. Der hohe Adel der Niederlande, allen voran Egmont und Hoorn, aber auch die Statthalterin Margarete von Parma, rieten Philipp II., rasch zu kommen, um die ausbrechenden Konflikte persönlich zu beruhigen. Hier zögerte der König lange Zeit ob der adäquaten Vorgehensweise. Noch 1559 hatte er bei seiner Abreise aus den Niederlanden versprochen, bald wieder zu erscheinen oder seinen Sohn zu senden, sobald dieser das nötige Alter haben würde. 1566, als beim so genannten niederländischen Bildersturm nicht nur die Statuen, sondern auch manche katholische Kirche zerstört wurde, mehrten sich die Forderungen, der König möge anreisen. Er hätte natürlich auch seinen Sohn senden können, doch diesem traute er die komplizierte Mission nicht zu. Zu diesem Zeitpunkt zweifelte Philipp II. schon eindeutig an den geistigen Fähigkeiten von Carlos, den er auch nicht mehr an den Sitzungen des Staatsrates teilnehmen ließ. Überliefert ist, dass dieser mit 21 Jahren an der Tür der Ratskammer lauschte, in der gerade sein Vater über die niederländischen Angelegenheiten verhandelte. Als er entdeckt und aufgefordert wurde, sich zu entfernen, begann er in einem Anfall von Wut mit den Fäusten um sich zu schlagen.[13]

Nicht Carlos wurde in die Niederlande gesandt, sondern der Duque de Alba. Diese Entscheidung entfremdete den Sohn noch mehr von seinem Vater. Der Prinz bedrohte Alba sogar mit dem Tod. Während des Jahres 1567 häuften sich die Zeichen des labilen Gleichgewichts bei Carlos. Seinem Beichtvater erklärte er beispielsweise, er wünsche den Tod des Vaters. Juan de Austria bot er für seine Unterstützung gegen den Vater das Königreich Neapel an. Und angeblich wollte er sich in die Niederlande absetzen, um sich an die Spitze der Opposition gegen Philipp II. zu stellen. So häuften sich Gerüchte, solche mit und solche ohne Fundament, die jedoch alle dem König hinterbracht wurden. Bei diesem konkretisierte sich die Überzeugung, dass sein Sohn wahnsinnig sei und gemeingefährlich, bereit zu einer offenen Rebellion. Philipp II. war ob dieser Situation nicht gänzlich verwundert. War doch seine Großmutter Juana von ihrem eigenen Vater und später von Karl V. aufgrund einer vergleichbaren Geisteshaltung in Tordesillas eingeschlossen worden.

Den Ausschlag gab schließlich wohl Juan de Austria, der sich zu Weihnachten 1567 zu seinem Stiefbruder in den El Escorial begab, um diesen mit den neuesten Entwicklungen zu konfrontieren. Daraufhin entschloss sich Philipp II. zum Handeln. Am Abend des 18. Januar 1568 – angeblich hatte der Thronfolger an jenem Tag auch noch seinen Onkel Juan mit dem Schwert angegriffen – begab sich der König in Begleitung des gesamten Staatsrates in die Gemächer des Prinzen. Dort ließ er die Fenster und Türen vernageln und setzte Carlos im Königspalast gefangen.[14]

Carlos hatte bei dieser Verhaftung nicht zu Unrecht gedroht, diese Tat ließe sich nicht verheimlichen. Dies war auch Philipp II. bewusst. Schon am nächsten Morgen informierte er daher alle Ratsgremien, denen er seine Interpretation der Ereignisse lieferte. Danach schrieb er schon am 20. Januar eigenhändige Briefe an die für ihn wichtigsten Fürsten der Christenheit, darunter den Papst und Kaiser Maximilian II.[15] –

es ist dies insofern auffällig, als er normalerweise seine Korrespondenzen von Schreibern erledigen ließ und nur eine
persönliche Unterschrift darunter setzte. Auch die verschiedenen Botschafter wurden unterrichtet. Allen gab er zu
verstehen, er habe so handeln müssen wegen des Dienstes
an Gott und an seinen Reichen. Doch zeigte er auch Emo-
tionen: Seine Entscheidung habe er »mit Tränen in den Augen«
getroffen.

Nichtsdestotrotz entstanden bald die unterschiedlichsten
Gerüchte über die Geschehnisse. Philipp II. hatte versäumt,
klar und deutlich zu sagen, er habe seinen Sohn wegen mentaler
Probleme festsetzen müssen und deshalb, weil er seiner Meinung nach nicht die geringste Fähigkeit hatte, einmal eine
derartige Fülle an so unterschiedlichen Reichen mit Weisheit
zu regieren. Möglicherweise hätte dies im Rahmen eines
juridischen Prozesses geschehen sollen, in dem der König
seinen Sohn von der Thronfolge ausschließen wollte.

Dieser Prozess kam allerdings nie zu einem Ende. Die
Entwicklungen in den nächsten Monaten verliefen rascher
als das Suchen nach Akten, die ein Vorbild hätten geben
können, wie denn eigentlich ein von den Ständen anerkannter
Thronfolger wieder abzusetzen sei. Carlos hatte schon bei
seiner Verhaftung gedroht, er werde sich das Leben nehmen.
Sein Essen wurde ihm darauf nur in klein geschnittenen
Portionen gereicht, kein scharfer Gegenstand sollte in seine
Hände geraten. Der Prinz verfiel daher auf andere Methoden,
um seinem Leben ein Ende zu bereiten. Einmal verweigerte er
die Nahrung, dann wieder überfraß er sich in allem Übermaß.
Ganz offensichtlich ertrug er nicht den Freiheitsentzug – zu
jenem Zeitpunkt war er in einem Turm des Alcázar von
Madrid eingeschlossen. Derartige Aktionen konnten nicht
zum Wohle eines Körpers sein, der seit seiner Geburt schon
so viel an Leiden zu erdulden gehabt hatte. Als dann auch noch
der Sommer in Madrid einzog, mit all der Hitze, die die
kastilische Meseta zu bieten hat, kühlte sich Carlos noch
exzessiv mit blankem Eis. Das war dem geknechteten Körper
endgültig zu viel. Am 24. Juli 1568 starb der Prinz an Fieber

und wohl auch an schweren Koliken. Sein Wunsch, seinen Vater noch einmal zu sehen, blieb ihm verwehrt.

Der Tod von Carlos verursachte einen ungeheuren Schaden für das Image des Königs. Obwohl er alle möglichen Fürsten wissen ließ, er habe sich korrekt verhalten und den Tod seines Sohnes, der schwer krank gewesen sei, nicht verhindern können[16], wurde ihm nicht so recht Glauben geschenkt. Ganz im Gegenteil, immer wieder wurde ihm vorgeworfen, der Mörder von Carlos zu sein. Als beispielsweise im Zuge der Verschärfung der Lage in den Niederlanden auch der propagandistische Krieg immer weiter eskalierte, war es besonders Wilhelm von Oranien, der diesen Vorwurf immer wieder erneuerte. Etwas von diesem negativen Image hielt sich noch Jahrhunderte später, verbreitet nicht nur durch das Drama von Schiller, sondern auch durch die 1867 uraufgeführte Oper von Giuseppe Verdi (1813–1901) mit dem Titel »Don Carlos«.

5.2   Lissabon 1581: Die Töchter Isabel Clara Eugenia und Catalina Micaela

Nach dem Tod seines Sohnes stand Philipp II. ohne männlichen Thronfolger da. Es ist daher eine Intensivierung seiner Beziehungen zu seinen Neffen Rudolf und Ernst zu bemerken, denn sie stellten ein dynastisches Kapital dar, das in einer in dynastischen Kriterien denkenden Welt nicht zu unterschätzen war. Der kaiserliche Botschafter Dietrichstein beteuerte jedenfalls immer wieder, dass der König seine Neffen wie eigene Kinder behandeln würde.

Im ersten Schock nach den Ereignissen des Januar 1568 hatte Philipp II. seine ehelichen Pflichten nicht wahr genommen. Der Hoftratsch, diese Geisel der Monarchien, registrierte genau, dass sich der Herrscher in seine Gemächer zurückzog und auch nächtens nicht die junge, erst einundzwanzigjährige Königin aufsuchte. Diese wird ihm das wohl gedankt haben, hatte sie doch schon eine Fehlgeburt hinter sich, und kurz hintereinander ihre Töchter Isabel Clara Eugenia und Catalina Micaela, letztere erst im Oktober 1567, geboren. Ab dem Februar 1568 registrierten die Kiebitze am Hof jedoch neuerliche nächtliche Aktivitäten in den Gemächern der Königin. Diese sollten schließlich ihr Todesurteil bedeuten. Am 3. Oktober 1568 hauchte sie mit 22 Jahren ihr Leben aus, als sie einen toten Fötus gebar. Nicht ganz unschuldig an ihrem Tod waren möglicherweise die Ärzte, die die durch den Geburtsvorgang ohnedies schon geschwächte Frau auch noch zur Ader ließen. Philipp II. wurde mit 41 Jahren zum dritten Mal Witwer. Isabel trat in die Fußstapfen so mancher anderen Fürstin, deren einzige Aufgabe es war, ohne Rücksicht auf ihre eigene Gesundheit Kinder zu gebären, um die Nachfolge in den einzelnen Herrschaftsbereichen zu sichern.

Wahrscheinlich war Isabel die erste Ehefrau gewesen, in die sich der Monarch wirklich verliebt hatte. Ihr Tod traf ihn daher härter als jener ihrer Vorgängerinnen. Dieser Befund lässt sich noch konkretisieren, wenn man den Umgang des Königs mit seinen beiden Töchtern betrachtet, der um Vieles persönlicher war als jener, den er mit seinem Sohn gehabt hatte.

Es haben sich 133 Briefe Philipps II. aus den Jahren zwischen 1581 und 1596 erhalten[17], die allesamt den liebenden, fürsorglichen und besorgten Vater zeigen, der er bei seinem Sohn keineswegs war. Er unterschrieb diese Briefe allesamt mit den Worten »vuestro buen padre« – »Euer guter Vater«. Doch sie offenbaren auch einen Menschen mit seinen alltäglichen Bedürfnissen, der sonst eher selten sichtbar wird. Der Reigen der Briefe begann im April 1581, als sich Philipp II. gerade in Tomar in Portugal aufhielt, wo ihn die portugiesischen Stände schließlich als neuen König anerkannten. Seine Töchter, damals 13 und 14 Jahre alt, waren in Madrid zurückgeblieben, korrespondierten mit dem Vater – leider haben sich diese Schreiben nicht erhalten – und dieser antwortete ihnen regelmäßig. So schrieb er im Oktober 1581: »Ich konnte Euch nicht letzten Montag schreiben noch werde ich Euch jetzt antworten können, weil es schon sehr spät ist und ich es nicht aushalte, länger wach zu bleiben. Denn letzte Nacht ging ich erst um drei Uhr zu Bett [...].«[18]

Diese Aussage allein ist es schon wert, näher betrachtet zu werden, zeigt sie doch einen Menschen, der nach einem langen Arbeitstag auch einmal müde und hungrig wurde. Es ist nicht der distanzierte, ferne Herrscher, der keine anderen Bedürfnisse zu haben schien als jene der Regierung seiner Länder und des Dienstes an Gott, seinem einzigen wahren Herrn. Doch selbst zu so später Stunde fand er noch Zeit, seinen Töchtern auch Anweisungen zu geben. Er überschickte ihnen nämlich ein neues Siegel, in das auch schon das Wappen Portugals eingepasst worden war[19], erklärte ihnen, dass es besser wäre, mit Lack als mit Papier zu siegeln und ermahnte sie auch, an seine Schwester, ihre Tante Maria, zu schreiben.[20] Da deren Mann, Kaiser Maximilian II., bereits verstorben war, reiste sie 1580/1581 wieder auf die Iberische Halbinsel, um fortan in der Nähe ihres Bruders, erst in Portugal, dann in Madrid zu leben.[21]

Im Mai 1581 bedankte er sich wieder sehr persönlich für den Erhalt von Briefen: »Ihr macht es sehr gut, Euch so zu kümmern, um mir zu schreiben. Ich kann Euch das nicht auf die gleiche Art zurückzahlen, obwohl ich das gerne gemacht hätte, doch ich habe nicht genug Zeit.« Gerne hätte er es auch gehabt, wenn seine Töchter die Ereignisse – die Huldigung der portugiesischen Stände – persönlich hätten miterleben können.[22] Philipp II. zeigte sich auch äußerst besorgt, als er erfuhr, dass die beiden Mädchen einen Fieberanfall gehabt hatten.[23]

Daneben berichtete er immer wieder, was er auf seiner Reise in Portugal erlebte und beschrieb genau, wo er sich aufhielt und was er dort sehen konnte. Im Juni 1581, um nur ein Beispiel zu zitieren, kam er nach Lissabon. Er quartierte sich anfangs nicht in der Stadt ein, sondern in einem Haus in Almada auf der Lissabon gegenüber liegenden Seite des Flusses Tajo. »[...] hier in Almada habe ich eine sehr hübsche, aber kleine Herberge. Aus allen Fenstern sieht man den Fluss und Lissabon und häufig die Naos [ein Schiff vom Typ einer großen

Karavelle mit zwei oder drei Masten] und Galeeren. Von einem hohen Punkt aus, wo ich schreibe, sieht man von einem Fenster die gesamte Küstenfront von Lissabon, weil hier der Fluss nicht so breit ist. Er hat nur etwas mehr als eine halbe Legua [ca. 2700 Meter]. Vom anderen Fenster sieht man Belem [...] und all die Schiffe, die in den Fluss ein- und auslaufen.«[24]

Auch über seine persönlichen kleinen Missgeschicke schrieb der König, dem immer wieder in der Forschung unterstellt wird, hartherzig und emotionslos gewesen zu sein. Ein Brief aus Sintra vom Oktober 1581 klingt da ganz anders: »Donnerstag sind mein Neffe [Erzherzog Albrecht (1559−1621)] und ich um 8.30 Uhr aufgebrochen. Und weil das Ruderboot der Galeere − wie Ihr schon wisst, ist das das Boot, mit dem man zur Galeere gelangt − nicht bis zur Anlegestelle gelangen konnte, weil Ebbe war, musste ich mit einem anderen Boot fahren, das dort war und keinen Mast hatte. Als ich auf diesem Boot ging, rutschte ich mit meinem Bein in das Loch, das für den Mast bestimmt war. Fast wäre ich gestürzt, doch konnte ich mich noch halten und fiel nicht ins Wasser, sondern nur in den Schiffsrumpf. Ich hätte mich wirklich schwer an dem Bein verletzen können, mit dem ich in das Loch geglitten war, habe mir auch wirklich das Schienbein angeschlagen, das mich einige Zeit sehr geschmerzt hat [...]. Aber es war schließlich doch nichts und nun geht es mir wieder gut.«[25]

Anlässlich der Spanienreise seiner Schwester Maria, die er seit 26 Jahren nicht gesehen hatte[26], konnte Philipp II. seine Neugierde kaum bezähmen, machte sich aber auch über sich selbst und sein Alter − er zählte damals fast 55 Jahre − lustig: »Schreibt mir viele, wie ich hoffe, gute Neuigkeiten über sie [Maria], und ob sie dick oder dünn ist und ob wir uns noch so ähneln, wie ich glaube, dass wir es einst gewesen sind, obwohl ich glaube, dass sie nicht so alt aussehen wird wie ich.«[27] Als Philipp II. im Mai 1582 endlich mit seiner Schwester in der Nähe von Almeirim in Portugal zusammentraf, konnte er seine Freude kaum zügeln, wie er seinen Töchtern mitteilte. Doch äußerte er auch gleich seine Besorgnis, als er Maria husten hörte.[28]

Abb. 8: Isabel Clara Eugenia

Doch auch andere Dinge teilte der König seinen Töchtern mit, die sonst eher unterbelichtete Aspekte seiner Persönlichkeit offenbaren. So freute er sich im September 1582 auf einen Stierkampf, dem er in Lissabon beiwohnen wollte[29], einige Wochen später beklagte er sich darüber, wie schlecht dieser gewesen sei.[30] Immer wieder schickte er ihnen Blumen und exotische Früchte aus Portugal, bat sie, diese zu kosten und ihm

mitzuteilen, wie sie schmecken würden.[31] Es entsteht dabei
manchmal der Eindruck, dass er diese Produkte gar nicht erst
selbst probierte, nur, um sie seinen Töchtern nicht vorzuent-
halten.

Diese stellten verständlicherweise ein beträchtliches Heirats-
kapital dar, wobei zumindest am Anfang das Problem bestand,
dass Philipp II. zuerst die Ältere der beiden, also Isabel Clara
Eugenia, verehelicht sehen wollte, und erst danach die jüngere.
Die Angelegenheit stellte sich jedoch als sehr kompliziert dar.
Der Heiratskandidat für Isabel war Kaiser Rudolf II., der Neffe
des Königs, an den sie schon als Dreijährige versprochen
worden war. Wiederum sollte der Zusammenhalt zwischen
den beiden Zweigen des einen Hauses Habsburg manifestiert
werden. Doch Rudolf II. verzögerte seine Zusage zum Heiratsprojekt von einem zum anderen Mal und löste 1589 die
Verlobung endgültig auf[32] – er blieb schließlich unverheiratet,
wenn auch nicht kinderlos.

Da Isabel Clara Eugenia wenigstens offiziell verlobt war,
konnte Philipp II. schließlich doch daran denken, Catalina
Micaela zu verheiraten. Möglichkeiten für diese Heirat gab es
viele, doch achtete der König darauf, seine Tochter nicht an
einen zu mächtigen Fürsten zu vergeben, der oder dessen
Nachkommen im Falle des Aussterbens des spanischen Königshauses möglicherweise Ansprüche auf die iberischen Throne
stellen würden. Ausgewählt wurde schließlich Carlo Emanuele I. von Savoyen (1562–1630), der Sohn des Herzogs Emanuele Filiberto, des Helden der Schlachtensiege gegen Frankreich am Beginn der Regierung Philipps II., und der
Marguerite von Valois (1523–1574). Die Heirat hatte für
Philipp II. mehrere Vorteile. So konnten seine Bande zum
Hause Valois neuerlich verstärkt werden, von dem sowohl der
Ehemann als auch dessen Frau mütterlicherseits abstammten,
ohne aber dem französischen König irgendeinen politischen
Einfluss zuzugestehen. Daneben wurde das Herzogtum Savoy-
en, das so wichtig für den »camino español«[33], die Verbindung
zwischen dem Herzogtum Mailand und den Niederlanden,
war, noch stärker in das spanische Klientelsystem im Heiligen

Römischen Reich eingebunden. Denn über die Alpenpässe Savoyens führte der wichtige Nachschubweg, auf dem die Niederlande mit Truppen und Material versorgt wurden. Zu Zeiten, in denen sich der Krieg in den Niederlanden immer mehr intensivierte, bedeutete dies einen nicht zu unterschätzenden strategischen Vorteil. Schließlich war Philipp II. dem Haus Savoyen auch zu Dankbarkeit verpflichtet, hatte es sich doch 1580 während der Probleme rund um die Nachfolge in Portugal weitgehend zurückgehalten, obwohl seine Mitglieder aufgrund der Abstammung von König Manuel I. von Portugal (1469–1521) Nachfolgerechte auf den portugiesischen Thron nach dem Aussterben des dortigen Hauses Avis hätten geltend machen können.

Die Hochzeit des Brautpaares fand am 11. März 1585 in Zaragoza statt. Zwischen April 1586 und Oktober 1597 gebar Catalina Micaela nicht weniger als zehn Kinder, manche von diesen in Abständen von weniger als einem Jahr. Ihre dynastischen Pflichten, die Geburt möglichst vieler Kinder, erfüllte sie also vorbildlich. Dass sie allerdings 1597 wie ihre Mutter im Kindbett verstarb, verwundert in diesem Zusammenhang kaum. Eher ist danach zu fragen, wie sie überhaupt derartige Strapazen zwölf Jahre lang aushalten konnte.

Mit ihrem Vater korrespondierte sie all die Jahre regelmäßig weiter und schrieb ihm monatlich mindestens zwei Briefe, die leider nicht erhalten sind. Die Briefe Philipps II. an seine Tochter sind dagegen sehr wohl überliefert und zeigen neuerdings einen liebenden Vater, der sich um seine fast dauernd schwangere Tochter Sorgen machte, aber erfreut war, nahezu jährlich neuerlich Großvater zu werden. Die Kinder von Catalina Micaela waren außerdem robust, was sehr auffällig in einer Zeit ist, in der die hohe Kindersterblichkeit auch vor den Fürstenhöfen nicht Halt machte. Außer dem jüngsten Kind, das Catalina Micaela mit sich in den Tod riss, überlebten alle die Mutter und den königlichen Großvater und erreichten das Erwachsenenalter.

Am 13. Juni 1585 hatte sich Philipp II. von seiner Tochter im Hafen von Barcelona verabschiedet, die dort die Galeeren

des Giovanni Andrea Doria (1539–1606) bestieg, eines der
wichtigsten Verbündeten des Königs im Mittelmeerraum, um
nach Genua zu fahren. Schon am nächsten Tag schrieb ihr
Philipp II. einen besonders berührenden Brief, den er ihr auf
dem Landweg nach Roses nachschicken ließ, einer Hafenstadt
im Norden Kataloniens, in der der Konvoi zum ersten Mal
anlegen sollte. »Wegen der großen Einsamkeit, in der Ihr mich
zurückgelassen habt«, verfasste der traurige Vater den Brief.[34]
Seine größte Freude sei es, meinte er weiterhin, von ihr zu
hören, dass es ihr gut ginge. Im nächsten Brief, den er ihr
schrieb – in der Zwischenzeit hatte er von ihr schon Nachrichten erhalten –, zeigte er sich sehr stolz, dass sie nicht
seekrank geworden, und amüsierte sich darüber, dass dies dem
Herzog sehr wohl widerfahren war. So könne sich dieser nicht
über sie lustig machen. Auch gestand er seiner Tochter, dass er
nach deren Abreise zu einem Aussichtsturm gestiegen sei und
den Horizont nach ihren Galeeren abgesucht, diese aber nicht
mehr gesehen habe. Und er bedauerte, dass er ihr beim
Abschied nicht mehr all die Dinge habe sagen können, die
er ihr gerne gesagt hätte.[35]

In diesem Tonfall, liebevoll, besorgt und voll Sehnsucht, die
geliebte Tochter noch einmal sehen zu können, ging der
Briefwechsel das nächste Jahrzehnt weiter. Ab 1590 wurden die
Schreiben allerdings immer kürzer und umfassten nur noch
eine Seite. Der König wurde älter, die Gicht plagte ihn, doch es
verging kein Monat, in dem er nicht an seine Tochter gedacht
und ihr einige Zeilen hätte zukommen lassen. Im letzten
erhaltenen Schreiben vom September 1596 freute sich Philipp II. über die neunte Schwangerschaft von Catalina Micaela[36] – sie sollte damals Tommaso Francesco (1596–1656) zur
Welt bringen, Großvater des gefeierten Prinzen Eugen von
Savoyen (1663–1736) ebenso wie des Markgrafen Ludwig
Wilhelm von Baden (1655–1705), besser bekannt unter dem
Spitznamen »Türkenluis« –, danach fehlen weitere Korres-
pondenzstücke.

Auch das Verhältnis zwischen Philipp II. und seiner älteren
Tochter Isabel Clara Eugenia blieb weiterhin herzlich. Diese

wurde in den letzten Lebensjahren des alternden Königs zu einer immer wichtigeren Stütze ihres Vaters, half ihm bei der Erledigung der Akten und wurde ihm zu einer gerne gehörten Ratgeberin. Nachdem Rudolf II. sie versetzt hatte, galten die Sorgen des Vaters ihrer standesgemäßen Versorgung. Diese ließ zwar einige Zeit auf sich warten – ganz war die Hoffnung nicht verloren gegangen, dass der Kaiser doch noch eine Ehe mit ihr eingehen würde – doch schließlich verheiratete sie Philipp II. 1598, kurz vor seinem Tod, mit seinem hoch geschätzten Neffen, dem Erzherzog Albrecht. Dieser hatte seit 1583 seinen Onkel als Vizekönig in Portugal vertreten, war 1595 Erzbischof von Toledo geworden und ließ sich für seine Heirat wieder säkularisieren. Das Paar erhielt von Philipp II. die spanisch gebliebenen Teile der Niederlande als souveräne Fürsten. Der König trachtete also, die niederländischen Probleme durch die Schaffung einer weiteren habsburgischen Linie zu lösen und seinem Nachfolger den teuren niederländischen Krieg vom Hals zu schaffen. Albrecht und Isabel Clara Eugenia hatten zwar drei Kinder, doch diese starben alle im Säuglingsalter. Daher fielen die Niederlande nach dem Tod von Isabel Clara Eugenia 1633 wieder zurück an die spanische Monarchie.

5.3 Badajoz 1580: Die Kinder der Königin Anna

1568 war Philipp II. mit dem Tod von Isabel von Valois zum dritten Mal Witwer geworden. Mit seinen 41 Jahren fühlte er sich keineswegs zu alt, um noch einmal zu heiraten. Denn schließlich war in jenem Jahr auch sein einziger männlicher Thronfolger verstorben. Das in der Neuen Welt und in Ostasien beständig wachsende spanische Imperium musste gegen alle Eventualitäten möglicher Erbfolgekriege abgesichert werden. Der König wollte also eine vierte Heirat wagen.

Auch dieses Mal gab es eine durchaus logische Heiratskan-
didatin, nämlich die Erzherzogin Anna, schon seit Jahren dem
Prinzen Carlos versprochen und nun ohne künftigen Ehemann.[37] Eine Verbindung mit Anna hatte den unbedingten
Vorteil, die Allianz zwischen dem österreichischen und dem
spanischen Zweig des Hauses Habsburg zu konservieren.
Anschuldigungen wurden dennoch später laut: Der König
sei nicht nur Mörder seines Sohnes, sondern auch noch
Verführer von dessen Braut, sollte später Wilhelm von Oranien
behaupten. Doch Zweifel wegen der engen Verwandtschaft –
Anna war als Tochter der Kaiserin Maria die Nichte Philipps II., er wurde also zum Schwiegersohn seiner Schwester,
ganz zu schweigen von all den Verwandtenheiraten in den
Generationen davor – kamen auch dieses Mal nicht auf. Der
Papst gab neuerlich einen Ehedispens, somit waren alle Bedenken beseitigt. Wieder einmal fand die Verheiratung zuerst per
procuratorem statt, dieses Mal am 4. Mai 1570 im Veitsdom
in Prag – den König vertrat Erzherzog Karl von Innerösterreich[38] –, dann reiste die künftige Königin zurück in das Land
ihrer Geburt. Am 14. November jenes Jahres fanden die
Heiratszeremonien in Segovia statt.

Anna wurde schon im ersten Ehejahr schwanger und gebar
am 4. Dezember 1571 ihren ersten Sohn, der Fernando
genannt wurde. Wieder wurde mit dem Namen die Tradition
des Herrscherhauses bemüht, dieses Mal gleich doppelt durch
die Erinnerung an Ferdinand von Aragón und Kaiser Ferdinand I. Wie sehr Philipp II. die Geburt eines Sohnes ersehnt
hatte, ist daran zu sehen, dass dieser schon im Mai 1573 den
Cortes von Kastilien vorgeführt wurde, die auf ihn als neuen
Thronfolger in der Kirche San Jerónimo in Madrid schworen.
Die Königin war in jenem Jahr bereits wieder schwanger und
gebar am 12. August 1573 den Sohn Carlos Lorenzo. Dieses
Kind trug in seinem Namen nicht nur die Erinnerung an
seinen kaiserlichen Großvater, sondern auch jene an den
Heiligen Laurentius, der Philipp II. so viel Glück in der
Schlacht von Saint-Quentin von 1557 gebracht hatte. Es wurde
also nicht nur der Klosterpalast des El Escorial dem Heiligen

Abb. 9: Anna von Österreich

geweiht, sondern auch noch ein Kind des Königs. Philipp II. befand sich in seiner zweiten Lebenshälfte plötzlich in der glücklichen Situation, gleich zwei männliche Thronfolger zu haben.

Anna gebar noch drei weitere Kinder.[39] Am 15. August 1575 kam ihr dritter Sohn zur Welt, Diego Félix. Da hatte jedoch auch schon wieder der Tod seine Ernte eingefahren.

Denn sechs Wochen davor hatte dieser Carlos Lorenzo hinweggerafft. Kurz nach der Geburt ihres vierten Sohnes, des späteren Königs Philipp III., am 3. April 1578, starb ihr Erstgeborener Fernando im Oktober jenes Jahres. Anna wurde bald wieder schwanger und gebar am 14. Februar 1580 das Töchterchen Maria. Kaum hatte sie sich von den Strapazen dieser Niederkunft erholt, war sie neuerlich in anderen Umständen. Philipp II. reiste in jenem Jahr nach Badajoz in der Extremadura an der Grenze zu Portugal. Er wollte nach dem Tod des letzten Königs aus dem Hause Avis sofort zur Stelle sein, damit seine Nachfolge in jenem Reich gesichert wäre. In Badajoz schlug der Hof für einige Monate sein Quartier auf. Es grassierte damals in Spanien eine Grippeepidemie, die auch das Königspaar ins Krankenbett zwang. Doch während es Philipp II. nach einer langen Krankheit gelang, diese zu überwinden, starb die Königin Anna am 26. Oktober 1580 in Talavera la Real in der Nähe von Badajoz, im sechsten Monat schwanger mit einem Knaben, der auch nicht überlebte. Die dauernden Schwangerschaften hatten sie so sehr geschwächt, dass sie keine Kraft mehr hatte, um ihr Leben zu kämpfen. Philipp II. wurde durch ihren Tod hart getroffen. Noch zwei Jahre später sollte er an seine Töchter schreiben: »Ich werde mich immer gut an diese Nacht [des Todes von Anna] erinnern, auch wenn ich tausend Jahre leben sollte.«[40]

Philipp II. war mit 53 Jahren zum vierten Mal Witwer geworden. Doch die Dynastie schien abgesichert, hatte er doch seine beiden älteren Töchter aus der Ehe mit Isabel von Valois und seine drei überlebenden Kinder aus der Verbindung mit Anna, nämlich Diego Félix, Philipp und Maria. Diego Félix war nun der neue Thronfolger. Diese drei Kleinkinder blieben während des Portugalaufenthaltes Philipps II. in Spanien zurück, wo sich ihre beiden Halbschwestern um sie kümmerten und auch immer wieder Nachrichten über deren Wachstum und die sonstigen Fortschritte an den Vater übermittelten.

Auch bei den Kommentaren Philipps II. über seine Kleinkinder kommt immer wieder der liebende und besorgte Vater zum Vorschein, der sich Zeit nahm, auch nebensächliche Dinge zu erörtern. So schrieb er im Mai 1581 aus Tomar, er glaube, dass der kleine Philipp in seiner Entwicklung lange gebraucht habe, da er noch immer zahne, obwohl er schon drei Jahre alt sei.[41] Dieser kämpfte ohnedies immer wieder mit Gesundheitsproblemen, so mit Fieberanfällen.[42] Philipp II. freute sich, dass Diego Félix mit seinen fünf Jahren schon das Alphabet erlernte[43], ließ ihn dauernd ermahnen, fleißig weiter zu lernen, und versprach ihm ein Schreibpult aus Indien.[44] Aus Indien waren auch einige Ketten, die er 1581 an die kleine Maria sandte. Allerdings überließ er seinen älteren Töchtern die Entscheidung, ob sie damit schon spielen sollte.[45] Und er scherzte auch gerne. Als er beispielsweise von seinen älteren Töchtern erfuhr, dass seinem jüngsten Kind Maria schon eifrig die Zähne wuchsen, meinte er, die Zähne der Kleinen wären wohl der Ersatz für jene beiden, die ihm gerade verloren gingen.[46] Er wurde nicht müde, in der folgenden Zeit weiter das Zahnwachstum seiner Kinder zu kommentieren, denn auch bei Catalina Micaela waren diese so spät gewachsen, dass er befürchtet hatte, sie würde nie welche bekommen.[47]

Diego Félix dürfte zu jener Zeit wirklich der ganze Stolz des Vaters gewesen sein, und das nicht nur, weil er sein Thronfolger war. Im Juni 1582 freute sich Philipp II., dass dieser auch schon das Tanzen lernte[48], wurde dies doch als eine Kunstfertigkeit betrachtet, die der perfekte Höfling und erst recht ein künftiger Monarch zu beherrschen hatte. Im Juli 1582 schrieb er dann, dass Francisco de Mascarenhas, der Vizekönig von Indien, für Diego Félix einen Elefanten nach Europa geschickt habe, der bald nach Spanien gelangen werde. Auch wollte Philipp II. seinem älteren Sohn ein portugiesisches Buch senden, damit er diese Sprache erlerne und als künftiger König von Portugal mit seinen Untertanen sprechen könne.[49] Der König hatte also dazugelernt: Da er selbst trotz der Ermahnungen seines Vaters seine Liebe zu den Sprachen nie entdeckt hatte und auch Portugiesisch nur sehr schlecht sprach, wollte er, dass wenigstens der Thronfolger diese Sprache beherrsche. Diego Félix sollte allerdings weder seinen Elefanten je sehen noch Portu-

giesisch erlernen. Denn auch dieser Thronfolger starb als Kind
im Alter von sieben Jahren am 21. November 1582 an den
Pocken.

Da im August des Jahres 1583 auch die kleine Maria
verschied, erreichte von den fünf Kindern der Königin
Anna nur Philipp III. das Erwachsenenalter. Sein Vater hatte
im Winter an der Wende von 1582 zu 1583 bereits seine
Rückkehr nach Kastilien geplant. Noch vor seiner Abreise ließ
er am 30. Januar 1583 die portugiesischen Stände auf den
neuen Thronfolger schwören.[50] Auf den fünfjährigen Prinzen
konzentrierte sich in Zukunft alle Aufmerksamkeit des Königs.
Denn dieser war nun der Thronfolger in einem Herrschafts-
gefüge, das tatsächlich den gesamten Globus umspannte.

6 Innere und äußere politische Konfliktfelder

6.1 Granada 1568: Philipp II. und der Mittelmeerraum

Philipp II. versuchte während seiner gesamten Regierungszeit, die im Frieden von Cateau-Cambrésis 1559 erreichte hegemoniale Stellung seiner Monarchie in Europa mit allen Mitteln zu verteidigen und nach Möglichkeit noch weiter auszubauen. Dabei kam ihm die Situation in Frankreich entgegen. Dort tobten zwischen 1562 und 1598 insgesamt acht Bürgerkriege zwischen den protestantischen Hugenotten und der katholischen Mehrheit im Königreich[1], die die französischen Monarchen daran hinderten, den alten habsburgisch-französischen Dauerkonflikt militärisch fortzuführen. Ganz abgesehen davon war der spanisch-französische Frieden bis 1568 durch die dynastische Heirat mit Isabel von Valois abgesichert. Die Zeit des Friedens mit der französischen Monarchie wollte Philipp II. dazu nutzen, die Hegemonie im Mittelmeerraum zu erringen. Im Wege stand ihm dabei das Osmanische Reich samt dessen Verbündeten in Nordafrika.

Die osmanische Gefahr hoffte der König durch die Errichtung neuer Brückenköpfe im Norden Afrikas einzudämmen. 1551 war die Stadt Tripolis verloren gegangen. Es war dies ein Verlust gewesen, der deutlich das beständige Anwachsen der osmanischen Macht zur See zeigte. Der König wollte diese Scharte auswetzen. Der Friedensschluss mit Frankreich machte die Kräfte frei für eine spanische Gegenoffensive. Tripolis sollte zurück erobert werden. Der Moment schien günstig, war doch ein neuer osmanisch-persischer Krieg ausgebrochen.[2]

Philipp II. war überzeugt, dass die Osmanen durch den Krieg an der Ostgrenze ihres Imperiums so abgelenkt sein würden, dass ihnen keine freien Kräfte für den Krieg im Westen zur Verfügung stünden.

Im Februar 1560 verließ eine spanische Flotte mit 53 Galeeren die Insel Sizilien.[3] Unterstützt wurden die spanischen Einheiten durch weitere Schiffe aus Genua unter dem Oberbefehl von Giovanni Andrea Doria und durch Galeeren des Malteserordens. Doch der osmanische Bey von Tripolis, der bei allen christlichen Seefahrern gefürchtete Turgūd Reis, auch bekannt unter dem Namen Dragut (1485–1565), hatte von den spanischen Plänen Wind bekommen und die Verteidigungspositionen vor der Stadt verstärkt. Daher änderte die vereinigte christliche Flotte kurzfristig ihre Pläne und griff die Insel Djerba (Ğirba) vor der tunesischen Küste an, die strategisch günstig in der Mitte zwischen dem östlichen und westlichen Mittelmeer liegt. Djerba war so etwas wie ein Dauerziel vergeblicher spanischer Angriffe, denn schon 1510 und 1520 war die Insel erfolglos attackiert worden. Dieses Mal schien allerdings das Glück auf der Seite der Truppen Philipps II. zu sein. Am 13. März 1560 gelang die Eroberung eines Brückenkopfes auf der Insel.

Die Angreifer hatten wohl nicht damit gerechnet, dass die Reaktion der Osmanen so hart ausfallen würde. Schon Anfang April 1560 berichtete ein anonymer spanischer Spion, dass 74 wohl gerüstete Galeeren und fünf weitere Schiffe Istanbul verlassen hätten und Richtung Djerba unterwegs wären.[4] Sie standen unter dem Kommando des osmanischen Admirals Piyale Pascha (1515–1578). In der darauf folgenden Seeschlacht wurde die Hälfte der christlichen Flotte versenkt, viele andere Schiffe erbeutet. Nicht einmal einem Drittel der christlichen Galeeren, nämlich angeblich 17, gelang die Flucht.[5] Besonders arg traf es die verbündeten Genuesen, die mit 27 Galeeren fast ihre gesamte Kriegsflotte verloren. Die spanische und genuesische Besatzung auf der Insel verteidigte sich zwar verbissen, doch vergeblich. Vier Fünftel der Soldaten fanden den Tod, am 29. Juli musste sich der Rest unter dem Kommando von Álvaro de Sande († 1573) ergeben. Es hatte sie nicht so sehr die osmanische Übermacht zum Aufgeben gezwungen, sondern es war ihnen mitten im Hochsommer das Wasser ausgegangen.[6] Die Gefangenen wurden nach Istanbul gebracht[7] und beschäftigten in den folgenden Jahren vor allem die kaiserliche Diplomatie, die sich um ihre Freilassung bemühte. Diese gelang erst 1563.[8] Das Abenteuer auf der Insel Djerba endete also mit einem vollständigen Desaster.

Die spanischen militärischen Kräfte im Mittelmeer schienen nachhaltig geschwächt. Daher wagte 1562 der Berberkönig von Algier den Angriff auf die spanische Festung Oran, die 1509 unter Ferdinand dem Katholischen erobert worden war. Oran war allerdings in den davor liegenden Jahrzehnten als einer der Stützpunkte, die die Zufahrt zur Straße von Gibraltar sichern konnten, stark befestigt worden. Daher gelang die Verteidigung der Stadt, bis im Juni 1563 endlich eine Entsatzflotte eintraf – es beteiligten sich auch Schiffe aus Genua, Savoyen und Florenz[9] – und die Belagerer vertrieb. Philipp II. fühlte sich durch diesen Sieg so sehr beflügelt, dass er den Cortes von Kastilien, die damals gerade in Madrid tagten, einen Angriff auf Algier vorschlug. Er hätte mit einer Eroberung der Stadt ein Ziel erreicht, für das sein Vater 1541 erfolglos gekämpft hatte. Doch die Stände verweigerten die Zustimmung zu dem Unternehmen.[10] Der König, der nicht über genug eigene finanzielle Mittel verfügte, musste klein beigeben. Allerdings war er erzürnt über die Cortes, denen er vorwarf, eine treffliche Chance zur Bekämpfung des Islam ungenützt verstreichen zu lassen.

1564 hatten die Truppen Philipps II. einen bescheidenen, wenn auch nachhaltigen Erfolg. Wie bei Cabrera de Córdoba nachzulesen ist, ging es dem König darum, der nordafrikanischen Piraterie im westlichen Mittelmeerraum einen empfindlichen Schlag zu versetzen. Denn Korsaren aus Nordafrika bedrohten dauernd die Südküste Spaniens, an der deshalb ein kostenintensives Netz an Wachttürmen errichtet worden war, mit dem allerdings das Land nur sehr unzureichend geschützt

werden konnte.[11] Immer wieder landeten Korsaren in Andalusien, plünderten Dörfer und versklavten deren Bewohner.
Einer ihrer Stützpunkte war der Peñón de Vélez de la Gomera,
ein winziges, aber schwer befestigtes Inselchen vor der marokkanischen Küste, dessen Eroberung durch spanische Truppen
schon mehrmals gescheitert war. Im Sommer 1564 fuhr daher
eine große spanische Flotte, bestehend aus mehr als hundert
Galeeren, Fregatten, Galeonen und Naos, noch verstärkt durch
portugiesische Schiffe, nach Nordafrika. Sie stand unter dem
Oberbefehl von García Álvarez de Toledo, 4. Marqués de
Villafranca del Bierzo (1514–1577). An Bord der Flotte
befanden sich mehr als 13 000 Soldaten, darunter auch 3000
Landsknechte aus Tirol und dem Bodenseeraum unter dem
Kommando des Jakob Hannibal von Hohenems (1530–1587),
eines jener Söldnerführer aus dem Heiligen Römischen Reich,
der später an der Seite Philipps II. auch gegen die aufständischen
Niederländer kämpfen sollte. Tatsächlich gelang es dieser
großen Streitmacht, im September 1564 den Peñón zu
erobern.[12] Der Felsen gehört bis heute zu Spanien.
   Der Sieg von 1564 war ein bescheidener, erreicht mit einer
Übermacht an Material und Menschen, der nicht gegen das
Osmanische Reich erzielt worden war, auch wenn die spanische Propaganda das suggerieren wollte. Die nordafrikanischen Machthaber waren ein vergleichsweise schwacher Gegner, manches Mal schlossen sie auch Allianzen mit Philipp II.,
um Unterstützung in den Auseinandersetzungen mit ihren
Nachbarn zu erhalten. Die Osmanen blieben dagegen gefährlich, wie die Ereignisse von 1565 zeigen sollten. Bereits im
April jenes Jahres verließ eine mächtige osmanische Flotte,
neuerlich unter dem Kommando von Piyale Pascha, den Hafen
von Istanbul. Die Angaben über die Anzahl der osmanischen
Galeeren sind unterschiedlich – es dürften zwischen 130 und
170 gewesen sein –, doch alle Quellen stimmen darin überein,
dass dazu noch mehr als 200 Transport- und Versorgungsschiffe
kamen. Auf den Schiffen fuhren mindestens 20 000 Soldaten
mit, wahrscheinlich übertreibende Autoren sprechen gar von
40 000 Mann.

Wohin sich die gewaltige Streitmacht wenden wollte, blieb erst einmal unklar. Philipp II. ließ jedenfalls die Vizekönige von Neapel und Sizilien in höchste Alarmbereitschaft versetzen. Bald stellte es sich jedoch heraus, dass das Ziel der osmanischen Flotte Malta war.[13] Karl V. hatte 1530 dem Johanniterorden – nach dessen Vertreibung von der Insel Rhodos durch die Osmanen – diese Insel zur Verteidigung übertragen. Sie war von höchster strategischer Bedeutung, liegt sie doch nur ungefähr hundert Kilometer südlich von Sizilien und kontrolliert die Zufahrt in das westliche Mittelmeer. Ein Verlust Maltas hätte das militärische Kräfteverhältnis in diesem Raum massiv zu Gunsten des Osmanischen Reichs verändert. Dennoch ist es auffällig, dass die spanischen Autoritäten in Sizilien erst einmal nur wenige Soldaten auf die Insel schickten, nachdem bekannt wurde, dass diese das Ziel des osmanischen Feldzuges sein sollte. Im Mai landeten die osmanischen Truppen auf der Insel und hofften, die knapp 10 000 Verteidiger rasch besiegen zu können. Dies gelang nicht. Der Orden unter dem Oberbefehl des Großmeisters Jean Parisot de la Valette (1494–1568) verteidigte sich in seinen Festungen tapfer und fügte den Osmanen große Verluste zu. Begünstigt wurden die Verteidiger durch den Ausbruch von Typhusepidemien unter den Angreifern, die durch die Vergiftung der Brunnen auf der Insel provoziert worden waren. Die Osmanen befanden sich schon auf dem Rückzug, als eine schwache spanische Entsatzflotte aus Sizilien kam. Philipp II. hatte viel zu lange gezögert, den Johannitern mit Entschiedenheit beizustehen. Diesen allein war die Verteidigung der Insel zu verdanken, obwohl Philipp II. danach nicht müde wurde, seine eigenen Verdienste herauszustreichen.[14]

Auch wenn den Osmanen die Eroberung der Insel Malta nicht gelungen war, hatte die Belagerung neuerlich die große militärische Potenz der osmanischen Flotte sichtbar gemacht. Da der Sultan 1566 einen Feldzug zu Land in Ungarn unternahm, wurde nur zu deutlich, dass das Osmanische Reich zu Wasser und zu Land ein immer gefährlicherer Faktor der

Bedrohung wurde. Die Angst vor weiteren osmanischen Vorstößen kann zum Teil erklären, warum sich Philipp II. so unbeugsam gab, als im Jahre 1568 im Königreich Granada ein Aufstand der Morisken, der maurischstämmigen Bevölkerung, ausbrach. Immer wieder wurde diesen vorgeworfen, gleichsam als fünfte Kolonne der osmanischen Politik innerhalb der spanischen Monarchie zu dienen.

Die Situation im Königreich Granada war zweifellos kompliziert und zusätzlich verfahren. Philipp II. hatte hier ein Erbe von seinen Urgroßeltern und seinem Vater übernommen, das sich einfachen Lösungen entzog. Bei der Übergabe Granadas 1492 war der maurischen Bevölkerung, die sich nicht mit den ehemals herrschenden Gruppen nach Nordafrika zurückgezogen hatte, die weitere freie Ausübung ihrer Religion zugesagt worden. Diese Zusage hielt gerade einmal zehn Jahre. Als die Versuche, die Muslime zum Christentum zu bekehren, immer impertinenter und gewalttätiger wurden – auch das Mittel der Zwangstaufe wurde nicht vergessen –, rebellierten die Granadiner 1502 erfolglos gegen die Herrschaft von Isabel I. von Kastilien und Ferdinand II. von Aragón. Kaum war dieser erste Aufstand niedergeschlagen, wurden die Muslime – wie zehn Jahre früher die Juden – vor die Wahl gestellt, entweder zum Christentum zu konvertieren oder auszuwandern. Jene, die das Christentum annahmen, wurden fortan als Morisken bezeichnet.[15]

Die Morisken wurden allerdings nur oberflächlich christianisiert. Sie behielten ihre Sprache und ihre Gebräuche und blieben im Geheimen häufig ihrer alten Religion treu. Als Christen wären sie damit eigentlich ein Fall für die Inquisition gewesen. Karl V. hatte ihnen allerdings in seiner permanenten Geldnot 1526 gegen die Zahlung einer hohen Summe erlaubt, für die nächsten vierzig Jahre Zeit zu haben, sich mit den Gebräuchen des Christentums vertraut zu machen. Möglicherweise hatte der Monarch gehofft, das Problem würde sich von alleine lösen, vielleicht wollte er aber in einer Zeit, in der er ohnedies an allen Ecken und Enden Schwierigkeiten hatte, einen Problemkreis zur Ruhe zu bringen.

1566 waren die vierzig Jahre vergangen. In der Zwischenzeit hatte sich die römische Kirche bedeutend gewandelt. 1563 war das Konzil von Trient zu Ende gegangen, bei dem sich diese Kirche ein festes dogmatisches Gerüst gegeben hatte, mit dessen Hilfe sie sich nicht nur von allen reformierten christlichen Konfessionen abgrenzte, sondern auch die nicht zu leugnenden Schwächen in ihrem Inneren beseitigen wollte. Die Beschlüsse des Konzils von Trient waren vor allem von den iberischen Bischöfen mitgetragen worden. Damit war auch klar, dass die Ergebnisse von Trient zu allererst in der spanischen Monarchie umgesetzt werden würden, noch dazu, wo sich Philipp II. als Verteidiger der katholischen Religion sah.[16]

Einer der aktiven Teilnehmer in der letzten Phase des Konzils von Trient ab 1561 war Pedro Guerrero († 1576), Erzbischof von Granada seit 1546.[17] Dieser musste sich bei seiner Rückreise nach Spanien nach dem Ende des Konzils bei einem Papstbesuch in Rom den Vorwurf gefallen lassen, trotz seiner eifrigen Mitarbeit in Trient jener Erzdiözese vorzustehen, die am wenigsten katholisch sei. Guerrero stimmte diesbezüglich durchaus mit dem Papst überein und trug dessen Bedenken auch Philipp II. in Madrid vor. Als der König erfuhr, dass die von seinem Vater genehmigten vierzig Jahre einer relativen Toleranz ohnedies abgelaufen waren, entschloss er sich 1567, die alten Religionsedikte wieder in Kraft zu setzen. Die Morisken hatten sich in ihren religiösen Gebräuchen, ihrer Kleidung und ihrer Sprache vollständig den Altchristen anzugleichen. Ähnliche Beschlüsse fasste eine Synode der granadinischen Bischöfe von Málaga, Guadix und Almería. Zum Wohle der römischen Kirche hatte Philipp II. wieder einmal eine starke Allianz zwischen Thron und Altar geschlossen.

Mit einem Schlag sollte das Leben der Morisken in Granada bedeutend schwieriger werden. Es gab durchaus Persönlichkeiten, die die Anliegen der Morisken verteidigten, doch scheiterten diese. Eine dieser Personen war Francisco Núñez Mulay, ein christlicher Adliger maurischer Abstammung, dessen Familie ihre Privilegien beim Regierungswechsel von 1492 verteidigen konnte, weil sie auf Seiten von

Ferdinand II. und Isabel I. gekämpft hatte. Er argumentierte, eine Erfüllung des königlichen Befehls sei schon deshalb nicht sofort möglich, weil die Morisken die kastilische Sprache nicht beherrschten. Ihre Tänze und ihre Kleidung hätten nichts mit Religion zu tun. Warum sollten diese also verboten werden? Und warum sollten sie nicht mehr ihre arabischen Namen tragen dürfen?[18] Die Argumente von Núñez Mulay hatten einiges für sich. Auch darf nicht übersehen werden, dass es sich um 250 000 bis 300 000 Menschen handelte, die ihr Leben gravierend ändern mussten; das waren um die vier Prozent der spanischen Bevölkerung.

Philipp II. war dagegen der Meinung, gerade die eigene Sprache, die Kleidung und die Gebräuche würden die Assimilation erschweren und es den Morisken erleichtern, dem Islam weiterhin anzuhängen. Von seinen Befehlen wollte er daher nicht abgehen. Die Stimmung im Königreich Granada heizte sich somit immer mehr auf, die ersten Morisken verließen die Städte und zogen sich in die granadinischen Berge zurück. Immer offener sprachen sie von einer Rebellion. An die Spitze der Unzufriedenen stellte sich bald ein moriskischer Adliger namens Fernando de Córdoba y Válor (1545?–1569). Er verleugnete das Christentum, nannte sich fortan Muhammad ibn Umayya und wurde unter den Spaniern mit dem Namen Abén Humeya bekannt. Dieser beteuerte, von den Umayyaden in Córdoba abzustammen, und wollte sich für die Schaffung eines neuen, unabhängigen muslimischen Reichs in Granada einsetzen. Tatsächlich ließ er sich zum König ausrufen. Die Proteste der Morisken gegen die königlichen Dekrete hatten sich in eine Unabhängigkeitsbewegung gewandelt, die mit Waffengewalt für die Abschüttelung des philippinischen Joches kämpfen wollte. Der Zeitpunkt schien nicht ungünstig zu sein. Denn auch ein anderer Teil des Imperiums rebellierte gegen den Monarchen, nämlich die Niederlande. Die besten der spanischen Truppen kämpften dort, standen also nicht für Einsätze auf der Iberischen Halbinsel zur Verfügung.

Nachdem ein Versuch der Rebellen, die Stadt Granada zu stürmen und die dortigen Morisken zum Aufstand gegen die

Monarchie zu bewegen, gescheitert war, konzentrierten sich
die weiteren Ereignisse auf die Region Las Alpujarras, einer
Gebirgszone im Süden von Granada, und auf die Gebirge im
Westen und Osten derselben. Ab Dezember 1568 befand sich
die Region im offenen Krieg. Zuerst wurden in jenen Zonen,
die die Morisken kontrollieren konnten, die Christen massakriert, bei der Rückeroberung durch die Truppen unter Íñigo
López de Mendoza, 3. Marqués de Mondéjar (1512–1580),
sowie Luis Fajardo y de la Cueva, 2. Marqués de los Vélez
(1509?–1574), wurden die unterlegenen Morisken grausam
abgeschlachtet. Während des gesamten Jahres 1569 zog sich der
Krieg hin, ohne dass eine der beiden Kriegsparteien ent-
scheidende Fortschritte gemacht hätte. Auf Seiten der königlichen Truppen gab es Streit und unterschiedliche Vorstel-
lungen, wie die Aufständischen zu bekämpfen wären, doch
auch das Lager der Morisken war mit inneren Zwistigkeiten
wegen der Führung und der Strategie der Rebellion beschäftigt. Diese führten schließlich zur Ermordung von Abén
Humeya durch seine eigenen Leute. Die Morisken hatten
außerdem gehofft, sie würden Unterstützung durch die islamischen Machthaber in Marokko und Algier erhalten, vielleicht sogar durch den Sultan in Istanbul. Diese Hoffnungen
erfüllten sich jedoch nicht. Denn es landeten nur maximal
4000 Krieger aus Afrika und dem Osmanischen Reich in
Spanien, die Morisken blieben weitgehend auf sich allein
gestellt. Der Sultan war durch die Lage in Zypern abgelenkt,
die nordafrikanischen Fürsten versuchten, den Aufstand in
Granada zur Rückeroberung spanischer Küstenplätze in ihren
Territorien zu nützen. 1570 griffen sie beispielsweise das
spanische Protektorat in Tunis an, das 1574 schließlich in
die Gewalt des Sultans kommen sollte.

Ab dem Frühling 1569 hatte den Oberbefehl über die
königlichen Truppen in Granada Juan de Austria, der Halbbruder Philipps II. Zwar konnte dieser bei den Kampagnen
erste militärische Erfahrungen sammeln, zu einer Verkürzung
des Krieges trug Juan jedoch nicht bei. Bemerkbar sind
vielmehr weitere Schritte hin zu noch größerer Grausamkeit.

Als beispielsweise das Dorf Galera im Februar 1570 nach langem und heldenhaften Widerstand erobert werden konnte, wurden nicht nur dessen 2500 Einwohner allesamt auf alle möglichen Arten getötet und auch Frauen und Kleinkinder nicht geschont, sondern es sollte die Erinnerung an das Dorf für immer ausgelöscht werden. Daher wurden nicht nur alle Häuser dem Erdboden gleich gemacht, sondern die gesamte Siedlung wurde noch mit Salz bestreut. Es sollte nur noch eine wüste Einöde zurückbleiben, zum Zeichen, dass jede Rebellion gegen den König gnadenlos bestraft werde.

Philipp II. beschloss schließlich, sich in die Nähe des Krieges zu begeben, und berief für den Februar 1570 die kastilischen Cortes in der Stadt Córdoba zusammen.[19] Nachdem er dort am 20. Februar 1570 eingetroffen war[20], versammelte er sich mit den Ständen ausgerechnet in der Moschee-Kathedrale der Stadt, einem der eindrucksvollsten Bauwerke des islamischen Spanien, um über die Lage zu beraten.[21] Unter der im 16. Jahrhundert eingebauten Renaissancekuppel der Kathedrale konnte der König auch vor dem Grab seines Großonkels Leopoldo de Austria (1505–1557) beten. Karl V. hatte sich für diesen illegitimen Sohn seines Großvaters Kaiser Maximilian I. beim Papst massiv eingesetzt und ihn zur Versorgung 1541 auf den mit reichen Einkünften ausgestatteten Bischofsstuhl von Córdoba gehoben.[22] Das Haus Habsburg sorgte damals für die illegitimen Kinder der Verwandtschaft. Das sollte auch Philipp II. wieder beweisen. Denn auch Bischof Leopoldo hatte im »hohen« Alter von fünfzig Jahren einen Sohn, Maximiliano de Austria (1555–1614). Dieser begann seine kirchliche Karriere mit Hilfe Philipps II. als Abt der reichen Abtei von Alcalá la Real in Andalusien und wurde auf Betreiben des Königs 1596 Bischof von Cádiz und Algeciras. Unter Philipp III. bestieg er 1601 den Bischofsstuhl von Segovia, ab 1603 war er Erzbischof von Santiago de Compostela, einer der reichsten der spanischen Diözesen.[23] Ohne die tatkräftige Hilfe der königlichen Familie wäre die steile Karriere beider illegitimer Austrias nicht möglich gewesen.

Philipp II. wurde bei seiner Andalusienreise von weiteren Familienmitgliedern begleitet, nämlich seinen beiden Neffen, den Erzherzögen Rudolf und Ernst, deren dynastisches Gewicht nach dem Tod von Carlos nochmals beträchtlich zugenommen hatte. Nach den Verhandlungen mit den Ständen in Córdoba – der Rat der ehemaligen Kalifenmetropole beschloss 1572, zur Erinnerung an den Besuch des Monarchen das Brückentor der Stadt durch den Architekten Hernán Ruiz III. (1534? – 1606) im Renaissancestil erneuern zu lassen, auf dem noch heute eine Inschrift an Philipp II. erinnert – reiste der König mit seinen Neffen weiter nach Sevilla, in jene Stadt, die die Verbindung zur Neuen Welt herstellte. In jenem Jahr brachte die Amerikaflotte jedoch nicht die Silberschätze, die Philipp II. für seine Auseinandersetzungen mit den Osmanen, den Morisken und nicht zuletzt den Niederländern benötigt hätte. Daneben lässt sich nicht gänzlich der Eindruck verwischen, der Monarch wollte seinen Neffen jene Territorien zeigen, die einer von ihnen künftig vielleicht einmal regieren würde.

Der Einzug in Sevilla war wieder einmal besonders prunkvoll, die Stadt war geschmückt mit Triumphbögen und Blumen.[24] Und auch Sevilla war damals noch mehr von der arabischen Baukunst geprägt als heute. Denn es waren nicht nur das Minarett der Hauptmoschee, die so genannte Giralda, also der Turm der jetzigen Kathedrale, zu sehen, oder der arabische Alcázar, der Königspalast. Es existierten auch noch zahlreiche Moscheen, zwar in Kirchen umgewandelt, aber trotzdem in ihrem islamischen Baustil noch klar erkennbar. Pars pro toto sei die Kirche El Salvador genannt, heute eine der mächtigen barocken Gotteshäuser Andalusiens, damals der größte noch existierende Moscheebau in Sevilla. Philipp II. ließ zwar die aufständischen Morisken bekämpfen unter dem Vorwand, diese würden weiter gläubige Muslime sein, was er verabscheute, doch die islamische Baukunst sah er nicht nur immer wieder, sondern bewunderte sie auch.

Der König entschied im Mai 1570, zurück nach Kastilien zu reisen, da er von seinem Bruder Juan gehört hatte, die

Morisken würden um Verhandlungen bitten. Philipps II. Präsenz in Andalusien schien nicht mehr nötig zu sein, Juan hatte die Lage angeblich fest im Griff. Bis der Aufstand der Morisken im Herbst 1570 endgültig zusammenbrach, sollten die Gräueltaten der königlichen Truppen und der christlichen Untertanen nicht aufhören – im Gegenteil nahmen sie noch zu. Blutige Massaker gab es beispielsweise im Albaicín, dem Moriskenviertel der Stadt Granada, und in vielen der kleinen Dörfer in den Bergen, in denen sich die Aufständischen noch verbissen verteidigten.

Als die Morisken schließlich besiegt waren, entschied der König, das Problem könne nur durch deren Umsiedlung aus Granada gelöst werden. Wären sie entwurzelt, würden sie sich schneller assimilieren und vielleicht doch noch gute Christen werden. Das erfuhren sie jedoch nicht in dieser Form, um ein neuerliches Aufflackern des Aufstandes zu verhindern. Vielmehr wurde verkündet, im Königreich Granada, das nicht nur durch den Krieg zerstört war, sondern wo die große Trockenheit der Jahre 1568 und 1569 zusätzlich zu Missernten geführt hatte, würde es nicht möglich sein, die hungernde Bevölkerung zu ernähren. Daher müssten die Morisken »zeitweise« in andere Gegenden übersiedeln, um ihr Überleben zu sichern. Philipp II. versteckte sich somit hinter Argumenten christlicher Nächstenliebe, obwohl er nicht im Geringsten daran dachte, die Vertriebenen je wieder zurückkehren zu lassen.

Ab dem 1. November 1570 mussten die Morisken das Königreich Granada verlassen. Sie wurden im westlichen Andalusien angesiedelt, in der Extremadura und in Altkastilien. Wie viele Menschen ihre Heimat zu verlassen hatten, ist nicht mit Sicherheit zu sagen, weil genaue Daten fehlen, welche Zahl an Menschen tatsächlich den Massakern von 1569 und 1570 zum Opfer gefallen war. In ihrem Blutrausch zählten die königlichen Soldaten nicht die Leichen, sondern hörten mit dem Morden erst auf, wenn in einem eroberten Ort, der Widerstand geleistet hatte, kein menschliches Leben mehr existierte. Es waren schließlich mindestens 80 000 Menschen, eher aber 150 000, möglicherweise sogar mehr als 200 000, die

Granada zu verlassen hatten. Selbst Juan de Austria beklagte die Misere der Menschen, die im Winter in Regen und Schnee nach Norden ziehen mussten.[25] In ihren neuen Wohnorten wurden sie außerdem scheel betrachtet, abgelehnt und erst recht nicht immer integriert. Das Moriskenproblem erlebte also keine Lösung, sondern nur einen weiteren Aufschub. Bis zu seinem Tod sollte Philipp II. noch öfter mit seinen Räten beraten, was mit den Morisken zu geschehen habe. So gab es immer wieder Pläne, ihnen ihre Kinder wegzunehmen, damit wenigstens diese im Christentum assimiliert würden. Der König ging allerdings nicht so weit, eine Vertreibung der Morisken aus allen spanischen Ländern zu realisieren.

Die Aussiedlung der granadinischen Morisken und ihre Konsequenzen sind heute auch mit genetischen Analysemethoden zu verifizieren. Im Dezember 2008 erschien in »The American Journal of Human Genetics« ein ausführlicher Bericht einer internationalen Forschergruppe unter der Leitung des Briten Mark A. Jobling, die auf der gesamten Iberischen Halbinsel bei insgesamt 1140 Männern das Y-Chromosom, das nur vom Vater an den Sohn weitergegeben wird, untersuchte. Die Ergebnisse der Studie bestätigen die historischen Ereignisse. Zehn Prozent aller Spanier haben einen Genpool, der jenem der Nordafrikaner ähnelt. Doch leben diese mehrheitlich in Westandalusien, der Extremadura, in Galicien und in León (Zamora, Salamanca), wo um die zwanzig Prozent der Menschen mit den Nordafrikanern genetisch eng verwandt sind. In Granada dagegen ist der nordafrikanische Genpool nahezu nicht mehr präsent. Das Beispiel zeigt deutlich, wie nachhaltig und durchgreifend die Vertreibung der Morisken aus Granada war, während in jenen Provinzen, in die sie ausgesiedelt wurden, die Assimilation größerer Bevölkerungsanteile offensichtlich gelang. Die Untersuchung zeigt nicht zuletzt, wie fruchtbringend der Einsatz naturwissenschaftlicher Methoden auch für die Geschichtswissenschaft sein kann.[26]

Das einst blühende Königreich Granada verfiel durch die Deportationen ab 1570 wirtschaftlich noch mehr, als dies ohnedies schon nach der christlichen Eroberung ab 1492 geschehen war. So brach die Seidenproduktion, einst eine der Quellen des Wohlstandes, nahezu vollständig zusammen. Die Siedler[27], die aus Kastilien und den nördlichen Territorien nach Granada gebracht wurden, beherrschten weder die Kultivierung der Maulbeerbäume noch die Zucht der Seidenraupen und erst Recht nicht die Erzeugung der Seide. Die Spuren der Vertreibung von 1570 mit all ihren negativen ökonomischen Folgen konnten teilweise erst im 20. Jahrhundert beseitigt werden. Manche sind noch heute sichtbar. Denn die diversifizierte Landwirtschaft der Morisken wurde ersetzt durch Monokulturen der Olive und teilweise des Weins, die noch heute die Landschaft Granadas so sehr prägen.

Nach den Vertreibungen von 1570 kamen dennoch einige Morisken wieder zurück nach Granada. Vor allem der andalusische Adel, der ihre Arbeitskraft schätzte, schützte sie vor der Verfolgung durch die königlichen Institutionen. Im Jahr 1580 zählte man in Granada wieder 10 000 Morisken. 1584 wurden neuerlich 3500 vertrieben, 1610, dem Jahr der definitiven Deportation der granadinischen Morisken, waren 10 000 Personen betroffen.[28] Die Zahlen zeigen deutlich, dass nicht alle Morisken bereit waren, sich ihrem Schicksal widerstandslos zu unterwerfen. In diesem Zusammenhang sind die Ereignisse in Granada zwischen 1588 und 1599 zu sehen, die als einer der spektakulärsten Versuche zu werten sind, dem Zusammenleben zwischen Morisken und Altchristen eine positive Basis zu verleihen.

Im Jahre 1588 wurde das Minarett der ehemaligen Hauptmoschee von Granada abgerissen, das dem Ausbau der Kathedrale der Stadt im Wege stand. Dabei machten die Arbeiter einen geheimnisvollen Fund: eine Bleischachtel mit einem Pergament, verschiedenen Reliquien, einigen Knochen, die bald einem frühchristlichen Märtyrer, dem Heiligen Stefan, zugeschrieben wurden, sowie einem Stück eines Schleiers, der Maria, der Mutter Jesu Christi, gehört haben soll. Das Pergament war besonders mysteriös, enthielt es doch Texte in Arabisch, Kastilisch und Latein.[29] Weiter tauchten zwischen

1595 und 1599 in Höhlen auf einem Hügel namens Valparaíso, nicht weit entfernt vom Albaicín, eigenartige Bleitäfelchen mit sonderbaren Zeichnungen und Texten in Arabisch und Latein auf.[30] Gemäß diesen Texten war es der Heilige Cecilio, der Patron Granadas, der gemeinsam mit zwei weiteren Männern, Schülern des Apostels Jakobus, dort begraben lag. Alle drei hatten zu Zeiten des Kaisers Nero (37–68) in Granada wegen der Verkündigung des Evangeliums das Martyrium erlitten. Und alle drei waren Araber, die auch noch persönlich Jesus Christus gekannt hatten.[31] Die Jungfrau Maria hatte Cecilio außerdem beauftragt, persönlich einige der Texte der Bleitäfelchen in Arabisch zu verfassen. Die Nachricht war deutlich genug: Die Iberische Halbinsel war nicht nur vom Apostel Jakobus christianisiert worden, sondern vor allem von dessen arabischen Schülern. Das Christentum konnte also auch von Menschen arabischer Zunge gelebt werden. Der Vorwurf an die Morisken, keine guten Christen zu sein, weil sie nicht Kastilisch sprechen wollten, war gemäß dem Inhalt der Täfelchen also nicht haltbar.

Die Funde erregten noch unter Philipp II. ungeheure Aufmerksamkeit. Wenn die Texte echt waren, hatte die gesamte Kirchengeschichte Spaniens umgeschrieben zu werden. Zwar gab es bald auch Zweifler, die an eine Fälschung glaubten[32], doch in Sacromonte, auf dem Heiligen Berg, wie der Hügel bald genannt wurde, geschahen Wunder. Der Erzbischof von Granada, Pedro de Castro (1534–1623), setzte seinen Ehrgeiz daran, aus Sacromonte einen Wallfahrtsort zu machen, berühmter als Santiago de Compostela in Galicien.[33] Die Geschichte beschäftigte bald auch die Inquisition, erweckte die Aufmerksamkeit des Papstes, an den die Täfelchen schließlich übergeben werden mussten, und blieb geheimnisvoll, nicht zuletzt, weil Rom unter Androhung der Exkommunikation die Publikation der Texte verbot. Nach Granada kamen die Täfelchen erst wieder im Jahre 2000 zurück. Dort sind allerdings bis heute die Stimmen nicht verstummt, die behaupten, der damalige Präfekt der Glaubenskongregation, Kardinal Joseph Ratzinger, habe nur Kopien überschickt, die

Originale dagegen befänden sich noch in Rom. Sei es, wie es sei. Heute ist zumindest unumstritten, dass die Funde im Minarett ebenso wie auf dem Sacromonte auf gebildete, adlige, assimilierte Morisken zurückzuführen sind, die die prekäre Lebenssituation ihrer Landsleute mit diesen Fälschungen verbessern wollten. Es waren Mitglieder der moriskischen Oberschicht Granadas, die zwar treu zur christlichen Sache standen, aber das Schicksal der angeblich dem Islam anhängenden Unterschicht nicht aus den Augen verloren. Einer der Fälscher war mit hoher Wahrscheinlichkeit Alonso del Castillo, der für Philipp II. alle möglichen Texte aus dem Arabischen übersetzte und auch die arabischen Inschriften auf der Alhambra für den König interpretiert hatte, ein anderer Miguel de Luna.[34] Beide standen auch in Kontakt mit der oben genannten Familie Núñez Muley.[35] Ihre Rechnung ging allerdings nicht auf: Denn unter Philipp III. wurden alle nicht assimilierten Morisken aus der spanischen Monarchie vertrieben.

Doch zurück zum Jahre 1570:[36] Angesichts der prekären Lage im Mittelmeerraum hatte wiederholt eine der angrenzenden Mächte die Gründung einer anti-osmanischen Allianz in den Raum gestellt. Die Kreation einer derartigen Liga scheiterte aber immer wieder an den Einzelinteressen der daran zu beteiligenden Mächte. 1570 sollte sich dies kurzfristig ändern. Im Frühling jenes Jahres lief eine große osmanische Flotte aus Istanbul aus. Ihr Ziel war die Insel Zypern, seit dem Ende des 15. Jahrhunderts der östlichste Außenposten der Republik Venedig, wertvoll nicht nur wegen ihrer strategischen Situation, sondern auch wegen ihrer bedeutenden Baumwollfelder, mit deren Produkten nicht nur die venezianischen Märkte versorgt wurden. Den Osmanen gelang die Eroberung der zwar gut befestigten, aber mit zu wenigen Soldaten versehenen Insel bis zum September 1570. Einzig die Festung Famagusta hielt sich bis August 1571.

Der osmanische Vorstoß wirkte sich katalysierend auf die Gründung der so genannten »Heiligen Liga« aus, die im Mai 1571 in Rom unterzeichnet wurde. Die wichtigsten Mitglieder waren die Monarchie Philipps II., Venedig und der

Papst. Mit einigen wenigen Galeeren wollten sich auch die Johanniter und Genua beteiligen sowie einige der italienischen Reichsfürsten, so Florenz. Trotz des großen Pomps beim Abschluss des Ligavertrages agierte die Allianz zunächst äußerst zurückhaltend. Es gab Streitigkeiten zwischen den beteiligten Mächten, dem Verlust Zyperns wurde nahezu tatenlos zugesehen. Da Philipp II. versprochen hatte, die Hälfte der Ligakosten zu übernehmen, konnte er auch deren Oberbefehlshaber nominieren. Er bestellte zu diesem seinen Halbbruder Juan de Austria.[37]

Die Liga hätte ihre Schiffe nach Zypern dirigieren sollen, doch hatten ihre Mitglieder zu unterschiedliche Interessen. Die Zwistigkeiten zwischen den Kommandanten der einzelnen Einheiten verhinderten ein entschiedenes Vorgehen. Statt dessen versammelte sich die Flotte erst in Messina in Sizilien und fuhr dann ostwärts, wo sie im Ionischen Meer auf die osmanischen Seestreitkräfte traf. Am 7. Oktober 1571 kam es dort zur Seeschlacht von Lepanto, die aufgrund taktischer Fehler der osmanischen Oberkommandierenden die Ligaflotte gewann.[38] Zwei Tage später schrieb Giovanni Andrea Doria, der die genuesischen Schiffe befehligte, an Philipp II.: »Es hat Gott gefallen, Eurer Majestät durch die Hand des Herrn Don Juan de Austria gegen die Feinde Eures heiligen Glaubens den größten Sieg zu geben, den je ein christlicher Fürst erlangt hat, und er ist umso größer, weil Eure Armada und jene der Liga sehr wenig Schaden erlitten haben. [...] Beten wir zur himmlischen Majestät, dass sich Eure Majestät noch vieler und guter Jahre erfreuen kann und dass Euch als so gutem Fürsten viele andere und größere Siege beschert werden mögen, und nachdem das eine Angelegenheit Gottes ist, hat man auf seine unendliche Gnade zu hoffen.«[39]

Der Sieg vergrößerte ohne jeden Zweifel den Ruhm von Juan de Austria und wurde in der gesamten Christenheit überschwänglich gefeiert und propagandistisch überhöht. Eine Fülle an Flugschriften verherrlichte den christlichen Sieg. Der berühmte königliche Typograph Christoph Plantin (1520?–1589) druckte beispielsweise in Antwerpen ein lateinisches Reimwerk auf den christlichen Sieg[40], doch finden sich triumphierende Publikationen in vielen europäischen Sprachen, auch auf Deutsch.[41]

Auch in den Schönen Künsten wurde der Sieg verherrlicht. Philipp II. selbst beauftragte den genuesischen Maler Luca Cambiaso (1527–1585), für den Klosterpalast des El Escorial große Gemälde zu fertigen, die allesamt den heroischen Sieg verewigen sollten. Die sechs Bilder stellen alle Stationen des Triumphes dar: das Auslaufen der christlichen Armada aus dem Hafen von Messina, das Aufeinandertreffen mit den osmanischen Streitkräften, die beiden Flotten in Schlachtaufstellung, die Seeschlacht, den Rückzug der osmanischen Streitkräfte sowie schließlich das neuerliche Einlaufen der siegreichen christlichen Streitmacht in Messina.[42] Bekannt ist auch das Gemälde von Tizian aus dem Jahre 1572 mit dem Titel »Spanien eilt der Religion zu Hilfe«. Klar wird bei diesem Bild der religiöse Aspekt des Sieges betont: Vom Betrachter aus gesehen auf der rechten Seite kniet die fast nackte Religion in jämmerlicher Pose. Ihr kommt von links eine Frauengestalt mit einer Standarte zu Hilfe. Dass die Frau Spanien darstellt, wird deutlich durch den Schild, den sie in ihrer rechten Hand trägt. Auf diesem sind die Wappen der Monarchie Philipps II. zu sehen. Im Hintergrund in der Mitte ist schließlich eine Figur dargestellt, die die im Meer versinkenden Osmanen symbolisiert.[43]

Beutestücke aus der Schlacht wurden in vielen Teilen Spaniens ausgestellt. Noch heute befinden sich osmanische Standarten und andere Artefakte im El Escorial, in der Wallfahrtskirche von Guadalupe in der Extremadura sowie in der Kathedrale und dem Museum von Santa Cruz in Toledo, um nur einige Orte zu nennen. Vor dem Christus von Lepanto in der Kathedrale von Barcelona wird auch heute noch täglich andächtig gebetet. Die Nachricht, die mit all diesen Darstellungen und der Präsentation von Beutestücken verbreitet werden sollte, ist deutlich: Es war gelungen, die angeblich so unbesiegbaren Osmanen niederzuringen. Gott selbst, dem dies ein Anliegen war, hatte dabei den Christen geholfen.

Es ist auch bemerkenswert, dass schon etwas mehr als drei
Wochen nach der Schlacht die Nachricht aus dem östlichen
Mittelmeer bis nach Madrid gedrungen war, interessanter
Weise durch venezianische Boten. Dies zeigt neuerlich, als
wie wichtig das Ereignis bewertet wurde. Philipp II. ließ gleich
Dankgottesdienste und Prozessionen abhalten, so am 1. November 1571: »Der khonig hat wegen bemelter gutter zeit-
tungen [= Nachrichten] den 1. November, so Omnium
Sanctorum [= Allerheiligen] gewest, ain statliche procession
gehalten [...]«, berichtete der kaiserliche Sonderbotschafter
Johann Khevenhüller aus Madrid.[44] Bald wurden in Madrid
auch irreale Hoffnungen wie die geäußert, nun werde auch der
Kaiser mit einem mächtigen Landheer die Osmanen angreifen,
was Khevenhüller lapidar mit den Worten kommentierte:
»reden wie die blinten von der farb«.[45]

Der Kaiser war 1571 keineswegs gut auf Philipp II. zu
sprechen. Denn im Frühling dieses Jahres hatte der König die
Besetzung des Reichslehens Finale an der ligurischen Küste
angeordnet. Der Zeitpunkt schien günstig. Denn da die Besat-
zungstruppen aus Mailand kamen, konnten sie ohne großes
Aufsehen agieren. Fragen nach dem Zweck der Truppenzusam-
menstellungen konnten mit den Vorbereitungen für den Entsatz
von Zypern beantwortet werden. Eine Ausrede für die Besetzung war ebenso rasch gefunden. Angeblich beabsichtigte der
französische König seinerseits, das Reichslehen in seine Gewalt
zu bekommen. In Wahrheit trachtete Philipp II. danach, die
spanische Straße in die Niederlande zu stärken[46] und unabhängig
vom Hafen des befreundeten Genua zu werden. Maximilian II.
sah in der Besetzung des Reichslehens dagegen ein schwerwiegendes Präjudiz der kaiserlichen Autorität und Jurisdiktion und
jener des Heiligen Römischen Reichs, und das kurz, nachdem er
seine Tochter mit Philipp II. verheiratet hatte. Im Kastell von
Finale hatte außerdem eine kaiserliche Besatzung gelegen, die
dort eingesetzt worden war, nachdem die Untertanen ihren
tyrannischen Markgrafen vertrieben hatten. Philipp II. wurde
schließlich klar, dass es unklug war, einen Streit mit der Wiener
Verwandtschaft aufrecht zu erhalten. 1573 erlaubte er die

neuerliche Installation kaiserlicher Kommissare in Finale. Das
Ziel, die Markgrafschaft in seinen Machtbereich zu integrieren,
erreichte er also nicht. Dies gelang erst seinem Sohn und
Nachfolger.[47] Die Aktion von 1571 hatte allerdings tatkräftig
verhindert, den Kaiser in eine gemeinsame Front gegen die
Osmanen einzubinden.

Politisch hatte der Sieg von Lepanto kaum Folgen, sieht man
davon ab, dass es angeblich gelungen war, 15 000 christliche
Galeerensklaven zu befreien. Zwar hatten die Osmanen in
Lepanto zwei Drittel ihrer Flotte verloren, doch ein Jahr später
waren diese Verluste bereits ersetzt. 1572 wälzte Philipp II.
zwar viele Pläne, was er mit seiner erstarkten Flotte unternehmen könnte – schließlich hatte Juan de Austria auch
osmanische Galeeren erbeutet –, doch fehlte es ihm wieder
einmal an Geld, nicht zuletzt, um die benötigten Rudersklaven
zu kaufen. Dennoch schrieb er im März 1572 an die Herrscher
von Persien, Äthiopien und Arabien und bot ihnen Allianzen
und gemeinsame Strategien gegen das Osmanische Reich an.[48]
Dass die Perser und Araber ebenfalls Muslime waren, störte ihn
in diesem Zusammenhang nicht. Er bekämpfte den Islam in
seinen eigenen Ländern in Europa sowie die islamischen
Mächte des Mittelmeerraumes, wobei selbst das nicht vollständig stimmt, bedenkt man die Schutzverträge, die er mit
nordafrikanischen Herrschern fallweise abschloss. Außerhalb
des euromediterranen Raumes scheute er den Kontakt mit
dem Islam ganz und gar nicht. Auch auf den fernen Philippinen hatten seine Amtsträger Umgang mit Muslimen.

Das Jahr 1572 verging also ungenutzt, ein christlicher
Vorstoß nach Nordafrika oder in das östliche Mittelmeer
unterblieb. Die Liga zerbrach bereits 1573, als Venedig sich
ganz pragmatisch entschloss, den Verlust Zyperns hinzunehmen und einen Separatfrieden mit dem Sultan zu schließen.
Der Sultan rächte sich denn auch an Spanien für die verlorene
Schlacht. 1574 zog eine osmanische Flotte vor Tunis und
eroberte die Festung. Die Osmanen schoben damit die Grenzen ihrer Territorien weit nach Westen vor und beherrschten
nun eindeutig das östliche Mittelmeer.[49]

Die nie enden wollenden finanziellen Probleme Philipps II., der Krieg in den Niederlanden und Probleme im gesamten atlantischen Raum veranlassten den König, 1581 einen dreijährigen Frieden mit dem Osmanischen Reich abzuschließen, der später immer wieder verlängert wurde.[50] Der Mittelmeerraum verlor damit seine Qualität eines bevorzugten Feldes der Außenpolitik des Königs. Er musste sich mit dem entstandenen labilen Kräftegleichgewicht zwischen seiner Monarchie und dem Osmanischen Reich abfinden. Ideen eines Kreuzzuges in das Heilige Land geisterten zwar manchmal durch die Köpfe der Räte Philipps II. – so vor allem nach der Schlacht von Lepanto, nach der García Álvarez de Toledo, der Eroberer des Peñón de los Vélez im Jahre 1564, Juan de Austria einen Vorstoß nach Jerusalem vorschlug[51] –, doch waren derartige Träume nicht finanzierbar. Allein die Kosten für die Nahrungsmittel der Rudersklaven wären enorm gewesen. 1572 kalkulierte Carlos de Aragón, Duque de Terranova († 1599) und interimistischer Vizekönig von Sizilien zwischen 1571 und 1577, folgenden Bedarf an Lebensmitteln für sieben Monate für eine Flotte von hundert Galeeren. Für jede Galeere wurden 164 Ruderer und 60 Befehlsleute und Matrosen veranschlagt, bei 100 Galeeren machte das 22 400 Personen. In sieben Monaten hätten diese verzehrt: 93 093 Quintales[52] Schiffszwieback (ca. 4300 Tonnen), 103 075 Arrobas[53] Wein (ca. 12 000 Hektoliter), 2576 Quintales Salzfleisch (ca. 120 Tonnen), 1710 Quintales Käse (ca. 80 Tonnen), 1909 Quintales Thunfisch und Sardinen (ca. 90 Tonnen), 855 Quintales Reis (ca. 40 Tonnen), 12 600 Fanegas[54] Erbsen und Bohnen (ca. 7000 Hektoliter), 3150 Arrobas Öl (ca. 350 Hektoliter), 7000 Arrobas Essig (ca. 800 Hektoliter) und 700 Fanegas Salz (ca. 40 Tonnen).

Abgesehen von der heute anderen Art und Weise, die Lebensmittel zu wiegen und zu messen, sind die Zahlen eindrucksvoll. Dabei darf nicht außer Acht gelassen werden, dass die Ruderslaven schlechter verköstigt wurden als die kämpfende Truppe, nämlich hauptsächlich mit Zwieback und Hülsenfrüchten. Nach den Kalkulationen von Terranova hätten auch noch um die 30 000 Soldaten auf den Galeeren fahren sollen. Diese mehr als 50 000 Menschen hätten in sieben Monaten verbraucht: 210 342 Quintales Schiffszwieback (ca. 9700 Tonnen), 536 742 Arrobas Wein (ca. 62 000 Hektoliter), 13 557 Quintales Salzfleisch (ca. 625 Tonnen), 9037 Quintales Käse (ca. 415 Tonnen), 10 209 Quintales Fisch (ca. 470 Tonnen), 4525 Quintales Erbsen und Bohnen (ca. 210 Tonnen), 8339 Arrobas Öl (ca. 960 Hektoliter), 18 425 Arrobas Essig (ca. 2100 Hektoliter) und 1688 Fanegas Salz (ca. 95 Tonnen).[55] Diese Zahlen geben einen Eindruck darüber, wie schwierig zu organisieren und wie kostenintensiv ein neuer Feldzug gegen das Osmanische Reich gewesen wäre. Denn nicht zuletzt mussten die Lebensmittel in einer Situation von Missernten erst aufgetrieben werden, die die Güter ohnedies noch verteuerten. Und der Lohn für die Soldaten wäre auch noch zu bezahlen gewesen. Ein Friede, wenn auch ein brüchiger, mit dem Osmanischen Reich war da deutlich billiger, vor allem, weil besonders der niederländische Krieg bedeutende Geldmittel verschlang.

6.2 Den Briel 1572: Der Aufstand in den Niederlanden

Philipp II. hatte die Niederlande im August 1559 verlassen. Ob er selbst daran gedacht hatte, jemals wieder dorthin zurückzukehren, entzieht sich unserer Kenntnis. Aufgrund seiner vielfältigen Aufgaben erscheint es allerdings wenig wahrscheinlich, dass er eine Rückkehr konkret ins Auge gefasst hatte. Die Niederlande schienen ohnedies in guten Händen zu sein. Als Statthalterin hatte er seine Halbschwester Margarete von Parma eingesetzt, an deren Seite stand als versierter Ratgeber Antonio Perrenot de Granvela, der schon reiche politische Erfahrung unter Karl V. gesammelt und auch führend an der Verhandlung des Friedens von Cateau-Cambrésis beteiligt gewesen war. Damit schien es möglich zu sein, diesen Teil des philippinischen

Erbes ohne große Probleme in der weiteren Zukunft zu regieren.

Bald jedoch brachen in den Niederlanden vielfältige Konflikte auf, die nicht nur mit den religiösen Umwälzungen zu tun hatten, die durch die Reformation hervorgerufen worden waren.[56] Die dauernden Kriege Karls V. gegen Frankreich hatten das Land an die Grenzen seiner wirtschaftlichen Leistungsfähigkeit gebracht, die Bevölkerung klagte über den hohen Steuerdruck, der auf den einzelnen Provinzen lastete. Margarete von Parma versuchte hier geschickt, den Ausgleich zwischen den ständischen und den königlichen Interessen zu finden, und war dabei auch relativ erfolgreich. Die Unzufriedenheit der Niederländer kondensierte sich daher auch gar nicht so sehr an der Person der Statthalterin, sondern viel mehr an jener Granvelas, dem viele der Fehlentwicklungen im Lande zur Last gelegt wurden. Stein des Anstoßes war zunächst die Neugliederung der niederländischen Diözesanstruktur, die Philipp II. im Mai 1559 mit dem Papst ausgehandelt hatte und die ohne die Einbeziehung des niederländischen Adels zustande gekommen war. Es sollten auf dem Gebiet der bisher bestehenden vier Bistümer, die, wie beispielsweise Köln oder Reims, ihre Zentren außerhalb des königlichen Machtbereichs hatten, vierzehn neue Diözesen geschaffen werden, die allesamt nur niederländische Territorien umfassen würden. An den Domkapiteln der einzelnen neuen Bistümer sollten außerdem zwei Domherren mit den Aufgaben von Inquisitoren betraut werden.

Gerade gegen die letztgenannte Bestimmung erhob sich sofort entschiedener Protest. Die Niederländer wollten keine Inquisitoren, deren Anwesenheit ihre Handelskontakte mit Kaufleuten aus reformierten Territorien in massive Gefahr gebracht hätte. Außerdem ließ sich nicht verleugnen, dass nicht nur die Ideen der Täufer oder Luthers ins Land eingedrungen waren, sondern zunehmend fand auch Jean Calvin seine Anhänger, aus sprachlichen Gründen vor allem in den wallonischen Teilen der niederländischen Provinzen. Als 1561 außerdem bekannt wurde, dass Granvela nicht nur zum Erzbischof von Mecheln in Brabant ernannt werden sollte, sondern auch noch den Kardinalshut erhalten hatte, wurde der Protest noch wütender. Denn Granvela als enger Vertrauter Philipps II. wäre damit an die erste Stelle innerhalb der Stände von Brabant gelangt, die als die mächtigsten aller siebzehn niederländischen Provinzen galten.

Schon während dieser Zeit kristallisierten sich die Hauptakteure in den künftigen Auseinandersetzungen mit Philipp II. heraus. Es waren dies vornehmlich niederländische Adlige, die durch ihre ökonomische Potenz hervorstachen, aber auch von sich behaupten konnten, nicht nur Karl V. ohne jeden Vorbehalt gedient zu haben, sondern auch Philipp II. am Beginn seiner Regierung. Personen wie Lamoral von Egmont oder Wilhelm von Oranien[57] hatten im letzten Krieg gegen Frankreich heldenhaft für die Sache des Königs gekämpft, waren Mitglieder des Ordens vom Goldenen Vlies und wollten es nicht hinnehmen, dass ihr Einfluss auf die Regierungsentscheidungen in den Niederlanden durch einen »Ausländer« wie Granvela – er war in Besançon in der Freigrafschaft Burgund zur Welt gekommen – zurückgedrängt werden sollte. Nicht zu übersehen ist weiter, dass diese Adligen als Statthalter diverser Provinzen über die Möglichkeit verfügten, dichtmaschige Netzwerke an Loyalitäten zu weben. Diese verhalfen ihnen zur nötigen Gefolgschaft, die sie bedingungslos unterstützte. Der niederländische Hochadel war außerdem nicht nur innerhalb des Landes durch Eheschließungen eng miteinander verbunden, sondern hatte seine matrimonialen Netzwerke auch nach Frankreich und zu anderen Reichsfürsten geknüpft. Wilhelm von Oranien hatte beispielsweise 1561 Anna von Sachsen (1544–1577) geheiratet, die Tochter des Kurfürsten Moritz von Sachsen und der Agnes von Hessen (1527–1555). Philipp II. kannte den Kurfürsten nicht nur als seinen Begleiter während seiner ersten Reise durch das Heilige Römische Reich, sondern auch als den Anführer der protestantischen Fürstenopposition, die seinen Vater Karl V. 1551 in so arge Bedrängnis gebracht hatte. Der König versuchte daher mit allen Mitteln, diese Ehe zu verhindern, scheiterte aber ebenso wie Granvela. Oraniens Stand am Königshof in Spanien ebenso wie in Brüssel erlitt durch die sächsische Heirat bedeutende Kratzer, was gar manche der Aktionen der späteren Kontrahenten etwas deutlicher erklären kann.

Genannt werden muss auch Philipp II. von Montmorency, Graf von Hoorn, der Kommandant der persönlichen Leibwache Philipps II. seit 1549. Hoorn hatte mit dem König 1559 die Niederlande verlassen, musste in Spanien tatenlos zusehen, wie sein Einfluss auf den Monarchen immer mehr schwand und kehrte 1561 in die Niederlande zurück. Er bildete fortan eines der Mitglieder des Trios, das besonders vehement gegen die Kirchenpolitik Philipps II. und gegen Granvela mobil machte. Nicht übersehen werden darf, dass also Oranien, Egmont und Hoorn aus dem engen Umfeld Philipps II. kamen, den Monarchen persönlich besonders gut kannten und sich somit im Recht wähnten, wenn sie ihm ihre Forderungen unterbreiteten.

Der Widerstand des niederländischen hohen Adels hatte vorläufig also nicht den König zum Ziel, sondern Granvela. Im März 1563 – Philipp II. war gerade intensiv damit beschäftigt, den Fall der Festung Oran in Nordafrika zu verhindern – stellten Oranien, Egmont und Hoorn dem König ein Ultimatum. Würde Granvela nicht abberufen werden, würden sie alle ihre Funktionen im Dienst der Monarchie abgeben. Gleichzeitig schlossen sich die Feinde Granvelas zu einer »Liga« zusammen, die immer mehr Zulauf erhielt. Bei deren Zusammenkünften wurde weiter gegen Granvela intrigiert. Philipp II. wollte seinen treuen Minister jedoch nicht abberufen. Vielmehr verlangte er, einer der drei Adligen möge nach Spanien kommen und die Lage erklären. Diese blieben ebenfalls hart und verkündeten, bis zur Abberufung Granvelas nicht mehr an den Sitzungen des Staatsrates teilzunehmen. Noch schmerzhafter für Philipp II. war allerdings der Beschluss der Stände Brabants, ihre Steuergelder erst nach der Abberufung Granvelas wieder zu zahlen.

Das war der Moment, in dem auch die Statthalterin von Granvela abrückte. Im benachbarten Frankreich war gerade der

erste Hugenottenkrieg zu Ende gegangen, doch hatte sich die
Lage zwischen den zerstrittenen Parteiungen der Katholiken
und Calvinisten keineswegs entspannt. Der Ausbruch neuerlicher militärischer Auseinandersetzungen war jederzeit möglich – tatsächlich sollte es 1567 zum zweiten Hugenottenkrieg
kommen –, weshalb Margarete von Parma um die Sicherheit
der Niederlande fürchtete. Denn in die Kämpfe in Frankreich
konnten diese nur zu leicht hineingezogen werden, gab es doch
Stimmen, die eine Unterstützung der Hugenotten forderten.
Daher verlangte auch Margarete mit zunehmender Vehemenz
die Abberufung Granvelas.

Philipp II. hätte diesen wohl dennoch gehalten. Doch in der
Zwischenzeit wuchs auch in Madrid der Widerstand gegen
den Kardinal. Am Königshof standen sich die schon erwähnten
beiden Palastparteiungen gegenüber. Die Gruppierung um
den Duque de Alba war entschieden gegen alle Zugeständnisse
an die Niederländer und deshalb eine der Stützen Granvelas.
Ruy Gómez de Silva, Príncipe de Éboli, und der königliche
Sekretär Francisco de Eraso vertraten dagegen die Anliegen der
Niederländer. Ruy Gómez war, nachdem er die verschiedensten Funktionen in der Verwaltung des Königreichs Kastilien
eingenommen hatte, ab 1557 in den Niederlanden gewesen
und hatte auch den Friedensvertrag von Cateau-Cambrésis
1559 an führender Stelle mitverhandelt. Damals hatte er
freundschaftliche Beziehungen zum niederländischen Hochadel aufgebaut, zu dessen Gunsten er seinen Einfluss auf den
König nun ausnützte.

Auch Eraso war in den Niederlanden gewesen. In den
letzten Jahren Karls V. hatte er als dessen spanischer Sekretär in
Brüssel gewirkt und intensive Kontakte mit den dortigen
Adligen gepflegt, die vielfach außerdem Mitglieder des Ordens
vom Goldenen Vlies gewesen waren. Der Sturz Granvelas ist
dennoch einem Zufall zu verdanken. Denn da Alba gerade
nicht am Königshof weilte, gewannen die den Niederländern
freundlich gesinnten Kräfte kurzfristig an Einfluss. Philipp II.
beugte sich schließlich dem Druck seiner Umgebung und
berief Granvela im Dezember 1563 ab. Dieser verließ unter

dem Vorwand, seine alte Mutter in der Freigrafschaft Burgund besuchen zu müssen, im März 1564 Brüssel, eine Stadt, die er nie mehr betreten sollte.

Mit dem Sturz Granvelas fielen auch jene seiner Ideen, die so sehr zur Eskalation des Konflikts beigetragen hatten. Die neu installierten Bischöfe sollten künftig ein eigenes Einkommen erhalten und nicht mehr aus Klöstern, die mit den Bischofs-stühlen vereinigt werden sollten, finanziert werden. Das führte zu einer Beruhigung der Lage, vor allem in Brabant, wo der Widerstand gegen diesen Plan wegen des großen Einflusses der dortigen Abteien in der territorialen Ständeversammlung besonders groß war. Auch die Einführung der Inquisition fiel der Staatsräson zum Opfer. Schließlich beruhigte sich auch der Adel wieder. Da Granvela nicht mehr als Präsident des Staatsrats tätig war, nahmen die Noblen auch wieder an dessen Sitzungen teil. Philipp II. verlor wegen seiner Konzentration auf die Mittelmeerpolitik – 1564 wurde der Peñón de Vélez erobert – die Niederlande etwas aus seinem Blick, so dass Margarete von Parma relativ unbeeinflusst durch Anweisungen aus Madrid ihre Regentschaft ausüben konnte.

Es hing also nicht nur mit inneren Faktoren zusammen, dass die Lage in den Niederlanden dennoch bald wieder weiter eskalierte, sondern viel mehr mit äußeren. Die poli-tische Lage im Umfeld der Niederlande verschärfte sich nicht nur in Frankreich, sondern auch in deren nördlicher und östlicher Nachbarschaft. Mit England brach ein Handelskrieg aus, der zeitweise den gesamten Warenverkehr zum Erliegen brachte. Dies wiederum führte wegen des Fehlens der eng-lischen Wolle zu einer anwachsenden Arbeitslosigkeit bei den niederländischen Webern. Noch gravierender sollte sich allerdings der Krieg zwischen Dänemark und Schweden auswirken, der im Juni 1563 ausbrach. Denn einer seiner unmittelbaren Folgen war eine nahezu vollständige Sperre der Ostsee. Dies führte zu einer weiteren Arbeitslosigkeit, dieses Mal bei den Schiffsleuten und jenen Berufsgruppen, die Produkte aus dem Ostseeraum verarbeiteten. Vor allem aber brach die niederländische Getreideversorgung zusammen, da um die 15 Prozent der niederländischen Bevölkerung von den Getreidelieferungen aus dem Ostseeraum lebten. Die Folge waren massive Verteuerungen beim Getreide, die sich noch mehr potenzierten, weil der Winter 1564/1565 einer der kältesten des gesamten 16. Jahrhunderts war und in seinem Anschluss auch große Teile der Ernte des Jahres 1565 vernichtet wurden. Die Niederländer wurden Opfer eines Wetterphänomens, das als »Kleine Eiszeit« bezeichnet wird.[58] Der Brotpreis verdreifachte sich in manchen Regionen der Niederlande zwischen März und Dezember 1565.[59]

Dazu gesellte sich schließlich noch das Element des religiösen Streits. Unter Karl V. waren die Lutheraner und die Täufer in den Niederlanden mit aller Härte verfolgt worden, die Scheiterhaufen, auf denen die »Ketzer« brannten, beseitigten beispielsweise die Täufer bis auf verstreute Kleingruppen nahezu vollständig. Laut Parker gab es um 1560 44 Orte in den gesamten Niederlanden mit anabaptistischen Zellen. Dagegen nahmen nach dem Regierungsantritt Philipps II. die Anhänger von Calvin kontinuierlich zu. 1566 besaßen schon an die dreihundert Ortschaften calvinistische Gemeinden, die jedoch in den allermeisten Fällen im Untergrund organisiert waren. Diese erhielten allerdings beständig Verstärkung durch Glaubensflüchtlinge aus Frankreich. Die lutherischen Gemeinden waren dagegen zum größten Teil den Verfolgungen unter Karl V. zum Opfer gefallen. Parker nennt für die sechziger Jahre nur noch fünf dieser Gemeinden.[60]

Der Verfolgung der Calvinisten stellten sich häufig auch die lokalen Autoritäten entgegen, die zwar an sich gegen die »Ketzerei« waren, aber fanden, die von den Tribunalen verhängten Strafen seien zu hoch. Würden, so auch der niederländische Staatsrat, die Strafen für Ketzerei gesenkt, wäre es um einiges einfacher, die Akzeptanz der Notwendigkeit einer Verfolgung religiöser »Fehlmeinungen« zu erhöhen. In dieser Angelegenheit konnte der Staatsrat jedoch nicht selbst entscheiden, sondern das musste Philipp II. tun. In Brüssel wurde daher im Dezember 1564 beschlossen, den Grafen Egmont an

den Königshof zu senden, um Philipp II. zu einer milderen
Haltung in der Religionsfrage zu bewegen.

Philipp II. war eindeutig nicht erfreut, einen Abgesandten
aus den Niederlanden zu empfangen. Er war zu diesem
Zeitpunkt vollauf mit der Mittelmeerpolitik beschäftigt,
denn der Erfolg des Jahres 1564 sollte möglichst noch ausgebaut werden. Und er war nach wie vor fest davon überzeugt,
in Religionssachen keinesfalls Toleranz zu zeigen. Doch musste
er gute Miene zum ihm missfallenden Spiel machen und
unbedingt zeigen, dass er den Niederländern wohl gesonnen
sei. Hier ließ sich auch mit Gerüchten arbeiten. So wusste der
kaiserliche Botschafter Dietrichstein schon Ende 1564 zu
berichten – in Madrid hatte man eben erfahren, dass der
niederländische Gesandte kommen würde –, dass der Prinz
Carlos einen reorganisierten Hofstaat bekommen werde.
Oberstkämmerer des Thronfolgers sollte angeblich Egmont
werden.[61] Philipp II., aus dessen Umfeld das Gerücht wohl
stammte, wollte eindeutig beruhigen und in den niederländischen Angelegenheiten Zeit gewinnen, um die Mittelmeer-
fragen zu lösen.

Aus Dietrichsteins Berichten an Kaiser Maximilian II. geht
auch hervor, dass damals schon immer deutlicher die Forderung erhoben wurde, Philipp II. möge in die Niederlande
kommen und die Probleme selbst vor Ort lösen.[62] Im Februar
1565, kurz vor der Ankunft von Egmont in Madrid, betonte
der kaiserliche Botschafter neuerlich, der König müsse unbedingt in die Niederlande reisen. Als positives Anzeichen für die
tatsächlichen Reisepläne wertete er die Tatsache, dass angeblich
100 000 Dukaten dorthin geschickt worden waren.[63] Die
Mission von Egmont am Hof Philipps II. scheiterte allerdings
vollkommen. Ein untrügliches Zeichen dafür ist in der Tatsache zu sehen, dass Dietrichstein, der gewöhnlich nicht
schlecht informiert war, überhaupt nichts über die Verhandlungen zwischen Philipp II. und dem Grafen in Erfahrung
bringen konnte.

Egmont dürfte seinem König gehörig auf die Nerven
gegangen sein. Denn im Februar 1565 waren schon erste

Informationen nach Spanien durchgesickert, dass der Sultan
eine Seeoffensive in den Westen plane. Dass das Ziel schließlich
Malta sein würde, konnte zu diesem Zeitpunkt niemand
wissen. Philipp II. musste damit rechnen, dass seine eigenen
Territorien in Süditalien das Ziel sein könnten, und hatte die
nötigen Vorbereitungen zu treffen. »Es geht mir so vieles im
Kopf herum, dass ich kaum noch weiß, was ich sage oder
tue«[64], gestand er seinem Staatssekretär Gonzalo Pérez
(† 1566)[65], der ihm schon seit 1543 diente und ihn auch
nach England begleitet hatte, was das besondere Vertrauensverhältnis zwischen den beiden Menschen erklärt. Egmont
sollte ganz offensichtlich Sand in die Augen gestreut werden,
denn Philipp II. machte ihm einige Geschenke, blieb sonst aber
hart. Er forderte die Rückführung der Niederlande auf den
Zustand, wie er ihn 1559 bei seiner Abreise hinterlassen hatte,
sowohl in politischer als auch in religiöser Hinsicht. Allerdings
sagte er zu, eine Theologenkommission einzuberufen, die
darüber beraten sollte, ob eine Modifikation der Ketzergesetze
möglich sei, ohne die weitere Ausbreitung von häretischen
Ideen zu begünstigen. Gonzalo Pérez vertraute er allerdings an,
dass er keinesfalls eine Milderung der Bestrafungen zulassen
werde.[66]

Egmont kehrte in die Niederlande zurück mit der festen
Überzeugung, er habe den König zum Nachgeben bewegen
können. Doch schriftliche Bestätigungen hatte er nicht in der
Hand. Zwar konnte er mitteilen, dass Philipp II. wegen der
Osmanengefahr in diesem Jahr nicht in die Niederlande
kommen würde, mehr jedoch nicht. Obwohl die Theologenkommission die Milderung der Ketzeredikte empfahl, lag die
endgültige Entscheidung bei Philipp II. Dass dieser nicht
nachgeben werde, schwante wohl vielen, als im Mai sein
Befehl eintraf, sechs Täufer trotz deren Reue hinzurichten.
Der Geist von Valladolid wurde einmal mehr sichtbar, denn
auch dort war die Strafmilderung bei Reue nur die Verbrennung der vorher gnadenhalber erwürgten Opfer gewesen. Eine
Schonung reuiger »Ketzer« kam nicht in Frage. Denn Philipp II. folgte der Meinung vieler katholischer Theologen

seiner Zeit, dass nur das Feuer die Sünden der vom »wahren« Weg des Glaubens Abgekommenen beseitigen und sie vor der ewigen Verdammnis erretten könne.

Im Juni 1565 reiste Isabel von Valois nach Bayonne an der spanisch-französischen Grenze, um sich mit ihrer Mutter Katharina von Medici zu treffen, die damals in Frankreich die Regentschaft für ihren noch minderjährigen Sohn Karl IX. (1550−1574) ausübte.[67] Obwohl sich Philipp II., der wegen der angespannten Lage im Mittelmeer nicht an dem Ereignis teilnahm, intensiv bemühte, den Eindruck zu erwecken, seine Frau habe nichts anderes im Sinn, als nach so vielen Jahren wieder einmal ihre Mutter in die Arme zu schließen, kochten schon damals die Gerüchte über. Zu dem Treffen begleitete die Königin nämlich der Duque de Alba, neben Granvela der bedeutendste Verfechter einer harten Haltung gegenüber allen Forderungen der Niederländer. Bei der Zusammenkunft wurde jedenfalls über eine gemeinsame spanisch-französische Haltung gegenüber dem Protestantismus gesprochen. Philipp II. wollte sich eindeutig den Rücken freihalten, sollte er sich in den Niederlanden zu einem härteren Vorgehen veranlasst sehen, und sicher gehen, dass er in diesem Fall keinen Widerstand seitens Frankreichs zu erwarten haben würde. Alba, der auf der Seite Granvelas gestanden hatte und mit diesem erst einmal politisch untergegangen war, hatte wieder die Gunst des Königs zurückerobert, wie seine Teilnahme an der Zusammenkunft zeigt. Francisco de Eraso, Parteigänger der Niederländer, wurde dagegen unter dem Vorwand, er habe königliches Geld unterschlagen, im darauffolgenden Jahr 1566 zum Ersatz von 12 380 Dukaten verurteilt und politisch weitgehend kalt gestellt.[68] Auch Ruy Gómez wurde zeitweise vom Königshof fern gehalten.

Während des Sommers 1565 hatte Philipp II. eine selbst von Oranien akzeptierte Ausrede, warum er keine Entscheidung bezüglich der Ketzeredikte treffen könne, nämlich die Belagerung Maltas durch die Osmanen. Kaum war aber Ende September die Nachricht über den Entsatz der Mittelmeerinsel in Madrid eingetroffen, war allen Beteiligten klar, dass nun eine

Entscheidung fallen würde. Am 20. Oktober 1565 teilte Philipp II. tatsächlich Margarete von Parma mit, an der Inquisition bis zur Klärung der religiösen Verhältnisse in den Niederlanden festhalten zu wollen. Erst danach plane er eine Einberufung der niederländischen Generalstaaten und eine Änderung der Religionsedikte.[69] Die Halbschwester des Königs hielt eine Publikation dieses Schreibens vorläufig zurück. Als sie es aber doch veröffentlichte, ging ein Sturm der Entrüstung durch das Land. Die Adligen aller Konfessionen schlossen sich zusammen und richteten am 5. April 1566 an Margarete eine Massenpetition, in der sie neuerlich die Milderung der Religionsedikte und die Suspendierung der Inquisition bis zur Einberufung der Generalstaaten verlangten.

Das Besondere an diesem 5. April 1566 ist in der Tatsache zu sehen, dass sich die Überbringer der Petition mit dreihundert Bewaffneten Zugang zum Regentenpalast verschafften, ohne von irgend jemandem daran gehindert werden zu können. Zwar wurden die Petenten bald abschätzig mit dem französischen Wort »gueux« – »Bettler« bezeichnet, ein Begriff, der später in der Form »Geusen« für die niederländischen Aufständischen verwendet werden sollte, doch der Autoritätsverlust von Margarete war eindeutig. Schon am 6. April 1566 musste sie den Befehl unterzeichnen, künftig mit »Ketzern« milder umzugehen.[70]

Mit diesen Zugeständnissen brachen alle Dämme. Denn nun begannen die Calvinisten überall in den Niederlanden, öffentliche Gottesdienste unter freiem Himmel abzuhalten. Sie taten dies vornehmlich auf den Besitzungen sympathisierender Adliger, wo ihnen die Beamten der Regierung nichts anhaben konnten. Bei den Gottesdiensten und Predigten hatten sie immer größeren Zulauf, da die Menschen wegen der ökonomischen Krise ohnedies keine Arbeit fanden und im beginnenden Frühling die Tage immer länger wurden. Hand in Hand mit dem Anwachsen der Anhängerschaft ging die Schaffung organisatorischer Strukturen der Calvinisten. Dennoch ging die Macht zunehmend auf die calvinistischen Prediger über, die es allein durch ihre Worte schafften, die Menschen in ihren Bann zu ziehen. Die Situation eskalierte zunehmend, Margarete und dem Staatsrat glitten die Zügel immer mehr aus der Hand.

Im August 1566 explodierte der calvinistische Zorn über die Katholiken endgültig. Unter dem Einfluss charismatischer Prediger begannen sie, Kirchen und Klöster zu stürmen, alle Heiligenbilder und Statuen zu zerstören und die verbliebenen altgläubigen Geistlichen zu vertreiben. Erst beteiligten sich an den Aktionen nur wenige Personen, doch nahm deren Zahl täglich zu. Der so genannte Bildersturm nahm seinen verhängnisvollen Lauf[71], und bald wurde deutlich, dass auf der Ebene von Verhandlungen nichts mehr zu erreichen war, sondern wohl die Waffen sprechen würden.

Schon im Vorfeld dieses ersten Aufstandes in den Niederlanden zeigte sich deutlich, dass es nicht möglich sein würde, den Konflikt auf lokaler Ebene einzudämmen. Vielmehr bemühten sich alle Beteiligten, Verbündete zu finden, die sich auf ihre Seite stellen würden. Der niederländische Adel nahm bereits am Rande des Augsburger Reichstages zu Beginn des Jahres 1566 Kontakt mit Kaiser Maximilian II. auf, um dessen Vermittlung gebeten wurde.[72] Bei diesem beklagte sich auch Margarete von Parma. Die protestantischen Reichsstände dagegen forderten den Kaiser schon am April 1566 auf, sich bei Philipp II. und der Statthalterin um ein moderates Vorgehen zu bemühen.[73] Maximilian II. wusste nicht genau, wie er sich verhalten sollte, denn einerseits benötigte er die Geldbewilligungen aller Reichsstände, war doch längst bekannt, dass der Sultan nach dem Desaster von Malta dieses Jahr das Heilige Römische Reich angreifen wollte, andererseits mochte er es sich auch mit Philipp II. nicht verscherzen. Dieser war schließlich nicht nur sein Vetter und Schwager, sondern an dessen Hof hielten sich auch seine beiden ältesten Söhne auf.

Alle Streitparteien begannen außerdem, Truppenwerbungen im Heiligen Römischen Reich zu planen. Im Juli 1566 wandte sich Wilhelm von Oranien an den Landgrafen Philipp I. von Hessen (1504–1567) mit der Bitte, Truppenwerbungen zu erlauben. Philipp II. wiederum schrieb im August

1566 aus seiner Sommerresidenz im Bosque de Segovia an den Kaiser, er möge ihm Patente für die Werbung von 3000 Reitern und 10 000 Fußsoldaten ausstellen.[74] Nicht nur der Kaiser bestürmte den König, er möge sich um eine Lösung des Konflikts durch sein persönliches Erscheinen in den Niederlanden bemühen, sondern auch in den Niederlanden wurde diese Forderung immer lauter. Maximilian II. riet außerdem, Philipp II. solle ohne großes Gefolge erscheinen, vor allem ohne Waffen, und den Niederländern Straffreiheit zusichern. Nur durch Güte, so der Kaiser, sei eine weitere Eskalation des Konflikts zu vermeiden.[75] Dies hinderte ihn allerdings nicht daran, für Philipp II. die gewünschten Werbepatente auszustellen und gegen den spanischen König gerichtete Truppenwerbungen im Heiligen Römischen Reich zu verbieten.[76]

Die folgenden Monate zeigten hektische Aktivitäten auf allen Seiten. Während in den Niederlanden der Bildersturm nur sehr langsam abebbte, sandte der Kaiser den Kärntner Adligen Johann Khevenhüller nach Madrid, um Philipp II. zur Mäßigung zu ermahnen.[77] Dieser antwortete in einem Brief, er würde sehr gerne Milde in der Behandlung der Niederländer anwenden, doch dies sei ihm nicht möglich. Allein die Wahrung seines königlichen Ansehens erfordere, mit einer starken Heeresmacht dort zu erscheinen. Mit Nachgiebigkeit habe er bisher nur das Gegenteil erreicht.[78]

In der Zwischenzeit waren in Madrid längst die Würfel gefallen. Schon im November 1566 hatte Philipp II. dem Duque de Alba den Oberbefehl über alle in den Niederlanden befindlichen spanischen Truppen und die noch dorthin zu führenden Soldaten übertragen. Alba reiste im April 1567 aus Kastilien ab und gelangte über Italien in sein künftiges Operationsgebiet. Bis zu diesem Zeitpunkt hatte es noch immer geheißen, Philipp II. werde persönlich nach Brüssel kommen. Noch im Februar 1567 hatte sich Margarete von Parma bei Maximilian II. für den Rückstand bei der Bezahlung der Türkenhilfe mit der Ausrede entschuldigt, Philipp II. werde bald in die Niederlande kommen, weshalb sie vorläufig kein Geld schicken könne.[79] Und auch noch im August 1567 versicherte sie dem Kaiser, Philipp II. werde persönlich erscheinen.[80] Zu diesem Zeitpunkt war es den Truppen von Margaretes Regierung jedoch schon längst gelungen, diesen ersten Aufstand niederzuschlagen.[81] Denn die Amerikaflotte hatte 1566 Silber im Wert von mehr als 4 Millionen Dukaten gebracht. Von dieser Summe stand nahezu die Hälfte dem König zu. Dieser hatte noch im Sommer 1566 einen beträchtlichen Geldbetrag an Margarete gesandt. Mit Hilfe dieses Geldes hatte sie in alle calvinistisch gewordenen Städte Besatzungen legen können. Valenciennes, das gehofft hatte, Unterstützung aus Frankreich zu erhalten, musste im März 1567 den Truppen der Statthalterin die Tore öffnen – Egmont hatte persönlich die Belagerung der rebellischen Stadt geleitet, was deutlich zeigt, dass er trotz aller Kritik auf der Seite des Königs stand. Daraufhin vertrieben auch die verbliebenen Städte wie Maastricht ihre calvinistischen Prediger und akzeptierten königliche Besatzungen. Antwerpen öffnete im April 1567 seine Tore für eine königliche Besatzung von 3000 Mann. Als Anfang Mai 1567 auch Vianen königliche Truppen einließ, war der Aufstand endgültig vorbei. Alle Städte lieferten ihre Bilderstürmer an die Vertreter der Brüsseler Regierung aus – die meisten dieser Menschen wurden binnen kurzem hingerichtet. Wilhelm von Oranien, der nicht immer klar gegen die Calvinisten aufgetreten war, hatte im April 1567 alle seine Ämter in der Brüsseler Regierung zurückgelegt und war auf seine Reichsterritorien außerhalb der Niederlande geflohen.[82]

Der Bote, der Philipp II. die erfreuliche Nachricht überbrachte, dass der Aufstand beendet sei, kam allerdings zu spät. Denn Alba war schon auf dem Weg nach Italien. Der Staatsrat in Madrid beriet dennoch noch einmal, ob überhaupt die kostspielige Aktion unternommen werden sollte. Bei den königlichen Ministern herrschte Uneinigkeit, vier waren dafür, vier dagegen. Also blieb Philipp II. bei seiner Meinung, die Niederlande müssten endgültig befriedet und von allen protestantischen Ideen gesäubert werden, damit er dann in Ruhe dort persönlich nach dem Rechten sehen könnte. Alba zog daher am 22. August 1567 in Brüssel ein, und eröffnete

Margarete, er habe künftig die militärische, sie aber die zivile Verwaltung inne. Nach wenigen Tagen kam es aber schon zum Streit zwischen den beiden königlichen Amtsträgern. Einer der Hauptpunkte war, dass die Statthalterin auf Anraten Albas Egmont und Hoorn nach Brüssel einlud. Beide erschienen, waren sie doch der Meinung, ohnedies immer für die Sache des Königs gekämpft zu haben. Doch Alba ließ sie gegen den Willen von Margarete von Parma verhaften. Diese fühlte sich düpiert, degradiert zu einer verräterischen Handlangerin des Duque, gab ihr Amt als Statthalterin zurück und reiste Ende 1567 nach Italien ab. Alba konnte nun, ungebremst durch die Kompromissbereitschaft der Halbschwester Philipps II., als ziviler und militärischer Stellvertreter des Monarchen die Niederlande zu einem katholischen und königstreuen Mitglied innerhalb der spanischen Monarchie zurückführen. Wenn die Ruhe endgültig hergestellt wäre, so seine Überlegung, könne der König erscheinen und würde ein befriedetes Land vorfinden.

Alba agierte auf zwei Ebenen. Erwartete er den Widerstand einer Stadt gegen eine seiner Maßnahmen, legte er dort seine Truppen hin, die berüchtigten, weil sehr effizienten »Tercios«[83]. Die Stadtväter waren dann nur allzu schnell bereit, die Wünsche Albas zu erfüllen. Als ebenso effizient erwies sich die Schaffung eines Ausnahmegerichtshofes, des so genannten Rats der Unruhen, dem als erste prominente Opfer Egmont und Hoorn nach ihrer Verhaftung am 9. September 1567 übergeben wurden. Als Mitglieder des Ordens vom Goldenen Vlies hätten sie das Recht auf einen Gerichtsstand vor ihren Ordensbrüdern gehabt. Dies ignorierte Alba im Auftrag Philipps II. vollkommen, wobei besonders erwähnenswert erscheint, dass sowohl Alba als auch Egmont ebenso wie Kaiser Maximilian II. am 15. Januar 1546 beim 21. Ordenskapitel in Utrecht gemeinsam von Karl V. in den Orden aufgenommen worden waren.[84] Die beiden Grafen wurden wegen Aufruhrs und Hochverrats angeklagt. Trotz der Fürsprache des Kaisers[85] und manch anderer Persönlichkeiten ließ sie Philipp II. am 6. Juni 1568 in Brüssel hinrichten. Dieser Justizmord an den verdienten Vasallen ihres Königs bildete ohne jeden Zweifel jenes Moment, das das Ansehen Philipps II. nicht nur in den Niederlanden, sondern auch im Heiligen Römischen Reich und in vielen anderen Teilen Europas unwiderruflich schädigte. Alba und sein Herr schufen damit eine Tatsache, die tatkräftig in die »leyenda negra«, die Schwarze Legende, eingearbeitet werden sollte, und nicht nur die Gegner Philipps II. vor den Kopf stieß. Die harte Unnachgiebigkeit des Königs erscheint unverständlich, doch darf sie nicht aus dem Kontext ihrer Zeit herausgelöst werden. 1572 beispielsweise scheute sich Katharina von Medici nicht, die Hugenottenfrage durch das Massaker der Bartholomäusnacht im katholischen Sinne zu lösen. 1587 beseitigte Elisabeth I. die schottische Königin Maria Stuart auf dem Schafott.

Außerdem schien Alba mit seiner Politik richtig zu liegen. Die rücksichtslose Überwachung der Einhaltung der Religionsdekrete und der Terror, der durch den Rat der Unruhen verbreitet wurde, schienen Früchte zu tragen. Mehr als 12 000 Menschen, die mit dem Aufstand von 1566/1567 in Zusammenhang gebracht wurden, mussten vor Gericht erscheinen. Von diesen wurden 9000 zum völligen oder teilweisen Verlust ihrer Besitzungen verurteilt, an mehr als tausend Menschen wurde ein Todesurteil vollzogen. Wilhelm von Oranien, der sich in das Heilige Römische Reich zurückgezogen hatte, war so klug, der Aufforderung, vor Gericht zu erscheinen, nicht zu folgen. Daher wurden alle seine Güter konfisziert. Wollte er diese wieder zurück erhalten, musste er weiterhin gegen Philipp II., oder besser, gegen Alba, kämpfen. Damit waren die Weichen für die Zukunft gestellt.

Oranien war nach dem Tod all seiner Mitstreiter der unbestrittene Anführer der Opposition gegen Philipp II. im Exil. Denn auch Floris von Montmorency, Baron von Montigny (1528–1570), der Bruder von Hoorn, wurde nach dem Todesurteil des Rats der Unruhen im Kastell von Simancas in Kastilien erdrosselt. Er war noch 1566 im Auftrag der niederländischen Stände nach Madrid gereist, um den König zu einer Mäßigung der Religionsedikte zu bewegen, doch nach dem Bekanntwerden des Bildersturmes gefangen genommen worden. Um die öffentliche Meinung in den Niederlanden nicht noch mehr gegen sich aufzubringen, ließ Philipp II. diese Hinrichtung am Statthalter von Tournai, der ihm ebenfalls immer treu gedient hatte, geheim vollstrecken – 1601 sollte beispielsweise Martín Antonio del Río (1551 – 1608) in seiner Chronik über den niederländischen Krieg bemerken, »man weiß nicht, ob er eines natürlichen oder eines gewaltsamen Todes gestorben ist«.[86] Es war dies ein besonders perfider Justizmord, denn Montigny hatte am Aufstand eindeutig nicht teilgenommen, war aber einer der vehementen Gegner von Granvela gewesen.[87]

Bereits 1568 kam es zu Einfällen von Wilhelm von Oranien und seinen Verbündeten in den Niederlanden. Doch diese scheiterten. Die Eindringlinge wurden in der Schlacht bei Dalheim (Rheindahlen) im April 1568 besiegt, gewannen zwar den Waffengang beim Kloster Heiligerlee im Mai, verloren aber die Schlacht von Jemmingen (Jemgum) im Juli, bei der die Truppen Albas die Besiegten gnadenlos niedermetzelten. Ein letzter Einfall Oraniens im Herbst scheiterte ebenso. Auffällig bei all diesen Militäraktionen des Jahres 1568 war die geringe Hilfe, die die niederländischen Städte den Feinden Albas angedeihen ließen. Der Triumphzug des Duque schien nicht mehr zu bremsen zu sein, verzichteten doch auch Elisabeth I. von England und verschiedene Reichsfürsten auf eine weitere Unterstützung von Wilhelm von Oranien. Mit den bei Jemmingen erbeuteten Kanonen ließ sich Alba in Antwerpen ein Bronzestandbild errichten, das ihn als Sieger über die Rebellen, als Wiedererrichter der katholischen Gottesdienste und als Friedensbringer verherrlichte.[88]

Die Niederlande waren also endgültig »befriedet«, wenn auch der Weg zu diesem Frieden wegen der rücksichtslosen Politik Albas mit Leichen gepflastert war. Möglicherweise hätte nun eine Reise Philipps II. in seine »Niederen Erblande« tatsächlich eine nachhaltige Lösung aller noch anstehenden Probleme bringen und zu einer Aussöhnung zwischen dem Monarchen und seinen Untertanen führen können. An dieser

Stelle vermischten sich jedoch wieder die persönlichen Schicksalsschläge des Königs und die allgemeine politische Lage zu einem unentwirrbaren Knäuel. Die vielen und unterschiedlichen Aktionsfelder, mit denen sich Philipp II. in seinen so unterschiedlichen Territorien zu beschäftigen hatte, machten es ihm unmöglich, sich nur einem einzigen Problem ausschließlich zu widmen, weshalb auch die niederländische Frage offen blieb und letztendlich mit dem Abfall der nördlichen Provinzen von der Herrschaft des Königs endete.

1568 war, wie berichtet, Carlos, der einzige Sohn des Herrschers, gestorben. Dazu kam der Tod von Isabel von Valois, die ihrem Gemahl »nur« zwei Töchter hinterließ. Eine Reise in die Niederlande barg somit beträchtliche Risiken für die gesamte Monarchie in sich, denn eine derartige Unternehmung konnte mit dem Tod des Herrschers enden, auf der Reise ebenso wie im Zuge eines eventuellen neuen Aufstandes. Zögerte Philipp II. also erst aufgrund der Sorge um die eigene Sicherheit einen Besuch im Norden hinaus, so hatte er ab dem Winter 1568/1569 noch einen weiteren Grund, die Iberische Halbinsel nicht zu verlassen, nämlich den bereits erwähnten Aufstand der Morisken in Granada. Dieser schien den Verbleib des Königs an seinem Madrider Hof noch zusätzlich zu rechtfertigen.

Damit blieben weitere Entscheidungen über die niederländische Politik in großem Maße in den Händen des Duque de Alba, der vor Ort jene Dinge exekutierte, von denen er meinte, sie würden seinem Herrn gefallen. Dazu gehörte die aufgeschobene Einführung der neuen Diözesangliederung, die bis 1570 weitgehend realisiert wurde. Auch verschiedene andere Neuerungen führte Alba ein, so eine Vereinheitlichung der Strafrechtsordnung in den niederländischen Provinzen. Mit seiner Politik hatte er nicht zuletzt deshalb Erfolg, weil, wie es Parker formulierte, eine »geschulterte Armee« hinter ihm stand.[89]

Diese Armee rief aber die neuen Probleme hervor, die letztlich einen weiteren Aufstand in den Niederlanden provozieren sollten. Denn die 10 000 Soldaten, die Alba aus Italien

mitgebracht hatte, sowie die wallonischen und deutschen
Truppen, die 1568 mobilisiert worden waren, kosteten Geld.
Alba selbst bezifferte die Einrichtung einer stehenden Streit-
macht samt den Kosten für die Errichtung diverser Verteidi-
gungsbauten auf mehr als 4,1 Millionen Gulden im Jahr.
Philipp II. machte seinem Statthalter nur zu deutlich, dass
er nicht gewillt sei, die Ausgaben für die Verteidigung aus den
Kassen Kastiliens und letztlich mit dem Silber aus der Neuen
Welt zu bezahlen. Das hatte er noch 1568 getan, als die
territoriale Integrität der Niederlande massiv bedroht schien,
doch diese Zahlungen mussten nach den Wünschen des
Königs ein Ende haben. Vielmehr befahl er dem Duque,
die niederländischen Stände zusammenzurufen, um mit ihnen
neue Formen der Finanzierung zu beraten.

Im März 1569 versammelten sich die Staaten der Provinzen
und erfuhren von Alba die neuen Steuerpläne, betreffend den
zehnten, zwanzigsten und hundertsten Pfennig. Der hun-
dertste Pfennig, eine einmalige einprozentige Steuer auf das
Kapital, konnte ohne größere Streitereien eingeführt werden.
Da die Eintreibung der Steuer nicht verpachtet, sondern von
eigens ernannten Kollektoren der Zentralregierung eingetrieben wurde, die genaue Steuerlisten erstellten, brachte sie
bereits bis 1571 einen Gesamtbetrag von mehr als 3,6 Millionen Gulden ein, stellte also einen bedeutenden finanztech-
nischen Erfolg für die Steuerpolitik Albas dar. Mit seinen
anderen Steuerplänen scheiterte der Duque allerdings. Die
Stände stimmten einer permanenten fünfprozentigen Abgabe
auf alle Grundverkäufe und einer zehnprozentigen Steuer auf
alle sonstigen Verkäufe nicht zu. Die Steuern hätten noch dazu
ebenfalls nicht von ihnen, sondern von Beamten der Zentralregierung eingetrieben werden sollen. Alba hatte gehofft, mit
dieser »Mehrwertsteuer«, wie man sie heute nennen würde,
jährlich 13,6 Millionen Gulden einzunehmen, hätte also
bedeutende Überschüsse für die königlichen Kassen erwirt-
schaftet. Statt dessen hatte er sich vorläufig mit einer Sonderhilfe der Stände zufrieden zu geben, die zwischen August 1569
und Juli 1571 4 Millionen Gulden selbst eintreiben wollten.[90]

Alba musste vorläufig zustimmen, versuchte in den folgenden beiden Jahren allerdings hartnäckig, die Stände doch noch für eine Zustimmung zur Einführung seiner »Mehrwertsteuer« zu bewegen. Diese wollten eine weitere Sonderhilfe genehmigen, verweigerten aber die Einführung einer für alle Zeiten genehmigten Dauersteuer, obwohl Alba dabei einige Zugeständnisse machen wollte. Nun unterlief Alba ein folgenschwerer Fehler: Am 31. Juli 1571 führte er selbst und ohne Zustimmung der niederländischen Stände die neuen Steuern ein. Damit brach er klar die in Jahrhunderten gewachsene niederländischen Verfassungsstrukturen. Was Alba wirklich zu diesem unüberlegten Schritt bewog, ist nicht ganz nachzuvollziehen. Vielleicht war es ein Gefühl der Machtvollkommenheit, vielleicht aber auch das Wissen, dass er ohnedies bald die Niederlande verlassen würde. Denn Philipp II. wollte endlich die Wünsche des Duque auf Abberufung erfüllen und hatte schon verkündet, als seinen Nachfolger Juan de la Cerda y Silva, 4. Duque de Medinaceli, vormals Vizekönig von Sizilien, später Vizekönig von Navarra, einzusetzen.[91] Möglicherweise wollte Alba seinem Nachfolger ein wohl geordnetes Haus übergeben und rechnete nicht damit, dass die Niederländer Widerstand gegen die Steuer leisten würden.

Doch es kam ganz anders: Die Niederländer weigerten sich hartnäckig, die Steuern zu bezahlen, so dass sich gegen Ende des Jahres 1571 die Gelder Albas dem Ende zuneigten. Philipp II. war nicht gewillt, helfend einzuspringen, kämpfte er doch noch mit den Kosten des Aufstandes der Morisken und den Ausgaben für die Heilige Liga im Mittelmeer. Vielmehr warf er Alba vor, nicht alles für die Einführung des Zehnten Pfennigs unternommen zu haben. Der König verkannte die Situation und wies seinen Statthalter an, die Steuer notfalls mit Gewalt einzutreiben. Alba, der die Befehle aus Madrid blind befolgte, wohl, weil er ohnedies dauernd mit der Ankunft von Medinaceli rechnete, die sich allerdings bis Juni 1572 verzögern sollte, ließ im März 1572 die Räume der Kaufleute von Brüssel, die in den aktiven Steuerstreik getreten waren, von seinen Soldaten besetzen. Die Maßnahme brachte kein Geld, sondern

der Steuerstreik verbreitete sich über das gesamte Land und
lähmte die niederländische Wirtschaft vollkommen. Damit
stieg neuerlich die Arbeitslosigkeit, die Unzufriedenheit im
Land über Philipp II. und seinen Statthalter nahm wieder
sprunghaft zu. Der Nährboden war bereitet für den zweiten
Aufstand in den Niederlanden.[92]

Während der Zeit der Statthalterschaft von Alba hatten sich
mindestens 60 000 Niederländer, vornehmlich Calvinisten, der
Verfolgung durch den Rat der Unruhen entzogen und waren
mehrheitlich nach England und in jene Reichsterritorien
geflohen, in denen sie unbehelligt ihre Konfession ausüben
konnten. Diese Exilgemeinden, die sich teilweise schon vor der
Ankunft Albas formiert hatten, bildeten fortan die bevorzugten
Agitationsobjekte für Wilhelm von Oranien, bei denen er,
ebenfalls im Exil, Unterstützung gegen den Duque zu finden
suchte. Auch die französischen Hugenotten standen auf der
Seite der Niederländer im Exil, ganz zu schweigen von
Königin Elisabeth I. von England, die sich ab 1569 mit
Alba in einen heftigen Handelskrieg verstrickte[93], der mit
den Mitteln der Konfiskation der jeweiligen gegnerischen
Schiffe geführt wurde. Dazu kamen noch zunehmende Spannungen zwischen Elisabeth I. und Philipp II. Letzterer war
gegen Ende des Jahres 1570 von Maria Stuart, der schottischen
Königin, um Unterstützung für einen Sturz von Elisabeth I.
gebeten worden. Katholische Engländer im spanischen oder
niederländischen Exil gab es ebenfalls in großer Anzahl, die
ihrerseits bei Alba und Philipp II. gegen die englische Königin
konspirierten. Somit wurde deutlich, dass die niederländischen
Probleme nicht nur ein lokales Problem darstellten, sondern
massiv mit anderen Konflikten verwoben waren. Die jeweiligen politischen und Glaubensflüchtlinge trugen noch ein
weiteres Scherflein dazu bei, dass die Situation zu eskalieren
drohte.

Dazu kam noch ein weiteres Problem, nämlich die so
genannten Meergeusen. Diese hatten sich 1568 formiert, als
Oranien seine gescheiterten Invasionsversuche in den Niederlanden unternommen hatte. Zeitweise hatten diese mit Kaper-

briefen des Prinzen in der Nordsee und im Ärmelkanal operiert und sich immer wieder in englische Häfen flüchten können. Bald war Oranien nicht mehr in der finanziellen Lage, die Meergeusen ausreichend zu besolden, weshalb sich diese der Kaperei zuwandten. Sie überfielen jedoch nicht nur spanische Schiffe, sondern zunehmend auch solche der neutralen Hansestädte. Massive Proteste der Hanse in London bewirkten schließlich, dass die Geusen im März 1572, als sich in den Niederlanden gerade der Steuerstreik einem ersten Höhepunkt näherte, aus allen englischen Häfen verwiesen wurden. Die Meergeusen kreuzten im Ärmelkanal, hatten keine Aussicht, in einem Hafen anlegen zu können, und mussten schon aus Gründen des nackten Überlebens versuchen, irgendwo an Land zu gehen. Am 1. April 1572 landete die Flotte der Meergeusen im Hafen von Brielle (Den Briel) in Südholland. Der Ort wurde besetzt, im Namen von Wilhelm von Oranien und in jenem der Freiheit. Allgemein wird dieses Ereignis als der Beginn des zweiten Aufstandes der Niederländer gegen Philipp II. bewertet.[94]

Zwar reagierten die Truppen von Alba sofort und versuchten, die Geusen wieder zu vertreiben, doch gelang dies nicht. Vielmehr verstärkte sich die Gefahr eines allgemeinen Volksaufstandes immer mehr, konnte doch die Ernährung der Bevölkerung nicht mehr gesichert werden. Wegen der allgemeinen politischen Lage waren nicht nur die Getreidelieferungen aus dem Ostseeraum zum Erliegen gekommen, sondern auch die Fischerei in Holland. Die Menschen hungerten. Die Grundlage für einen erfolgreichen Aufstand wurde somit immer besser.

Es ist hier nicht der Ort, die weiteren Stationen des Aufstandes in den Niederlanden genau zu verfolgen. Die schon mehrfach zitierte Studie von Parker beschreibt den so genannten Achtzigjährigen Krieg der Niederlande um ihre Unabhängigkeit ebenso genau wie eine Vielzahl an Spezialuntersuchungen. Doch eines ist klar: Philipp II. war keineswegs bereit, seine ererbten Territorien so einfach in die Unabhängigkeit zu entlassen. Ganz im Gegenteil unternahm er alles, um den Aufstand niederzuschlagen. Dieser verbreitete sich vor allem ab Mitte Juni 1572 sehr rasch, nicht zuletzt deshalb, weil es Oranien und seinen Verbündeten gelang, mit Truppen in den Niederlanden einzudringen. Alba dagegen, in Erwartung eines Angriffes aus Frankreich, zog seine Streitkräfte aus Holland und dem Norden der Niederlande ab, was dort vorläufig zum Zusammenbruch der Herrschaft Philipps II. führte. Im November 1572 sah die Lage jedoch schon wieder anders aus, denn Alba war es gelungen, die gesamten Niederlande wieder unter seine Herrschaft zu bringen. Die Truppen Oraniens behaupteten sich nur noch in Holland und Zeeland, doch auch diese beiden Provinzen hoffte der Duque bald zurück zu erobern.

Der rasche Verfall der Macht Oraniens in weiten Teilen der Niederlande hing neuerlich mit Ereignissen außerhalb derselben zusammen. Eine Unterstützung der Niederländer durch die französischen Hugenotten blieb aus, wurden doch deren Führer und viele ihrer Anhänger in der Bartholomäusnacht, die auch unter dem Namen Pariser Bluthochzeit bekannt ist, im August 1572 brutal umgebracht. Als Philipp II. von dem Massaker erfuhr, verlor er angeblich jegliche Contenance, brach in lautes Gelächter aus und tanzte im Zimmer herum.[95] Ohne die Unterstützung durch die französischen Hugenotten musste, so seine Hoffnung, der niederländische Aufstand rasch zusammenbrechen. Albas Truppen gelang im September 1572 denn auch die Eroberung von Mons im Hennegau, danach ließ er seine unbezahlten Soldaten die Stadt Mechelen (Mecheln) in Brabant plündern. Ein ähnliches Schicksal erlitt Zutphen in Gelderland im November sowie Naarden in Holland im Dezember 1572. Bei beiden Plünderungen wurde die Bevölkerung zu Hunderten massakriert, so dass sich die meisten der anderen Städte der Niederlande wieder unter die Herrschaft Philipps II. begaben, um einem ähnlichen Schicksal zu entgehen. Der Ruf Albas als Schlächter unschuldiger niederländischer Menschen war endgültig befestigt. Dieser Ruf verstärkte sich noch mehr, als er im Juli 1573 die Soldaten, die Haarlem in

Holland seit Dezember 1572 gegen seine Truppen verteidigt hatten, sowie einige der städtischen Ratspersonen hinrichten ließ und der Stadt eine hohe Kriegskontribution auferlegte, obwohl in den Übergabeverhandlungen vereinbart worden war, dass den Unterlegenen Pardon gewährt werden würde. Die zweitausend Toten von Haarlem bewirkten, dass sich ab nun keine Stadt mehr freiwillig auf die Seite des Königs begeben wollte – der Widerstandswille der Niederländer wurde beträchtlich verstärkt.

In der Zwischenzeit war der Duque de Medinaceli im Juni 1572 in den Niederlanden eingetroffen. Er sollte sich allerdings einstweilen noch zurückhalten und Alba erst den Aufstand niederschlagen lassen. Bald kam es deshalb zu Differenzen zwischen den beiden königlichen Amtsträgern. Medinaceli kritisierte massiv das brutale Vorgehen von Alba und überschüttete auch Philipp II. mit seinen Kritiken. Zusätzlich geriet Medinaceli unter den Einfluss gemäßigter königstreuer Kreise, die über den neuen Statthalter versuchten, Philipp II. zu einer Mäßigung seiner Politik zu bewegen. In diesem reifte ob all der unterschiedlichen Stimmen, die auf ihn einredeten, der Entschluss, sowohl Alba als auch Medinaceli aus den Niederlanden abzuberufen. Neuer königlicher Statthalter in den Niederlanden sollte daher Luis de Requesens y Zúñiga († 1576) werden.

Requesens hatte Philipp II. seit 1535 als Page gedient, kannte also den König seit dessen Kindheit. Gemeinsam mit Karl V. war er zwischen 1547 und 1549 im Heiligen Römischen Reich gewesen, was bedeutete, dass ihm sein künftiges Einsatzgebiet nicht unbekannt war. Auch an der Belagerung von Metz durch Karl V. hatte er 1552 teilgenommen. Philipp II. hatte ihn 1561 zu seinem Botschafter in Rom ernannt. Gemeinsam mit Juan de Austria war er an der Niederschlagung des Aufstandes der Morisken in Granada beteiligt gewesen. Als ihn der Ruf seines Monarchen erreichte, in die Niederlande zu ziehen, wirkte er gerade als königlicher Gouverneur im Herzogtum Mailand.[96] Requesens war also ein erfahrener Politiker und Militär, dem Philipp II. vertraute und der alle Voraussetzungen mitzubringen schien, die Lage in den Niederlanden wieder zu stabilisieren.

Requesens zog im November 1573 in Brüssel ein. Anfänglich stand er allerdings durchaus noch unter dem Einfluss von Alba, der die Niederlande erst im Dezember jenes Jahres verließ. So weigerte er sich erst einmal, mit den Aufständischen Verhandlungen zu führen, obwohl ihm das wichtige königliche Befehlshaber wie Julián Romero (1518–1577), einer der Helden der Feldzüge der letzten Jahre, massiv anrieten. Lieber trennte er sich von Romero und verlor so einen seiner erfahrenen Kommandanten, der sich nach Italien zurückzog. Der »böse Geist« Albas verblasste erst, als die königlichen Soldaten 1574 eine Reihe schwerer Niederlagen hinnehmen mussten. Zusätzlich meuterten in jenem Jahr große Teile der spanischen Truppen, die seit Monaten keinen Sold erhalten hatten. Sie verließen die Orte, die sie eigentlich besetzt halten sollten, die sofort von den Truppen Oraniens übernommen wurden. Die Geldprobleme Philipps II., der 1572 und 1573 nahezu 7 Millionen Gulden aus Spanien in die Niederlande geschickt hatte[97] und am Ende seiner finanziellen Möglichkeiten stand, machten 1574 nahezu alle Erfolge wieder zunichte, die Alba auf seinem mit Leichen gepflasterten Weg erreicht hatte. Dabei hatte der König 1574 noch einmal bis zu 15 Millionen Gulden in die Niederlande überwiesen. Doch die 86 000 Soldaten, die er dort unterhielt, kosteten im Monat mindestens 1,2 Millionen Gulden. Requesens meinte denn auch, eine Rückeroberung der 24 Städte, die sich in Holland gegen den König erhoben hätten, könne mit keiner Zeit und keinem Geld der Welt mehr erreicht werden.[98]

1574 war wahrlich kein glückliches Jahr für Philipp II. Wie oben berichtet, ging in jenem Jahr Tunis an die Osmanen verloren samt der strategisch wichtigen Festung La Goleta. Philipp II. stand vor der schwierigen Entscheidung, Prioritäten zu setzen, entweder im Mittelmeer- oder im Nordseeraum. Ein Zweifrontenkrieg überstieg seine finanziellen Mittel auf jeden Fall. Im Frühling und Sommer 1574 plagten ihn ernsthafte Zweifel über die Richtigkeit seiner Politik, zeitweise klagte er, würden die Niederlande verloren gehen, wäre das das Ende seiner gesamten Herrschaft. Klar war außerdem, dass die Niederländer von den Misserfolgen im Mittelmeerraum Kenntnis erhielten, was ihnen bei eventuellen Verhandlungen eine weitaus bessere Position gab, als es ihrer militärischen Stärke entsprach.

Philipp II. verhinderte dennoch nicht, dass Requesens ab November 1574 versuchte, mit Oranien in Verhandlungen zu treten. Diese kamen tatsächlich im März 1575 in Breda zustande. Obwohl bis zum Juli 1575 verhandelt wurde, gab es dennoch keinen Kompromiss. Oranien verlangte eine religiöse Toleranz für die Niederlande und Garantien, dass nach der Niederlegung der Waffen keine Vergeltungsmaßnahmen des Königs zu befürchten wären. Requesens, der mit diesem Vorschlag bereits über die von Philipp II. genehmigten Konzessionen hinausging, bot eine sechsmonatige Übergangsfrist an, in der die Calvinisten ihren Besitz verkaufen und auswandern könnten. Auf dieses Angebot wollten die Niederländer verständlicherweise nicht eingehen. Die Verhandlungen scheiterten, der Krieg begann neuerlich.

Dieses Mal wandten sich die Truppen von Requesens nach Zierikzee in Zeeland, das sie nach langen Belagerungen im Juli 1576 erobern konnten. Die Idee dieser Belagerung war, das Territorium der Aufständischen in zwei Teile zu zerschneiden, die dann wohl leichter erobert werden könnten. Der Fall der Festung änderte aber nichts. Denn im September 1575 hatte Philipp II. ein Dekret erlassen, mit dem er zum zweiten Mal nach 1558 die vorläufige Suspendierung der Zahlungen durch die Monarchie erklärt hatte.[99] Damit bestand keine Möglichkeit mehr, Geld für den weiteren Krieg in die Niederlande zu senden. Keiner der Bankiers, mit denen der Monarch zusammenarbeitete, war noch bereit, unsichere königliche Wechsel zu übernehmen. Requesens soll dieses Dekret das Herz gebrochen haben. Jedenfalls schädigte es seine Gesundheit so nachhaltig, dass er im März 1576 verstarb. Da nicht klar war, wer dem Stadthalter nachfolgen sollte, übernahm einstweilen der niederländische Staatsrat die Regierungsgewalt. Allent halben im Land meuterten die spanischen Soldaten, die teilweise seit mehr als zwei Jahren keinen Sold erhalten hatten. Die Situation glitt immer weiter ins Chaos ab. Vollends eskalierte sie, als im November 1576 die spanischen Truppen, die die Zitadelle von Antwerpen verteidigten, einen Ausfall wagten und die Stadt tagelang plünderten. Damals wurden an die tausend Häuser zerstört, achttausend Menschen fanden den Tod. Unter dem Schlagwort der »spaanse furie«, der spanischen Wut, wurde die Plünderung der wichtigen Handelsmetropole zu einem festen Bestandteil der Schwarzen Legende, in der alle Gräueltaten Philipps II. und seiner Handlanger zusammengefasst wurden.[100]

In Anbetracht der unübersichtlichen Situation traten die niederländischen Generalstaaten zusammen, die den Staatsrat festsetzten und sich um einen Kompromiss zwischen Calvinisten und Katholiken bemühten, allerdings nur geeint wurden durch ihre Ablehnung der spanischen Soldateska. Diese Generalstaaten, in denen sich Katholiken und Calvinisten misstrauisch beäugten, anerkannten auch im Spätherbst 1577 Erzherzog Matthias (1557–1619), den späteren Kaiser, als neuen Statthalter der Niederlande. Sein Stellvertreter sollte Wilhelm von Oranien sein.

Es ist zu bezweifeln, ob die Generalstaaten jemals ernsthaft daran geglaubt hatten, Philipp II. würde seinen Neffen und Schwager als seinen Stellvertreter in den Niederlanden und als Marionette Oraniens anerkennen. Denn der König hatte nach dem Tod von Requesens bereits andere Verfügungen getroffen und seinen Bruder Juan de Austria zum neuen Statthalter ernannt. Juan befand sich seit dem Spätherbst 1576 in Luxemburg, konnte aber das Gewirr an unterschiedlichen und konträren Interessen vorläufig nicht entflechten. Noch dazu hatten im November 1576 Abgeordnete von Holland, Zeeland und den südlichen Provinzen die so genannte Genter Pazifikation unterzeichnet, in der sie sich gemeinsam verpflichteten, alle spanischen Truppen aus den Niederlanden zu vertreiben. Das Jahr 1577 war in den Niederlanden also von noch mehr an Chaos und Machtkämpfen zwischen den diversen politischen, religiösen, ständischen und territorialen Gruppierungen geprägt als die Jahre davor. Juan de Austria konnte sich nicht durchsetzen, doch auch Wilhelm von Oranien war nicht in der Lage, das Misstrauen der Katholiken gegenüber den Calvinisten zu zerstreuen. In verschiedenen niederländischen Städten hatten die Calvinisten nämlich die katholischen Räte einfach abgesetzt und die Macht übernommen, fallweise kam es auch zu neuen Bilderstürmen.

In dieser Situation hatte Philipp II. neuerlich Glück, und das aus zwei Gründen: Im Mittelmeerraum gelang es 1577, den Sultan für ein Jahr zum Verzicht auf Angriffe auf spanische Positionen im Westen zu bewegen. Dieser Pakt wurde die folgenden Jahre regelmäßig verlängert und machte damit Truppen in Italien und in Spanien frei, die nach Norden beordert werden konnten. Noch wichtiger war jedoch, dass im August 1577 in Sevilla eine Silberflotte landete, die die bisher noch nie erzielte Edelmetallmenge im Wert von zwei Millionen Dukaten für Philipp II. mit sich führte. Mit einem Schlag war dieser in der Lage, neue Kredite im Umfang von zehn Millionen Gulden von den Bankiers zu erhalten. Der niederländische Krieg konnte in eine neue Runde gehen.[101]

Der Führer der königlichen Kräfte in diesem Krieg war allerdings nicht mehr Juan de Austria, sondern Philipps II. Neffe Alessandro Farnese, Prinz von Parma, der Sohn der Margarete von Parma. Juan verstarb nämlich im Oktober 1578 an Typhus, obwohl auch nicht Stimmen verstummen wollten, die wegen seines langen Siechtums behaupteten, er wäre von den Anhängern Oraniens vergiftet worden. Farnese stand vor einer völlig neuen Situation. Denn die niederländischen Generalstaaten zerfielen wegen ihrer inneren Zerwürfnisse schrittweise. Im Januar 1579 schlossen Vertreter von Holland, Zeeland, Utrecht, Friesland, Gelderland und der Ommelande in Utrecht eine Union, im Rahmen derer sie sich verpflichteten, in Kriegs- und Friedensangelegenheiten gemeinsam vorzugehen. In der Religionsfrage sollte allerdings jede Provinz nach eigenem Gutdünken handeln. Die Utrechter Union erwähnte gar nicht mehr die Autorität des Königs, mit dem sich ihre Mitglieder offensichtlich auf keinen Fall mehr versöhnen wollten.

Der Gründung der Utrechter Union war einige Tage vor deren Unterzeichnung der engere Zusammenschluss der südlichen Provinzen vorangegangen. Der Hennegau und das Artois sowie Flandern hatten die Gründung der Union von Arras beschlossen und begannen bald mit Farnese Verhandlungen über eine Versöhnung mit Philipp II. Im Mai 1579 anerkannten sie schließlich wieder die unbeschränkte Autorität des Königs sowie seines Stellvertreters, des Prinzen von Parma. Zu diesem Zeitpunkt zeichnete es sich immer deutlicher ab, dass die Niederlande endgültig zerfallen würden. Zwar tagten noch einmal unter der Vermittlung Kaiser Rudolfs II. ab Mai 1579 Verhandlungen in Köln, an denen sowohl Gesandte der Niederländer als auch Philipps II. teilnahmen, doch konnte kein Kompromiss zwischen den beiden Parteiungen gefunden werden. Während der Verhandlungen tobte der Krieg weiter, im Juni 1579 gelang den Truppen von Farnese die Eroberung der Stadt Maastricht. Die Gesandten Philipps II. sahen daher keinen Grund, konzessionsbereit zu sein. Sie verlangten die Rückkehr aller Provinzen zum Katholizismus, nur in Holland und Zeeland sollte der Calvinismus noch eine beschränkte Zeit geduldet werden. Es ist unter diesen Umständen nicht verwunderlich, dass die Friedensverhandlungen schließlich scheiterten.

Gleichzeitig versöhnten sich verschiedene Städte wie Groningen mit Philipp II. Dieser ließ im Juni 1580 einen Preis auf den Kopf Wilhelms von Oranien aussetzen, zeigte also deutlich, dass er nicht gewillt war, gegenüber den Niederländern nachzugeben. Damit war klar, dass es nur zwei Möglichkeiten gab, den Konflikt zu beenden: entweder eine Versöhnung mit Philipp II. oder dessen Absetzung. Die Mitglieder der Union von Utrecht wählten den zweiten Weg. Am 26. Juli 1581 veröffentlichten sie ein Dokument, in dem sie sich von Philipp II. lossagten. Die Nachricht vom Abfall seiner niederländischen Provinzen erreichte den König allerdings nicht in Madrid, sondern in Lissabon. Denn im Frühling 1581 hatten ihn die portugiesischen Stände in Tomar als König von Portugal anerkannt. Triumphe und Niederlagen lagen also auch 1581 für den König eng beisammen.

Philipp II. war auch gar nicht gewillt, den Abfall einiger seiner niederländischen Provinzen zu akzeptieren. Aus diesem Grund ging der Krieg weiter. Hatten die Mitglieder der Union von Arras 1579 noch verlangt, die spanischen und italienischen Truppen aus den Niederlanden abzuziehen – Philipp II. setzte diese dann bei der Inbesitznahme Portugals ein –, so stimmten sie 1582 zu, dass wieder »ausländische« Soldaten verwendet werden dürften. Bis August 1582 konnte Farnese somit wieder massiv aufrüsten – seine Streitmacht wuchs auf 60 000 Mann an.[102] Mit diesem neuen Heer eroberte er in der folgenden Zeit bis 1589 bis auf Holland, Zeeland, Friesland und Utrecht die gesamten Niederlande zurück.[103] Tatkräftig wurde er dabei von seinem königlichen Onkel unterstützt. Denn die Flotte aus Amerika brachte wieder einmal reiche Silberschätze mit, allein 1583 Silber im Wert von mehr als 3 Millionen Dukaten. Spanisch-amerikanisches Geld floss also wieder reichlich nach Norden. In Philipp II. keimte neuerlich die Hoffnung auf, die abgefallenen Provinzen wieder vollständig in seinen Herrschaftsbereich eingliedern zu können.

Bestärkt wurde er darin durch den Tod von Wilhelm von Oranien, der am 10. Juli 1584 in Delft von einem mit spanischem Geld finanzierten Attentäter mit der ausdrücklichen Billigung Farneses ermordet wurde. Luis Cabrera de Córdoba, einer der berühmtesten Biographen Philipps II., kommentierte den Tod Oraniens relativ emotionslos: »Der Prinz von Oranien […] wurde am 20. [Datum falsch, F. E.] Juli von Baltasar Gerardo, einem Burgunder […], in Delft in Holland im Kloster der Heiligen Agatha, wo er wohnte, getötet. [Gerardo] war ein Jüngling im Alter von dreißig Jahren, voll des Wunsches, von der Welt den größten Feind der Katholischen Kirche und des Königs Philipp zu entfernen. Für diese große Tat änderte er seinen Namen in Francisco Guiron aus Besançon und schlich sich [bei Oranien] unter dem

Vorwand ein, Neuigkeiten und Nachrichten aus Frankreich mit sich zu führen. Als er sich von diesem verabschiedete, [...] feuerte er gegen dessen Brust drei Pistolenschüsse. Dieser starb nach wenigen Worten im Alter von 52 Jahren. Am Anfang schätzten ihn sein König und die anderen Fürsten Europas sehr, doch es fehlte ihm die Seelengeduld, die, bekämpft von seinen Ambitionen, seine hochfliegenden Pläne beendete und ihn zum Feind der Kirche Gottes und seines natürlichen Königs [machte]. Der Burgunder floh durch ein Fenster, wurde verfolgt von einem Diener des Verstorbenen, der ihn ergriff, als er über die Mauer des Klosters springen wollte, und mit Hilfe Anderer gefangen genommen. Und da er immer beteuerte, er habe den Feind Gottes und seiner Kirche in deren Diensten getötet, erlitt er viele und verschiedene Foltern mit dem Geist eines standhaften Christen bis zu seinem Tod und heiligte sich als Opfer in der Gegenwart Gottes.«[104]

Balthasar Gérard (1562–1584), der in Wahrheit nur 22 Jahre alt war, erlitt tatsächlich einen grauenhaften Tod, wurde er doch nach dreitägigen Foltern geviertelt. Für die Niederländer war er ein Schwerverbrecher, nicht nur für Cabrera de Córdoba aber ein aufrechter, nahezu heiliger Katholik. Dieser Auffassung folgte auch Philipp II., der die Familie von Gérard in den Adelsstand erhob und ihr die konfiszierten Güter Oraniens in der Freigrafschaft Burgund übertrug. Die abgefallenen Provinzen standen nun ohne ihren charismatischen Führer da und wurden ihrerseits von beständigen Geldsorgen geplagt, fiel es ihnen doch zunehmend schwerer, ihre eigenen Soldaten zu finanzieren. Möglicherweise wären sie, weiterhin auch mit inneren Konflikten beschäftigt, noch von den Soldaten Farneses endgültig besiegt worden. Doch Philipp II. verlor nach der Neutralisierung der Osmanen, nach den Triumphen in Portugal und nach den ersten bedeutenden Siegen Farneses und in Anbetracht der reich fließenden amerikanischen Edelmetalle wohl seine Zurückhaltung. Er forderte die englische Königin offen heraus und mischte sich in die französischen Thronwirren ein. Daher sollte das weitere Schicksal der

Niederlande stark von der englischen und französischen Politik bestimmt werden. Nähere Details finden sich somit in den entsprechenden Abschnitten weiter unten.

6.3   Tomar 1581: Philipp II. wird König von Portugal

Philipp II. musste also zu Beginn der Achtzigerjahre im Norden den für ihn persönlich nur vorläufigen Verlust eines Teiles seines Erbes hinnehmen. Auf der Iberischen Halbinsel dagegen gelang ihm der bedeutendste politische Erfolg seines Lebens, nämlich der Erwerb Portugals. Wie schon erwähnt, stammte Philipp II. nicht nur mütterlicherseits vom Hause Avis ab, sondern auch in der väterlichen Linie hatte er portugiesische Ahnen, war doch Leonor von Portugal die Mutter seines Urgroßvaters Maximilian I. Nicht nur zwischen den Habsburgern und den Avis hatte es immer wieder Heiratsallianzen gegeben, sondern auch zwischen den Avis und den Trastámara, dem Haus, dem sowohl Isabel I. von Kastilien als auch Ferdinand II. von Aragón angehört hatten. Vom Standpunkt des dynastischen Erbrechts aus betrachtet hatte also Philipp II. die besten Karten, Portugal in seinen Besitz zu bekommen, sollte das dortige Herrscherhaus aussterben.

Zwar hatte es während der kastilischen Thronwirren am Beginn der Regierungszeit von Isabel I. Schwierigkeiten zwischen den beiden iberischen Nachbarn gegeben, doch nach den schon erwähnten Verträgen von Alcáçovas (1479) und Tordesillas (1494)[105] blieb das Verhältnis zwischen Kastilien und Portugal nahezu immer freundschaftlich.[106] Diese Freundschaft verstärkten zusätzlich weitere Eheverbindungen, unter anderem zwischen Karl V. und Isabel von Portugal, zwischen Karls Schwester Catalina de Austria und Johann III. von Portugal, dem Bruder von Isabel, von Philipp II. und Johanns Tochter Maria, sowie von Philipps II. Schwester Juana mit Johanns Sohn João Manuel (1537–1554), dem Vater von König Sebastian I.

Dieser wurde als Dreijähriger 1557, dem Jahr des Todes seines königlichen Großvaters, nominell Herrscher, die Regentschaft wurde bis 1568, dem Jahr seiner Großjährigkeit, von verschiedenen seiner Verwandten ausgeübten, so seinem Großonkel aus der väterlichen Linie, Henrique (1512–1580), Erzbischof erst von Braga, dann von Évora und schließlich von Lissabon und bereits seit 1546 Kardinal.[107]

Die portugiesische Monarchie war im Laufe des 15. und 16. Jahrhunderts zu einem wahren Imperium angewachsen. Schon 1415 war mit der heutigen spanischen Stadt Ceuta ein Stützpunkt in Nordafrika erworben worden. Bis zum Ende des 15. Jahrhunderts hatten die Portugiesen entlang der afrikanischen Küsten den Seeweg nach Indien erkundet, das sie 1498 das erste Mal erreicht hatten. Bis in die Zehnerjahre des 16. Jahrhunderts hatten sie bereits die Gewürzinseln der Molukken erreicht sowie die chinesische Küste. Die Portugiesen kontrollierten damit den gewinnbringenden Gewürzhandel zwischen Asien und Europa und konnten sich im Indischen Ozean aufgrund ihrer modernen Bewaffnung mit Kanonen zur wichtigsten Großmacht zur See entwickeln. Zentrum ihres »Estado da Índia« wurde das indische Goa, wo auch ein portugiesischer Vizekönig residierte. Doch auch in Amerika setzten sich die Portugiesen ab 1500 fest, konkret im Gebiet des heutigen Brasilien.

Sebastian I. hatte also von seinen Ahnen ein großes und reiches Imperium geerbt, das allerdings bereits von gewissen Krisen geschüttelt wurde.[108] So waren immer wieder Klagen über die Korruptionsbereitschaft der portugiesischen Kronbeamten zu hören. Aufgrund der geringen Bevölkerungszahl des portugiesischen Mutterlandes war es auch nicht möglich, in Asien oder Afrika großflächig koloniale Gebiete zu besiedeln. Die Portugiesen mussten sich mit befestigten Stützpunkten an den Küsten begnügen. Die Kolonisierung Amerikas kam deshalb im 16. Jahrhundert überhaupt nicht in Schwung. Und im Indischen Ozean wurde die Zahl der arabischen oder osmanischen Korsaren, die die portugiesischen Schiffe attackierten, immer zahlreicher, so dass der Transport der

Handelswaren aus dem Orient immer höhere Kosten hervorrief. Außerdem begannen Perser, Araber und Osmanen neue
Handelswege zu organisieren, um das portugiesische Gewürz-
monopol auf den europäischen Märkten – nicht zuletzt mit
Hilfe der Republik Venedig – zu brechen.

Sebastian I. träumte davon, das reiche, wenn auch langsam in
Dekadenz verfallende Imperium zu neuer Größe zu führen.
Zusätzlich wollte er, der von den Jesuiten streng religiös
erzogen worden war, als neuer Held und Verteidiger des
Katholizismus in die Geschichte eingehen. Daher reifte in
ihm der Gedanke, den marokkanischen Norden Afrikas in
einem Kreuzzug von den Mauren zu befreien und in den
Schoß der römischen Kirche zu führen. Ein portugiesisches
Marokko könnte auch, so der junge und politisch unerfahrene
König, dem Korsarenwesen an der afrikanischen Atlantikküste
einen empfindlichen Schlag versetzen und damit die portugiesische Schifffahrt wieder sicherer machen.

Die Lage in Marokko schien seinen Plänen ebenfalls ent-
gegen zu kommen. Nach dem Tod des Sultans ʿAbdallāh al-
Gālib (1517–1574) aus dem Haus der Saʿdīyūn (Saʿdier) kam
1574 dessen Sohn Mūlāy Muhammad al-Mutawakkil († 1578)
an die Regierung.[109] Doch zwei Jahre später wurde er von
seinem Onkel ʿAbd al-Malik († 1578), dem vertriebenen
Bruder seines Vaters, mit osmanischer Hilfe abgesetzt. Mūlāy
Muhammad ging nun seinerseits ins Exil auf die Iberische
Halbinsel und bemühte sich erst bei Philipp II. vergeblich um
Unterstützung für eine Rückeroberung seines Thrones. Größeren Erfolg hatte er dagegen bei Sebastian I., der den Augen-
blick gekommen sah, sich seine hochfliegenden Träume zu
verwirklichen. Als er jedoch bei seinem Onkel Philipp II.
vorfühlte, ob dieser einen marokkanischen Feldzug mit Geld
oder Truppen unterstützen würde, winkte Philipp II. ab. Seine
Soldaten und sein Silber benötigte er für den niederländischen
Krieg, ganz abgesehen davon, dass er den brüchigen Waffenstillstand mit den Osmanen im Mittelmeerraum nicht aufs
Spiel setzen wollte. Er warnte vielmehr seinen Neffen, sich in
ein afrikanisches Abenteuer mit unsicherem Ausgang zu

stürzen, noch dazu zu einem Zeitpunkt, zu dem er noch unverheiratet und ohne Thronfolger war.

Sebastian I. schlug die Warnungen seines Onkels in Madrid ebenso in den Wind wie jene seiner Räte und Militärs. Ende Juni 1578 verließ er mit seinem Heer Lissabon und landete kurz darauf in Tanger. Hier beging er einen gravierenden strategischen Fehler. Statt zu Schiff weiter nach Süden zu segeln, was ihm erlaubt hätte, größere Mengen an militärischem Material, an Lebensmitteln und Wasser mitzunehmen, entschloss er sich zu einem Weitermarsch in Marokko auf dem Landweg. Während dieses Marsches vereinigte er seine Streitkräfte mit den wenigen, die Mūlāy Muhammad al-Mutawakkil noch hatte organisieren können. Ungefähr hundert Kilometer südlich von Tanger, in al-Qasr al-Kabīr (Alcácer-Quibir, Alcazarquivir), erwartete die beiden Heerführer bereits eine zahlenmäßig weit überlegene Streitmacht des Sultans ʿAbd al-Malik. Am 4. August 1578 wurde dort eine Schlacht geschlagen, die sich für die in der Augusthitze dürstenden und entkräfteten Portugiesen zum totalen Desaster entwickelte. Bis zu 8000 Portugiesen, darunter viele aus dem hohen Adel, fanden den Tod, mindestens 10 000 gerieten in Gefangenschaft und konnten in den folgenden Jahren erst nach hohen Lösegeldzahlungen befreit werden. Auch Sebastian I. und die beiden Sultane starben, weshalb die Schlacht oft auch als »Dreikönigsschlacht« bezeichnet wird.

Der Tod von Sebastian I. erschütterte die christliche Welt[110], hatte er doch verheerende Konsequenzen. Der schon erwähnte kaiserliche Botschafter Johann Khevenhüller in Madrid notierte in seinem Tagebuch: »Den vierzehenden [August] ist die laidig zeitung [= Nachricht] komen, des königs don Sebastian aus Portugal niderlag [betreffend], so den vierten diz in Africa beschehen […], die also beschaffen gewest, weil der könig selbs tod bliben und die andern all, was nicht nidergehaut, gefangen bliben, das ich aigentlich der mainung, das in vil hundert jarn dergleichen nicht gehört worden; pflegt also zugehen, wenn die herrn jung aigensinnig sein und treuen vättern nicht gehör geben wellen.«[111] Mit dem Rat des »treuen Vaters« meinte

Khevenhüller zweifellos die Warnungen Philipps II. an seinen Neffen, sich nicht in das afrikanische Abenteuer zu stürzen, die der »eigensinnige junge Herr« aber ignoriert hatte.

Nach dem Tod von Sebastian I. lebte nur noch ein männlicher Vertreter des Hauses Avis, der alte Kardinal und Infant Henrique, der die Regentschaft für Sebastian I. während dessen Kindheit ausgeübt hatte. Er bestieg 1578 als Heinrich I. den portugiesischen Thron. Trotz seiner 66 Jahre, für das 16. Jahrhundert schon ein wahrhaft »biblisches« Alter, spielte dieser noch mit dem Gedanken, sich laisieren zu lassen und zu heiraten, in der Hoffnung, vielleicht doch noch einen legitimen männlichen Thronfolger zu zeugen. Papst Gregor XIII. ließ sich allerdings mit seiner Entscheidung bezüglich einer Laisierung Zeit. Außerdem verschied der greise Kardinal-König bereits im Januar 1580. Mit ihm starb das Haus Avis im Mannesstamm aus. Seine kurze Regierungszeit war überschattet von den Schlachtenfolgen des Jahres 1578, galt es schließlich, alle Kräfte auf die Befreiung der portugiesischen Gefangenen in Marokko zu konzentrieren.

Aufgrund seiner portugiesischen Vorfahren ebenso wie aufgrund seiner großen militärischen Macht hatte Philipp II. zweifellos die besten Chancen, die Nachfolge im Königreich anzutreten. Doch war er nicht der einzige Thronprätendent. Denn Nachfolgerechte hätte auch Emanuele Filiberto von Savoyen gehabt, traditioneller Parteigänger Karls V. und früher Statthalter Philipps II. in den Niederlanden, der ein Sohn der Beatriz von Portugal (1504–1538) und Enkel von König Manuel I. war. Der Herzog war aber leicht zu neutralisieren, gehörte er doch zu den engsten Verbündeten Philipps II. im Heiligen Römischen Reich. Abgesehen davon starb er im August 1580. Sein Sohn Carlo Emanuele I. sollte 1585, nicht zuletzt aufgrund der Dankbarkeit für die Loyalität der Savoyer 1580, mit Philipps II. Tochter Catalina Micaela verheiratet werden.

Nachfolgerechte hätte auch Alessandro Farnese, der mit Maria von Portugal (1538–1577), einer Enkelin von Manuel I., verheiratet war, für seinen Sohn Ranuccio I. (1569–

1622), den späteren Herzog von Parma, geltend machen
können. Doch Farnese als Neffe Philipps II. stellte keine
Gefahr dar, abgesehen davon, dass er gerade im Auftrag des
Königs seinen Krieg in den Niederlanden kommandierte.

Maria von Portugal hatte noch eine jüngere Schwester,
Catarina (1540–1614), verheiratet mit João I., 6. Duque de
Bragança (1543–1583), der außerdem noch Urenkel einer
Schwester von Manuel I. war. Dies bedeutete, dass er auch
selbst Nachfolgerechte geltend machen konnte. Der Duque
war zwar einer der wichtigsten Adligen im Königreich, weshalb seine ursprünglichen Forderungen, die Sukzessionsrechte
seiner Ehefrau zu respektieren, von Philipp II. durchaus ernst
genommen wurden, doch er war auch käuflich. Aufgrund des
Versprechens des Katholischen Königs, ihm weitreichende
Privilegien zuzugestehen, unterstützte er schließlich dessen
Kandidatur für den portugiesischen Thron. Die Stunde des
Hauses Bragança sollte erst im 17. Jahrhundert kommen,
wurde doch João II., 8. Duque de Bragança (1604–1656)
und Enkel von João I., 1640 als Johann IV. im Zuge der
Rebellion der Portugiesen gegen die Habsburger zum neuen
portugiesischen König ausgerufen.[112]

Doch zurück zum Jahr 1580: Nachdem es Philipp II. gelungen war, alle in irgend einer Weise legitimen Thronpräten-
denten auf seine Seite zu ziehen, gab es nur noch ein einziges
Problem, nämlich Antonio, Prior von Crato (1531–1595),
einen angeblich legitimierten natürlichen Sohn des Infanten
Luis (1506–1555), eines weiteren Sohnes von Manuel I. Die
Legitimität von Antonio wurde jedenfalls von König Heinrich I. bestritten, der sich während seiner kurzen Regierungszeit beharrlich weigerte, dessen Nachfolgerechte anzuerken-
nen, obwohl Antonio diesbezüglich alles unternahm. Heinrich I. hatte jedoch mehrfach klargestellt, dass er eine Nachfolge
von Philipp II. wünsche, möglicherweise, weil Antonio unterstellt wurde, von einer konvertierten Jüdin abzustammen. Der
früher geäußerten Meinung des mittlerweile verstorbenen
Kardinal-Königs schlossen sich auch vier der fünf hochadligen
Mitglieder jener Regierungsjunta an, die vor seinem Tod

eingesetzt worden war. Auch sonst konnte Philipp II. mit der Unterstützung des hohen portugiesischen Adels und der Spitzen des Klerus rechnen, die sich allesamt eine Bestätigung und Vermehrung ihrer Privilegien erwarteten – und das nicht zu Unrecht, wie sich später zeigen sollte.

Nicht zu unterschätzen war allerdings die Stimmung im niederen Adel und Klerus und ganz allgemein bei den »unteren« Schichten der Bevölkerung. Diese sahen in Philipp II. trotz seiner portugiesischen Abstammung einen Ausländer und bevorzugten den Portugiesen Antonio. Es war diesen Gruppen unwichtig, ob dieser legitimiert war oder nicht, denn von königlichem Geblüt war er allemal. Die Stimmung in diesen Schichten wird klar verdeutlicht durch einen populären Refrain, der zu jener Zeit entstanden sein soll: »Der Kardinal-König Dom Henrique / möge viele Jahre in der Hölle bleiben, / weil er in seinem Testament überlassen hat / Portugal den Kastiliern.« Daher proklamierte das Volk Antonio am 24. Juni 1580 in Santarem zum neuen König – nach anderen Darstellungen war es der Prior selbst, der sich zum Monarchen erklärte. Und schnell wurde ein großes Heer zusammengestellt. Denn eines war klar: Philipp II. würde nicht bereit sein, auf seine eigenen Ansprüche auf den portugiesischen Thron zu verzichten.

Ganz im Gegenteil hatte dieser schon kurz nach dem Erhalt der Nachricht über den Tod von Heinrich I. damit begonnen, eine eigene Streitmacht zusammenzustellen, deren Oberkommando er seinem bewährten Militär, dem Duque de Alba, übertrug.[113] Gleichzeitig wurde außerdem in Cádiz eine Flotte versammelt, die sich ebenfalls für den Einmarsch in Portugal bereit halten sollte. Mit dieser Flotte kam auch ein Regiment von Landsknechten aus dem Heiligen Römischen Reich mit 16 Fähnlein, also ungefähr 5000 Söldnern, unter dem Kommando des Reichsgrafen Hieronymus von Lodron nach Portugal. Diese, hauptsächlich aus Tirol sowie aus den Territorien des Schwäbischen und Bayerischen Reichskreises stammend, waren bereits im Herbst 1579 in Reichsitalien gemustert und danach nach Andalusien verschifft worden.[114] Philipp II. hatte also vorausschauend vorgesorgt, um seine Nachfolgechancen auf keinen Fall zu gefährden.

Die Truppen von Alba überschritten bereits im Juni 1580 die portugiesische Grenze bei Badajoz in der Extremadura und zogen im Tal des Tajo Richtung Lissabon. Dabei besetzten sie alle wichtigen Städte, die allesamt nur geringen Widerstand leisteten. Die Einheiten aus Andalusien kamen bald danach in Setúbal an und wurden schließlich gemeinsam mit den Truppen Albas in Cascais, nicht weit westlich von Lissabon, an Land gesetzt. Nachdem auch diese wichtige Festungsstadt erobert worden war, zogen sie Richtung Osten nach Lissabon. In Alcântara, heute ein Stadtviertel von Lissabon, damals knapp außerhalb der Mauern der Stadt, kam es am 25. August 1580 zur entscheidenden Schlacht, die die trainierten Truppen Albas ohne große Probleme gewannen. Die parallel dazu stattfindende Seeschlacht brachen die Portugiesen ab, als sie sich der Niederlage der Landstreitkräfte bewusst wurden. Lissabon ergab sich wenige Tage später. Der Sieg Albas war also umfassend und wurde noch versüßt durch die Erbeutung einer portugiesischen Handelsflotte, die gerade aus Indien angekommen war.

Antonio war es gelungen, zuerst in den Norden Portugals und danach auf die Azoren zu fliehen. Noch im Sommer 1580 hatte er an den französischen König Heinrich III. (1551–1589) und dessen Mutter Katharina von Medici geschrieben und um Unterstützung gegen Philipp II. gebeten. 1581 versuchten Einheiten Philipps II. das erste Mal, die Azoren zu erobern, damals allerdings erfolglos. 1582 kam tatsächlich eine Flotte aus Frankreich unter dem Kommando des in französischen Diensten stehenden Florentiners Filippo Strozzi (1541–1582) auf die Azoren – dass Philipp II. der Vater ihrer Enkeltöchter oder Nichten war, spielte in diesem Zusammenhang keine Rolle für die französischen Monarchen. Das Beispiel zeigt vielmehr ganz deutlich, dass dynastische Hochzeiten positive Auswirkungen für das Verhältnis zwischen den europäischen Monarchien maximal so lange hatten, wie die Ehe aufrecht war. Da aber Isabel von Valois, die Tochter Katharinas, bereits 1568 verstorben war, war es nicht mehr notwendig, auf die Bedürfnisse der Politik Philipps II. Rücksicht zu nehmen.

Allerdings konnte auch die französische Unterstützung Antonio nicht mehr seinen Thron verschaffen. Denn die Seeschlacht von Vila Franca im Süden der Azoreninsel São Miguel im Juli 1582 gewannen die Einheiten unter dem spanischen Kommandanten Álvaro de Bazán, Marqués de Santa Cruz (1526−1588), der auch schon in Malta und bei Lepanto gekämpft hatte. Die französischen Soldaten, die in spanische Gefangenschaft gerieten, wurden nicht als feindliche Krieger behandelt, sondern, weil ja offiziell Friede zwischen Spanien und Frankreich herrschte, als Korsaren brutal exekutiert. Strozzi blieb dieses Schicksal erspart, war er doch schon während der Schlacht an seinen Wunden verstorben. Antonio floh nach Frankreich. Seine letzten Anhänger konnten sich auf der Azoreninsel Terçeira halten, wurden aber dort im Juli 1583, neuerlich unter dem Kommando von Álvaro de Bazán, vernichtend geschlagen.

Die Herrschaft Antonios war 1583 endgültig zu Ende. Für wie wichtig Philipp II. die Ereignisse auf den Azoren betrachtete, zeigt sich einmal mehr im Palast des El Escorial, wo die Geschehnisse von 1582 und 1583 in der Sala de Batallas bildlich verewigt sind.[115] Besonders der Sieg von 1582 lag Philipp II. am Herzen, war er doch am Tag der Heiligen Anna, also am 26. Juli, errungen worden. Der König war überzeugt davon, dass nicht nur die Heilige auf seiner Seite stand, sondern vor allem auch Gott, den die verstorbene Königin Anna persönlich gebeten haben musste, die spanische Sache zu unterstützen.[116]

Antonio gab für den Rest seines Lebens seine Ansprüche auf den portugiesischen Thron nicht auf, den er sowohl mit französischer als auch englischer Hilfe wiederzuerlangen versuchte. So landete er beispielsweise 1589 mit der Flotte des englischen Seehelden Francis Drake in Peniche an der portugiesischen Atlantikküste und wollte von dort nach Lissabon. Bald musste er sich allerdings wieder zurückziehen, da auch ihm klar wurde, dass er keine Unterstützung mehr in Portugal finden würde. Sein Leben beendete der verhinderte König schließlich völlig verarmt in Paris. Der portugiesische Kronschatz, den er mit ins Exil genommen hatte, war zum Zeitpunkt seines Todes 1595 nämlich schon längst aufgebraucht.

Philipp II. gelang es nach den militärischen Erfolgen Albas relativ rasch, den Sieg auch politisch abzusichern. Im Januar 1581, nach mehr als zwei Monaten der Trauer um seine verstorbene Frau Anna, hatte er Badajoz verlassen und war nach Portugal gereist. Ursprünglich hatte er geplant, die portugiesischen Cortes in Lissabon zu versammeln, um von diesen als König anerkannt zu werden. Doch in Lissabon wütete die Pest. Die Ständeversammlung wurde daher nach Tomar nördlich von Lissabon einberufen, den Hauptsitz des Christus-Ordens, unter dessen Fahnen die portugiesischen Entdeckungsfahrten unternommen worden waren. In den Einladungsschreiben, die an die Stände ab Januar 1581 abgeschickt wurden, war ganz deutlich der Zweck der Versammlung benannt: Die Stände sollten auf Philipp II. als den wahren König und Herrn des Königreichs schwören sowie auf den Prinzen Diego Félix als dessen legitimen Nachfolger.[117]

Es fehlten keinesfalls die Stimmen, die davor warnten, in der Ordensburg von Tomar die Ständeversammlung abzuhalten. Philipp II. wurde vielmehr von einem seiner Getreuen gewarnt, Tomar sei viel zu gefährlich. Der König möge sich daran erinnern, wie viele der Kirchenleute sich in Portugal gegen ihn gestellt und Antonio unterstützt hätten. Dessen Anhänger würden sich in der Ordensburg auskennen, deren Verstecke und Geheimnisse wissen und vielleicht dem Monarchen Schaden zufügen. Auch die Verschwörer gegen Julius Caesar (100 – 44 v. d. Z.) hätten diesen nicht einfach offen ermordet, sondern ihn in den Senat gelockt, wo ihm keiner seiner Getreuen beistehen konnte.[118]

Die Befürchtungen bewahrheiteten sich nicht. Vielmehr nahmen die Cortesversammlungen einen für Philipp II. günstigen Ausgang, denn er wurde am 16. April 1581 von den portugiesischen Ständen als König anerkannt. Als solcher trug er fortan den Namen Philipp I. Die Anerkennung machte er den portugiesischen Eliten durch die Gewährung zahlreicher Gnadenerweise schmackhaft.[119] Er hatte allerdings eine Reihe von Verpflichtungen zu beschwören, an die sich zumindest er und sein Nachfolger Philipp III. – Philipp II. als König von Portugal –, den die Portugiesen nach dem Tod von Diego Félix als neuen Thronfolger im Januar 1583 anerkannten, auch tatsächlich hielten: Die Freiheiten, Privilegien und Gebräuche der portugiesischen Monarchie waren zu respektieren; die Einberufung der Stände hatte auf portugiesischem Gebiet zu erfolgen und die portugiesischen Gesetze waren zu achten; die Funktion des Vizekönigs hatte immer in den Händen eines Portugiesen oder eines Mitgliedes des Königshauses zu liegen; alle Ämter bei Hof in Portugal und die Verwaltung des Königreichs sollten in den Händen von Portugiesen bleiben; zum Handel mit Afrika und Indien waren nur Portugiesen berechtigt; die Sprache der Akten und der offiziellen Anlässe musste Portugiesisch bleiben; die kastilischen Truppen hatten sich zurückzuziehen; auf den portugiesischen Münzen sollten die portugiesischen Wappen und Herrschaftssymbole weiterverwendet werden.

Unter diesen Bedingungen waren die Portugiesen bereit, die Herrschaft des Hauses Österreich zu akzeptieren. Zwischen der aus einer Matrimonialunion hervorgegangenen kastilisch-aragonesischen Monarchie und der portugiesischen wurde also eine Personalunion geschlossen. Damit war die Einigung der Iberischen Halbinsel unter einem einzigen Herrscherhaus, die unter den Katholischen Königen begonnen hatte, fast genau hundert Jahre später zu einem – wenn auch nur sechzig Jahre währenden – Abschluss gekommen. Die Schaffung einer Realunion hat Philipp II. niemals versucht, sondern er respektierte das, was er in Tomar beschworen hatte. Als er Portugal 1583 verließ, um wieder in Kastilien zu residieren, bestellte er daher auch seinen Neffen, Erzherzog Albrecht von Österreich, als Vizekönig von Portugal. Dieser sollte dort bis 1593 residieren.[120] Danach waren es meist portugiesische Hochadlige, die als Vizekönig oder als Kronräte den abwesenden Herrscher im Land vertraten.

Dennoch sollte die Opposition gegen die Regierung des Hauses Habsburg in Portugal niemals gänzlich zum Schweigen gebracht werden können.[121] Von politischer Bedeutung war es in diesem Zusammenhang, dass die Leiche von Sebastian I. nie gefunden worden war. Zwar hatte Philipp II. dessen angebliche Reste 1581 im berühmten Hieronymitenkloster von Belém bei Lissabon beerdigen lassen, doch tauchten insgesamt vier Mal falsche Sebastiane auf. Diese behaupteten oder es wurde von ihnen geglaubt, der rechtmäßige König zu sein, der auf dem Schlachtfeld geschworen habe, künftig inkognito für die Schmach zu büßen, die er seinem Volk angetan habe.[122] In der Historiographie werden diese protonationalistischen, messianistischen und mystischen Bewegungen, die ein Ende der Herrschaft des Hauses Habsburg in Portugal und einen Neubeginn der portugiesischen Geschichte in einem unabhängigen »fünften Reich« herbeisehnten, unter dem Begriff des »Sebastianismus« subsumiert.[123]

Am Anfang nahmen Philipp II. und seine Amtsträger diese Bewegung nicht sonderlich ernst. Vom ersten falschen Sebastian ist nicht einmal der Name bekannt. Der junge Mann wurde spöttisch König von Penamacor genannt, einem kleinen Dorf in Mittelportugal an der kastilischen Grenze. Nachdem er verhaftet worden war, verurteilte ihn das oberste Gericht in Lissabon im Beisein von Erzherzog Albrecht zur Galeerenstrafe. Der falsche König wurde eindeutig als zu harmlos angesehen, als dass man ihn hingerichtet hätte.[124] Als Gefahr für die Monarchie Philipps II. wurde dagegen Mateus Álvares betrachtet, ein Einsiedlermönch, bekannt unter dem Spottnamen König von Ericeira, einem kleinen Fischerdorf am Atlantik, nicht weit nördlich von Sintra. Als dieser falsche Monarch gefasst wurde, zeigte die königliche Justiz keine Gnade. Er fand am 14. Juni 1585 in Lissabon einen grausamen Tod. Erst hackte man ihm die rechte Hand ab, mit der er angebliche »königliche« Dokumente unterzeichnet hatte, danach erhängte man ihn. Sein Kopf wurde abgeschlagen und auf einer Säule einen Monat ausgestellt, sein restlicher Körper wurde zerstückelt und bei den einzelnen Stadttoren wochenlang präsentiert.[125]

Angesichts dieser grausamen Bestrafung ist es nicht verwunderlich, dass die weiteren falschen Sebastiane nicht mehr in Portugal, sondern außerhalb des Landes auftauchten. Im nächsten Fall war eine enge Verwandte Philipps II. verwickelt, nämlich seine Nichte María Ana de Austria (1568–1629).[126] María Ana stammte aus einer Beziehung von Juan de Austria, dem Halbbruder Philipps II., mit Ana de Mendoza († 1572). Diese gehörte nicht nur zur mächtigen kastilischen Adelsfamilie gleichen Namens, sondern war auch eine der Hofdamen von Juana, der Mutter von Sebastian I. und Schwester Philipps II. Wie es mit den Nachkommen illegitimer Beziehungen häufig zu geschehen pflegte, landete María Ana schon mit sechs Jahren im Kloster, und zwar auf ausdrücklichen Befehl von Philipp II. 1589 legte sie die Profess im Augustinerinnenkonvent Nuestra Señora de Gracia in Madrigal de las Altas Torres in Altkastilien ab, obwohl sie sich ganz offensichtlich für das Klosterleben nicht berufen fühlte. Doch Philipp II. wünschte eine kirchliche Karriere für seine Nichte.

Beichtvater von María Ana wurde der portugiesische Hieronymitenmönch Miguel dos Santos († 1595). Dieser hatte am Hof von Sebastian I. als Kleriker gewirkt, hatte sich beim Nachfolgekonflikt um die portugiesische Krone auf die Seite des Priors von Crato geschlagen und war von Philipp II. aus Portugal verbannt worden. Er glaubte an das Weiterleben des gefallenen Königs und war hoch erfreut, als 1494 in Madrigal ein ehemaliger Soldat aus den Tercios Philipps II. auftauchte, ein Gabriel de Espinosa († 1595), der dort als »Pastelero«, als Feinbäcker und Patissier, arbeitete. Aufgrund dessen feinen Benehmens gelangte dos Santos bald zu der Überzeugung, König Sebastian I. sei zurückgekommen. Davon überzeugte er auch bald María Ana.

Was danach geschah, ist nicht genau bekannt. Espinosa versprach auf alle Fälle María Ana die Ehe, die sich wohl als künftige Königin von Portugal sah und darauf hoffte, dem öden Klosterleben zu entkommen. Sie übergab ihrem künftigen Ehemann einige Juwelen, die dieser in Valladolid verkaufen wollte. Dabei wurde er gefasst. Als sich herausstellte, dass ein neuer falscher Sebastian aufgetaucht war, begannen die Mühlen der Justiz wieder einmal zu mahlen. Philipp II. ließ sich persönlich über alle Ergebnisse der Verhöre informieren und war fest entschlossen, auch dieses Problem zu lösen. Espinosa und dos Santos wurden zum Tode verurteilt. Die Hinrichtung des falschen Königs fand nach dem schon bekannten Ritual – Abhacken der rechten Hand, Erhängen, Köpfen, in Stücke schneiden – am 1. August 1595 in Madrigal statt, wo auch die Körperteile des Getöteten nach üblichem Brauch an den Toren ausgestellt wurden.

Dos Santos erlitt nach seiner Laisierung ein ähnliches Schicksal und fand am 19. Oktober 1595 auf der Plaza Mayor in Madrid den Tod. María Ana de Austria, deren Träume einer Königin von Portugal sich im Nichts aufgelöst hatten, bekam ebenfalls die strenge Hand ihres Onkels zu spüren. Er verurteilte sie als von Scharlatanen Verführte zu einer strengen Klosterhaft in Ávila, während der sie auch keinen Kontakt zu ihrer Umwelt innerhalb der Konventsmauern haben durfte. Die lebendig Begrabene flehte ihren Onkel vergeblich an, ihr dieses harte Los zu ersparen. Philipp II., das hatte schon sein Verhalten beim Tod seines Sohnes Carlos gezeigt, bestrafte auch die Mitglieder seiner Familie streng, wenn sie Unrecht begangen hatten. Das Los von María Ana verbesserte sich erst nach dem Tod ihres Onkels, denn Philipp III. begnadigte sie. Sie durfte zurück nach Madrigal, wo sie bald Priorin wurde. Und sie machte sogar noch Karriere. Denn ab 1611 wurde sie Äbtissin im berühmten Zisterzienserinnenkloster Santa María la Real de las Huelgas in Burgos, in dem auch einige der mittelalterlichen kastilischen Könige bestattet sind.

Am berühmtesten wurde wohl der Italiener Marco Tullio Catizone aus Kalabrien, der zwischen 1598, also genau zum Ende der Regierungszeit Philipps II., und 1603 die Autoritäten in Venedig damit narrte, König Sebastian I. zu sein. Und auch er fand seine Unterstützer in portugiesischen Exilantenkreisen. Catizone wurde schließlich auf spanisches Betreiben hin in der Toskana verhaftet und ins spanisch regierte

Neapel gebracht. Von dort schaffte man ihn nach Sanlúcar de
Barrameda in Andalusien, wo er und einige seiner Anhänger
nach einem Gerichtsverfahren auf die schon bekannte Art im
September 1603 hingerichtet wurde.[127]

Während also die Nachfolgeprobleme in Portugal nie
gänzlich aufhörten, tangierten die marokkanischen Verhältnisse, die zum Tod des jungen portugiesischen Königs und zur
baldigen Sukzession Philipps II. geführt hatten, diesen in den
Jahren nach 1580 relativ wenig. Der König hatte hier einen
Trumpf im Ärmel, den er bei Bedarf aktivieren konnte,
nämlich Mūlāy al Sayj (1566–1621), den Sohn des 1576
abgesetzten Mūlāy Muhammad al-Mutawakkil. Dieser war
nach der verlorenen Schlacht von 1578 erst nach Portugal
gebracht worden, 1589 nach Andalusien. Mūlāy al Sayj hatte
für Philipp II. eine nicht zu unterschätzende Bedeutung,
konnte er doch im Notfall als Prätendent auf den Thron
von Marokko präsentiert werden. Dies wurde in dem Moment
umso wichtiger, in dem der neue Sultan Ahmad al-Mansūr
(† 1603), ein Bruder des verstorbenen 'Abd al-Malik, versuchte, freundschaftliche Beziehungen zu Elisabeth I. von
England aufzubauen. Daher genoss Mūlāy al Sayj trotz seines
muslimischen Glaubens eine bevorzugte Stellung in der
Monarchie Philipps II. Dies zeigt wieder einmal dessen Prag-
matismus im Umgang mit anderen Konfessionen und Reli-
gionen, sofern deren Anhänger nicht unter seinen eigenen
Untertanen waren. Mūlāy al Sayj dankte dem König für diesen
Schutz auf seine Weise. Denn nach einigen Jahren in Spanien
entschied er sich, zum Katholizismus zu konvertieren. Diese
Entscheidung demonstrierte Philipp II. einmal mehr die von
ihm als Selbstverständlichkeit angenommene Überlegenheit
seiner eigenen Religion. Daher nahm er auch persönlich bei
der feierlichen Taufe des neuen Christen teil, die am 3. November 1593, noch dazu im Klosterpalast des El Escorial,
stattfand. Mūlāy al Sayj erhielt den Vornamen seines Mentors
und nannte sich fortan Felipe de África.[128]

Philipp II. und mit ihm die spanisch-portugiesische Monarchie standen 1581 zweifellos auf dem Höhepunkt der poli-

tischen Macht. Es bestand damals noch die Hoffnung, durch ein Handelsembargo seitens aller iberischen Königreiche die Niederländer doch noch zur Unterwerfung unter die Regierung des Königs zu zwingen. Denn aus Portugal wurde traditionell Salz in die Niederlande exportiert, ganz abgesehen vom über Portugal importierten Pfeffer, einer der wichtigen Quellen des niederländischen Reichtums. Die nun die Welt beherrschende Monarchie Philipps II. erweckte jedoch erst recht die Opposition zweier anderer wichtiger europäischer Monarchien, des ursprünglich gegenüber der spanischen Monarchie freundlich eingestellten England sowie des traditionell feindlich gesinnten Frankreich. Beide Monarchien sowie die Kriege gegen diese sollten Philipp II. in den nächsten Jahren und bis zu seinem Lebensende massiv beschäftigen.

6.4   England 1588: Ein Königreich soll bestraft werden

Die spanisch-englischen Beziehungen waren seit der Regierung der Katholischen Könige meist freundschaftlich gewesen. Erinnert sei an die Ehen der Katharina von Aragón mit Heinrich VIII. und deren Tochter Maria I. mit Philipp II. Bei diesen Eheschließungen stand immer die Schaffung einer spanisch-englischen Allianz gegen Frankreich im Vordergrund. Auf Maria I. folgte auf dem englischen Thron deren Halbschwester Elisabeth I., die letzte Königin aus dem Hause Tudor. Philipp II. hatte halbherzig versucht, selbst Elisabeth zu heiraten, diese Pläne aber zu Gunsten eines seiner österreichischen Vettern, meist war Erzherzog Karl von Innerösterreich im Gespräch, zurückgestellt. Alle neuen Versuche, England in einem ganz Europa umspannenden Bündnis potentiell antifranzösisch gesinnter Monarchien zu halten, scheiterten jedoch. Die Hauptgründe dafür lagen in der zeitweise sich entspannenden Beziehung zu Frankreich aufgrund der Ehe Philipps II. mit Isabel von Valois und in der beginnenden Konfessionalisierung, die auch England erfasste. Sowohl Philipp II. als auch Elisabeth I. sahen sich beide als die wahren Verteidiger des jeweils wahren Glaubens.[129]

Die konfessionellen Differenzen ließen bei Philipp II. erstmalig 1559 die Idee keimen, England zu besetzen, und führten zu einer schleichenden Entfremdung zwischen den beiden Monarchen.[130] Der niederländische Aufstand vergiftete wegen der mehr oder weniger offenen Unterstützung der Gegner Philipps II. durch England zusätzlich die Atmosphäre, ganz abgesehen davon, dass es harte Handelskriege zwischen den spanischen Niederlanden und England gab, die die wirtschaftliche Lage in den Niederlanden verschlechterten und somit den mit der Regierung Philipps II. Unzufriedenen neue Anhänger brachten. Dazu kamen dann noch die englischen Unternehmer zur See – die Spanier nannten sie Piraten –, die zunehmend dreister versuchten, das portugiesische Monopol im transatlantischen Sklavenhandel zu brechen und geraubte Afrikaner in Hispanoamerika zu verkaufen. Deren Aktivitäten verschlechterten das Verhältnis zwischen England und der spanischen Monarchie noch zusätzlich.

Berühmt und berüchtigt, je nach politischem Standpunkt hoch gelobt oder tödlich gehasst, war bald ein Seemann, der auch heute noch vielen Menschen bekannt ist: Francis Drake[131], »el dragón« – »der Drache«, wie er in spanischen Quellen der Zeit bezeichnet wird. Drake verabscheute Philipp II. wohl aus ganz persönlichen Gründen, hatte er doch am Beginn der Herrschaft des Königs beim ersten niederländisch-englischen Handelskrieg als junger Mann sein gesamtes Vermögen verloren. 1567 und 1568 beteiligte sich Drake als Offizier an zwei Kaperfahrten, bei denen Sklaven in Afrika geraubt und in der Neuen Welt verkauft wurden. 1570/1571 und 1572/1573 unternahm er, der etwas mehr als dreißig Jahre zählte, Kaperreisen in die Karibik, die er selbst kommandierte. Damals wurde sein Name schon bekannter, konnte er doch den Spaniern in Nombre de Dios und auf dem Isthmus von Panamá beträchtliche Mengen an Gold und Silber rauben.

Wirklich gefährlich wurden die Leute Drakes der Monarchie Philipps II. damals noch nicht, hatten sie doch zu geringe Kräfte, um nachhaltigen Schaden anzurichten. Doch die Weltumsegelung, die Drake zwischen 1577 und 1580 in knapp drei Jahren unternahm, zeigte deutlich, dass die Engländer das Potential zu schaffen begannen, auf allen Weltmeeren in Konkurrenz zu den Spaniern zu treten. Dieses Mal gewann Drake außerdem reiche Beute, denn während des Jahres 1579 plünderte er äußerst erfolgreich spanische Hafenstädte und Schiffe an der amerikanischen Pazifikküste.[132]

Während Drake von Elisabeth I. 1581 geadelt wurde, konkretisierten sich bei Philipp II. spätestens ab 1583 die Pläne für eine Strafexpedition gegen England.[133] Der König hatte nun, bedingt durch den Friedensschluss mit dem Osmanischen Reich und wegen der Verbindung der portugiesischen Monarchie mit der spanischen, die nötigen Schiffskapazitäten frei, um sich auf den nordatlantischen Raum zu konzentrieren. Dazu kamen die militärischen Erfolge von Farnese in den Niederlanden sowie die wieder verstärkten Edelmetallflüsse aus der Neuen Welt. 1584 zerbrachen außerdem die spanisch-englischen diplomatischen Beziehungen, als der Botschafter Philipps II. unter dem Vorwurf aus London ausgewiesen wurde, an einem Mordkomplott gegen Elisabeth I. beteiligt gewesen zu sein, das die schottische Königin Maria Stuart auf den englischen Thron bringen sollte. Daneben versprach Elisabeth I. 1585 den Niederländern militärische Unterstützung.

Als Beginn des englisch-spanischen Krieges wird normalerweise die neuerliche Reise von Drake 1585/1586 in die Karibik bezeichnet.[134] Auf dem Weg dorthin plünderte er den Hafen von Vigo in Galicien, versuchte vergeblich eine Landung auf der Insel La Palma im Archipel der Kanaren und gelangte schließlich in die Karibik, wo er Santo Domingo sowie San Agustín (St. Augustine) in Florida angriff. In ökonomischer ebenso wie in militärischer Hinsicht war diese Reise Drakes zwar erfolglos, doch steigerte sie den Zorn Philipps II. über England noch einmal mehr. Den letzten Anlass für einen Invasionsversuch bildete schließlich 1587

die Hinrichtung der katholischen schottischen Königin Maria
Stuart in England – »Den 18. [Februar, nach dem julianischen
Kalender der 8. Februar] ist die königin aus Schotten[land] in
Engeland erparmlich enthaupt worden«, notierte der kaiser-
liche Botschafter Khevenhüller in seinem Tagebuch.[135]
  In jenem Jahr waren die Vorbereitungen für eine Invasion
Englands schon nahezu vollständig abgeschlossen, die Armada
unter dem Oberbefehl von Álvaro de Bazán, Marqués de Santa
Cruz, des Helden der Kämpfe um die Azoren von 1582 und
1583, sollte sich in Lissabon gruppieren und von dort nach
England auslaufen.[136] Doch Elisabeth I. hatte von den Plänen
Philipps II. durch Spione Wind bekommen, ganz abgesehen
davon, dass es nahezu unmöglich war, eine große Invasionsflotte im Geheimen zusammenzustellen. Die Königin schickte
daher neuerlich Drake, der die spanischen Vorbereitungen
stören sollte. Dabei war dieser auch wirklich erfolgreich, lief er
doch Ende April 1587 – Philipp II. befand sich gerade in
Aranjuez auf einer Fuchsjagd[137] – mit 27 Schiffen in der Bucht
von Cádiz ein, in der sich ein beträchtlicher Teil der Armada
Philipps II. zum Auslaufen nach Lissabon und danach nach
England versammelt hatte. Obwohl sich die Spanier heftig
wehrten, gelang Drake die Zerstörung von 23 Kriegsschiffen.
Dies stellte einen empfindlichen Verlust dar, denn diese fehlten
für den Angriff auf England. Während Philipp II. sogar
befürchtete, Drake beabsichtige eine Landung in Andalusien,
und Alonso Pérez de Guzmán, 7. Duque de Medina Sidonia
(1550–1615), aufforderte, sich einer englischen Besetzung mit
Entschiedenheit entgegen zu stellen[138], attackierte Drake
bereits verschiedene Festungen an der portugiesischen Algarve
und erbeutete außerdem bei den Azoren ein aus Indien
kommendes portugiesisches Schiff, reich beladen mit Gewür-
zen und Seide im Wert von mehr als einer Million Dukaten.[139]
Zu den militärischen Erfolgen kamen also noch ökonomische.
Philipp II. dagegen musste seine Pläne einer Invasion Englands
um mehr als ein Jahr verschieben.
  Während der folgenden Monate wurden die Vorbereitungen für eine Invasion Englands noch beträchtlich verstärkt.[140]

Dann kam allerdings der nächste Rückschlag: Im Februar 1588 verstarb überraschend der Marqués de Santa Cruz in Lissabon, mitten in den Vorbereitungen zum Auslaufen der Invasionsflotte. Philipp II. bestellte kurz entschlossen den Duque de Medina Sidonia zum neuen Oberbefehlshaber.[141] Dieser hatte zur See keine Erfahrung, wollte das Amt nicht wirklich annehmen, und warnte seinen König vor einem überstürzten Aufbruch in den Norden. Er war daneben auch nicht davon überzeugt, dass die Flotte in einem guten Zustand sei. Philipp II. schlug jedoch alle Warnungen in den Wind und gab den Befehl zum Aufbruch. Schon zu lange hatten ihn die Engländer und deren Königin verärgert. Er wollte endlich eine Entscheidung. Gott, so seine Meinung, würde ihn sicherlich ebenso unterstützen wie bei seinen früheren Feldzügen. Die ketzerische englische Königin müsse gestürzt werden. Dann würden die Niederländer keine weitere Unterstützung bekommen und könnten wieder vollständig unterworfen werden, und auch die englischen Attacken auf die Neue Welt fänden ein Ende.

Der taktische Plan, den Philipp II. zu einem beträchtlichen Teil selbst ausgeheckt hatte, schien einfach zu sein. Die Armada sollte durch den Ärmelkanal segeln, in den Niederlanden ein großes Invasionsheer unter dem Kommando von Farnese an Bord nehmen und in England, konkret in Kent, landen.[142] Der Kriegszug schien dem König wohl durchdacht.

Am 28. Mai 1588 verließ die »Unbesiegbare Armada« schließlich den Hafen von Lissabon.[143] Wegen des widrigen Wetters kamen die Schiffe erst nach drei Wochen, nachdem sie dauernd gegen den Wind gesegelt waren, nach A Coruña. Dort mussten sie beinahe fünf Wochen auf besseres Wetter warten. Am 21. Juli segelten schließlich 158[144] Schiffe Richtung England. Im Golf von Biscaya war allerdings das Wetter neuerlich nicht auf der Seite der vereinten Spanier und Portugiesen, tobten doch dort heftige Stürme. Da halfen auch keine Bittprozessionen für einen Sieg wie jene in Madrid, bei der am 29. Juni das Bild der Heiligen Maria von Atocha in einer Prozession von der Kirche von Santo Domingo zum

Kloster der Descalzas Reales in einer vielbesuchten Prozession getragen wurde.[145] Denn die Flotte kam so langsam voran, dass in der Zwischenzeit die Engländer Vorbereitungen für die Verteidigung treffen konnten. Dennoch war die Angst in England vor der Armada riesig, waren doch die spanischen Kräfte jenen der Insel beträchtlich überlegen. Zum einzigen Scharmützel zwischen den Engländern und den Spaniern kam es am 8. August – nach dem in England noch gebräuchlichen julianischen Kalender war dies der 29. Juli – vor der Küste von Gravelines (Grevelingen) in Flandern. Die oftmals als Seeschlacht bezeichnete Auseinandersetzung ging unentschieden aus. Die spanische Armada verlor zwar fünf Schiffe, doch die Engländer hatten in kurzer Zeit all ihr Pulver verschossen und mussten sich in die Themsemündung flüchten. Drake, der an dem englischen Angriff beteiligt war, konnte allerdings seinen persönlichen Ruhm weiter ausbauen.

Das wahre Problem für die Armada bildete weiterhin das schlechte Wetter. Aufgrund der Witterungs- und Windverhältnisse war es nicht mehr möglich, die Truppen von Farnese an Bord zu nehmen, weshalb der Plan einer Landung in England aufgegeben werden musste. Die Naturgewalten ließen auch eine Rückkehr durch den Ärmelkanal nach Spanien nicht zu, weshalb sich Medina Sidonia entschloss, nach Norden zu segeln und Schottland und Irland zu umrunden. Zu diesem Zeitpunkt waren allerdings viele Schiffe durch die Stürme schwer beschädigt, die als Folge der schon erwähnten »Kleinen Eiszeit« im Nordatlantik tobten. An den schottischen und irischen Küsten strandeten daher zahlreiche der spanischen Schiffe. Deren Besatzungen wurden häufig von der dortigen Bevölkerung massakriert.

Als die Armada nach Spanien zurückkehrte, fehlten insgesamt 60 Schiffe[146], also mehr als ein Drittel der Flotte. Es war die Natur gewesen, die das Unternehmen hatte scheitern lassen, und nicht die militärische Kraft der Engländer. Dies zeigen auch diverse Aussprüche, die im Zusammenhang mit der Armada immer wieder zitiert werden. So soll Philipp II. gesagt haben: »Ich habe die Armada gegen Menschen aus-

geschickt, nicht gegen Gottes Winde und Wellen.« Der
Ausgang der Expedition war nach Philipps II. Meinung also
Gottes Willen gewesen. Aufgrund seines tiefen Gottesver-
trauens war der König bereit, seine Niederlage hinzunehmen.
Der Duque de Medina Sidonia hatte daher auch keine für ihn
negativen Konsequenzen zu erleiden. Doch auch die Engländer waren der Meinung, dass Gott ihnen geholfen hatte:
»Jehova blies und sie wurden zerstreut«, hieß es auf einer
englischen Medaille, die zur Erinnerung an den Sieg geschlagen wurde. »Er [Medina Sidonia] kam, sah und floh«, stand in
Verdrehung eines Ausspruchs von Julius Caesar auf einer
anderen. Und selbst Spielkarten mit Darstellungen der Armada
und der englischen Einheiten wurden in England aufgelegt.[147]
   Beide Seiten hatten aufgrund der Auseinandersetzung hohe
Verluste an Menschen zu beklagen, doch nicht so sehr wegen
der Kriegshandlungen, sondern auf spanischer Seite wegen der
Schiffbrüchigen, die ums Leben kamen, auf englischer wegen
der bei den Seeleuten ausbrechenden Seuchen wie Ruhr und
Flecktyphus. Die Zahlen an Toten sind in der Fachliteratur sehr
divergierend, müssen also mit Vorsicht zitiert werden. Die
Spanier hatten wohl mindestens 12 000 Tote zu beklagen – der
kaiserliche Botschafter Khevenhüller sprach gar von 20 000[148]
–, die Engländer mindestens 6000. Die spanische Vorherrschaft
zur See wurde damals jedoch keinesfalls gebrochen, wie das
manchmal behauptet wird. Ganz im Gegenteil führten die
Erfahrungen des Jahres 1588 zu einer Aufrüstung der spanischen Flottenkapazitäten. Fernández-Armesto bezeichnet
denn auch das Jahr 1588 als jenes der Wiedergeburt der
spanischen Seemacht, nicht als jenes ihres Untergangs. Philipp II. hatte 1592 bereits wieder vierzig Galeonen in Konstruktion.[149]
   In England herrschte außerdem in den folgenden Jahren die
permanente Angst, das Unternehmen von 1588 könnte eine
Wiederholung erfahren.[150] Was Philipp II. 1588 wirklich verlor, war die auf das Unternehmen folgende Propagan-
daschlacht. Elisabeth I. gewann diese so nachhaltig, dass bis
in die jüngste Zeit selbst Historiker davon ausgingen, die

spanische Vorherrschaft zur See sei damals nachhaltig geschädigt worden. Und zweifellos waren alle Anhänger der Politik Philipps II. zutiefst erschüttert über die Geschehnisse. Khevenhüller führte das Debakel auf die Unerfahrenheit von Medina Sidonia zurück, auf die unklaren Kommandostrukturen bei der Flotte, aber auch auf die Sündhaftigkeit der Beteiligten, überließ aber ein abschließendes Urteil der Geschichtsschreibung: »[Die großen Verluste waren] fürnemblich aus schlechter erfarnhait so wol der kriegs- als me[e]rsachen erfolgt. Diser armada general war der herzog von Medina Sidonia. Wer dises unglückhaftigen success ursach, lass ich den historienschreibern, es ist aber ain so erschrecklicher und frembder zuestand gewest, das man ihn auch nicht unglückseliger imaginieren kinn. Ich bei meiner einfalt atribuiere fürnemblich, das gedachte armada vil häubter und doch kain rechtgeschaffens, denselben zu commandieren, gehabt, das übrig unsern sünden.«[151]

Der spanisch-englische Krieg ging die folgenden Jahre dennoch weiter.[152] 1589 griffen die Engländer unter Drake A Coruña erfolglos an, versuchten ebenso erfolglos den Prior von Crato in Portugal zu installieren und mussten sich schließlich wieder zurückziehen.[153] In den nächsten Jahren kämpften beide Seiten mit wechselndem Kriegsglück. Die Spanier feierten den Tod von Drake 1596 bei einem neuen Angriff auf die Karibik[154], während die Engländer einen erfolgreichen Einfall in die Bucht von Cádiz im gleichen Jahr bejubelten, bei dem wieder einmal zahlreiche spanische Schiffe versenkt wurden. Philipp II. plante in jenem Jahr eine Invasion in Irland, die aber ebenso scheiterte wie derartige Versuche unter seinem Nachfolger.[155] An einen Friedensschluss zwischen Elisabeth I. und Philipp II. war nicht zu denken. Beide verbohrten sich immer mehr im gegenseitigen Hass aufeinander. Der spanisch-englische Krieg konnte erst 1604 durch einen Frieden beendet werden, nachdem beide Monarchen gestorben waren. Damals musste England einmal mehr zugestehen, dass die spanische Monarchie die beherrschende Macht auf allen Weltmeeren blieb. Die spanisch-englischen Auseinander-

setzungen um die Vorherrschaft zur See sollten dann aber noch
weitere 200 Jahre andauern.

6.5   Frankreich 1590: Der Krieg um das Erbe des Hauses Valois

Einer der Gründe, warum Philipp II. den Konflikt mit England
nicht mit voller Konzentration weiterverfolgen konnte, war die
Eröffnung einer neuerlichen feindlichen Front mit Frankreich.
Seit 1559 hatte zwischen beiden Ländern Frieden geherrscht,
seit 1560 war Philipp II. mit Isabel von Valois verheiratet
gewesen.[156] Die langen Konflikte aus der Regierungszeit
Karls V. hatten damit ein Ende gefunden, obwohl es in der
Neuen Welt, wie die Ereignisse in Florida gezeigt haben,
durchaus zu Zusammenstößen zwischen Untertanen beider
Monarchen kommen konnte. Begünstigt wurden friedliche
nachbarschaftliche Beziehungen nicht zuletzt deshalb, weil in
Frankreich seit 1562 die Religionskriege zwischen den Katholiken und den Protestanten immer wieder aufflammten und die
französische Monarchie daher wegen ihrer inneren Probleme
gar nicht mit der spanischen in Konkurrenz treten konnte.
Allerdings vermischten sich die innerfranzösischen religiösen
Problem auch mit dem Aufstand der Niederländer gegen
Philipp II. Denn besonders seitens der französischen Protestanten wurde immer wieder Bereitschaft signalisiert, die
rebellierenden Niederländer gegen ihren Herrscher zu unterstützen. Dieser revanchierte sich, indem er sich offen auf die
Seite der katholischen Partei in Frankreich stellte. 1585 schloss
er offiziell ein Bündnis mit der katholischen französischen Liga
gegen die Hugenotten.[157]
    Der französische König Heinrich III. trug seinerseits
beträchtlich zur Verschärfung der Situation bei, da er mehrmals
zwischen Katholiken und Hugenotten die Seiten gewechselt
hatte und schließlich gemeinsam mit seinem protestantischen
Schwager Heinrich IV. von Navarra (1553–1610) die von der

katholischen Liga verteidigte Stadt Paris belagerte. Kurz davor war er vom Papst bereits exkommuniziert worden, weil er vor Weihnachten 1588 den Führer der katholischen Liga, Henri I. de Lorraine, Duc de Guise (1550–1588), hatte ermorden lassen. Die päpstliche Exkommunikation wiederum ermunterte ein anderes Ligamitglied, den dreiundzwanzigjährigen Dominikaner Jacques Clément (1567–1589), dem König am 1. August 1589 ein Messer in den Leib zu stoßen.[158] Der Mönch wurde bei seiner Gefangennahme getötet und danach auch noch geviertteilt und verbrannt – eine für Königsmörder übliche Strafe –, doch auch das Leben des Monarchen fand am nächsten Tag ein Ende. Bernardino de Mendoza (1540/1541–1604), seit 1584 Botschafter Philipps II. in Paris, bejubelte in einem Schreiben an seinen König die Tat des »buen fraile«, des »guten Mönches«, und beschrieb in bewegten Worten den Jubel der katholischen Pariser wegen des Todes des verhassten Monarchen.[159] Doch mit Heinrich III. war das Haus Valois im Mannesstamm ausgestorben. Auf dem Sterbebett hatte der König noch einmal die Nachfolgerechte von Heinrich IV. von Navarra aus dem Haus der Bourbonen bestätigt. Damit begannen die militärischen Auseinandersetzungen um den französischen Thron.

Philipp II. war nämlich auf keinen Fall gewillt, die Nachfolge eines Protestanten in Frankreich zu akzeptieren. All die Jahre der französischen Religionskriege hatte er misstrauisch die Entwicklung der Ereignisse und vor allem die Aktionen des Bourbonen verfolgt, dem er schlichtweg jedes Recht auf die Ausübung seiner Herrschaft absprach. In den spanischen Quellen der Zeit wird Heinrich IV. daher folgerichtig nach seinen Stammlanden (Béarn) als der Bearnés, der Béarner, bezeichnet, weil Philipp II. selbst den Titel eines Königs von Navarra führte und auch den größten, südlich der Pyrenäen gelegenen Teil dieses Königreichs regierte. Das Béarn war eines der wichtigen Zentren des französischen Protestantismus geworden, was erst Recht das Misstrauen Philipps II. erregte. Die Inquisitionstribunale an der Grenze zu Frankreich, vor allem jenes von Logroño, hatten daher die ausdrückliche

Anweisung, das Einsickern protestantischer Ideen in die spanische Monarchie zu verhindern.[160]

Philipp II. hatte sich schon vor dem Tod Heinrichs III. entschlossen, Farnese aus den Niederlanden abzuberufen und nach Frankreich zu beordern, damals noch, um den bedrängten Katholiken in Paris zu Hilfe zu eilen. Deutlich zeigt dieser Befehl, gegen den sich der Herzog von Parma vergeblich gewehrt hatte, dass der König wieder einmal seine Prioritäten in der Politik änderte. Die Niederländer waren zwar trotz der Erfolge Farneses nicht endgültig besiegt worden, aber doch so weit geschwächt, dass deren endgültige Unterwerfung auf einen späteren Zeitpunkt verschoben werden konnte. Dass Philipp II. mit dieser Entscheidung den Niederländern eine Verschnaufpause verschaffte, die diese zur Konsolidierung ihrer jungen Republik und zur darauffolgenden Rückeroberung der an Farnese verloren gegangenen Gebiete nützen würden, konnte oder wollte er damals nicht ahnen. Die Einfügung Frankreichs in das spanische Hegemonialsystem in Europa und dessen Rekatholisierung schienen wichtiger als die aufständischen Niederländer.

Farnese gelang tatsächlich die zeitweise Aufhebung der Belagerung von Paris, die Heinrich IV. fortgeführt hatte, doch mussten sich die Truppen Philipps II. bald wieder in die Niederlande zurückziehen. Neuerlich trug der Geldmangel die Schuld daran, dass die Anhänger des designierten französischen Königs nicht geschlagen werden konnten. 1591 konkretisierten sich bei Philipp II. die Pläne, seine Tochter Isabel Clara Eugenia aus seiner Ehe mit Isabel von Valois als Kandidatin für den Thron vorzuschlagen. Obwohl es unter den französischen Katholiken durchaus Stimmen gab, die diesem Ansinnen positiv gegenüber standen, war das Unterfangen auf alle Fälle zum Scheitern verurteilt. Denn in der französischen Monarchie war im Gegensatz zu jener von Kastilien eine weibliche Erbfolge gar nicht möglich. Das Parlament von Paris beschäftigte sich zwar im Juni 1593 ausführlich mit den Vorschlägen der Botschafter Philipps II., lehnte aber schließlich die Pläne ab. Dabei waren die Konzessionen, die Philipp II. im August 1593 machte, durchaus bemerkenswert. Seine Tochter sollte am Tag ihrer Krönung und Salbung zur Königin den um fünf Jahre jüngeren Charles I. de Lorraine, Duc de Guise (1571 – 1640), heiraten, den Sohn des ermordeten Henri I. und neuen Führer der katholischen Liga, der seinerseits sofort zum König erklärt und gekrönt werden würde. Da klar war, dass Heinrich IV. nur mit Waffengewalt vertrieben werden könne, wollte Philipp II. außerdem während zweier Jahre pro Monat 120 000 Escudos zur Verfügung stellen, außerdem ein Heer von 12 000 Fußsoldaten und 3000 Reitern sowie ein Hilfskontingent von weiteren 18 000 Fußtruppen und 3000 Pferden.[161] Der König hoffte wohl auf neue Edelmetallströme aus der Neuen Welt, denn anders hätte er die Geldmengen nicht aufbringen können.

Heinrich IV. war in der Zwischenzeit allerdings auf dem besten Weg, die spanischen Pläne erfolgreich zu durchkreuzen. Am 25. Juni 1593 war er nämlich neuerlich zum Katholizismus konvertiert. An der feierlichen Zeremonie in der Basilika von Saint-Denis, der Grablege vieler der französischen Könige, nahmen zahlreiche Bischöfe und Äbte teil. Mit dem Glaubenswechsel des Bourbonen begann die Unterstützung für die Pläne Philipps II. beim französischen Adel massiv zu schwinden, viele der Ligamitglieder wechselten auf die Seite Heinrichs IV. In den Niederlanden erstarkten nach dem Tod von Farnese 1592 die von Philipp II. abgefallenen Provinzen, fehlten dort doch effiziente Kommandostrukturen und vor allem die notwendigen Truppen. Erzherzog Ernst, der den König als neuer Gouverneur vertreten sollte, kam erst 1594 in Brüssel an. Damit mussten auch die Pläne immer wieder verschoben werden, die schwindende Anhängerschar Philipps II. in Frankreich durch eine machtvolle spanische Invasion aus den Niederlanden zu stärken. Zu allem Überfluss – in den Augen Philipps II. – ließ sich Heinrich IV. im Februar 1594 in der Kathedrale von Chartres zum König krönen und salben – Reims, der traditionelle Krönungsort der französischen Könige, befand sich damals noch in den Händen der Anhänger der

Liga. Ende März 1594 zog der neue König in Paris ein, ohne dass die bis dahin renitente Stadt Widerstand geleistet hätte. Im Laufe des Jahres unterwarfen sich die meisten der französischen Adligen und Städte der Herrschaft Heinrichs IV., selbst der Duc de Guise, der beinahe Schwiegersohn Philipps II. geworden wäre.[162]

Heinrich IV., nun ohne jeden Zweifel der einzige legitime König Frankreichs, erklärte im Januar 1595 offiziell Philipp II. den Krieg. Da Erzherzog Ernst bereits im Februar jenes Jahres in den Niederlanden verstorben war, sandte Philipp II. als neuen Stadthalter jenen seiner Neffen, dem er wohl das größte Vertrauen entgegen brachte, nämlich Erzherzog Albrecht. Es wurde immer deutlicher sichtbar, dass der alternde König nicht nur mit Geldproblemen zu kämpfen hatte, sondern auch mit seinen personellen Ressourcen. Denn er hatte schon 1593 den Erzherzog aus Portugal abgezogen, damit ihm dieser am Hof in Madrid bei den Regierungsgeschäften beistehen könne, musste ihn nun aber widerwillig in die Niederlande beordern.

Der französisch-spanische Krieg soll an dieser Stelle nicht in allen Einzelheiten geschildert werden. Da Heinrich IV. noch ein Bündnis mit Elisabeth I. von England und den Niederländern abgeschlossen hatte, vermischten und verbanden sich jedoch alle drei Konfliktfelder. Im Juni 1596 plünderten die Engländer außerdem Cádiz und fügten den Finanzen Philipps II. erheblichen Schaden zu. Der Erzherzog konnte im Nordosten Frankreichs die spanischen Positionen nur mit Mühe halten, da er die spanischen Niederlande auch gegen Attacken der Vereinigten Niederlande zu verteidigen hatte. Angesichts all dieser Misserfolge für Philipp II., die unglaubliche Geldmengen verschlangen, wundert es nicht, dass die Verantwortlichen der Real Hacienda, der königlichen Finanzverwaltung, im November 1596 zu einer Suspendierung der königlichen Zahlungen rieten.[163] Oft wird dieser Schritt in der Literatur als neuerlicher »Bankrott« bezeichnet, was nicht ganz zutreffend ist. Denn Philipp II. kam seinen finanziellen Verpflichtungen nach, wenn auch mit gehörigen Verzögerungen. Doch seine Kreditwürdigkeit wurde massiv gemindert. Dies führte dazu, dass er an frisches Geld nur gelangen konnte, wenn er höhere Zinsen an seine Bankiers zahlte. Die spanische Großmachtpolitik verteuerte sich damit erheblich.[164]

Unter diesen Bedingungen ist es nicht verwunderlich, dass größere militärische Ereignisse im spanisch-französischen Krieg ausblieben. Da auch Heinrich IV. mit massiven finanziellen Problemen kämpfte, verhandelten Botschafter beider Monarchen ab dem Beginn des Jahres 1598 in Vervins einen Friedensvertrag. Das Ergebnis wurde am 2. Mai 1598 unterzeichnet. Es bestand in einer Erneuerung der Bestimmungen des Friedens von Cateau-Cambrésis von 1559. Beide Seiten garantierten sich die gegenseitigen Besitzstände.[165]

Es ist zwar ein reiner Zufall, dass Philipp II. am Beginn seiner Alleinregierung in der spanischen Monarchie und am Ende seines Lebens Friedensverträge mit Frankreich unterzeichnete, doch zeigen diese, dass es ihm wichtig war, den potentiell wichtigsten Kontrahenten im Streit um die Vorherrschaft in Europa zu neutralisieren. Seit dem Jahre 1593 schon schwer krank, schloss der Monarch schrittweise mit seinem Leben ab. Daher wollte er seinen Nachfolger auch von der Last einer Fortführung des niederländischen Krieges befreien. Am 6. Mai 1598 trat er folgerichtig die Niederlande an seine Tochter Isabel Clara Eugenia, die verhinderte französische Königin, und an Erzherzog Albrecht ab, die sich im August 1598 verehelichen sollten. Die Laisierung hatte der Erzherzog und Kardinal-Erzbischof von Toledo zu diesem Zeitpunkt schon erhalten. Diesem Herrscherpaar sollte es schließlich auch gelingen, die Situation in den Niederlanden durch den Abschluss eines Waffenstillstandes ab 1609 zu stabilisieren.[166]

7   El Escorial 1598: Das Ende eines Weltherrschers

Philipp II. litt schon in relativ jungen Jahren an der Gicht. Es heißt, den ersten schweren Anfall dieser Krankheit habe er um das Jahr 1558 gehabt, also mit etwas mehr als dreißig Jahren.[1] Bei ihm wurden die Gichtanfälle im Laufe seines Lebens immer häufiger. Dies berichteten nicht nur die verschiedenen ausländischen Botschafter an seinem Hof, die oft wegen seiner Krankheiten nicht zu Audienzen vorgelassen wurden, sondern dies ist auch an seiner Schrift zu bemerken. Der König hatte zwar in seinem Leben nie wirklich eine ausgeglichene und leicht lesbare Schrift gehabt, doch wurde sie im Laufe der Jahre, vor allem während der Gichtanfälle, immer krakeliger und unlesbarer.[2] Darunter litten damals seine Sekretäre, die seine Anmerkungen am Rand der Dokumente nur mit Mühen entziffern konnten. Heute leiden darunter vor allem die Historikerinnen und Historiker, denen es ganz ähnlich geht.

Dem Tod konnte der König wegen seiner persönlichen tiefen Religiosität ohne Furcht entgegensehen. Daneben war er der Meinung, ein seinem Gott gefälliges Leben geführt zu haben und auch seine Reiche in konsolidiertem Zustand an seinen Nachfolger übergeben zu können. Er hatte zwar nur einen überlebenden Sohn, den 1578 geborenen Philipp III., doch er hoffte, dass die Regierung der spanischen Monarchie in gute Hände gelegt werde. Außerdem funktionierte das von Philipp II. perfektionierte Verwaltungssystem ohnedies reibungslos, so dass nicht zu befürchten war, dass es große Probleme bei einem Herrscherwechsel geben würde.[3]

Noch vor seinem Tod galt es allerdings, die dynastische Kontinuität und den Fortbestand der Casa de Austria in der spanisch-portugiesischen Monarchie sicherzustellen, weshalb noch Philipp II. begann, für den Thronfolger nach einer geeigneten Braut Ausschau zu halten. Zu einem Zeitpunkt, als die portugiesische Dynastie ausgestorben war und Kriege mit England und Frankreich tobten, war es nicht so einfach, eine adäquate Ehefrau zu finden, die von königlichem Geblüt und auch katholisch erzogen war. Philipp II. entschloss sich schließlich, auf das bewährte Mittel der Verwandtenehen zurückzugreifen. Sein Vetter, Erzherzog Karl von Innerösterreich, hatte genügend unverheiratete Töchter. Schließlich wurde unter diesen Margarete (1584–1611) ausgewählt, die den Thronfolger ehelichen sollte. Die Trauungszeremonien kamen allerdings erst 1599 zustande, als der alte König schon gestorben war. Margarete war bei ihrer Verheiratung erst 15 Jahre alt, doch auch Philipp II. hatte bei seiner ersten Hochzeit noch eine kindliche Braut gehabt.

Der Gesundheitszustand des Königs begann sich ab dem Jahr 1592 kontinuierlich zu verschlechtern. Damals hatte er seine letzte größere Reise unternommen, nämlich zur Ständeversammlung von Tarazona in Aragón und nach Navarra. Schon zu diesem Zeitpunkt hatten ihn seine Ärzte gewarnt, wegen seines Gesundheitszustandes die Beschwerden eines derartigen Unternehmens auf sich zu nehmen. Doch er wollte, dass die Stände auf seinen Sohn als Thronfolger den Eid leisteten und war daher nicht gewillt, die Reise abzusagen. Diese dauerte schließlich acht Monate, nicht wegen der vielen Geschäfte, die zu erledigen waren, sondern wegen des bereits damals alarmierenden Gesundheitszustandes des Königs. Oft mussten tagelange Pausen eingelegt werden, weil dieser von seiner Krankheit gequält wurde. Den größten Teil des Weges legte er schon damals in der Sänfte zurück. Als er Ende Dezember 1592 wieder zurück nach Madrid kam, war sein Gesundheitszustand noch besorgniserregender.

Doch sein Zustand sollte noch ärger werden. 1593 mussten die Ärzte zwei Finger seiner rechten Hand operieren, die aufgrund der Gichtfolgen eitrig geworden waren. Es wurde für Philipp II. immer schwieriger, zu schreiben. Auch die Regierungsgeschäfte begannen damals zu leiden. Er stütze sich

immer mehr auf die »Junta de Noche« – den »Rat der Nacht« –,
den er bereits um das Jahr 1587 zu seiner Beratung installiert
hatte.[4] Es war dies eine Zusammenkunft jener seiner Amtsträger, denen er zu diesem Zeitpunkt am meisten vertraute,
nämlich der Portugiese Cristóbal de Moura, 1. Marqués de
Castel-Rodrigo (1538–1613)[5], Mitglied im Staats- und im
Kriegsrat, der Sekretär Juan de Idiáquez sowie der Staatsrat
Diego de Cabrera y Bobadilla, 3. Conde de Chinchón
(1520?–1608).[6] Diese nahmen dem König immer mehr Arbeit
ab und diskutierten und entschieden die anstehenden Probleme. Denn Philipp II. wurde zunehmend schwächer und
immer kränker.

Ab dem September 1593 leitete Erzherzog Albrecht, der
Portugal auf Befehl des Königs verlassen hatte, die meisten
Sitzungen der Regierungsjunta. Philipp III. mit seinen fünf-
zehn Jahren nahm zwar an vielen Besprechungen teil, war aber
noch zu schüchtern und unerfahren, um wirklich tatkräftig
regieren zu können. Doch Philipp II. dachte immer häufiger
an den Tod, sein Gesundheitszustand wurde zunehmend
besorgniserregend, wie beispielsweise aus den Berichten des
päpstlichen Nuntius Camillo Caetani († 1602) zu entnehmen
ist.[7] Im März 1594, während eines weiteren Gichtschubes,
unterzeichnete der König sein Testament.[8] Und wieder einmal
erholte er sich etwas. 1595 finden sich wieder seine Anmerkungen auf den Papieren, die ihm die Junta zukommen ließ.
Doch sein altes Arbeitspensum konnte er nicht mehr erledigen.
Akten sollten ihm nur noch am Vormittag übermittelt werden,
damit er sie am Nachmittag mit Mühe erledigen konnte. Auch
war es für ihn immer beschwerlicher, sich auf den Beinen zu
bewegen. Er ließ sich daher einen speziellen Rollstuhl kon-
struieren, auf dem er, zurückgeklappt, auch schlafen konnte.

Es gab aber immer wieder Momente, da es Philipp II. besser
ging. 1596 und 1597 ließ er sich in Aranjuez und El Escorial
sogar noch auf die Jagd tragen. Im Sommer 1596 verlegte er
den Hof für einige Monate nach Toledo, wo er vom Überfall
der Engländer auf Cádiz unterrichtet wurde. Dort erfuhr er
auch vom Tod von Francis Drake, der ihn so freute, dass er

meinte, wieder zu besserer Gesundheit kommen zu können. Jedoch sollte er sich täuschen. 1597 lag er Monate in Madrid im Bett, weil ihn die Gicht so sehr attackierte. In all den Jahren unterstützte ihn seine Tochter Isabel Clara Eugenia tatkräftig. Mit seiner anderen Tochter, Catalina Micaela, korrespondierte er zwar seltener, aber regelmäßig. Er freute sich über Nachrichten bezüglich seiner Enkelkinder, die er gerne persönlich gesehen hätte.[9] Dann kam der nächste Schlag: Catalina Micaela verstarb im Herbst 1597 im Kindbett. Der König war am Boden zerstört. Von diesem Verlust sollte er sich nicht mehr erholen.

Im Frühling 1598 befand sich Philipp II. wieder in Madrid. Nun war er von der Gicht schwer gezeichnet. Er hatte offene Geschwüre an mehreren Fingern, hohes Fieber und immer größere Schwierigkeiten zu essen. Doch er wollte nicht in Madrid sterben. Seine Ärzte rieten zwar davon ab, aber Ende Juni 1598 ließ er sich wieder in den El Escorial tragen. Die Reise dauerte sieben Tage, denn er war zu schwach, um die Strapazen eines schnelleren Transportes ertragen zu können, oder, in den Worten Khevenhüllers: »[Am] 30. [Juni] ist der könig lestlich nach Escurial aufbrochen und hat sich seiner bledigheit [= Krankheit] heftig lang unterwegen verhalten. [...] Den 6. [Juli] hat der könig Escurial erraicht, alle tag nur ain meil schwachait halber zogen.«[10]

Das langsame Sterben Philipps II. sollte jedoch noch länger dauern, denn im El Escorial verschlechterte sich sein Gesundheitszustand noch mehr.[11] Immer neue Gichtgeschwüre brachen auf. Im August musste eines in der Kniebeuge geöffnet werden. Khevenhüller notierte in seinem Tagebuch in jenen Wochen: »Der könig hat von tag zue tag scheinbarlich abgenommen, aber all seine schmerzen mit großer christenhait und gedult übertragen, darüber si zu verwundern.«[12] Und noch immer bemühte sich Philipp II., seine Pflichten zu erfüllen. Als sich der kaiserliche Botschafter am 23. August bei ihm schriftlich entschuldigte, dass er ihn nicht besuchen könne, ließ er ihm noch durch Cristóbal de Moura antworten und ihm versichern, wie sehr er Khevenhüller immer geschätzt habe.[13]

Zum damaligen Zeitpunkt konnte der König wegen seiner
Schmerzen und Geschwüre das Bett nicht mehr verlassen.
Abgemagert bis auf das Skelett litt er an hohem Fieber, an
Dehydrierung und gleichzeitig an unerträglichem Durst.[14] Im
16. Jahrhundert waren schon viele Schmerzmittel bekannt.
Doch möglicherweise wirkten sie bei Philipp II. nicht mehr,
vielleicht verweigerte er ihre Einnahme oder konnte sie nicht
mehr schlucken – das Weihwasser, mit dem er sich häufig
bespritzen ließ, linderte wohl die Qualen seiner Seele, nicht
aber die des geknechteten Körpers –, jedenfalls konnte er
wegen seiner höllischen Schmerzen nicht mehr gewaschen
werden. Er, der immer sehr reinlich gewesen war, verkam in
seinem eigenen Schmutz. Denn es war auch nicht mehr
möglich, seine Leib- und Bettwäsche zu wechseln. Fray José
de Sigüenza berichtet in seiner Darstellung der Geschichte des
El Escorial, dass dieser Zustand 53 Tage dauerte: »Wer an die
Sauberkeit denkt, die Genauigkeit und Reinlichkeit, die er
immer bei allen Dingen hatte,« – notierte Sigüenza – »er, der
keinen Strich an der Wand und keinen Fleck am Boden noch
Staub oder Spinnweben ertrug, und der, wie wir sagen
können, nicht nur in seinem Palast, sondern in ganz Spanien
die Sauberkeit zeigte und die Beherrschtheit, und wer ihn nun
sehen würde in diesem schrecklichen Zustand, ohne sich zu
beklagen, ohne Ungeduld zu zeigen oder böse Worte zu
gebrauchen, der könnte sagen, dass dies mehr ist als menschliches Ertragen und Erdulden.«[15]

Der König ertrug all seine grauenvollen Leiden tatsächlich
mit größter Beherrschung. Seine Tochter Isabel Clara Eugenia,
die die meiste Zeit bei ihm verbrachte, las ihm aus der Bibel vor
oder aus den Schriften der Mystikerin Theresa von Ávila
(1515–1582). Auch verschiedene seiner Reliquien ließ er
sich bringen, vor denen er betete und die er küsste. Und er
ordnete in jenen letzten Tagen noch zahlreiche Wohltaten an.
So befahl er die Finanzierung der Verheiratung von Waisen-
kindern, die Unterstützung von Witwen und anderen Armen.
Für den Marienwallfahrtsort Guadalupe in der Extremadura
spendete er 20 000 Dukaten für einen Altar, für die Pilgerstätte

von Montserrat in Katalonien 9000 Dukaten. Auch andere fromme Stiftungen ordnete er noch an, so 3000 Dukaten für das Kloster San Benito in Valladolid und eine hohe Geldspende für das Dominikanerkloster Nuestra Señora de Atocha in Madrid.[16]

Nach unerträglich langem Leiden verstarb der König am 13. September 1598. Sigüenza schrieb dazu: »Der Herr, der große Philipp II., Sohn des Kaisers Karl V., schlief in demselben Haus und Tempel des Heiligen Laurentius ein, den er errichten hatte lassen, und beinahe über seinem eigenen Grab, um fünf Uhr am Morgen, als der Morgen im Osten dämmerte, als die Sonne das Licht des Sonntags brachte […].«[17] Die Leichenfeiern im Beisein des neuen Königs und vieler Adliger fanden im El Escorial bereits am nächsten Tag statt. Khevenhüller, der an ihnen nicht teilnahm, weil er nicht so schnell aus Madrid anreisen konnte, schrieb zum Tod Philipps II.: »Den 13. [September] hernach zwischen fünf und sechs uhr morgens ist der frumb könig christlich a San Lorenzo el Real nach ausgestandner langwierigen schwären krankhaiten gottselig verschiden. Es haben auch I[hr] M[ajestä]t bei ain drei jarn zuerugg mer miraculose als naturlich gelebt, sein aber bis auf ihr end bei guetem verstand verbliben und lestlich an der dorrsucht i[m] 71. jar ihres alters hingangen. Requiescat in pace.«[18]

★

Philipp II., der erste Herrscher der Menschheitsgeschichte, der so ausgedehnte Länder überall auf der Welt regierte, trug mit seinem unermüdlichen Arbeitseifer dazu bei, dass er häufig als der düstere Administrator gesehen wird, der, schwarz-dunkel gekleidet, in den Schreibstuben eines seiner Paläste in und um Madrid die Geschicke der spanisch-portugiesischen Monarchie und deren Politik bis ins kleinste Detail lenkte, regelte und korrigierte. Wie eine Spinne in ihrem Netz habe er all seine Königreiche und Länder kontrolliert, nicht die geringste Kleinigkeit sei ihm entgangen – so lautet nicht nur das Urteil mancher Zeitgenossen über Philipp II., sondern auch jenes

vieler Historiker. Die Schreib-, Arbeits- und Kontrollwut des
Königs, unter dem die spanisch-portugiesische Monarchie
zum mächtigsten Faktor im entstehenden globalen Systems
des 16. Jahrhunderts wurde, trugen dazu bei, dass Philipp II.
nicht so sehr als der sorgende und liebende Vater in die
Geschichte einging, sondern vielmehr als der strenge, unbeug-
same und pedantische Bürokrat. Das mag er auch gewesen sein,
doch sah er sich selbst keinesfalls so, sondern als Diener seines
Gottes, der ihm die Geschicke der Menschen anvertraut hatte.
Und diesen Willen seines Herrn wollte er unter äußerster
Anstrengung all seiner Kräfte erfüllen. An den Strapazen des
Lebens eines Weltherrschers sollte er schließlich in jenen
Spätsommertagen des Jahres 1598 miserabel zugrunde gehen.

Anmerkungen

Vorwort

1 Pierson, Philipp II. – leider ist die deutschsprachige Übersetzung des englischen Originals sehr mangelhaft; Parker, Philip II; Cloulas, Felipe II; Kamen, Felipe de España; Fernández Álvarez, Felipe II; Pérez, La España de Felipe II; Williams, Philip II.

2 Pfandl, Philipp II. Das erstmalig 1938 publizierte Werk erlebte bis 1979 insgesamt acht deutschsprachige Auflagen.

3 Eine Kurzbiographie existiert von Kramer, Philipp II.; vgl. auch das nicht sehr befriedigende Werk von Vasold, Philipp II.

4 Vgl. die im Literaturverzeichnis angegebenen Bücher.

5 Die Akten dieser großen und teilnehmerreichen Kongresse wurden publiziert von Anatra – Manconi, Sardegna; Belenguer Cebrià, Felipe II y el Mediterráneo; Lotti – Villari, Filippo II; Martínez Millán, Felipe II; Martínez Ruiz, Madrid; Las sociedades ibéricas y el mar; Pereira Iglesias – González Beltrán, Actas de la V Reunión; Ribot García, La monarquía de Felipe II; Román Gutiérrez – Martínez Ruiz – González Rodríguez, Felipe II. Kleinere Kongresse und Tagungen werden an dieser Stelle nicht angeführt.

6 Ribot [García], Felipe II; Iglesias, Felipe II; Checa Cremades, Felipe II. Un monarca y su época; Añón Feliú, Felipe II; Dexeus, Felipe II; Felipe II. Los ingenios y las máquinas; Felipe II y el arte; Felipe II y su época; Sierra, Música; Philippus II Rex.

7 Sociedad Estatal para la Conmemoración de los Centenarios de Felipe II y Carlos V.

8 Edelmayer, Hispania – Austria II; Edelmayer, Söldner und Pensionäre; sowie der Aktenband Edelmayer – Strohmeyer, Korrespondenz.

9 Edelmayer, Maximilian II.

Kapitel 1 Die spanische Monarchie

1 Das vorliegende Kapitel folgt eng meinem Text in Edelmayer, Die spanische Monarchie, S. 128–150. Vgl. zur spanischen Monarchie unter Ferdinand II., Isabel I. und Karl V. neben vielen anderen Werken auch Alvar Ezquerra, Isabel la Católica; Belenguer Cebrià, El Imperio hispánico; Belenguer Cebrià, Del oro al oropel; Belenguer Cebrià, Fernando el Católico; Belenguer Cebrià, De la Unión de Coronas; Castellano Castellano – Sánchez-Montes González, Carlos V; Elliott, Imperial Spain; Elliott, Spain and Its World; Kamen, Crisis and Change; Kamen, Spain, 1469–1714; Kohler – Edelmayer, Hispania–Austria. Die Katholischen Könige; Ladero Quesada, Castilla; Ladero Quesada, La España de los Reyes Católicos; Leicht, Isabella von Kastilien; Liss, Isabel the Queen; Lynch, Spain, 1516–1598; Pérez-Bustamante – Calderón Ortega, Felipe I; San Miguel Pérez, Isabel I; Sarasa, Fernando II; Suárez Fernández, Fernando El Católico; Suárez Fernández, Isabel, mujer y reina. Allgemein zur spanischen Monarchie: Artola, La Monarquía de España. Da es sich beim vorliegenden Kapitel um einen generellen und allgemeinen Überblick zur spanischen Geschichte unter den oben genannten Herrschern handelt, wurde auf das Setzen weiterer Anmerkungen mehrheitlich verzichtet.
2 Vgl. neuerdings den Tagungsband von Galasso – Hernando Sánchez, El reino de Nápoles.
3 Vgl. Ochoa Brun, Historia de la diplomacia española, Bd. 4.
4 Quatrefages, Los tercios españoles; Quatrefages, La revolución militar.
5 Barrios, El Consejo de Estado.

Kapitel 2 Kindheit und Jugend eines Weltherrschers

1 Sandoval, Historia, Bd. 2, S. 233.
2 Vgl. Usunáriz, España y sus tratados, S. 40–78.
3 Zur Lebensmittelversorgung der Stadt vgl. allgemein Bennassar, Valladolid, S. 55–78.
4 Sandoval, Historia, Bd. 2, S. 234.
5 Sandoval, Historia, Bd. 2, S. 247; der Ausspruch wird auch bei dem Kleriker und Historiker Baltasar Porreño (1569–1639) zitiert: Álvarez-Ossorio Alvariño – Porreño, Dichos y hechos, S. 15.
6 Sandoval, Historia, Bd. 2, S. 247.
7 Vgl. Bennassar, Valladolid, S. 445.
8 Sandoval, Historia, Bd. 2, S. 247 f.
9 Sandoval, Historia, Bd. 2, S. 248.

10 Vgl. Usunáriz, España y sus tratados, S. 78–114.
11 Álvarez-Ossorio Alvariño – Porreño, Dichos y hechos, S. 15.
12 Sandoval, Historia, Bd. 2, S. 248.
13 Sandoval, Historia, Bd. 2, S. 250.
14 Die Bevölkerungseinbrüche in Valladolid zwischen 1527 und 1530 verdeutlichen diverse Grafiken bei Bennassar, Valladolid, beispielsweise S. 164 und S. 167.
15 Edelmayer, Maria (de Austria).
16 Sandoval, Historia, Bd. 2, S. 327.
17 Vgl. Fernández Álvarez, Carlos V, S. 435 f.
18 Sandoval, Historia, Bd. 2, S. 329.
19 Fernández Álvarez, Felipe II, S. 54.
20 Kohler, Antihabsburgische Politik.
21 Fernández Álvarez, Carlos V, S. 472.
22 Dazu und zum Folgenden auch March, Niñez.
23 Sandoval, Historia, Bd. 2, S. 425.
24 Sandoval, Historia, Bd. 2, S. 430; vgl. auch Gonzalo Sánchez-Molero, El aprendizaje cortesano.
25 Fernández Álvarez, Carlos V, S. 475.
26 Fernández Álvarez, Carlos V, S. 478–485.
27 Fernández Álvarez, Carlos V, S. 486.
28 Sandoval, Historia, Bd. 2, S. 536.
29 Fernández Álvarez, Carlos V, S. 546.
30 Kamen, Felipe de España, S. 8.
31 Kamen, Felipe de España, S. 3.
32 Fernández Álvarez, Felipe II, S. 658.
33 Vgl. neben vielen anderen Beispielen Edelmayer, Maximilian II., S. 82 mit Anm. 129 und Anm. 130, S. 84 f. mit Anm. 139.
34 Zit. nach Fernández Álvarez, Felipe II, S. 656.
35 Bouza, D. Filipe I, S. 145–193.
36 Vgl. z.B. die spanischen Übersetzungen englischer Schreiben aus dem Jahr 1666 im Zusammenhang mit der Eroberung der karibischen Insel Santa Catalina: Archivo General de Indias, Sevilla, Panamá 78, unfol. Allgemein zu diesem Problem Edelmayer – Grandner, Santa Catalina.
37 Vgl. z.B. Anna von Österreich an Maximilian II., Madrid 1570 Dezember 28, Haus-, Hof und Staatsarchiv Wien, Hausarchiv, Familienakten 99, unfol.
38 Gonzalo Sánchez-Molero, La «Librería rica» de Felipe II.
39 Vgl. z.B. Molina, Arte.
40 Kamen, Felipe de España, S. 5.
41 Kohler, Karl V., S. 258–260.

42 Zu diesem vgl. die Biographien von Maltby, El Gran Duque de Alba;
    Kamen, El Gran Duque de Alba; Fernández Álvarez, El duque de
    Hierro; zur Familie vgl. auch García Pinacho, Los Álvarez de Toledo.
43 Fernández Álvarez, Felipe II, S. 660.
44 Kamen, Felipe de España, S. 10.
45 Vgl. Ochoa Brun, Historia de la diplomacia española, Bd. 5, S. 482 f.
46 Kamen, Felipe de España, S. 14.
47 Edelmayer, Kursachsen.
48 Die beiden Instruktionen werden unterschiedlich ausführlich in nahezu
    allen Biographien über Philipp II. referiert; vgl. u. a. Fernández Álvarez,
    Felipe II, S. 661–675; Kamen, Felipe de España, S. 12 f.
49 Fernández Álvarez, Felipe II, S. 678 f.
50 Zur Universität von Salamanca unter Philipp II. vgl. Alejo Montes, La
    Universidad de Salamanca.
51 Fernández Álvarez, Felipe II, S. 682 f.

Kapitel 3   Erste Triumphe und Niederlagen

1 Machoczek, Der Reichstag zu Augsburg.
2 Martínez Millán – de Carlos Morales, Felipe II, S. 49.
3 Sandoval, Historia, Bd. 3, S. 323.
4 Zu den folgenden Darstellungen vgl. Edelmayer, Vorgeschichte, S. 23 f.
5 Edelmayer, Die spanische Monarchie, S. 164.
6 Bakewell, Miners.
7 Sandoval, Historia, Bd. 3, S. 338.
8 Eine ausführliche Liste der Drucke bei Pizarro Gómez, Arte y espectáculo,
   S. 209–212.
9 Calvete de Estrella, El felicíssimo viaje.
10 Sandoval, Historia, Bd. 3, S. 338.
11 Calvete de Estrella, El felicíssimo viaje, S. 108.
12 Calvete de Estrella, El felicíssimo viaje, S. 108.
13 Karajan, Georg Kirchmair's Denkwürdigkeiten, S. 529 f.
14 Calvete de Estrella, El felicíssimo viaje, S. 128.
15 Calvete de Estrella, El felicíssimo viaje, S. 129.
16 Vgl. Edelmayer, La Casa de Austria.
17 Calvete de Estrella, El felicíssimo viaje, S. 130 f.
18 Calvete de Estrella, El felicíssimo viaje, S. 134.
19 Calvete de Estrella, El felicíssimo viaje, S. 129.
20 Sandoval, Historia, Bd. 3, S. 339.
21 Calvete de Estrella, El felicíssimo viaje, S. 148–150.
22 Calvete de Estrella, El felicíssimo viaje, S. 165.
23 Calvete de Estrella, El felicíssimo viaje, S. 151–538.

24 Calvete de Estrella, El felicíssimo viaje, S. 538.
25 Calvete de Estrella, El felicíssimo viaje, S. 538–551.
26 Checa Cremades, Un prícipe del Renacimiento, S. 46–48.
27 Der folgende Abschnitt lehnt sich eng an meine frühere Darstellung an:
    Edelmayer, Vorgeschichte, S. 26–31. Dort finden sich auch die diversen
    Belegstellen.
28 Vgl. Machoczek, Der Reichstag zu Augsburg, S. 2082–2176.
29 Zitiert nach Lutz, Ringen um deutsche Einheit, S. 289.
30 Der Reichsabschied findet sich bei Eltz, Der Reichstag zu Augsburg,
    S. 1578–1614.
31 Edelmayer, Maximilian II., S. 3.
32 Edelmayer, Vorgeschichte, S. 38.
33 Edelmayer, Vorgeschichte, S. 31.
34 Sandoval, Historia, Bd. 3, S. 391.
35 Cloulas, Felipe II, S. 47–49, S. 65, S. 72; Fernández Álvarez, Felipe II,
    S. 735–739; Kamen, Felipe de España, S. 55; Pierson, Philipp II., S. 50 f.
36 Zur folgenden Darstellung vgl. auch Loades, The Reign.
37 Heute Museo del Prado, Madrid.
38 Vgl. Redworth, Imágenes, S. 97.
39 Fernández Álvarez, Felipe II, S. 745 f.
40 Beide Bilder befinden sich heute im Museo del Prado, Madrid.
41 Fernández Álvarez, Felipe II, S. 749.
42 Álvarez-Ossorio Alvariño, Una forma di Consiglio unito, S. 381 f.; zu
    Mailand unter Philipp II. vgl. allgemein Álvarez-Ossorio Alvariño, Milán
    y el legado de Felipe II.
43 Rodríguez-Salgado, Las hadas malas, S. 128.
44 Zitiert nach Kohler, Karl V., S. 353 f.
45 Vgl. zu diesem van Durme, El Cardenal Granvela; allgemein zur Familie:
    De Jonge – Janssens, Les Granvelle.
46 Vgl. Usunáriz, España y sus tratados, S. 158–167.
47 Kohler, Karl V., S. 352; Edelmayer, Maximilian II., S. 2.
48 Rodríguez-Salgado, Las hadas malas, S. 133.
49 Rodríguez-Salgado, Las hadas malas, S. 134 f.
50 Vgl. Edelmayer, Einheit der Casa de Austria?
51 Diemer, Heiratsverhandlungen.
52 Brown, La Sala de Batallas, S. 24–31.
53 »La mal llamada «bancarrota» de 1559…«; Yun, Marte contra Minerva,
    S. 338. Vgl. zu den Ereignissen von 1559 auch de Carlos Morales, Felipe
    II, S. 54–73; zur finanziellen Lage Philipps II. vgl. Ulloa, La Hacienda
    Real, S. 125–170.
54 Vgl. Usunáriz, España y sus tratados, S. 167–204.
55 Zu dieser noch immer González de Amezúa y Mayo, Isabel de Valois.

Kapitel 4   Die Herrschaft in der spanischen Monarchie

1 Für die Einteilung der Regierungsjahre in Spanien unbedingt empfehlenswert: Domínguez Ortiz, Notas para una periodización.

2 Fernández Álvarez, Felipe II, S. 343 f.

3 Dazu Tellechea Idígoras, El papado y Felipe II, Bd. 1.

4 Edelmayer, Söldner, S. 203 – 224.

5 Zur Spanischen Inquisition und einzelnen Detailaspekten derselben gibt es eine Fülle an Literatur. Daher seien hier nur einige ausgewählte Werke genannt: Alcalá et al., Inquisición española; Bennassar, Inquisición española; Dumont, Proceso contradictorio; Escudero, Estudios; García Cárcel – Moreno Martínez, Inquisición; Kamen, Inquisición; Martínez Millán, La Inquisición; Moreno, La invención; Pérez, Breve historia; Thomas, Los protestantes; Thomas, La represión. Zur Inquisition in der Zeit Philipps II. vgl. Kagan, Los sueños de Lucrecia; Alejandre, El veneno de Dios; García Cárcel, Iglesia, Inquisición y sociedad; Maqueda Abreu, Felipe II y la Inquisición.

6 Edelmayer, Die spanische Monarchie, S. 142 f.

7 Vgl. allgemein Candau Chacón, Los moriscos.

8 Pérez, Breve historia, S. 59.

9 Pérez, Breve historia, S. 60 f.

10 Edelmayer, Reforma, S. 115 f.

11 Andrés, Historia de la mística.

12 Vgl. Civale, Conflictos de poder, besonders S. 303 – 314; allgemein Civale, Inquisizione ed eresia.

13 Álvarez-Ossorio Alvariño – Porreño, Dichos y hechos, S. 49.

14 Alonso Burgos, El luteranismo en Castilla; Bennassar, Valladolid, S. 448 – 451; zum »Auto de fe« als Symbol der Macht der Inquisition vgl. Bermejo Cabrero, Poder político, S. 240 – 249.

15 Pérez, Breve historia, S. 67.

16 Cabrera de Córdoba, Historia, Bd. 1, S. 202.

17 Pérez, Breve historia, S. 68; zur Inquisition in Sevilla vgl. Boeglin, Inquisición.

18 Vargas-Hidalgo, Guerra y Diplomacia, S. 432.

19 Bouza, Cartas, S. 78.

20 Zu diesem Edelmayer, Johann Khevenhüller von Aichelberg.

21 Dieses Reisetagebuch konnte der Autor glücklicherweise vor einigen Jahren im Kärntner Landesarchiv in Klagenfurt entdecken, wo es sich in zwei Versionen befindet: Archiv Khevenhüller, Handschrift Nr. 1 und Nr. 10. Seine Innsbrucker Schülerin Verena Schumacher hat es vorbildlich ediert. Das Werk wird demnächst im Druck erscheinen. Hier werden

vorläufig noch die Folioangaben der Handschrift Nr. 1 angegeben, später ist auf alle Fälle Schumacher, Reisetagebuch, heranzuziehen.

22 Ebenda, fol. 45 r–49 r.

23 Tellechea Idígoras, El arzobispo Carranza.

24 Viele der Dokumente sind in acht Bänden gedruckt bei Tellechea Idígoras, Fray Bartolomé Carranza. Vgl. auch neuerdings Bermejo Cabrero, Poder político, S. 207–214; Suárez Fernández, V Centenario.

25 Kärntner Landesarchiv Klagenfurt, Archiv Khevenhüller, Handschrift Nr. 1, fol. 52 r.

26 So von Fernández Álvarez, Felipe II, S. 352.

27 Tellechea Idígoras, El proceso romano.

28 Zu den Cortes von Toledo zuletzt Fortea Pérez, Las Cortes de Castilla, S. 130–133.

29 Kärntner Landesarchiv Klagenfurt, Archiv Khevenhüller, Handschrift Nr. 1, fol. 52 v–56 v.

30 González de Amezúa y Mayo, Isabel de Valois, Bd. 3, S. 121.

31 Kärntner Landesarchiv Klagenfurt, Archiv Khevenhüller, Handschrift Nr. 1, fol. 56 v.

32 Kärntner Landesarchiv Klagenfurt, Archiv Khevenhüller, Handschrift Nr. 1, fol. 56 v–57 r.

33 Vgl. Alvar – Edelmayer, Socialización, vida privada y actividad pública.

34 Alle Inschriften finden sich im Reisetagebuch Khevenhüllers, Kärntner Landesarchiv Klagenfurt, Archiv Khevenhüller, Handschrift Nr. 1, fol. 57 r–59 v; noch einmal sei auf Schumacher, Reisetagebuch, verwiesen, wo die Texte künftig in gedruckter Form nachzulesen sein werden.

35 Bei dem Humanisten Juan de Verzosa y Ponce de León (1522/1523–1574) heißt es in seinen Annalen der Regierung Philipps II.: »[...] nauibus disiectis, castello quod struxerant, capto praesidiarioque milite et nautico fere omni interfecto, Hugonotica secta, quam disseminare caeperant, extincta [...]« – »nachdem [Menéndez] die Schiffe zerstört hatte, eroberte er die Festung, die sie konstruiert hatten, exekutierte nahezu alle Soldaten der Garnison und die Seeleute und machte Schluss mit der hugenottischen Sekte, die diese zu propagieren begonnen hatten«. Maestre Maestre – de Verzosa, Anales, S. 168.

36 Vgl. Rodríguez – Rodríguez, Don Francés de Álava y Beamonte.

37 Vázquez de Prada, Felipe II y Francia, S. 158–170.

38 Kärntner Landesarchiv Klagenfurt, Archiv Khevenhüller, Handschrift Nr. 1, fol. 60 r.

39 Vgl. Bennassar, Las capitales, S. 31–33.

40 Zitiert nach Alvar Ezquerra, Felipe II, la Corte, S. 7 f.; zu den folgenden Ausführungen vgl. auch: Alvar Ezquerra, El Nacimiento; Alvar Ezquerra, Los traslados de corte; Alvar Ezquerra, Espacios sociales; Alvar Ezquerra, Der spanische Hof; Alvar Ezquerra, El Madrid de Juan de la Cuesta;

Alvar Ezquerra, El cartapacio del Cortesano Errante; Alvar Ezquerra, Todo empezó en 1561; Alvar Ezquerra – Prieto Palomo, Creyentes y gobernantes. Siehe außerdem Morán – García, El Madrid de Velásquez; López García, El impacto de la Corte, S. 62–148.

41 Alvar Ezquerra, Los traslados de corte, S. 47.

42 Vgl. Alvar Ezquerra, Felipe II, la Corte, S. 19.

43 Vgl. Checa, El Real Alcázar.

44 Alvar Ezquerra, Los traslados de corte, S. 49.

45 Alvar Ezquerra – Prieto Palomo, Creyentes y gobernantes, S. 69–71.

46 Vgl. Fernández Conti, Los Consejos de Estado.

47 Fernández Izquierdo, La Orden Militar de Calatrava.

48 Alvar Ezquerra, Los traslados de corte, S. 42.

49 Vgl. Edelmayer – Rueda Fernández, Del caos a la normalidad.

50 Alvar Ezquerra, Los traslados de corte, S. 42.

51 Alvar Ezquerra, El Madrid de Juan de la Cuesta, S. 162.

52 Sämtliche demographischen Angaben stammen aus Alvar Ezquerra – Prieto Palomo, Creyentes y gobernantes, S. 69–104.

53 Vgl. auch Caporossi, Los Tribunales de Corte, S. 58.

54 Alvar Ezquerra – Prieto Palomo, Creyentes y gobernantes, S. 98.

55 Alvar Ezquerra, Los traslados de corte, S. 55–57.

56 Alvar Ezquerra, Espacios sociales, S. 152 f.; Alvar Ezquerra, Madrid: Dos ciudades en una, S. 536–539.

57 Allgemein Guerrero Mayllo, El Gobierno Municipal; Guerrero Mayllo, Familia y vida cotidiana.

58 Vgl. auch Sanz Ayán – García García, Teatros y comediantes.

59 Alvar Ezquerra, Espacios sociales, S. 155–159.

60 Alvar Ezquerra, Espacios sociales, S. 158.

61 Alvar Ezquerra, Espacios sociales, S. 160.

62 Alvar Ezquerra, Espacios sociales, S. 160 f.

63 Alvar Ezquerra, Espacios sociales, S. 163.

64 Alvar Ezquerra, Espacios sociales, S. 163.

65 Alvar Ezquerra, Espacios sociales, S. 168.

66 Bouza, Cartas, S. 34.

67 Vgl. Ochoa Brun, Historia de la diplomacia española, Bd. 6.

68 Vgl. Bernal, España, proyecto inacabado.

69 Allgemein zum Thema: Escudero, Felipe II.

70 Allgemein vgl. Eiras Roel, El reino de Galicia.

71 Zitiert nach Castillo Gómez, Entre la pluma y la pared, S. 7.

72 Zu diesem vgl. Gonzalo Sánchez-Molero, Mateo Vázquez de Leca; Lovett, Philip II and Mateo Vazquez de Leca.

73 Riba García, Correspondencia privada, S. 91.

74 Riba García, Correspondencia privada, S. 128.

75 Riba García, Correspondencia privada, S. 149.

76 Riba García, Correspondencia privada, S. 104.
77 Vgl. Añón – Sancho, Jardín y Naturaleza.
78 Parker, Philip II, S. 31.
79 Die Beispiele sind aus Parker, Philip II, S. 38–60.
80 Vgl zum folgenden Abschnitt Sáenz de Miera, De obra insigne.
81 Merlos Romero, Aranjuez y Felipe II.
82 Martín González, El Real Sitio de Valsaín.
83 Murray, Génesis del Real Ingenio de la Moneda.
84 Vgl. Zarco Cuevas, Instrucciones.
85 Rivera Blanco, Juan Bautista de Toledo.
86 Wilkinson-Zerner, Juan de Herrera.
87 Bustamante García, La octava maravilla del mundo.
88 Parker, Philip II, S. 46; vgl. auch Sáenz de Miera, El Pasatiempos, S. 321 f.
89 Vgl. Gonzalo Sánchez-Molero, La «Librería rica» de Felipe II.
90 Sánchez Rodríguez, Perfil de un humanista, S. 129–136; vgl. auch Bécares Botas, Arias Montano.
91 Bouza – Checa, El Escorial.
92 Varey – Chabrán – Weiner, Searching for the Secrets of Nature.
93 Álvarez, De las costumbres.
94 Campos y Fernández de Sevilla, Las relaciones topográficas; vgl. auch Puerto, La leyenda verde, S. 425; Morales Folguera, La construcción de la utopía, S. 35–47; Arroyo Ilera, Agua.
95 Campos y Fernández de Sevilla, Las relaciones topográficas, S. 453.
96 Kurzbiographie bei Martínez Millán – de Carlos Morales, Felipe II, S. 504.
97 Campos y Fernández de Sevilla, Las relaciones topográficas, S. 452 f.
98 Campos y Fernández de Sevilla, Las relaciones topográficas, S. 455–461.
99 Campos y Fernández de Sevilla, Las relaciones topográficas, S. 464–468.
100 Kurzbiographie bei Martínez Millán – de Carlos Morales, Felipe II, S. 444 f.
101 Kurzbiographie bei Martínez Millán – de Carlos Morales, Felipe II, S. 424.
102 Solano, Cuestionarios; ein konkretes Beispiel, nämlich die »Audiencia« von Quito, bei Ponce Leiva, Relaciones histórico-geográficas; vgl. auch Elliott, The Old World, S. 36–39; Morales Folguera, La construcción, S. 153–242.
103 Kagan, Spanish Cities of the Golden Age.
104 Beispielsweise Otte, Cedularios de la Monarquía española.
105 Real Díaz, Estudio diplomático, S. 143–215.
106 García Gallo – Encinas, Cedulario Indiano.
107 Baudot, La Corona, S. 91.
108 Vgl. allgemein Fernández Collado, Gregorio XIII y Felipe II.

109 Borromeo, Filippo II; Fernández Terricabras, Felipe II; Tellechea Idí-
     goras, El papado y Felipe II.
110 Galende Díaz, Felipe II y la reforma del Calendario; vgl. auch Ro-
     dríguez Sala, El eclipse de Luna.
111 Jorzick, Herrschaftssymbolik, S. 171–179.
112 Der Abschnitt folgt Checa Cremades, Felipe II. Mecenas de las Artes.
113 Kusche, Sánchez Coello.
114 Neumann, Pompeo Leoni.
115 Die Skulpturen von Karl V. und seiner Frau sind bei Checa Cremades,
     Felipe II. Mecenas de las Artes, S. 26, abgebildet, jene von Juana
     ebenda, S. 183.
116 Ferino-Pagden, Sofonisba Anguissola.
117 Abbildung bei Checa Cremades, Felipe II. Mecenas de las Artes, S. 173.
118 Abbildung bei Checa Cremades, Felipe II. Mecenas de las Artes, S. 342.
119 Abbildung bei Checa Cremades, Felipe II. Mecenas de las Artes, S. 287.
120 Sigüenza, La fundación, S. 358–368; vgl. auch Sáenz de Miera, El
     Pasatiempos, S. 333–359.
121 Sigüenza, La fundación, S. 361.
122 Álvarez Pinedo – Rodríguez de Diego, Los archivos españoles.
123 Rodríguez de Diego, Instrucción para el gobierno.
124 Allgemein Hamilton, El Tesoro Americano.
125 Edelmayer, Die spanische Monarchie, S. 164.
126 Tomás y Valiente, La venta de oficios.
127 Martínez Millán – de Carlos Morales, Felipe II, S. 303–311.
128 Allgemein zum Problem Ezquerra Revilla, El Consejo Real de Castilla;
     vgl. Pizarro Llorente, Un gran patrón, S. 221–342; García Hernán, La
     Aristocracia, S. 181–196.
129 Zitiert nach Maltby, El Gran Duque de Alba, S. 110 f.
130 Vgl. auch Martínez Hernández, El marqués de Velada.
131 Vgl. Boyden, The Courtier and the King.
132 Kurzbiographie bei Martínez Millán – de Carlos Morales, Felipe II,
     S. 367 f.; vgl. auch de Carlos Morales, El poder de los secretarios.
133 Zu den adligen Konzepten von Ehre und Ansehen vgl. Guillén Be-
     rrendero, La idea de nobleza.
134 Ausführliche Informationen zu allen Mitarbeitern des Königs bei Mar-
     tínez Millán – de Carlos Morales, Felipe II; Escudero, Felipe II;
     Escudero, Los secretarios, Bd. 1, S. 121–222.
135 Kurzbiographie bei Martínez Millán – de Carlos Morales, Felipe II,
     S. 503.
136 Kurzbiographie bei Martínez Millán – de Carlos Morales, Felipe II,
     S. 452 f. Siehe auch González Palencia, Gonzalo Pérez.
137 Dazu Escudero, Felipe II, S. 141–147.

138 Kurzbiographie bei Martínez Millán – de Carlos Morales, Felipe II, S. 518.
139 Marañón, Antonio Pérez; Mignet, Antonio Pérez.
140 Kurzbiographie bei Martínez Millán – de Carlos Morales, Felipe II, S. 408 f.
141 Kurzbiographie bei Martínez Millán – de Carlos Morales, Felipe II, S. 409.
142 Kurzbiographie bei Martínez Millán – de Carlos Morales, Felipe II, S. 407 f.
143 Kurzbiographie bei Martínez Millán – de Carlos Morales, Felipe II, S. 361 f.
144 Kurzbiographie bei Martínez Millán – de Carlos Morales, Felipe II, S. 386.
145 Kurzbiographie bei Martínez Millán – de Carlos Morales, Felipe II, S. 464.
146 Kurzbiographie bei Martínez Millán – de Carlos Morales, Felipe II, S. 319 f.
147 Kurzbiographie bei Martínez Millán – de Carlos Morales, Felipe II, S. 406.
148 Vgl. zu diesem Bennassar, Don Juan de Austria.
149 Fernández Álvarez, La princesa de Éboli.
150 Kurzbiographie bei Martínez Millán – de Carlos Morales, Felipe II, S. 368 f.
151 Escudero, Felipe II, S. 274 f., gibt einen guten Überblick über die Intrigen und möglichen Zusammenhänge.
152 Escudero, Felipe II, S. 279 f.
153 Alvar Ezquerra, Antonio Pérez, Relaciones y cartas, Bd. 1, S. 103.
154 Über das Thema sind zahlreiche Publikationen erschienen; neben anderen Alvar Ezquerra, La leyenda negra; Carbia, Historia de la leyenda negra; García Cárcel, La leyenda negra; Schulze Schneider, La leyenda negra.
155 Alvar Ezquerra, Antonio Pérez, Relaciones y cartas, 2 Bde.
156 Escudero, Felipe II, S. 213.
157 Escudero, Felipe II, S. 278.
158 Escudero, Felipe II, S. 282.
159 Khevenhüller-Metsch – Probszt-Ohstorff, Khevenhüller, Tagebuch, S. 103.
160 Escudero, Felipe II, S. 288 f.
161 Sämtliche Prozesse gegen Pérez sind genau beschrieben bei Fairén Guillén, Los procesos penales.
162 Alvar Ezquerra, Antonio Pérez, Relaciones y cartas, Bd. 1, S. 26.
163 Kurzbiographie bei Martínez Millán – de Carlos Morales, Felipe II, S. 371 f.

164 Edelmayer, Maximilian II., S. 125–130; Bues, Die habsburgische Kandidatur, S. 124–129; Augustynowicz, Die Kandidaten.
165 Die Schilderung der folgenden Ereignisse nach Alvar Ezquerra, Antonio Pérez, Relaciones y cartas, Bd. 1, S. 30–56; vgl. auch die lesenswerte Zusammenfassung der Ereignisse bei Vázquez de Prada, Conflictos socio-políticos, S. 41–64.
166 Vgl. Vázquez de Prada, Conflictos socio-políticos.
167 Dazu auch Bermejo Cabrero, Poder político, S. 214–219.
168 Die folgende Darstellung folgt der zeitgenössischen Beschreibung des Chronisten Bartolomé Leonardo de Argensola (1562–1631): Colás Latorre – Argensola, Alteraciones populares.
169 Bustos Rodríguez, El asalto anglo-holandés.
170 Zu diesem Fernández Conti, La profesionalización del gobierno de la guerra.
171 Allgemein Gracia Rivas, La invasión de Aragón.

Kapitel 5   Philipp II. und seine Kinder

1 Bibl, Der Tod, S. 119; Fernández Álvarez, Felipe II, S. 401; Kamen, Felipe de España, S. 94 (hier allerdings mit der falschen Jahresangabe 1561); Martínez Cuesta, La muerte, S. 200, und zahlreiche weitere Autoren.
2 Vgl. Kamen, Felipe de España, S. 95.
3 Khevenhüller-Metsch – Probszt-Ohstorff, Khevenhüller Tagebuch, S. 174.
4 Zu den Cortes allgemein Fortea Pérez, Monarquía y Cortes.
5 Edelmayer – Stromeyer, Korrespondenz, Bd. 1, S. 199, S. 204, S. 227.
6 Bibl, Der Tod, S. 123.
7 Edelmayer – Strohmeyer, Korrespondenz, Bd. 1, S. 176–178.
8 Vgl. Edelmayer, Ehre, Geld, Karriere; Edelmayer, Honor y dinero.
9 Edelmayer – Strohmeyer, Korrespondenz, Bd. 1, S. 203 f. Beim Direktzitat wurden die Zeichen für chiffrierte Worte weggelassen.
10 Edelmayer – Strohmeyer, Korrespondenz, Bd. 1, S. 230 f.
11 In deutscher Sprache noch immer lesenswert Bibl, Der Tod.
12 Vgl. das Programmheft zu Friedrich Schiller, Don Carlos, Infant von Spanien. Ein dramatisches Gedicht (= Burgtheater, Heft 94, Wien 2004).
13 Fernández Álvarez, Felipe II, S. 409.
14 Die Szene wird mit unterschiedlicher Intensität in allen Biographien Philipps II. geschildert, daneben auch von Martínez Cuesta, La muerte, S. 202.
15 Die Briefe finden sich beispielsweise bei Fernández Álvarez, Felipe II, S. 416–419.
16 Vgl. z.B. Edelmayer, Söldner, S. 117 f.

17 Die Briefe des Königs wurden mehrfach ediert, zuletzt von Bouza, Cartas.
18 Bouza, Cartas, S. 64.
19 Zur Wappenänderung nach der Inkorporation Portugals in die Monar-
20 chie Philipps II. vgl. Jorzick, Herrschaftssymbolik, S. 118–122.
20 Bouza, Cartas, S. 34 f.
21 Schoder, Reise.
22 Bouza, Cartas, S. 36.
23 Bouza, Cartas, S. 42.
24 Bouza, Cartas, S. 43 f.
25 Bouza, Cartas, S. 56 f.
26 Bouza, Cartas, S. 82.
27 Bouza, Cartas, S. 71.
28 Bouza, Cartas, S. 81 f.
29 Bouza, Cartas, S. 91.
30 Bouza, Cartas, S. 94.
31 Bouza, Cartas, S. 66.
32 Khevenhüller-Metsch – Probszt-Ohstorff, Khevenhüller Tagebuch, S. 177–179.
33 Parker, El Ejército de Flandes.
34 Bouza, Cartas, S. 115.
35 Bouza, Cartas, S. 116 f.
36 Bouza, Cartas, S. 199.
37 Lindorfer, Ana de Austria, S. 411–425; Bennassar, Reinas y princesas, S. 15–28.
38 Vocelka, Habsburgische Hochzeiten, S. 104.
39 Cruz Medina, La vida en palacio, S. 427–445.
40 Bouza, Cartas, S. 98.
41 Bouza, Cartas, S. 40 f.
42 Bouza, Cartas, S. 47, S. 84.
43 Bouza, Cartas, S. 58, S. 93 f.
44 Bouza, Cartas, S. 60.
45 Bouza, Cartas, S. 64.
46 Bouza, Cartas, S. 65.
47 Bouza, Cartas, S. 69.
48 Bouza, Cartas, S. 85.
49 Bouza, Cartas, S. 88 f., S. 93.
50 Bouza, Cartas, S. 101.

Kapitel 6   Innere und äußere politische Konfliktfelder

1 Holt, The French Wars of Religion.
2 Vargas-Hidalgo, Guerra y Diplomacia, S. 301.
3 Zum Folgenden Braudel, Mittelmeer, Bd. 3, S. 108–126.
4 Vargas-Hidalgo, Guerra y Diplomacia, S. 309.
5 Vargas-Hidalgo, Guerra y Diplomacia, S. 317, S. 324.
6 Vargas-Hidalgo, Guerra y Diplomacia, S. 363.
7 Vargas-Hidalgo, Guerra y Diplomacia, S. 318.
8 Edelmayer – Strohmeyer, Korrespondenz, Bd. 1, S. 174.
9 Vargas-Hidalgo, Guerra y Diplomacia, S. 414.
10 Fernández Álvarez, Felipe II, S. 450 f.
11 Vgl. z. B. Sánchez-Gijón, Defensa de costas.
12 Cabrera de Córdoba, Historia, Bd. 1, S. 294–298; Edelmayer, Söldner, S. 179; allgemein zu den Soldaten aus dem Reich im Dienst Philipps II.: Edelmayer, Soldados del Sacro Imperio.
13 Allgemein Restifo, Il Grande Assedio; Braudel, Mittelmeer, Bd. 3, S. 161–176.
14 Cabrera de Córdoba, Historia, Bd. 1, S. 311–325; wie langsam die spanische Hilfe anlief, machen die bei Vargas-Hidalgo, Guerra y Diplomacia, S. 457–465 abgedruckten Korrespondenzen Philipps II. deutlich.
15 Domínguez Ortiz – Vincent, Historia; Pérez Boyero, Moriscos y cristianos.
16 Allgemein zu diesem Problem Fernández Terricabras, Felipe II y el clero secular; vgl. auch Fernández-Gallardo Jiménez, La supresión de los franciscanos.
17 Gutiérrez, Trento, Bd. 1, S. 493–506; zu seiner Politik in Trient vgl. Šusta, Die Römische Kurie.
18 García-Arenal, El entorno, S. 62.
19 Fortea Pérez, Las Cortes, S. 151.
20 Vgl. García Cano, La Córdoba de Felipe II, S. 560 f.
21 Nieto Cumplido, La Catedral de Córdoba, S. 381; Ortiz Juárez, Las Cortes en Córdoba, S. 167.
22 Aranda Doncel, La familia del Emperador.
23 Aranda Doncel, La carrera eclesiástica de Maximiliano de Austria.
24 Es gibt einen ausführlichen zeitgenössischen Druck, der alle Ereignisse beschreibt: de Mal Lara, Recibimiento.
25 Kamen, Felipe de España, S. 137.
26 Cf. Jobling et al., The Genetic Legacy.
27 Zur Wiederbesiedelung vorbildlich die Studie von Puga Barroso, El señorío de Órgiva.

28 García-Arenal, El entorno, S. 60.
29 Koningsveld – Wiegers, El Pergamino, S. 113.
30 Hagerty, Los Libros Plúmbeos.
31 Martínez Medina, Los hallazgos, S. 81–85.
32 Magnier, Pedro de Valencia.
33 Vgl. Barrios Aguilera, Don Pedro de Castro.
34 Barrios Aguilera, Pedro de Castro, S. 20–22.
35 Allgemein zu den Bleitäfelchen und den sonstigen Ereignissen vgl. den
    Sammelband von Barrios Aguilera – García-Arenal, Los plomos del
    Sacromonte.
36 Zur folgenden Darstellung vgl. auch Cerezo Martínez, Años cruciales.
37 Vgl. die Korrespondenzen bei Vargas-Hidalgo, Guerra y Diplomacia,
    S. 719–786.
38 Caetani, La battaglia di Lepanto; Braudel, Mittelmeer, Bd. 3, S. 257–
    282.
39 Vargas-Hidalgo, Guerra y Diplomacia, S. 769.
40 Gambara, Ad Deum gratiarum.
41 Beispielsweise: Zeitung auß Venedig; Warhafftige Zeitung, Auß einem
    Sendbrieff von Rom.
42 Checa Cremades, Felipe II. Mecenas de las Artes, S. 172.
43 Das Gemälde befindet sich heute im Museo del Prado, Madrid.
44 Khevenhüller an Maximilian II., Madrid 1571 November 7, Haus-, Hof-
    und Staatsarchiv Wien, Staatenabteilungen, Spanien, Diplomatische Kor-
    respondenz 8/2, fol. 15 r–17 v.
45 Khevenhüller an Maximilian II., Madrid 1571 November 26, Haus-,
    Hof- und Staatsarchiv Wien, Staatenabteilungen, Spanien, Diplomatische
    Korrespondenz 8/2, fol. 24 v–27 v.
46 Zu dieser Parker, El Ejército de Flandes.
47 Edelmayer, Maximilian II.
48 García Hernán – García Hernán, Lepanto, S. 56.
49 Braudel, Mittelmeer, Bd. 3, S. 307–329.
50 Braudel, Mittelmeer, Bd. 3, S. 330–360.
51 García Hernán – García Hernán, Lepanto, S. 45.
52 Der spanische Quintal, ein Gewichtsmaß, hatte ca. 46 Kilogramm.
53 Eine Arroba ist ein Gewichts-, Masse- oder Hohlmaß zu ca. 11,5
    Kilogramm.
54 Eine Fanega ist ein Hohlmaß zu ca. 55,5 Litern.
55 Die Angaben sind abgedruckt bei García Hernán – García Hernán,
    Lepanto, S. 107 f.
56 Die folgende Darstellung genauer bei Parker, Aufstand der Niederlande,
    S. 42–54.
57 Zu diesem zuletzt Mörke, Wilhelm von Oranien.

58 Grove, The Little Ice Age; Halbartschlager, Khevenhüllers Wetterauf-
    zeichnungen, S. 188 f.
59 Parker, Aufstand der Niederlande, S. 55 f.
60 Parker, Aufstand der Niederlande, S. 57 f.
61 Edelmayer – Strohmeyer, Korrespondenz, Bd. 1, S. 327.
62 Edelmayer – Strohmeyer, Korrespondenz, Bd. 1, S. 326.
63 Edelmayer – Strohmeyer, Korrespondenz, Bd. 1, S. 332.
64 Zitiert nach Parker, Aufstand der Niederlande, S. 64 f.
65 Zu diesem vgl. González Palencia, Gonzalo Pérez.
66 Parker, Aufstand der Niederlande, S. 65.
67 Noch immer informativ Marcks, Die Zusammenkunft von Bayonne.
68 Martínez Millán – de Carlos Morales, Felipe II, S. 368.
69 CODOIN 4, S. 326–336.
70 Allgemein zum folgenden Abschnitt Parker, España y los Países Bajos.
71 Eine instruktive Karte über die rasche Ausbreitung des Bildersturms vom
    Südwesten der Niederlande in den Norden bei Parker, Aufstand der
    Niederlande, S. 80.
72 Vgl. allgemein Rauscher, Kaisertum.
73 Lanzinner – Heil, Der Reichstag zu Augsburg 1566, S. 1071–1075.
74 Bibl, Korrespondenz, Bd. 2, S. 2–6.
75 Bibl, Korrespondenz, Bd. 2, S. 11–18 und S. 25.
76 Bibl, Korrespondenz, Bd. 2, S. 51–53.
77 Khevenhüller-Metsch – Probszt-Ohstorff, Khevenhüller, Tagebuch,
    S. 27–30.
78 Bibl, Korrespondenz, Bd. 2, S. 80–87.
79 Bibl, Korrespondenz, Bd. 2, S. 112.
80 Bibl, Korrespondenz, Bd. 2, S. 214.
81 Vgl. Parker, 1567: The End of the Dutch Revolt?
82 Parker, Aufstand der Niederlande, S. 109 f.
83 Vgl. Quatrefages, Los tercios españoles; Quatrefages, La revolución
    militar.
84 Vgl. Haus Österreich, S. 166.
85 Bibl, Korrespondenz, Bd. 2, S. 243 f. und S. 255.
86 Echevarría Bacigalupe – Edelmayer, Del Río, Chronik, S. 62.
87 Parker, Aufstand der Niederlande, S. 125.
88 Parker, Aufstand der Niederlande, S. 126–129.
89 Parker, Aufstand der Niederlande, S. 133.
90 Vgl. zu den Ereignissen auch Echevarría Bacigalupe – Edelmayer, Trillo,
    Geschichte.
91 Martínez Millán – de Carlos Morales, Felipe II, S. 347.
92 Parker, Aufstand der Niederlande, S. 134–137.
93 Gómez-Centurión Jiménez, Felipe II.
94 Parker, Aufstand der Niederlande, S. 147.

95 Thompson, The Wars of Religions; Parker, Aufstand der Niederlande, S. 163.
96 Martínez Millán – de Carlos Morales, Felipe II, S. 468 f.
97 Parker, Aufstand der Niederlande, S. 191.
98 Parker, Aufstand der Niederlande, S. 196.
99 Lovett, The Castilian Bankruptcy; Ulloa, La Hacienda Real, S. 787–794.
100 Parker, Aufstand der Niederlande, S. 212.
101 Parker, Aufstand der Niederlande, S. 225.
102 Parker, Aufstand der Niederlande, S. 253.
103 Vgl. die Karten bei Parker, Aufstand der Niederlande, S. 250–252.
104 Martínez Millán – de Carlos Morales, Cabrera de Córdoba, Historia, Bd. 3, S. 1045 f.
105 Sociedad V Centenario del Tratado de Tordesillas, El Tratado de Tordesillas; Fonseca – Ruiz Asencio, Corpus documental.
106 Allgemein Carabias Torres, Las relaciones entre Portugal y Castilla.
107 Dazu Cruz, As regências na menoridade.
108 Zu Sebastian I. allgemein Villacorta Baños-García, D. Sebastião.
109 Zu den folgenden Ereignissen vgl. Loureiro, Crónica do Xarife Mulei Mahamet.
110 Über die Reaktionen im Heiligen Römischen Reich vgl. die umfangreiche Studie von Ramalheira, Alcácer Quibir e D. Sebastião, S. 83–317.
111 Khevenhüller-Metsch – Probszt-Ohstorff, Khevenhüller, Tagebuch, S. 99 f.
112 Vgl. da Cunha, A Casa de Bragança.
113 Zu den folgenden Ereignissen vgl. Bouza Álvarez, Portugal en la Monarquía Hispánica; allgemein auch Bouza Álvarez, Portugal no tempo dos Felipes; Bouza, D. Filipe I.
114 Edelmayer, Söldner und Pensionäre, S. 259–264.
115 Brown, La Sala de Batallas, S. 44–47.
116 Brown, La Sala de Batallas, S. 49.
117 Bouza, Cartas, S. 35.
118 Bouza, Cartas, S. 36, Anm. 8.
119 Labrador Arroyo, Felipe II y los procuradores de Tomar.
120 Zu diesem noch immer Caeiro, O arquiduque Alberto de Áustria.
121 Vgl. Oliveira, Poder e oposição política em Portugal; Bouza Álvarez, De las alteraciones de Beja.
122 Noch immer lesenswert und informativ Loureiro – D'Antas, Os falsos D. Sebastião.
123 Mendonça, O Sebastianismo.
124 Loureiro – D'Antas, Os falsos D. Sebastião, S. 83–87.
125 Gandra, O falso D. Sebastião da Ericeira; Ventura, O «Rei da Ericeira».

126 Die Darstellung folgt Brooks, A King for Portugal; Marques, Frai Miguel dos Santos.
127 Olsen, The Calabrian Charlatan.
128 Rodríguez Mediano, África, Felipe de, S. 124 f.
129 Eine gute Zusammenfassung der Beziehungen bietet Rodríguez Salgado, Paz Ruidosa.
130 Für die schrittweise Verschlechterung der Beziehungen zwischen 1566 und 1572 vgl. Retamal Favereau, Diplomacia anglo-española.
131 Kelsey, Sir Francis Drake.
132 Bawlf, The Secret Voyage of Sir Francis Drake; vgl. zur folgenden Darstellung auch MacCaffrey, Queen Elizabeth.
133 Zum folgenden Abschnitt vgl. Parker, The Grand Strategy, S. 111−280.
134 Adams, The Outbreak of the Elizabethan Naval War.
135 Khevenhüller-Metsch − Probszt-Ohstorff, Khevenhüller, Tagebuch, S. 157.
136 Zu den Invasionsvorbereitungen vgl. den Briefwechsel von Santa Cruz mit dem König: Herrera Oria, Felipe II y el marqués de Santa Cruz.
137 Khevenhüller-Metsch − Probszt-Ohstorff, Khevenhüller, Tagebuch, S. 159.
138 Philipp II. an den Duque de Medina Sidonia, Aranjuez 1587 Mai 4, Library of Congress, Washington, Rare Book and Special Collections Division, The Kraus Collection of Sir Francis Drake, Nr. 4.
139 Khevenhüller-Metsch − Probszt-Ohstorff, Khevenhüller, Tagebuch, S. 160.
140 Zur folgenden Darstellung auch MacCaffrey, Elizabeth I.
141 Álvarez de Toledo, Alonso Pérez de Guzmán.
142 O'Donnel y Duque de Estrada, The Army of Flanders.
143 Die folgende Darstellung folgt hauptsächlich Fernández-Armesto, The Spanish Armada; Ortega y Medina, El conflicto anglo-español; Rodríguez-Salgado, Armada.
144 Die Zahlen nach Álvarez de Toledo, Alonso Pérez de Guzmán, Bd. 1, S. 402 f.; in der Literatur finden sich auch davon abweichende, meist niedrigere Angaben.
145 Khevenhüller-Metsch − Probszt-Ohstorff, Khevenhüller, Tagebuch, S. 169.
146 Die Zahlen nach Álvarez de Toledo, Alonso Pérez de Guzmán, Bd. 1, S. 402 f.; in der Literatur finden sich auch davon abweichende, meist niedrigere Angaben.
147 Fernández-Armesto, The Spanish Armada, beispielsweise S. 159, S. 176, S. 179.
148 Khevenhüller-Metsch − Probszt-Ohstorff, Khevenhüller, Tagebuch, S. 170.
149 Fernández-Armesto, The Spanish Armada, S. 269.

150 Dazu Wernham, The Return of the Armadas.
151 Khevenhüller-Metsch – Probszt-Ohstorff, Khevenhüller, Tagebuch, S. 170.
152 Rodríguez-Salgado, Philipp II and the Post-Armada Crisis; Guy, The Reign.
153 Khevenhüller-Metsch – Probszt-Ohstorff, Khevenhüller, Tagebuch, S. 176.
154 González-Arnao Conde-Luque, Derrota y muerte de Sir Francis Drake.
155 García Hernán, Irlanda; Recio Morales, España y la pérdida del Ulster.
156 Vgl. für jene Jahre allgemein Reinbold, Jenseits der Konfession; Ribera, Diplomatie.
157 Vázquez de Prada, Felipe II y Francia, S. 271–300.
158 Ribera, Diplomatie, S. 574–582.
159 Vázquez de Prada, Felipe II y Francia, S. 301–330, besonders S. 330 mit Anm. 114 und Anm. 115.
160 Bombín Pérez, La inquisición en el País Vasco.
161 Vázquez de Prada, Felipe II y Francia, S. 394–410; vgl. auch Carnicer García – Marcos Rivas, Sebastián de Arbizu.
162 Vázquez de Prada, Felipe II y Francia, S. 424–431.
163 Ulloa, La Hacienda Real, S. 815–826.
164 Vgl. dazu de Carlos Morales, Felipe II, S. 273–306.
165 Vázquez de Prada, Felipe II y Francia, S. 446.
166 Einen ersten guten Überblick über die Herrschaft des Paares in den Niederlanden bietet der Ausstellungskatalog der Sociedad Estatal para la Conmemoración de los Centenarios de Felipe II y Carlos V, El Arte en la Corte de los Archiduques. Vgl. auch Thomas, La corte.

Kapitel 7 El Escorial 1598: Das Ende eines Weltherrschers

1 Sigüenza, La fundación, S. 169.
2 Beispiele bei Parker, Philip II, S. 12 f.
3 Zum Tod Philipps II. Eire, From Madrid to Purgatory, S. 255–368.
4 Vgl. Martínez Millán – de Carlos Morales, Felipe II, S. 238–242.
5 Kurzbiographie bei Martínez Millán – de Carlos Morales, Felipe II, S. 437 f.
6 Kurzbiographie bei Martínez Millán – de Carlos Morales, Felipe II, S. 337 f.; Fernández Conti, La nobleza cortesana.
7 Tellechea Idígoras, El ocaso de un rey.
8 Rodríguez de Diego, El testamento de Felipe II.

9 Der letzte erhaltene Brief Philipps II. an Catalina Micaela stammt vom
   vom 7. September 1596; Bouza, Cartas, S. 199.
10 Khevenhüller-Metsch – Probszt-Ohstorff, Khevenhüller, Tagebuch,
   S. 244.
11 Vgl. Alonso, La muerte de Felipe II.
12 Khevenhüller-Metsch – Probszt-Ohstorff, Khevenhüller, Tagebuch,
   S. 244.
13 Khevenhüller-Metsch – Probszt-Ohstorff, Khevenhüller, Tagebuch,
   S. 244 f.
14 Vgl. auch die Darstellung bei Sáenz de Miera, El Pasatiempos, S. 399 –
   428.
15 Sigüenza, La fundación, S. 174.
16 Sigüenza, La fundación, S. 180.
17 Sigüenza, La fundación, S. 189.
18 Khevenhüller-Metsch – Probszt-Ohstorff, Khevenhüller, Tagebuch,
   S. 245.

8 Quellen- und Literaturverzeichnis

Gedruckte Quellen

Alfredo Alvar Ezquerra (Hrsg.), Antonio Pérez, Relaciones y cartas, 2 Bde., Madrid 1986.

Bartolomé Álvarez, De las costumbres y conversión de los indios del Perú. Memorial a Felipe II (1588), hrsg. v. María del Carmen Martín Rubio – Juan J. R. Villarías Robles – Fermín del Pino Díaz, Madrid 1998.

Antonio Álvarez-Ossorio Alvariño (Hrsg.), Baltasar Porreño, Dichos y hechos del señor rey don Felipe segundo, el prudente, potentíssimo y glorioso monarca de las Españas y de las Indias, Madrid 2001.

Victor Bibl (Hrsg.), Die Korrespondenz Maximilians II., Bd. 1: Familienkorrespondenz 1564 Juli 26 – 1566 August 11, Band 2: Familienkorrespondenz 1566 August 9 – 1567 Dezember 27, Wien 1916/1921 (= Veröffentlichungen der Kommission für neuere Geschichte Österreichs, Bd. 14 und Bd. 16).

Fernando Bouza (Hrsg.), Cartas de Felipe II a sus hijas, Tres Cantos-Madrid 1998 (= Akal Universitaria, Serie Historia Moderna).

Juan Christóval Calvete de Estrella, El felicíssimo viaje del muy alto y muy poderoso Príncipe Don Phelippe, hrsg. v. Paloma Cuenca mit Studien v. José Luis Gonzalo Sánchez-Molero et al., Madrid 2001.

CODOIN – Colección de documentos inéditos para la historia de España, Bd. 4, Madrid 1844.

Gregorio Colás Latorre (Hrsg.), Bartolomé Leonardo de Argensola, Alteraciones populares de Zaragoza, año 1591, Zaragoza 1996.

Miguel Ángel Echevarría Bacigalupe – Friedrich Edelmayer (Hrsgg.), Martín Antonio Del Río, Die Chronik über Don Juan de Austria und den Krieg in den Niederlanden (1576–1578)/La crónica sobre don Juan de Austria y la Guerra en los Países Bajos (1576–1578), Wien-München 2003 (= Studien zur Geschichte und Kultur der Iberischen und Iberoamerikanischen Länder/Estudios sobre Historia y Cultura de los Países Ibéricos e Iberoamericanos, Bd. 8).

Miguel Ángel Echevarría Bacigalupe – Friedrich Edelmayer (Hrsgg.), Antonio Trillo, Geschichte des Aufstandes und der Kriege in den Niederlanden/Historia de la rebelión y guerras de Flandes, Wien-München 2008 (= Studien zur Geschichte und Kultur der Iberischen und Iberoamerikanischen Länder/Estudios sobre Historia y Cultura de los Países Ibéricos e Iberoamericanos, Bd. 11).

Friedrich Edelmayer (Hrsg.), Die Korrespondenz der Kaiser mit ihren Gesandten in Spanien, Bd. 1: Arno Strohmeyer (Bearb.), Der Briefwechsel zwischen Ferdinand I., Maximilian II. und Adam von Dietrichstein 1563–1565, Wien-München 1997 (= Studien zur Geschichte und Kultur der Iberischen und Iberoamerikanischen Länder/Estudios sobre Historia y Cultura de los Países Ibéricos e Iberoamericanos, Bd. 3).

Erwein Eltz (Hrsg.), Der Reichstag zu Augsburg 1550/51, 2 Bde., München 2005 (= Deutsche Reichstagsakten unter Kaiser Karl V., Bd. 19).

Luís Adão da Fonseca – José Manuel Ruiz Asencio (Hrsgg.), Corpus documental del Tratado de Tordesillas, Valladolid-Lisboa 1995.

Lorenzo Gambara, Ad Deum gratiarum actio pro victoria de turcis habita, Antuerpiae, ex officina Christophori Plantini, regij prototypographi, 1572.

Alfonso García Gallo (Hrsg.), Diego de Encinas, Cedulario Indiano, 4 Bde., Madrid 1945.

Enrique Herrera Oria (Hrsg.), Felipe II y el marqués de Santa Cruz en la empresa de Inglaterra según los documentos del Archivo de Simancas, Madrid 1946.

Theodor Georg von Karajan (Hrsg.), Georg Kirchmair's Denkwürdigkeiten. In: Fontes rerum Austriacarum, 1. Abt., Bd. 1, Wien 1855, S. 417–534.

Georg Khevenhüller-Metsch – Günther Probszt-Ohstorff (Hrsgg.), Hans Khevenhüller, kaiserlicher Botschafter bei Philipp II. Geheimes Tagebuch, 1548–1605, Graz 1971.

Maximilian Lanzinner – Dietmar Heil (Bearb.), Der Reichstag zu Augsburg 1566, München 2002 (= Deutsche Reichstagsakten, Reichsversammlungen 1556–1662).

Sales Loureiro (Hrsg.), Crónica do Xarife Mulei Mahamet e d'El-Rei D. Sebastião 1573–1578, Lisboa 1987.

Ursula Machoczek (Bearb.), Der Reichstag zu Augsburg 1547/48, München 2006 (= Deutsche Reichstagsakten, Jüngere Reihe, Deutsche Reichstagsakten unter Kaiser Karl V., Bd. 18).

José María Maestre Maestre (Hrsg.), Juan de Verzosa, Anales del reinado de Felipe II, Madrid 2002 (= Colección de Textos y Estudios Humanísticos «Palmyrenus», Serie Textos, Bd. 1).

Grace Magnier (Hrsg.), Pedro de Valencia, Sobre el pergamino y láminas de Granada, Bern-Frankfurt am Main 2006.

Iuan de Mal Lara, Recibimiento que hizo la Muy Noble y Muy Leal Ciudad de Seuilla a la C. R. M. del Rey D. Philipe N. S., Seuilla, en casa de Alonso Escriuana, 1570, fotomechanischer Nachdruck Sevilla 1998 (= Colección Literaria, Bd. 17).

José M[aría] March (Hrsg.), Niñez y juventud de Felipe II. Documentos inéditos sobre su educación civil, literaria y religiosa y su iniciación al gobierno (1527−1547), Madrid 1941.

María Ángeles Martín González, El Real Sitio de Valsaín, Madrid 1992.

José Martínez Millán − Carlos Javier de Carlos Morales (Hrsgg.), Luis Cabrera de Córdoba, Historia de Felipe II, Rey de España, 3 Bde., Salamanca 1998.

Fray Alonso de Molina, Arte de la lengua mexicana y castellana, Méjico 1571, Faksimile Madrid 1945 (= Colección de incunables americanos, siglo XVI, Bd. 6).

Enrique Otte (Hrsg.), Cedularios de la Monarquía española de Margarita, Nueva Andalucía y Caracas (1553−1604), Bd. 1: Cedulario de Margarita (1553−1604), Caracas 1967.

Pilar Ponce Leiva (Hrsg.), Relaciones histórico-geográficas. Audiencia de Quito (siglos XVI−XIX), 2 Bde., Madrid 1991/92.

Carlos Riba García (Hrsg.), Correspondencia privada de Felipe II con su secretario Mateo Vázquez, 1567−1591, Madrid 1959.

Pedro Rodríguez − Justina Rodríguez (Hrsgg.), Don Francés de Álava y Beamonte. Correspondencia inédita de Felipe II con su embajador en París (1564−1570), Donostia-San Sebastián 1991 (= Colección «Monografías», Bd. 33).

José Luis Rodríguez de Diego (Hrsg.), El testamento de Felipe II. Original conservado en el Archivo General de Simancas, Madrid 1997 (= El mundo de Felipe II, Bd. 2).

José Luis Rodríguez de Diego (Hrsg.), Instrucción para el gobierno del Archivo de Simancas (año 1588), Madrid ²1998.

Jesús Sáenz de Miera (Hrsg.), El Pasatiempos de Jehan Lhermite. Memorias de un Gentilhombre Flamenco en la corte de Felipe II y Felipe III, Madrid 2005.

Fray Prudencio de Sandoval, Historia de la vida y hechos del emperador Carlos V, máximo, fortísimo, Rey Católico de España y de las Indias, Islas y Tierra firme del mar Océano, 3 Bde., hrsg. v. Carlos Seco Serrano, Madrid 1955–1956 (= Biblioteca de Autores españoles, Bde. 80–82).

Verena Schumacher (Hrsg.), Das Reisetagebuch des Bartlme Khevenhüller, 1549–1562, ungedr. Diplomarbeit, Innsbruck 2006, derzeit in Druckvorbereitung.

Fray José de Sigüenza, La fundación del monasterio de El Escorial, Madrid 1996.

Francisco de Solano (Hrsg.), Cuestionarios para la formación de las Relaciones Geográficas de Indias (siglos XVI–XIX), Madrid 1988.

Josef Šusta (Hrsg.), Die Römische Kurie und das Konzil von Trient unter Pius IV. Aktenstücke zur Geschichte des Konzils von Trient, Bd. 2, Wien 1909.

José Ignacio Tellechea Idígoras (Hrsg.), Fray Bartolomé Carranza. Documentos históricos, 8 Bde., Madrid 1962–1994 (= Archivo documental español, Bde. 18, 19/1, 19/2, 22, 30/1, 30/2, 33, 34).

José Ignacio Tellechea Idígoras (Hrsg.), El proceso romano del Arzobispo Carranza (1567–1576), Roma 1988 (= Publicaciones del Instituto Español de Historia Eclesiástica, Monografías, Bd. 30).

José Ignacio Tellechea Idígoras (Hrsg.), El proceso romano del Arzobispo Carranza. Las audiencias en Sant'Angelo (1568–1569), Roma 1994 (= Publicaciones del Instituto Español de Historia Eclesiástica, Monografías, Bd. 34).

José Ignacio Tellechea Idígoras (Hrsg.), El papado y Felipe II. Colección de breves pontificios, Bd. 1: (1550–1572), Madrid 1999, Bd. 2: (1572–1598), Madrid 2006 (= Fundación Universitaria Española, Monografías, Bd. 73 und Bd. 91).

José Ignacio Tellechea Idígoras (Hrsg.), El ocaso de un Rey. Felipe II visto desde la Nunciatura de Madrid, 1594–1598, Madrid 2001 (= Fundación Universitaria Española, Monografías, Bd. 79).

Rafael Vargas-Hidalgo (Hrsg.), Guerra y Diplomacia en el Mediterráneo. Correspondencia inédita de Felipe II con Andrea Doria y Juan Andrea Doria (Ilustrada con cartas de Carlos V, Don Juan de

Austria, Juana de Austria, Andrea Doria, Juan Andrea Doria, virreyes, generales, embajadores y espías), Madrid 2002.

Warhafftige Zeitung, Auß einem Sendbrieff von Rom, wie, vnd wasserley gestalt daselbst, vber der herrlichen sieghafften VICTO-RIA, so die Christliche ARMADA auff dem Meer al Lepanto, wider den Türcken gehabt, gefrolockt vnd Triumphirt worden. Allen frommen Christen zu einem guten Exempel vnd ver-manung. [...] Auß Welscher Sprach in Deudsch verdolmetscht, o. O. 1571.

Julián Zarco Cuevas (Hrsg.), Instrucciones de Felipe II para la fabrica y obra de San Lorenzo el Real, Madrid 1990 (= Documentos para la Historia del Monasterio de San Lorenzo el Real de El Escorial, Bd. 3).

Zeitung auß Venedig. Warhafftige Beschribung Von der Slacht vnd Niderlage, so zwischen den Christen vnd Turkisschen Armada geschehen, vnd der eroberten Galeyen [...] Auch das gezal der Hauptleuth [...] sampt dero Bassa, so todt als gefangen. Sampt erklaerung deren vom Adel vnd anderer, so von wegen der Christenen todt bleiben vnd verwundt seindt, auch das gezal der erloeßten Schlauen vnd Knecht. [...] Jm Jar 1571, den 7. Octob., am Sontag zu Morgen, im Golfo von Lepanto, an ein orth, genant Corzolari, ist diese Schlacht gehalten, o. O. 1571.

Literatur

Simon Adams, The Outbreak of the Elizabethan Naval War against the Spanish Empire: The Embargo of May 1585 and Sir Francis Drake's West Indies Voyage. In: Rodríguez-Salgado – Adams, England, Spain and the Gran Armada, S. 45–69.

Ángel Alcalá et al., Inquisición española y mentalidad inquisitorial. Ponencias del Simposio Internacional sobre Inquisición, Nueva York, abril de 1983, Barcelona 1984 (= Ariel – Historia, Sección de Historia Moderna y Contemporánea).

Juan Antonio Alejandre, El veneno de Dios. La Inquisición de Sevilla ante el delito de solicitación en confesión, Madrid 1994.

Francisco Javier Alejo Montes, La Universidad de Salamanca bajo Felipe II, 1575–1598, Burgos 1998.

Carlos Alonso, La muerte de Felipe II en los «Avvisi» del fondo *Urbinates latini* de la Biblioteca Vaticana (Bibl. Vat., *Urbin. lat.*, vols. 1066 y 1116). In: La Ciudad de Dios. Revista Agustiniana 211/3 (1998), S. 973−987.

Jesús Alonso Burgos, El luteranismo en Castilla durante el siglo XVI. Autos de fe de Valladolid de 21 de mayo y de 8 de octubre de 1559, Madrid 1983.

Alfredo Alvar Ezquerra, Felipe II, la Corte y Madrid en 1561, Madrid 1985 (= Monografías de Historia Moderna, Bd. 1).

Alfredo Alvar Ezquerra, El Nacimiento de una capital europea. Madrid entre 1561 y 1606, Madrid 1989.

Alfredo Alvar Ezquerra, La leyenda negra, Torrejón de Ardoz 1997.

Alfredo Alvar Ezquerra (Hrsg.), Imágenes históricas de Felipe II, Madrid 2000.

Alfredo Alvar Ezquerra, Los traslados de corte y el Madrid de los Austrias (1561 y 1601−1606). In: Morán − García, El Madrid de Velázquez, S. 41−60.

Alfredo Alvar Ezquerra, Espacios sociales en el Madrid de los Austrias. In: Morán − García, El Madrid de Velázquez, S. 151−168.

Alfredo Alvar Ezquerra, Madrid: Dos ciudades en una. In: Bravo Lozano, Espacios de poder, Bd. II, S. 335−344.

Alfredo Alvar Ezquerra, Der spanische Hof an der Wende vom 16. zum 17. Jahrhundert. In: Othmar Pickl (Hrsg.), Die Europapolitik Innerösterreichs um 1598 und die EU-Politik Österreichs 1998. Referate des Internationalen Symposions »400 Jahre Europapolitik Innerösterreichs um 1598 und Österreichs zur Zeit seiner EU-Präsidentschaft 1998« vom 29./30. Oktober 1998 in Graz, Graz 2003 (= Forschungen zur geschichtlichen Landeskunde der Steiermark, Bd. 43), S. 39−56.

Alfredo Alvar Ezquerra, Isabel la Católica. Una reina vencedora, una mujer derrotada, Madrid ²2004.

Alfredo Alvar Ezquerra, El Madrid de Juan de la Cuesta. In: José Alcalá-Zamora y Queipo de Llano (Hrsg.), La España y el Cervantes del primer Quijote, Madrid 2005, S. 157−194.

Alfredo Alvar Ezquerra, El cartapacio del Cortesano Errante, Madrid 2006.

Alfredo Alvar Ezquerra, Todo empezó en 1561. In: Torre de los Lujanes 61 (2007), S. 117−138.

Alfredo Alvar [Ezquerra] − Friedrich Edelmayer (Hrsgg.), Socialización, vida privada y actividad pública de un Emperador del Renacimiento. Fernando I, 1503−1564, Madrid 2004.

Alfredo Alvar Ezquerra – Teresa Prieto Palomo (Hrsgg.), Creyentes y gobernantes en tiempos de Felipe II. La religiosidad en Madrid, Madrid 2002.

Antonio Álvarez-Ossorio Alvariño, Milán y el legado de Felipe II. Gobernadores y corte provincial en la Lombardía de los Austrias, Madrid 2001.

Antonio Álvarez-Ossorio Alvariño, «Una forma di Consiglio unito di Napoli et Milano». La Corte de Felipe II en Londres y el gobierno de Lombardía. In: Bravo Lozano, Espacios de poder, Bd. I, S. 381–405.

Francisco Javier Álvarez Pinedo – José Luis Rodríguez de Diego, Los archivos españoles: Simancas, Barcelona 1993.

Luisa Álvarez de Toledo, Duquesa de Medina Sidonia, Alonso Pérez de Guzmán, General de la Invencible, 2 Bde., Cádiz 1995.

Bruno Anatra – Francesco Manconi (Hrsgg.), Sardegna, Spagna e Stati italiani nell'età di Filippo II, Cagliari 1999 (= Collana Agorà, Bd. 10).

Melquíades Andrés, Historia de la mística de la Edad de Oro en España y América, Madrid 1994 (= Biblioteca de autores cristianos, Bd. 44).

Carmen Añón Feliú (Hrsg.), Felipe II. El rey íntimo: Jardín y naturaleza en el siglo XVI. [Exposición celebrada en el] Palacio del Real Sitio de Aranjuez del 23 de septiembre al 23 de noviembre de 1998, Aranjuez 1998.

Carmen Añón – José Luis Sancho (Hrsgg.), Jardín y Naturaleza en el reinado de Felipe II, Madrid 1998.

Juan Aranda Doncel, La carrera eclesiástica de Maximiliano de Austria, abad de Alcalá la Real y arzobispo de Santiago. In: Boletín de la Real Academia de Córdoba 129 (1995), S. 261–268.

Juan Aranda Doncel, La familia del Emperador: Leopoldo de Austria, obispo de Córdoba (1541–1557). In: José Martínez Millán – Manuel Rivero Rodríguez – Antonio Álvarez-Ossorio Alvariño (Hrsgg.), Carlos V y la quiebra del humanismo político en Europa (1530–1558), Bd. 2, Madrid 2001, S. 403–424.

Fernando Arroyo Ilera, Agua, paisaje y sociedad en el siglo XVI según las Relaciones Topográficas de Felipe II, Madrid 1989.

Miguel Artola, La Monarquía de España, Madrid 1999.

Christoph Augustynowicz, Die Kandidaten und Interessen des Hauses Habsburg in Polen-Litauen während des Zweiten Interregnums 1574–1576, Wien 2001 (= Dissertationen der Universität Wien, Bd. 71).

Peter J. Bakewell, Miners of the Red Mountain. Indian Labor in Potosí, 1545–1650, Albuquerque 1984.

Feliciano Barrios, El Consejo de Estado de la Monarquía española, 1521–1812, Madrid 1984.

Manuel Barrios Aguilera, Don Pedro de Castro y el Sacromonte de Granada. Sobre le realidad del mito sacromantano. In: Lotti – Villari, Filippo II, S. 617–628.

Manuel Barrios Aguilera, Pedro de Castro y los Plomos del Sacromonte: Invención y paradoja. Una aproximación crítica. In: Barrios Aguilera – García-Arenal, Los plomos del Sacromonte, S. 17–50.

Manuel Barrios Aguilera – Mercedes García-Arenal (Hrsgg.), Los plomos del Sacromonte. Invención y tesoro, Valencia-Granada-Zaragoza 2006.

Georges Baudot, La Corona y la fundación de los Reinos americanos, Madrid 1992 (= La Corona y los Pueblos Americanos, Bd. 5).

Samuel Bawlf, The Secret Voyage of Sir Francis Drake, 1577–1580, Vancouver 2003.

Vicente Bécares Botas, Arias Montano y Plantino. El libro flamenco en la España de Felipe II, León 1999 (= Humanistas españoles, Bd. 19).

Ernest Belenguer Cebrià, El Imperio hispánico 1479–1665, Barcelona 1995.

Ernest Belenguer Cebrià, Del oro al oropel, 2 Bde., Barcelona 1997.

Ernest Belenguer Cebrià, Fernando el Católico. Un monarca decisivo en las encrucijadas de su época, Barcelona 1999.

Ernest Belenguer Cebrià (Hrsg.), Felipe II y el Mediterráneo, 4 Bde., Madrid 1999.

Ernest Belenguer Cebrià (Hrsg.), Joan Reglà Campistol, Felipe II y Cataluña, Madrid 2000.

Ernest Belenguer Cebrià (Hrsg.), De la Unión de Coronas al Imperio de Carlos V, 3 Bde., Madrid 2001.

Bartolomé Bennassar, Valladolid en el Siglo de Oro. Una ciudad de Castilla y su entorno agrario en el siglo XVI, Valladolid ²1989.

Bartolomé Bennassar, Inquisición española: Poder político y control social, Barcelona 1981.

Bartolomé Bennassar, Don Juan de Austria. Un héroe para un imperio, Madrid 2000.

Bartolomé Bennassar, Las capitales que fueron. In: Humberto Baquero Moreno et al., Capitales y Corte en la Historia de España,

Valladolid 2003 (= Instituto Universitario de Historia Simancas, Colección de Bolsillo, Bd. 11), S. 29–44.

Bartolomé Bennassar, Reinas y princesas del Renacimiento a la Ilustración. El lecho, el poder y la muerte, Barcelona 2007, franz. Erstausgabe 2006.

José Luis Bermejo Cabrero, Poder político y administración de justicia en la España de los Austrias, Madrid 2005.

Antonio-Miguel Bernal, España, proyecto inacabado. Costes/beneficios del Imperio, Madrid 2005.

Viktor Bibl, Der Tod des Don Carlos, Wien-Leipzig 1918.

Michel Boeglin, Inquisición y Contrarreforma. El Tribunal del Santo Oficio de Sevilla (1560–1700), Sevilla 2006.

Antonio Bombín Pérez, La inquisición en el País Vasco. El Tribunal de Logroño (1570–1610), Bilbao 1997.

Agostino Borromeo, Filippo II e il papato. In: Lotti – Villari, Filippo II, S. 477–535.

Fernando Jesús Bouza Álvarez, Portugal en la Monarquía Hispánica (1580–1640). Felipe II, las Cortes de Tomar y la génesis del Portugal Católico, Madrid 1987 (= Colección Tesis Doctorales, Bd. 52/87).

Fernando J. Bouza Álvarez, Del escribano a la biblioteca. La civilización escrita europea en la alta edad moderna (siglos XV–XVII), Madrid 1992.

Fernando Bouza Álvarez, De las alteraciones de Beja (1593) a la revuelta lisboeta dos ingleses (1596). Lucha política en el último Portugal del primer Felipe. En: Stvdia Historica. Historia Moderna 17 (1997), S. 91–120.

Fernando Bouza [Álvarez], Imagen y Propaganda. Capítulos de Historia Cultural del Reinado de Felipe II, Madrid 1998.

Fernando Bouza Álvarez, Portugal no tempo dos Felipes. Política, Cultura, Representações (1580–1668), Lisboa 2000.

Fernando Bouza, D. Filipe I, Rio de Mouro 2005.

Fernando Bouza [Álvarez], Corre manuscrito. Una historia cultural del Siglo de Oro, Madrid 2001.

Fernando Bouza – Fernando Checa (Hrsgg.), El Escorial. Biografía de una época. IV centenario del monasterio de El Escorial, Madrid 1986.

James M. Boyden, The Courtier and the King: Ruy Gómez de Silva, Philip II, and the Court of Spain, Berkeley 1995.

Fernand Braudel, Das Mittelmeer und die mediterrane Welt in der Epoche Philipps II., 3 Bde., Frankfurt am Main 1990, deutsche Übersetzung der 4. Auflage von 1979.

Jesús Bravo Lozano (Hrsg.), Espacios de poder. Cortes, ciudades y villas (s. XVI—XVIII), 2 Bde., [Madrid] 2002.

Mary Elizabeth Brooks, A King for Portugal. The Madrigal Conspiracy, 1594—95, Madison 1964.

Jonathan Brown, La Sala de Batallas de El Escorial: La obra de arte como artefacto cultural, Salamanca 1998 (= Acta Salmanticensia, Biblioteca de Arte, Bd. 21).

Almut Bues, Die habsburgische Kandidatur für den polnischen Thron während des Ersten Interregnums in Polen 1572/73, Wien 1984 (= Dissertationen der Universität Wien, Bd. 163).

Agustín Bustamante García, La octava maravilla del mundo. Estudio histórico sobre el Escorial de Felipe II, Madrid 1994.

Manuel Bustos Rodríguez (Hrsg.), El asalto anglo-holandés a Cádiz 1596 y su contexto internacional, Cádiz 1997.

Francisco Caeiro, O arquiduque Alberto de Áustria. Vice-Rei e Inquisidor-Mor de Portugal, Cardeal legado do Papa, Governador e depois soberano dos Países Baixos. História e arte, Lisboa 1961.

Onoratio Caetani, La battaglia di Lepanto (1571), Palermo 1995 (= Il mare, Bd. 13).

Francisco Javier Campos y Fernández de Sevilla, Las relaciones topográficas de Felipe II: índices, fuentes y bibliografía. In: Anuario jurídico y económico escurialense 36 (2003), S. 439—574.

María Luisa Candau Chacón, Los moriscos en el espejo del tiempo. Problemas históricos e historiográficos, Huelva 1998 (= Arias Montano, Bd. 24).

Olivier Caporossi, Los Tribunales de Corte y el conflicto de jurisdicciones en el Madrid del siglo XVII. In: Fortea — Gelabert, Ciudades, S. 57—79.

Ana María Carabias Torres (Hrsg.), Las relaciones entre Portugal y Castilla en la época de los descubrimientos y la expansión colonial, Salamanca 1994 (= Acta Salamanticensia. Estudios históricos y geográficos, Bd. 92).

Rómulo D. Carbia, Historia de la leyenda negra hispano-americana, Madrid 2004.

Carlos Javier de Carlos Morales, El poder de los secretarios reales: Francisco de Eraso. In: Martínez Millán, La Corte, S. 107—148.

Carlos Javier de Carlos Morales, Felipe II: Un Imperio en Bancarrota. La Hacienda Real de Castilla y los negocios financieros del Rey Prudente, Madrid 2008.

Carlos J. Carnicer García – Javier Marcos Rivas, Sebastián de Arbizu, espía de Felipe II. La diplomacia secreta española y la intervención en Francia, Madrid 1998.

Juan Luis Castellano Castellano – Francisco Sánchez-Montes González (Hrsgg.): Carlos V, Europeísmo y Universalidad, 5 Bde., Madrid 2001.

Antonio Castillo Gómez, Entre la pluma y la pared. Una historia social de la escritura en los Siglos de Oro, Madrid 2006.

Ricardo Cerezo Martínez, Años cruciales en la historia del Mediterráneo (1570–1574), Madrid 1971.

Fernando Checa [Cremades] (Hrsg.), El Real Alcázar de Madrid. Dos siglos de arquitectura y coleccionismo en la corte de los Reyes de España, Madrid 1994.

Fernando Checa Cremades, Felipe II. Mecenas de las Artes, Madrid ³1997.

Fernando Checa Cremades (Hrsg.), Felipe II. Un monarca y su época: Un príncipe del renacimiento. Exposición, Museo del Prado, 13 octubre 1998 – 10 enero 1999, Madrid 1998.

Fernando Checa Cremades, Un príncipe del Renacimiento. El valor de las imágenes en la corte de Felipe II. In: Checa Cremades, Felipe II. Un monarca y su época, S. 25–55.

Gian Claudio [sic] Civale, Conflictos de poder entre la Inquisición y el Cabildo de la Catedral de Sevilla a mediados del siglo XVI. In: Bravo Lozano, Espacios de poder, Bd. II, S. 269–324.

Gianclaudio Civale, «Con secreto y disimulación»: Inquisizione ed eresia nella Siviglia del secolo XVI, Napoli 2007.

Ivan Cloulas, Felipe II, Buenos Aires 1993, franz. Erstausgabe 1992.

Ana Crespo Solana – Manuel Herrero Sánchez (Hrsgg.), España y las 17 provincias de los Países Bajos. Una revisión historiográfica (XVI–XVIII), Córdoba 2002 (= Estudios de Historia Moderna, Colección «Mayor», Bd. 22).

Maria do Rosário de Sampaio Themudo Barata de Azevedo Cruz, As regências na menoridade de D. Sebastião. Elementos para uma história estructural, 2 Bde., Lisboa 1992.

Vanesa de Cruz Medina, *«Y porque sale la reyna a senar acabo, que es mi semana de serbir»*: La vida en palacio de la reina Ana, las infantas Isabel Clara Eugenia y Catalina Micaela en las cartas de Ana de

Dietrichstein. In: López Cordón – Franco Rubio, La reina Isabel I, S. 427–445.

Mariano Cuesta Domingo (Hrsg.), Descubrimientos y cartografía en la época de Felipe II, Valladolid 1999.

Mafalda Soares da Cunha, A Casa de Bragança 1560–1640. Prácticas senhoriais e redes clientelares, Lisboa 2000 (= Histórias de Portugal, Bd. 46).

Krista De Jonge – Gustaaf Janssens (Hrsg.), Les Granvelle et les anciens Pays-Bas. Liber doctori Mauricio Van Durme dedicatus, Leuven 2000 (= Symbolae Facultatis Litterarum Lovaniensis, Series B, Bd. 17).

Mercedes Dexeus (Hrsg.), Felipe II en la Biblioteca Nacional, Madrid 1998.

Kurt Diemer, Die Heiratsverhandlungen zwischen Königin Elisabeth I. von England und Erzherzog Karl von Innerösterreich 1558 bis 1570, Tübingen 1969.

Antonio Domínguez Ortiz, Notas para una periodización del reinado de Felipe II, Valladolid 1984 (= Colección «Síntesis», Bd. 4).

Antonio Domínguez Ortiz, La expulsión de los moriscos granadinos y la segunda repoblación. In: Enciso Recio – Domínguez Ortiz, Revueltas y alzamientos, S. 23–40.

Antonio Domínguez Ortiz – Bernard Vincent, Historia de los moriscos. Vida y tragédia de uma minoria, Madrid 1989.

Jean Dumont, Proceso contradictorio a la Inquisición española, Madrid 2000 (= Ensayos, Bd. 162).

Maurice van Durme, El Cardenal Granvela (1517–1586). Imperio y revolución bajo Carlos V y Felipe II, Barcelona 1957, Neudruck Madrid 2000.

Friedrich Edelmayer, Maximilian II., Philipp II. und Reichsitalien. Die Auseinandersetzungen um das Reichslehen Finale in Ligurien, Stuttgart 1988 (= Veröffentlichungen des Instituts für Europäische Geschichte Mainz, Abteilung Universalgeschichte, Bd. 130; Beiträge zur Sozial- und Verfassungsgeschichte des Alten Reiches, Bd. 7).

Friedrich Edelmayer, Die Vorgeschichte der Krönungen Maximilians II. In: Friedrich Edelmayer – Leopold Kammerhofer et al. (Hrsgg.), Die Krönungen Maximilians II. zum König von Böhmen, Römischen König und König von Ungarn (1562/63) nach der Beschreibung des Hans Habersack, ediert nach CVP 7890, Wien 1990 (= Fontes rerum Austriacarum, I. Abteilung, Scriptores, Bd. 13), S. 21–38.

Friedrich Edelmayer, Maria (de Austria), Kaiserin (1528–1603). In: Neue Deutsche Biografie 16 (1990), S. 174 f.

Friedrich Edelmayer, Ehre, Geld, Karriere. Adam von Dietrichstein im Dienst Kaiser Maximilians II. In: Edelmayer – Kohler, Kaiser Maximilian II., S. 109–142.

Friedrich Edelmayer, Honor y dinero. Adam de Dietrichstein al servicio de la Casa de Austria. In: Stvdia Historica. Historia Moderna 10–11 (1992–1993), S. 89–116.

Friedrich Edelmayer, Kursachsen, Hessen und der Nürnberger Reichstag von 1543. In: Erich Meuthen (Hrsg.), Reichstage und Kirche. Kolloquium der Historischen Kommission bei der Bayerischen Akademie der Wissenschaften, München, 9. März 1990, Göttingen 1991 (= Schriftenreihe der Historischen Kommission bei der Bayerischen Akademie der Wissenschaften, Bd. 42), S. 190–219.

Friedrich Edelmayer, Einheit der Casa de Austria? Philipp II. und Karl von Innerösterreich. In: France M. Dolinar – Maximilian Liebmann – Helmut Rumpler – Luigi Tavano (Hrsgg.), Katholische Reform und Gegenreformation in Innerösterreich 1564–1628/Katoliška prenova in protireformacija v notranjeavstrijskih deželah 1564–1628/Riforma cattolica e controriforma nell'Austria Interna 1564–1628, Klagenfurt-Ljubljana-Wien-Graz-Köln 1994, S. 373–386.

Friedrich Edelmayer (Hrsg.), Hispania – Austria II: Die Epoche Philipps II. (1556–1598)/La época de Felipe II (1556–1598), Wien-München 1999 (= Studien zur Geschichte und Kultur der Iberischen und Iberoamerikanischen Länder/Estudios sobre Historia y Cultura de los Países Ibéricos e Iberoamericanos, Bd. 5).

Friedrich Edelmayer, Soldados del Sacro Imperio en el Mediterráneo en la época de Felipe II. In: Anatra – Manconi, Sardegna, Spagna e Stati italiani, S. 89–103.

Friedrich Edelmayer, Söldner und Pensionäre. Das Netzwerk Philipps II. im Heiligen Römischen Reich, Wien-München 2002 (= Studien zur Geschichte und Kultur der Iberischen und Iberoamerikanischen Länder/Estudios sobre Historia y Cultura de los Países Ibéricos e Iberoamericanos, Bd. 7).

Friedrich Edelmayer, Johann Khevenhüller von Aichelberg, conte di Frankenburg, capitano della contea di Gorizia. In: Silvano Cavazza (Hrsg.), «Divus Maximilianus». Una Contea per i Goriziani, 1500–1619, Gorizia-Mariano del Friuli 2002, S. 255–258.

Friedrich Edelmayer, La Casa de Austria. Mitos, propaganda y apología. In: Alfredo Alvar Ezquerra – Jaime Contreras Contreras – José Ignacio Ruiz Rodríguez (Hrsgg.), Política y cultura en la Época Moderna (Cambios dinásticos. Milenarismos, mesianismos y utopías), Alcalá de Henares 2004, S. 17–28.

Friedrich Edelmayer, Die spanische Monarchie der Katholischen Könige und der Habsburger (1474–1700). In: Peer Schmidt (Hrsg.), Kleine Geschichte Spaniens, Stuttgart ²2004 (= Universal-Bibliothek, Bd. 17039); auch erschienen Bonn 2005 (= Schriftenreihe der Bundeszentrale für politische Bildung, Bd. 527), S. 123–207.

Friedrich Edelmayer, Reforma, Confesionalidad, Tolerancia. In: Miguel Artola (Hrsg.), Historia de Europa, Madrid 2007, Bd. 2, S. 81–161.

Friedrich Edelmayer – Margarete Grandner, Santa Catalina – Old Providence. Eine Insel in der Karibik zwischen Mikro- und Globalgeschichte. In: Friedrich Edelmayer – Martina Fuchs – Georg Heilingsetzer – Peter Rauscher (Hrsgg.), Plus ultra. Die Welt der Neuzeit. Festschrift für Alfred Kohler zum 65. Geburtstag, Münster 2008, S. 549–592.

Friedrich Edelmayer – Alfred Kohler (Hrsgg.), Kaiser Maximilian II. Kultur und Politik im 16. Jahrhundert, Wien-München 1992 (= Wiener Beiträge zur Geschichte der Neuzeit, Bd. 19).

Friedrich Edelmayer – José Carlos Rueda Fernández, Del caos a la normalidad. Los inicios de la diplomacia moderna entre el Sacro Imperio y la Monarquía hispánica. In: Pablo Fernández Albaladejo (Hrsg.), Monarquía, Imperio y pueblos en la España Moderna. Actas de la IV Reunión Científica de la Asociación Española de Historia Moderna, Alicante 1997, S. 631–640.

Antonio Eiras Roel (Hrsg.), El reino de Galicia en la monarquía de Felipe II, Santiago de Compostela 1998.

Carlos M. N. Eire, From Madrid to Purgatory. The Art and Craft of Dying in Sixteenth-Century Spain, Cambridge 1995 (= Cambridge Studies in Early Modern History).

John H. Elliott, Imperial Spain, 1469–1716, Harmondswort 1975.

John H. Elliott, Spain and Its World: 1500–1700. Selected Essays, New Haven 1989.

John H. Elliott, The Old World and the New 1492–1650, Cambridge 1992.

John H. Elliott, Europe Divided, 1559–1598, London 2000.

Luis Miguel Enciso Recio – Antonio Domínguez Ortiz et al. (Hrsgg.), Revueltas y alzamientos en la España de Felipe II, Valladolid 1992 (= Colección «Síntesis», Bd. 8).

José Antonio Escudero, Los secretarios de estado y del despacho (1474–1724), 4 Bde., Madrid ²1976.

José Antonio Escudero, Felipe II. El Rey en el despacho, Madrid 2002.

José Antonio Escudero, Estudios sobre la Inquisición, Madrid 2005.

Ignacio Ezquerra Revilla, El Consejo Real de Castilla bajo Felipe II. Grupos de poder y luchas faccionales, Madrid 2000.

Víctor Fairén Guillén, Los procesos penales de Antonio Pérez, Zaragoza 2003.

Felipe II y el arte de su tiempo, Madrid 1998 (= Debates sobre arte, Bd. 8).

Felipe II y su época. Actas del simposium, 1/5-IX-1998, Instituto Escurialense de Investigaciones Históricas y Artísticas, 2 Bde., San Lorenzo del Escorial 1998 (= Colección del Instituto Escurialense de Investigaciones Históricas y Artísticas, Bd. 14).

Felipe II. Los ingenios y las máquinas. [Catálogo de la Exposición celebrada en el Pabellón Villanueva del Real Jardín Botánico de Madrid del 10 de septiembre al 10 de noviembre de 1998], Madrid 1998.

Sylvia Ferino-Pagden (Hrsg.), Sofonisba Anguissola – la prima donna pittrice. Die Malerin der Renaissance (um 1535–1625). Cremona-Madrid-Genua-Palermo. Kunsthistorisches Museum Wien, 17. Jänner bis 26. März 1995, Wien 1995.

Manuel Fernández Álvarez, Felipe II y su tiempo, Madrid 1998; mit zahlreichen Neuauflagen in den Folgejahren.

Manuel Fernández Álvarez, Carlos V, el César y el Hombre, Madrid 1999; mit zahlreichen Neuauflagen in den Folgejahren.

Manuel Fernández Álvarez, El duque de Hierro. Fernando Álvarez de Toledo, III duque de Alba, Pozuelo de Alarcón 2007.

Manuel Fernández Álvarez, La princesa de Éboli, Madrid 2009.

Felipe Fernández-Armesto, The Spanish Armada. The Experience of War in 1588, Oxford-New York 1989.

Ángel Fernández Collado, Gregorio XIII y Felipe II en la Nunciatura de Felipe Sega (1577–1581). Aspectos político, jurisdiccional y de reforma, Toledo 1991.

Santiago Fernández Conti, La nobleza cortesana: don Diego de Cabrera y Bobadilla, tercer conde de Chinchón. In: Martínez Millán, La Corte, S. 229–270.

Santiago Fernández Conti, La profesionalización del gobierno de la guerra: don Alonso de Vargas. In: Martínez Millán, La Corte, S. 417–450.

Santiago Fernández Conti, Los Consejos de Estado y Guerra de la Monarquía hispana durante la época de Felipe II (1548–1598), Valladolid 1998.

Gonzalo Fernández-Gallardo Jiménez, La supresión de los franciscanos conventuales de España en el marco de la política religiosa de Felipe II, Madrid 1999 (= Fundación Universitaria Española, Monografías, Bd. 74).

Francisco Fernández Izquierdo, La Orden Militar de Calatrava en el siglo XVI. Infraestructura institucional. Sociología y prosopografía de sus caballeros, Madrid 1992.

Ignasi Fernández Terricabras, Felipe II y el clero secular. La aplicación del concilio de Trento, Madrid 2000.

José Ignacio Fortea Pérez, Monarquía y Cortes en la Corona de Castilla. Las ciudades ante la política fiscal de Felipe II, Salamanca 1990.

José Ignacio Fortea Pérez, Las Cortes de Castilla y León bajo los Austrias. Una interpretación, Valladolid 2008.

José Ignacio Fortea [Pérez] – Juan E. Gelabert (Hrsgg.), Ciudades en conflicto (siglos XVI–XVIII), Valladolid 2008.

Giuseppe Galasso – Carlos José Hernando Sánchez (Hrsgg.), El reino de Nápoles y la monarquía de España. Entre agregación y conquista (1485–1535), Madrid 2004.

Juan Carlos Galende Díaz, Felipe II y la reforma del Calendario Juliano. In: Indagación. Revista de historia y arte 3 (1999), S. 37–56.

Manuel J. Gandra et al., O falso D. Sebastião da Ericeira e o sebastianismo, Mafra 1998.

Mercedes García-Arenal, El entorno de los Plomos: historiografía y linaje. In: Barrios Aguilera – García-Arenal, Los plomos del Sacromonte, S. 51–78.

María Isabel García Cano, La Córdoba de Felipe II. Gestión financiera de un patrimonio municipal e intervención política de una monarquía supranacional, Córdoba 2003 (= Estudios de historia moderna, Bd. 20).

Ricardo García Cárcel, La leyenda negra. Historia y opinión, Madrid 1998.

Ricardo García Cárcel, Iglesia, Inquisición y sociedad. La visión actual sobre la significación cultural de Felipe II. In: Román

Gutiérrez – Martínez Ruiz – González Rodríguez, Felipe II y el oficio de rey, S. 431–449.

Ricardo García Cárcel – Doris Moreno Martínez, Inquisición. Historia crítica, Madrid 2000.

David García Hernán, La Aristocracia en la Encrucijada. La Alta Nobleza y la Monarquía de Felipe II, Córdoba 2000 (= Estudios de Historia Moderna, Colección Mayor, Bd. 10).

David García Hernán – Enrique García Hernán, Lepanto: el día después, Madrid 1999.

Enrique García Hernán, Irlanda y el rey prudente, Madrid 2000 (= Colección Hermes, Bd. 2).

María del Pilar García Pinacho (Hrsg.), Los Álvarez de Toledo. Nobleza viva, Segovia 1998.

Carlos Gómez-Centurión Jiménez, Felipe II, la empresa de Inglaterra y el comercio septentrional: 1566–1609, Madrid 1988 (= Gran Armada, Instituto de Historia y Cultura Naval, Bd. 1).

Agustín González de Amezúa y Mayo, Isabel de Valois, reina de España (1546–1568), 3 Bde., Madrid 1949.

Mariano González-Arnao Conde-Luque, Derrota y muerte de Sir Francis Drake, A Coruña 1589 – Portobelo 1596, [A Coruña] 1995.

Ángel González Palencia, Gonzalo Pérez, secretario de Felipe Segundo, 2 Bde., Madrid 1946.

José Luis Gonzalo Sánchez-Molero, La «Librería rica» de Felipe II. Estudio histórico y catalogación, San Lorenzo del Escorial 1998 (= Colección del Instituto Escurialense de Investigaciones Históricas y Artísticas, Bd. 10).

José Luis Gonzalo Sánchez-Molero, El aprendizaje cortesano de Felipe II (1527–1546). La formación de un príncipe del Renacimiento, Madrid 1999.

José Luis Gonzalo Sánchez-Molero, Mateo Vázquez de Leca, un secretario entre libros: 1. El escritório. In: Hispania: Revista española de historia LXV/3, Nr. 221 (2005), S. 813–846.

Manuel Gracia Rivas, La invasión de Aragón en 1591. Una solución militar a las alteraciones del reino, Zaragoza 1992 (= Estudios y monografias, Bd. 18).

J.M. Grove, The Little Ice Age, London-New York 1988.

Ana Guerrero Mayllo, El Gobierno Municipal de Madrid (1560–1606), Madrid 1993 (= Biblioteca de Estudios Madrileños, Bd. 25).

Ana Guerrero Mayllo, Familia y vida cotidiana de una elite de poder. Los regidores madrileños en tiempos de Felipe II, Madrid 1993.

José Antonio Guillén Berrendero, La idea de nobleza en Castilla durante el reinado de Felipe II, Valladolid 2007 (= Estudios y documentos, Bd. 62).

Constancio Gutiérrez, Trento, un problema: La última convocación del Concilio (1552–1562), Bd. 1: Estudio, Madrid 1995 (= Corpus Tridentinum Hispanicum, Bd. V).

John Guy (Hrsg.), The Reign of Elizabeth I. Court and Culture in the Last Decade, Cambridge 1995.

Miguel José Hagerty, Los Libros Plúmbeos del Sacromonte, Granada 1998.

Franz Halbartschlager, »Alhie fachts an, khuel zu werden« – Khevenhüllers Wetteraufzeichnungen: Ein Beitrag zur Klimageschichte der Iberischen Halbinsel im ausgehenden 16. Jahrhundert. In: Edelmayer, Hispania – Austria II, S. 181–214.

Earl J. Hamilton, El Tesoro Americano y la Revolución de los precios en España, Barcelona 1975.

Das Haus Österreich und der Orden vom Goldenen Vlies. Beiträge zum wissenschaftlichen Symposium am 30. November und 1. Dezember 2006 in Stift Heiligenkreuz, Graz-Stuttgart 2007.

Mack P. Holt, The French Wars of Religion, 1562–1629, Cambridge 1995 (= New approaches to European History, Bd. 8).

Carmen Iglesias (Hrsg.), Felipe II. Un monarca y su época: La monarquía hispánica. Exposición, Real Monasterio de San Lorenzo de El Escorial, 1 junio – 10 octubre 1998, Madrid 1998.

Mark A. Jobling et al., The Genetic Legacy of Religious Diversity and Intolerance: Paternal Lineages of Christians, Jews, and Muslims in the Iberian Peninsula. In: The American Journal of Human Genetics 83/6 (Dezember 2008), S. 725–736.

Regine Jorzick, Herrschaftssymbolik und Staat. Die Vermittlung königlicher Herrschaft im Spanien der frühen Neuzeit (1556–1598), Wien-München 1998 (= Studien zur Geschichte und Kultur der Iberischen und Iberoamerikanischen Länder/Estudios sobre Historia y Cultura de los Países Ibéricos e Iberoamericanos, Bd. 4).

Richard L. Kagan (Hrsg.), Spanish Cities of the Golden Age. The Views of Anton van den Wyngaerde, Berkeley 1989.

Richard L. Kagan, Los sueños de Lucrecia. Política y profecía en la España del siglo XVI, San Sebastián ²2005, engl. Erstausgabe 1990.

Henry Kamen, Crisis and Change in Early Modern Spain, Aldershot-Brookfield 1993.

Henry Kamen, Spain, 1469–1714. A Society of Conflict, London-New York [2]1996.

Henry Kamen, Felipe de España, Madrid 1997; gleichzeitig auch auf Englisch erschienen unter dem Titel: Philip of Spain, New Haven-London 1997.

Henry Kamen, La Inquisición española. Una revisión histórica, Barcelona 1999, engl. Erstausgabe 1997.

Henry Kamen, El Gran Duque de Alba. Soldado de la España imperial, Madrid 2004.

Harry Kelsey, Sir Francis Drake. The Queen's Pirate, New Haven 1998.

Alfred Kohler, Antihabsburgische Politik in der Epoche Karls V. Die reichsständische Opposition gegen die Wahl Ferdinands I. zum römischen König und gegen die Anerkennung seines Königtums (1524–1534), Göttingen 1982 (= Schriftenreihe der Historischen Kommission bei der Bayerischen Akademie der Wissenschaften, Bd. 19).

Alfred Kohler, Karl V., 1500–1558. Eine Biographie, München 1999; drei weitere Auflagen bis 2005.

Alfred Kohler – Friedrich Edelmayer (Hrsgg.), Hispania – Austria. Die Katholischen Könige, Maximilian I. und die Anfänge der Casa de Austria in Spanien. Akten des Historischen Gespräches – Innsbruck, Juli 1992, Wien-München 1993 (= Studien zur Geschichte und Kultur der Iberischen und Iberoamerikanischen Länder/Estudios sobre Historia y Cultura de los Países Ibéricos e Iberoamericanos, Bd. 1).

P. S. van Koningsveld – G. A. Wiegers, El Pergamino de la Torre Turpiana: el documento original y sus primeros intérpretes. In: Barrios Aguilera – García-Arenal, Los plomos del Sacromonte, S. 113–139.

Ferdinand Kramer, Philipp II. (1556–1598). In: Walther L. Bernecker – Carlos Collado Seidel – Paul Hoser (Hrsgg.), Die spanischen Könige. 18 historische Portraits vom Mittelalter bis zur Gegenwart, München 1997, S. 61–78, S. 309–311.

Maria Kusche, Sánchez Coello. La imagen de la madurez y vejez de Felipe II. In: Ribot García, La monarquía de Felipe II, S. 497–527.

Félix Labrador Arroyo, Felipe II y los procuradores de Tomar (1581). La integración de las elites portuguesas a través de la

Casa Real. In: Bravo Lozano, Espacios de poder, Bd. I, S. 171 – 185.

Miguel Ángel Ladero Quesada, Castilla y la conquista del Reino de Granada, Granada ²1993.

Miguel Ángel Ladero Quesada, La España de los Reyes Católicos, Madrid 1999.

Hans Leicht, Isabella von Kastilien (1451 – 1504). Königin am Vorabend der spanischen Weltmacht, Regensburg 1994.

Bianca Maria Lindorfer, Ana de Austria. La novia de un hijo y la esposa de un padre. In: López Cordón – Franco Rubio, La reina Isabel I, S. 411 – 425.

Peggy K. Liss, Isabel the Queen. Life and Times, New York 1992.

David Loades, The Reign of Mary Tudor. Politics, Government and Religion in England, 1553 – 58, London-New York ²1991.

María Victoria López Cordón – Gloria Franco Rubio (Hrsgg.), La reina Isabel I y las reinas de España: Realidad, modelos e imagen historiográfica. Actas de la VIII Reunión Científica de la Fundación Española de Historia Moderna (Madrid, 2 – 4 de junio de 2004), Bd. 1, Madrid 2005.

José Miguel López García (Hrsg.), El impacto de la Corte en Castilla. Madrid y su territorio en la época moderna, Madrid 1998.

Luigi Lotti – Rosario Villari (Hrsgg.), Filippo II e il Mediterraneo, Roma-Bari 2003 (= Percorsi, Bd. 42).

Sales Loureiro (Hrsg.), Miguel D'Antas, Os falsos D. Sebastião, Odivelas ²1988, franz. Erstausgabe 1866.

A. W. Lovett, Philip II and Mateo Vazquez de Leca. The Government of Spain (1572 – 1592), Genève 1977.

Albert W. Lovett, The Castilian Bankruptcy of 1575. In: The Historical Journal 23 (1980), S. 899 – 911.

Albert W. Lovett, Early Habsburg Spain, 1517 – 1598, Oxford 1986.

Heinrich Lutz, Das Ringen um deutsche Einheit und kirchliche Erneuerung. Von Maximilian I. bis zum Westfälischen Frieden, 1490 bis 1648, Frankfurt am Main-Berlin ²1987.

John Lynch, Spain 1516 – 1598. From Nation State to World Empire, Oxford 1991.

Wallace T. MacCaffrey, Queen Elizabeth and the Making of Policy, 1572 – 1588, Princeton 1981.

Wallace T. MacCaffrey, Elizabeth I. War and Politics, 1588 – 1603, Princeton 1992.

William S. Maltby, El Gran Duque de Alba. Un siglo de España y de Europa, 1507–1582, Vilaür, Girona ²2007 (= Colección Casa de Alba, Bd. 18), engl. Erstausgabe 1983.

Consuelo Maqueda Abreu, Felipe II y la Inquisición. El apoyo real al Santo Oficio. In: Román Gutiérrez – Martínez Ruiz – González Rodríguez, Felipe II y el oficio de rey, S. 125–166.

Gregorio Marañón, Antonio Pérez, Madrid ⁶1998.

Erich Marcks, Die Zusammenkunft von Bayonne. Das französische Staatsleben und Spanien in den Jahren 1563–1567, Strassburg 1889.

João Francisco Marques, Frai Miguel dos Santos e a luta contra a União Dinástica. O contexto do falso D. Sebastião do Madrigal. In: Revista da Faculdade de Letras do Porto – História II/14 (1997), S. 331–388.

Santiago Martínez Hernández, El marqués de Velada y la corte en los reinados de Felipe II y Felipe III. Nobleza cortesana y cultura política en la España del Siglo de Oro, Salamanca 2004.

Francisco Javier Martínez Medina, Los hallazgos del Sacromonte a la luz de la Historia de la Iglesia y de la Teología católica. In: Barrios Aguilera – García-Arenal, Los plomos del Sacromonte, S. 79–111.

José Martínez Millán (Hrsg.), La corte de Felipe II, Madrid ³1999.

José Martínez Millán (Hrsg.), Felipe II (1527–1598). Europa y la Monarquía Católica, 5 Bde., Madrid 1998.

José Martínez Millán, Familia real y grupos políticos: la princesa doña Juana de Austria (1535–1573). In Martínez Millán, La Corte, S. 73–105.

José Martínez Millán, La Inquisición española, Madrid 2007.

José Martínez Millán – Carlos J. de Carlos Morales (Hrsgg.), Felipe II (1527–1598). La configuración de la Monarquía hispana, Salamanca 1998.

Enrique Martínez Ruiz (Hrsg.), Felipe II, la ciencia y la técnica, Madrid 1999.

Enrique Martínez Ruiz (Hrsg.), Madrid, Felipe II y las ciudades de la Monarquía, 3 Bde., Madrid 2000.

Manuela Mendonça (Hrsg.), O Sebastianismo. Política, doutrina e mito (sécs. XVI–XIX). Actas – Colóquio O Sebastianismo, Lisboa 2004.

María Magdalena Merlos Romero, Aranjuez y Felipe II. Idea y forma de un Real Sitio, Madrid 1989.

François Mignet, Antonio Pérez y Felipe II, Madrid 2001.

Olaf Mörke, Wilhelm von Oranien (1533–1584). Fürst und »Vater« der Republik, Stuttgart 2007 (= Kohlhammer-Urban-Taschenbücher, Bd. 609).

José Miguel Morales Folguera, La construcción de la utopía. El proyecto de Felipe II (1556–1598) para Hispanoamérica, Málaga 2001.

Miguel Morán – Bernardo J. García (Hrsg.) El Madrid de Velásquez y Calderón. Villa y corte en el siglo XVII, Madrid 2000.

Doris Moreno, La invención de la Inquisición, Madrid 2004.

Glenn Murray, Génesis del Real Ingenio de la Moneda de Segovia. In: Numisma 41/228 (1991), S. 59–80 (gemeinsam mit Leonor Gómez Nieto); Numisma 43/232 (1993), S. 177–222; Numisma 44/234 (1994), S. 111–151; Numisma 44/235 (1994), S. 85–119.

Mechtild Neumann, Pompeo Leoni, um 1530–1608. Ein italienischer Bildhauer am Hofe Philipps II. von Spanien, Diss., Bonn 1997.

Manuel Nieto Cumplido, La Catedral de Córdoba, Córdoba 1998.

Miguel Ángel Ochoa Brun, Historia de la diplomacia española, Bd. 4, Madrid 1995; Bd. 5: La diplomacia de Carlos V, Madrid 1999; Bd. 6: La diplomacia de Felipe II, Madrid 2000.

Hugo O'Donnel y Duque de Estrada, The Army of Flanders and the Invasion of England. In: Rodríguez-Salgado – Adams, England, Spain and the Gran Armada, S. 216–235.

António de Oliveira, Poder e oposição política em Portugal no período Filipino (1580–1640), Lisboa 1991.

H. Eric R. Olsen, The Calabrian Charlatan, 1598–1603: Messianic Nationalism in Early Modern Europe, New York 2003.

Juan A. Ortega y Medina, El conflicto anglo-español por el dominio oceánico (siglos XVI y XVII), Málaga [3]2007.

José María Ortiz Juárez, Las Cortes en Córdoba. In: Rafael Vázquez Lesmes – Miguel Ventura Gracia (Hrsgg.), Córdoba en tiempos de Felipe II. Actas de las Jornadas de la Real Academia de Córdoba, 30–31 Octubre 1998, Córdoba 1999, S. 160–179.

Geoffrey Parker, El Ejército de Flandes y el Camino Español 1567–1659. La logística de la victoria y derrota de España en la guerra de los Países Bajos, Barcelona 2006, engl. Erstausgabe 1972.

Geoffrey Parker, Der Aufstand der Niederlande. Von der Herrschaft der Spanier zur Gründung der Niederländischen Republik, 1549–1609, München 1979, engl. Erstausgabe 1977.

Geoffrey Parker, España y los Países Bajos, 1559–1659. Diez estudios, Madrid 1986 (= Libros de Historia, Bd. 16), engl. Erstausgabe 1979.

Geoffrey Parker, Philip II, Chicago-La Salle [3]1995.

Geoffrey Parker, The Grand Strategy of Philip II, London 1998.

Geoffrey Parker, The World Is Not Enough. The Imperial Vision of Philipp II of Spain, Waco 2001.

Geoffrey Parker, 1567: The End of the Dutch Revolt? In: Crespo Solana – Herrero Sánchez, España y las 17 provincias, S. 269–290.

José Luis Pereira Iglesias – José Manuel González Beltrán (Hrsgg.), Actas de la V Reunión Científica de la Asociación Española de Historia Moderna, Bd. 1: Felipe II y su tiempo, Cádiz 1999.

Joseph Pérez, La España de Felipe II, Barcelona 2000, franz. Erstausgabe 1999.

Joseph Pérez, Breve historia de la Inquisición en España, Barcelona 2003, franz. Erstausgabe 2002.

Enrique Pérez Boyero, Moriscos y cristianos en los señoríos de Granada (1490–1568), Granada 1997.

Ciriaco Pérez Bustamante, La España de Felipe III. La política interior y los problemas internacionales, Madrid 1979.

Rogelio Pérez Bustamante – José Manuel Calderón Ortega, Felipe I, 1506, Palencia 1995.

Ludwig Pfandl, Philipp II. Gemälde eines Lebens und einer Zeit, München [8]1979.

Philippus II Rex, 2 Bde., Barcelona 1998.

Peter Pierson, Philipp II. Vom Scheitern der Macht, Graz-Wien-Köln 1985, engl. Erstausgabe 1975.

Francisco Javier Pizarro Gómez, Arte y espectáculo en los viajes de Felipe II (1542–1592), Madrid 1999 (= Ensayos, Bd. 137).

Henar Pizarro Llorente, Un gran patrón en la corte de Felipe II. Don Gaspar de Quiroga, Madrid 2004 (= Publicaciones de la Universidad Pontifica Comillas, Estudios, Bd. 91).

Javier Puerto, La leyenda verde. Naturaleza, sanidad y ciencia en la corte de Felipe II (1527–1598), Salamanca 2003 (= Estudios de historia de la ciencia y de la técnica, Bd. 23).

José Luis Puga Barroso, El señorío de Órgiva y su repoblación en tiempo de Felipe II, Málaga 2006.

René Quatrefages, Los tercios españoles (1567–77), Madrid 1979 (= Publicaciones de la Fundación Universitaria Española, Monografías, Bd. 26).

René Quatrefages, La revolución militar española. El crisol español, Madrid 1996.

Ana Maria Pinhão Ramalheira, Alcácer Quibir e D. Sebastião na Alemanha. Representações Historiográficas e Literárias (1578 – ca. 1800), Coimbra 2002 (= Minerva, Centro Interuniversitário de Estudos Germanísticos, Bd. 6).

Peter Rauscher, Kaisertum und hegemoniales Königtum: Die kaiserliche Reaktion auf die niederländische Politik Philipps II. von Spanien. In: Edelmayer, Hispania – Austria II, S. 57–88.

José Joaquín Real Díaz, Estudio diplomático del documento indiano, Sevilla ²1991.

Óscar Recio Morales, España y la pérdida del Ulster. Irlanda en la estrategia política de la Monarquía hispánica (1602–1649), Madrid 2003 (= Colección Hermes, Bd. 25).

Glyn Redworth, Imágenes y hechos de don Felipe en Inglaterra. In: Alvar Ezquerra, Imágenes históricas, S. 97–113.

Markus Reinbold, Jenseits der Konfession. Die frühe Frankreichpolitik Philipps II. von Spanien 1559–1571, Ostfildern 2005 (= Beihefte der Francia, Bd. 61).

Giuseppe Restifo, Il Grande Assedio di Malta del 1565. In: Giovanna Motta (Hrsg.), I Turchi, il Mediterraneo e l'Europa, Milano 1998, S. 11–23.

Julio Retamal Favereau, Diplomacia anglo-española durante la contrarreforma, [Santiago de Chile] 1981.

Jean-Michel Ribera, Diplomatie et espionnage. Les ambassadeurs du roi de France auprès de Philippe II du traité du Cateau-Cambrésis (1559) à la mort de Henri III (1589), Paris 2007 (= Bibliothèque littéraire de la Renaissance, Bd. 68).

Luis Ribot [García] (Hrsg.), Felipe II. Un Monarca y su época: Las tierras y los hombres del rey. Exposición, Museo Nacional de Escultura, Palacio de Villena, Valladolid, Madrid 1998.

Luis A. Ribot García (Hrsg.), La monarquía de Felipe II a debate, Madrid 2000.

José Javier Rivera Blanco, Juan Bautista de Toledo y Felipe II. La implantación del clasicismo en España, Valladolid 1984 (= Arte y arqueología, Bd. 3).

Fernando Rodríguez Mediano, África, Felipe de. In: Carlos Alvar – Manuel Alvar Ezquerra – Florencio Sevilla Arroyo (Hrsgg.), Gran enciclopedia cervantina, Bd. 1: A buen bocado – Aubigné, Alcalá de Henares 2005, S. 124 f.

Mª Luisa Rodríguez Sala (Hrsg.), El eclipse de Luna. Misión científica de Felipe II en Nueva España, Huelva 1998.

Mía J. Rodríguez-Salgado (Hrsg.), Armada, 1588–1988. An International Exhibition to Commemorate the Spanish Armada, London-New York-Victoria 1988.

M.J. Rodríguez-Salgado, Philipp II and the Post-Armada Crisis: Foreign Policy and Rebellion, 1588–1594. In: Después de la Gran Armada: La historia desconocida (1588–1604), Madrid 1993 (= Cuadernos monográficos del Instituto de Historia y Cultura Naval, Suplemento al No. 20), S. 51–89.

Mía J. Rodríguez-Salgado, «Las hadas malas van fuera». In: Iglesias, Felipe II, S. 119–135.

M.J. Rodríguez Salgado, Paz ruidosa, guerra sorda. Las relaciones de Felipe II e Inglaterra. In: Ribot García, La monarquía de Felipe II, S. 63–119.

Mía J. Rodríguez-Salgado – Simon Adams (Hrsgg.), England, Spain and the Gran Armada, 1585–1604. Essays from the Anglo-Spanish Conferences, London and Madrid 1988, Edinburgh 1991.

José Román Gutiérrez – Enrique Martínez Ruiz – Jaime González Rodríguez (Hrsgg.), Felipe II y el oficio de rey. La fragua de un imperio, Madrid 2001.

Felipe Ruiz Martín (Hrsg.), La proyección europea de la Monarquía Hispánica, Madrid 1996.

Jesús Sáenz de Miera, De obra insigne y heroica a octava maravilla del mundo. La fama de El Escorial en el siglo XVI, Madrid 2001.

Enrique San Miguel Pérez, Isabel I de Castilla, 1474–1504, Palencia 1998.

Antonio Sánchez-Gijón, Defensa de costas en el reino de Valencia, Valencia 1996.

Carlos Sánchez Rodríguez, Perfil de un humanista. Benito Arias Montano (1527–1598), Huelva 1996.

Carmen Sanz Ayán – Bernardo J. García García, Teatros y comediantes en el Madrid de Felipe II, Madrid 2000.

Esteban Sarasa (Hrsg.), Fernando II de Aragón, el Rey Católico, Zaragoza 1996.

Peer Schmidt, Das Bild Philipps II. im Reich und in der deutschsprachigen Historiographie. In: Edelmayer, Hispania – Austria II, S. 11–56.

Elisabeth Schoder, Die Reise der Kaiserin Maria nach Spanien (1581/82). In: Edelmayer, Hispania – Austria II, S. 151–180.

Ingrid Schulze Schneider, La leyenda negra de España. Propaganda en la guerra de Flandes (1566–1584), Madrid 2008.

José Sierra, Música para Felipe II Rey de España (Homenaje en el IV Centenario de su muerte), San Lorenzo del Escorial 1998 (= Colección del Instituto Escurialense de Investigaciones Históricas y Artísticas, Bd. 11).

Sociedad Estatal para la Conmemoración de los Centenarios de Felipe II y Carlos V (Hrsg.), El Arte en la Corte de los Archiduques Alberto de Austria e Isabel Clara Eugenia (1598–1633). Un Reino Imaginado, Madrid 1999.

Sociedad Estatal para la Conmemoración de los Centenarios de Felipe II y Carlos V, Memoria de Actividades 1997–2001, Madrid 2001.

Sociedad V Centenario del Tratado de Tordesillas (Hrsg.), El Tratado de Tordesillas y su época. Congreso Internacional de Historia, Madrid 1995.

Las sociedades ibéricas y el mar a finales del siglo XVI/As sociedades ibéricas e o mar a finais do século XVI, 6 Bde., Madrid 1998.

Robert A. Stradling, La Armada de Flandes. Política naval española y guerra europea, 1568–1668, Madrid 1992.

R[obert] A. Stradling, Europa y el declive de la estructura imperial española, 1580–1720, Madrid 1992.

Luis Suárez Fernández, Fernando El Católico y Navarra. El proceso de incorporación del reino a la Corona de España, Madrid 1985.

Luis Suárez Fernández, Isabel, mujer y reina, Madrid 1992.

Luis Suárez Fernández (Hrsg.), V Centenario del nacimiento del Arzobispo Carranza, Madrid 2004.

José Ignacio Tellechea Idígoras, El arzobispo Carranza y su tiempo, Madrid 1968 (= Coleccion Historia y pensamiento, Bd. 9).

Werner Thomas, Los protestantes y la Inquisición en España en tiempos de Reforma y Contrarreforma, Leuven 2001.

Werner Thomas, La represión del protestantismo en España 1517–1648, Leuven 2001 (= Avisos de Flandes, Supplementa).

Werner Thomas, La corte de los archiduques Alberto de Austria y la infanta Isabel Clara Eugenia en Bruselas (1598–1633). Una revisión historiográfica. In: Crespo Solana – Herrero Sánchez, España y las 17 provincias, S. 355–386.

I. A. A. Thompson, War and Government in Habsburg Spain, 1560–1620, London 1976.

I. A. A. Thompson, War and Society in Habsburg Spain. Selected Essays, Variorum 1992 (= Collected Studies Series, Bd. 376).

I. A. A. Thompson, Crown and Cortes: Government, Institutions and Representation in Early-Modern Castile, Variorum 1993 (= Collected Studies Series, Bd. 427).

James Westfall Thompson, The Wars of Religions in France, 1559– 1576. The Hugenots, Caterine de Medici, and Philipp II, New York 1958.

Francisco Tomás y Valiente, La venta de oficios en Indias (1492– 1606), Madrid ²1982.

Modesto Ulloa, La Hacienda Real de Castilla en el reinado de Felipe II, Madrid ³1986 (= Publicaciones de la Fundación universitaria española, Monografías, Bd. 45).

Jesús Maria Usunáriz, España y sus tratados internacionales: 1516– 1700, Pamplona 2006.

Simon Varey – Rafael Chabrán – Dora B. Weiner (Hrsgg.), Searching for the Secrets of Nature. The Life and Works of Dr. Francisco Hernández, Stanford, CA 2000.

Manfred Vasold, Philipp II., Reinbek bei Hamburg 2001.

Valentín Vázquez de Prada, Conflictos socio-políticos en la Corona de Aragón en el reinado de Felipe II. In: Enciso Recio – Domínguez Ortiz, Revueltas y alzamientos, S. 41–64.

Valentín Vázquez de Prada, Felipe II y Francia (1559–1598). Política, religión y razón de estado, Barañáin (Pamplona) 2004.

Margarida Garcez Ventura, O «Rei da Ericeira». Um entremez de várias esperanças. In: Mendonça, O Sebastianismo, S. 215–247.

Antonio Villacorta Baños-García, D. Sebastião. Rei de Portugal, Lisboa 2006, span. Erstausgabe 2004.

Rosario Villari – Geoffrey Parker, La política de Felipe II. Dos estudios, Valladolid 1996 (= Colección «Síntesis», Bd. 9).

Karl Vocelka, Habsburgische Hochzeiten 1550–1600. Kulturgeschichtliche Studien zum manieristischen Repräsentationsfest, Wien-Köln-Graz 1976 (= Veröffentlichungen der Kommission für Neuere Geschichte Österreichs, Bd. 65).

R[ichard] B[ruce] Wernham, The Return of the Armadas. The Last Years of the Elizabethan War against Spain, 1595–1603, Oxford-New York 1994.

Patrick Williams, Philip II, Houndmills-New York 2001 (= European History in Perspective).

Catherine Wilkinson-Zerner, Juan de Herrera. Architect to Philip II of Spain, Hew Haven-London 1993.

Bartolomé Yun, Marte contra Minerva. El precio del Imperio español, c. 1450–1600, Barcelona 2004.

Personen- und Ortsnamenregister

Die Titelfigur des vorliegenden Werks wurde nicht in das Register aufgenommen.